多重人格性障害

—その診断と治療—

著　者

フランク・W・パトナム

訳　者

安　　克昌・中井　久夫

共　訳

金田　弘幸・小林　俊三

協力者

胡桃澤　伸

岩崎学術出版社

Diagnosis and treatment of multiple personality disorder
by Frank W. Putnam

Published by Guilford Press
A Division of Guilford Publications,Inc.
by arrangement with Mark Paterson
through Tuttle-Mori Agency,Inc., Tokyo

序文

私のもとには、毎日、新しく多重人格性障害（multiple personality disorder、ＭＰＤ）患者を診断した治療者から、助言を求める電話がかかってくる。それが本書執筆のきっかけになった。持ち込まれる疑問や懸念が同じなら、回答も同じことの繰り返しである。たいていは一週間に三～四件だが、一日に三～四件ということもまれではない。この何年かは、電話で受け答えするだけでなく、治療者がよく抱く疑問や懸念に関係した論文を選んだものと参考文献のリストを郵送することにしている。これは時間の節約にはなるが、コピーや郵送は自前でやっている。私は、この精神障害をはじめて治療する人の手引きとして役立つ本がほしいとつねづね思ってきた。結局、そのような本が必要なら、自分で書くほかはないことがわかった。

『多重人格性障害――その診断と治療』は、解離性障害に不慣れな治療者を対象にした本である。本書は、経験ある治療者と多くの患者との治療作業からえられた、概念、技法、治療哲学の集積である。そして、ＭＰＤ治療者の世界での経験と主流的な考え方とをまとめ、精神保健領域の臨床家に伝えようと意図するものである。本書が入門書としても参考書としても役立つように、非常にたくさんの引用文献を掲げ、索引も付けてある。要するに、私は本書を実用的なものにしたかったのである。

私は、いろいろな事象について偏りのない見方を提供し、われわれの知識に大きく貢献をした人々の名前を挙げようと思った。だが、ある概念を最初に提唱し、ある治療技法を最初に始めたのが誰なのかを特定することは難しい場合が多い。もとをたどっても、われわれの知識の基盤をかたちづくっている臨床知と口承との歴史の中に行方を見失ってしまうからである。近年、ＭＰＤへの関心が花開いていくさまを見てきた人たちなら誰もが認めることに、別の治療者が同じことを別個に観察し、ある特殊な治療技法の体系を別個に発見することが往々にしてあるということがある。同じ発見の優先権が自分にあるとする主張が競合するのは、珍しいことではない。

私の目標の一つは、ＭＰＤの謎を解き、力動精神医学と心理学の発達に実際的な貢献をし、中軸をなす精神障害としてＭＰＤを正当な歴史的文脈の中に位置づけることである。今後とも、ＭＰＤから得られるものは多く、ＭＰＤの果たす役割も今よりもいっそう、人間の意識のモデルの中心部をなすものになるだろうと私は思う。ＭＰＤは、人間の精神状態の可能性のひろがりについての洞察と、精神状態と身体との心理生物学的な結び付きにいたる入り口とをわれわれに与えてくれる天然の実験である。ＭＰＤの治療は精神療法の技術の自然な発展形である。それは「話をするという治療」がいかに患者を癒すかについて多くのことをわれわれに教えてくれる。われわれに必要なのは、ＭＰＤが「実在」するか否かという不毛な論争にかかずらわることでなく、ＭＰＤのもたらす課題に取り組んでいくことである。

本書の執筆を進めるうえで援助と支持を与えてくれたジュリー・グロフと、編集をしてくれたエヴァン・デレンゾに深謝いたします。長年にわたり助言と励ましをいただいたリチャード・ローウェンスタイン、ロバート・ポスト、デヴィッド・ルービナウ、リチャード・ワットに、心から感謝します。ＭＰＤについての理解を助けるために、自分たちの考え、感情、人生を私に分け与えてくれた、ＭＰＤを病む私の患者たちと友人たちには、とくにありがとうを言わせてください。

目次

序文　3

第一章　解離　13

一　解離の歴史　14
ジャネの業績／ジャネの今日性／解離についての関心の衰退／解離への関心の復活

二　解離の定義と記載　19
解離症状の原理

三　解離の機能　22
解離連続体／解離のもつ適応機能

四　ＤＳＭ―ⅢおよびＤＳＭ―Ⅲ―Ｒの解離性障害　26
心因性健忘／心因性遁走／離人症性障害／特定不能の解離性障害／多重人格

五　ＤＳＭ―Ⅲに含まれない解離性障害　31
催眠状態／夢遊状態／憑依状態／体外離脱体験と臨死体験／珍しい精神症候群

六　解離反応の形式に影響する因子　39
年齢／性

まとめ　41

第二章　多重人格性障害の歴史と診断基準　42

一　多重人格性障害の歴史　43

最初期の症例／多重人格の隆盛期（一八八〇～一九二〇）／多重人格性障害についての関心の衰退期（一九二〇～一九七〇）／独立した障害として多重人格が再登場した（一九七〇年～現在）
二　多重人格性障害の診断基準　56
各時代における多重人格の臨床像／多重人格の診断的定義
まとめ　66
第三章　病因、疫学、症候学　68
一　病　因　68
歴史的展望／小児期の心的外傷／多重人格の発達論モデル
二　疫学と統計　80
性／年齢／民族と社会経済的階級
三　症状のプロフィール　83
序論／精神医学的症状／神経学的・内科学的症状／症状プロフィールの経年変化／既往歴
まとめ　99
第四章　多重人格性障害の診断　101
一　患者の生活史の聴取　102
病歴聴取の難しさ／どういう質問をすればよいか
二　患者との面接における相互作用　116
三　診断手順　119

精神科的現症／一連の作業と観察の利用／長時間面接の利用／心理検査／身体診察
四　交代人格との出会い　125
いるかもしれない交代人格に出てくれと頼む／交代人格とのコミュニケーションの諸形式
五　診断の確定　133
患者と診断を共有する／診断に対する患者の反応
六　特別な場合　139
長期入院患者／心的外傷後および病的悲哀反応を有する患者／同僚や専門家
ま　と　め　142
第五章　交代人格　144
一　交代人格とは何か？　144
個性のさまざまな次元／交代人格の機能／経過と治療の進展とに応じた交代人格の進化
二　交代人格の類型　149
主人格／子ども人格／迫害者人格／自殺者人格／保護者および救済者人格／内部の自己救済者／記録人格／異性人格／性的放縦人格／管理者人格および強迫的人格／薬物乱用者／自閉的人格および身体障害のある人格／特殊な才能や技術をもつ人格／無感覚的あるいは無痛覚的人格／模倣者および詐欺師／悪魔と聖霊／オリジナル人格
三　交代人格のその他の側面　159
交代人格同士はどの程度お互いのことを知っているか／身体に対する交代人格の態度／名前と名付け

四　人格変換とそれを起こさせる機制　163
変換過程はどの程度コントロールされているか／人格変換の結果はどんな形になるか
五　人格システム　170
交代人格の数／人格システムの構造
六　患者のタイプ　175
七　男性患者と女性患者の違い　177
まとめ　178
第六章　治療の開始　180
一　治療についての治療者の懸念　180
MPDの医原性創出あるいは医原性悪化／暴力的な交代人格を誘い出しはしないかという恐れ／MPDの治療をする資格がないという懸念／治療環境への懸念
二　治療の概要　186
治療の課題／治療の諸段階
三　初期介入　193
四　初期安定化　197
治療契約の目的／契約違反に対する罰則の決定／契約の期間と終了／契約に関してよく問題になること／最初の契約
五　診断を受容させる　206

六　コミュニケーションと協力　209
原則／内部コミュニケーションを促進する技法／会話の話題——共通のゴールに向けての作業／内部の意志決定／人格変換のコントロール
七　治療の初期段階にありがちな陥穽　220
病的行為に対する過剰反応／現象としての多重人格性に入れ込みすぎること／ひいきの交代人格をつくってしまうこと／過去の心的外傷を時期尚早に追い求めること／初めての症例を失う恐れ／信—不信の循環／薬物療法に過度に期待すること
まとめ　226

第七章　精神療法における諸問題　229

一　境界のマネージメント　229
面接の頻度／面接時間の長さ／面接以外で治療者はどこまで相手をするべきか／特別面接
二　治療においてよく起こる問題と論点　233
コントロール／拒絶／秘密／罠とテスト／実際に何が起こっていたのか？／虐待者への怒りと理想化／虐待の再現／罪悪感と羞恥心／身体を取り合うこと／身体イメージの問題／他の多重人格者に会いたいという望み／人格システム内部でのエネルギー配分／アンビバレンス／洞察力
三　転移の問題　252
多重人格者における転移／多重人格者の転移をどう取り扱うか
四　逆転移の問題　257
患者とは誰のことか／患者のことをきちんと覚えていること／患者に対して「リアル」であるこ

と／患者は絶え間なく変わる／過去の心的外傷の具体的細部を治療するのは難しい／誘惑／リペアレンティング／世界一偉大なＭＰＤ治療者であるという幻想／多重人格患者に「悪口をいわれる」こと／同僚にどう思われるかという恐れ
まとめ　268

第八章　精神療法のテクニック　270
一　トーキング・スルー　270
二　断片から記憶全体を再構成する　272
三　相互評価法　274
四　多重人格との夢作業　276
五　内部の自己救済者（ＩＳＨ）　278
定義／ＩＳＨとの治療作業
六　日誌や日記の利用　281
七　内的迫害者人格の治療　282
内的迫害の種類／内的迫害者の起源と機能／迫害者と関係をつけること／迫害者の諸層
八　人格システムのマッピング　290
九　治療に対する抵抗　291
定義／抵抗の現れ方／抵抗を扱う
まとめ　298

第九章　催眠と除反応の治療的役割　299
一　催眠は医原的にＭＰＤを生み出すか　299
二　多重人格者をトランス誘導する　301
自発性トランス／催眠に抵抗を示す患者／誘導法
三　催眠を診断に利用すること　305
四　催眠療法のテクニック　306
トランス誘導・ラポール建設技法／健忘障壁貫通技法／除反応・ヒーリングの諸技法
五　除反応　322
治療的除反応の原理／除反応の導入／退行と再鮮明化／外傷的記憶の回復／除反応の終結／除反応された記憶材料の再統合／除反応作業に対する抵抗／除反応作業における治療者の役割／心的外傷は全部除反応されねばならないか
ま　と　め　344
第十章　補助的治療　346
一　薬物療法　346
はじめに／多重人格患者への薬物使用の一般的原則／薬物の種類
二　集団療法　354
不均質な集団療法／均質な集団療法／内部集団療法
三　ビデオ技法　358

ビデオ使用の一般的原則／患者がビデオを見ることの効果
四　家族療法　361
原家族の治療／配偶者および家族の治療
五　入院治療　369
入院治療を行う根拠／多重人格患者の入院によって生じる患者・スタッフ・人間的環境の問題点／多重人格患者の入院管理のために勧告すること／退院戦略
まとめ　382
第十一章　危機管理と治療的解決　385
一　危機管理　385
一般原則／特殊な危機のマネージメント
二　治療的解決　406
治療転帰データの不足／さまざまな治療予後／予後に影響する因子／融合および統合の技法／融合の失敗／ポスト融合治療
まとめ　437
訳者あとがき　439
文献　472
索引　489

第一章　解　離

今日、さまざまな精神障害において解離のもつ精神病理学的役割が新たな関心を呼んでいる。多くの特異的な解離性障害が見出され、診断基準が確立された[11, 13]。さらに、解離の過程が他の障害（たとえば、心的外傷後ストレス障害、不安障害、身体表現性障害、衝動性障害、性障害、そして境界性人格障害などの第Ⅱ軸の人格障害）にどう関与しているかが積極的に調べられている[26]。従来、解離性障害は心的外傷となる出来事に引き続く急性一過性の反応であると考えられてきた。慢性の解離症状は多重人格のような一次性の解離性障害にも存在するし、心的外傷後ストレス障害のように解離が大きく関与する病態生理学的過程にも存在するが、そのことが認められるようになったのは最近のことである。解離の過程は、心身現象の心理生理学的なメカニズムを探求する糸口として、また、自己感覚が成立する途上の重要な発達課題において心的外傷が引き起こす衝撃を理解するためのモデルとして注目を集めている。

一節　解離の歴史

一　ジャネの業績

解離の歴史を語る学者は、ピエール・ジャネ（一八五九〜一九四七）の業績から述べはじめることが多い [144, 358, 181, 153]。だが、ジャネは、自分はピュイゼギュールやベルトランなどの「磁気術師」たちの仕事を再発見したのであり、この先人に多くを負っていると、率直に述べている [100]。「磁気術師」たちの貢献と力動精神医学の源流については、エレンベルガー（エランベルジェ）によるすぐれた力動精神医学史『無意識の発見』（一九七〇）を参照していただきたい。解離についてのジャネの概念とモデルはヒステリーを意識の流れの断片的解体であるとするシャルコー学説からの影響もある [357]。しかし解離の性質を探究する臨床家・研究家の草分けはジャネであった。

ジャネは一八五九年にフランスの上層中産階級の家庭に生まれ、数々の国家資格に合格した秀才であり、フランスのエリート校である高等師範学校（エコール・ノルマル・シュペリウール）の学生であった。彼は哲学者として出発したが、当時催眠を科学的に研究しなおそうとしていたジャン=マルタン・シャルコーと非常に近い考え方をもつようになった。一八八三年にジャネはル・アーヴルの高校（リセ）で哲学教授の地位を得て、自分の学説にもとづいた症例研究をはじめた。ジベールという、地方の内科医が、離れたところから催眠にかかる能力のある患者レオニーをジャネに紹介した。ジャネはレオニーについて一連の実験を行って論文に書き、それをジャネの弟のジュールが一八八五年秋のパリの科学会で発表した。この最初の実験は、シャルコー、フレデリック・マイヤーズ、シャルル・リシェら高名な研究者や臨床家の関心を惹き、レオニーを実際に診察しようと多くの人がル・アーヴルのジャネのもとを訪れた。ジャネはレオニーについての研究結果をまとめた。この成功とそれに続くいくつかの著作によって哲学界と心理学界における彼の名声は一挙に高まった。

ジャネは一八八九年からパリに戻って医学研究を始めた。彼はいくつかの義務を免除されたので、サルペトリエール病院でシャルコーの患者の診察に多くの時間を割くことができた。この時期に彼は、症例マダム・D、マルセル、イザベル、アシールらについて研究を行い、症例レオニーとともに後の理論の材料とした。ジャネは、健忘、遁走、継時的複数存在（successive existences、交代人格を指す彼の用語である）、転換症状をもつ患者を研究し、これらの症状は、人格の切り離された部分であって独立して機能し発達しうるような（彼の概念では「意識下固定観念 subconscious fixed ideas」という）存在によるものであると考えた。ジャネが示したのは、症状や行動のもとになる解離された諸要素が過去の外傷体験に起源をもっていること、また、分離された記憶や感情は意識に上らせて治療することができ、さらに治療の中で修正が可能であるということである［100］。

ジャネは解離に関する理論をそれ以上に拡張して心のモデルまでを作ろうとはしなかった。世評のごとく、彼は自分の観察を注意深く記録し、その結果を控えめに解釈する、穏和で思慮深い人物であった［100］。彼はヒステリー現象と催眠現象の説明に留まり、それ以外の型の人格の性質や精神病理を解明しようとはしなかった［144, 89］。

二　ジャネの今日性

大西洋の西側では傑出した二人のアメリカ人学者、ボリス・サイディスとモートン・プリンスとがジャネによる解離の概念をさらに発展させた［153, 89］。偉大な心理学者ウィリアム・ジェームズの弟子であるサイディスは「被暗示性 suggestibility」の問題を探求した。彼は、どんな人にも二つの意識の流れがあり、それは「覚醒自己 waking self」と「覚醒下自己 subwaking self」という二つの自己をつくっていると結論した［89］。覚醒下自己にはモラルがなく、どんな行為でもやりかねないし、群衆に扇動され情動的な力に非常に影響されやすく、自身の意志や目的というものはない、とサイディスは考えていた。

モートン・プリンスは『異常心理学雑誌』の創刊者であり、ボストンの心理学者仲間ではリーダー的存在であった。彼はジャネの考えをいちはやく吸収し、それを基礎にして解離についての独自の仮説を打ち立てた。プリンスは「下意識 subconscious」というジャネの用語を「共意識 coconscious」と置き換えることを提唱した。彼はこのことばの方が、第二意識が共同作業をする同時性をもっと明確に表現できると考えたのである [89]。プリンスはまた、健忘の重要性をさほど強調せず、解離モデルにおいて決定的に重要な要素は一人の中に二つ以上のシステムが同時に活動していることであるとした。彼は多重人格者ミス・ビーチャムの治療によって有名であり、それを『人格の解離』(M・プリンス、一九〇六)の中で詳しく述べた。

ウィリアム・ジェームズはジャネの考えにすっかり魅了されて、一八八六年のローウェル講演でジャネの業績を詳細に論じているほどである [339]。ジェームズは講義の第一回目を次のようなことばで締めくくっている。「こころはさまざまな精神的要素の結び付きを含んでいるのであろう」[339, 35]。ジェームズは英国人フレデリック・マイヤーズの仕事も重視しており、解離現象の研究を続けていくうちに第二の自己の存在を仮定するようになって、それを「識域下自己 subliminal self」と名付けた。サイディスのいう「野獣的自己 brutal self」と比べて、マイヤーズのいう第二の自己はその人の真の自己であり、より大きな自己である。意識的自己つまり「識域上自己 supraliminal self」は世界内存在として不可欠な活動を行うのに必要ではあるが付随的な意識の流れにすぎない [89]。ジェームズは解離についてのこの二つの理論を統合して一つのモデルを作り上げ、それによって催眠、自動症、ヒステリー、多重人格性障害、悪魔憑き、呪術、天才などを論じた [339]。

三　解離についての関心の衰退

ジャネやプリンスや彼らの同時代人たちは解離現象について実験的アプローチを採った。彼らの実験のほとんどは特殊な解離能力を示す症例一つに限定されており（症例の多くはDSM－Ⅲの診断基準に照らせば多重人格にあたるだろう）、対照群を欠いていた。当時の典型的な実験は、解離の達人の能力に焦点を当てており、足し算をしながら詩を書くなどの複雑な課題を同時に二つ以上させてみるというものだった。プリンスの初期の実験の関心は、同時的な「共意識」のプロセスが実際には意識的であって、たんなる自動的な生理学的過程ではないことを立証することにあった。しかし、プリンスは共意識過程の活動が別の共意識の働きに影響を与えることを知っていた。「多くの場合、たしかに主要な知性体の思考の流れに停滞があり、このことは第二の知性体の活動が第一の知性体の自由な思考の流れを抑制する傾向があることを示している」[271, p. 411]。

しかし、ジャネの後継者たちは解離の必要条件として、同時に遂行される二つの働きの間には「不干渉」の原則がなくてはならないとした。ロマーナ・メッサーシュミットは、クラーク・ハルの指導下で注意深く実験した結果、意識と潜在意識の同時的な働きの間には密接な影響関係が存在することを説得力をもって示した[234]。メッサーシュミットの用いた課題は二つが対になっていた。音読（意識）と連続加算（潜在意識）、声に出す連続加算（意識）と自動書記による連続加算（潜在意識）などである。組み合わせ課題はいずれもが、同じ課題を単独に意識的方法で行った時よりもはるかに大きな動揺を示した。メッサーシュミットの実験は各課題に至適な解離障壁を設けていないと批判された[104, 358]。しかし、後にヒルガードらの自動書記に関する研究[153]が現れるまで、この問題の実験的探求は彼女の結論によって終止符が打たれたのである。

一九三〇年代になると、解離は正統的科学の研究対象ではなくなり、臨床的にはぱっとしない現象に格下げされてあまり問題とならなくなった。メッサーシュミットの研究にも責任の一端はあるのだが、それ以上に精神医学における他の分野のめざましい発展が精神病理学の中から解離モデルを一掃し、同じ現象が抑圧という精神分析的見地から解釈し直された。解離モデルと精神分析モデルの抗争は、ヒステリーのメカニズムの理解がジャネ理論からフロイト理論寄りになっていく中で始まった。ジャネは『ヒステリー研究』の書評の中で「私がずっと以前に発見したことを、最近ブロイアーとフロイトという二人のドイツ人が確認してくれたことを知ってうれしく思う」[339, p. 63]と述べている。一方、精神分析家たちは催眠を用いる臨床家たちが報告した二重人格ないし多重人格などにお目にかかることはなく、これらの交代人格は催眠によって治療者が知らず知らずにあるいは故意に引き起こした人工産物であると反論した。

解離症状は一九三〇年代にも確認されており、エイベルスとシルダー（一九三五）による心因性同一性喪失の研究やキャンザー（一九三九）による健忘患者の症例収集などが目立った臨床研究であった。しかし、受け入れがたい観念、感情、記憶、衝動を覚醒意識と自発性想起から排除しているのは無意識を防衛する機能である抑圧だと考えられるようになった。このメカニズムは力動的無意識というフロイト思想の中核となるものである。健忘やヒステリー症状は耐えがたい感情や衝動から個人を守るために抑圧という過程が発動した結果であると考えられた。解離症状の公式化の多くはフロイト的力動概念に基づいてなされるようになったのである[248]。

四　解離への関心の復活

解離への関心が復活したのは、いくつかの潮流が一つに合流してきた結果である。臨床的には解離症状とりわけ多重人格性障害（ＭＰＤ）の診断が増え続けている。心的外傷後ストレス症候群についての現在の関心もまた、それ以外の障害における解離症状の役割についての注目を促した。児童虐待は慢性解離症状の主要原因の一つであるが、ここ数年間に劇的なほどの勢いで社会的注目を集めており、心的外傷によって引き起こされた解離症状が広く認知される素地となった。実験的にはＭＰＤの生理学的研究［274, 279］およびヒルガードの著作［153, 154］、「隠れた観察者現象 hidden-observer phenomenon」についてのその他の研究などが刺激となって、実験室内の解離研究に再び目が向けられるようになった。催眠に対してもまた、治療の手段としても、心的外傷によって引き起こされたある種の精神症状に関連する特性としても、改めて関心が寄せられるようになった［117, 167, 262］。

二節　解離の定義と記載

権威者の大部分は、解離にはマイナーで非病的な型もメジャーで病的な型もあるということを認識していた［329, 357, 153, 248, 222］。多くの著者はこのような解離の型の違いの底には、白昼夢のような日常生活のマイナーな解離から多重人格のようなメジャーで病的な解離にいたるまでの一続きの連続体があるという考え方をしている［26］。だからたいていの解離の定義はなによりもまず、どういう場合に個人の意識、同一性の感覚、あるいは行動が異常かつ（または）病的な過程を現すほどまでに解離されているとするべきかという線引きを行うことに重点を置いている。

従来、解離を呈する症例の個別例が病的か否かを決定する鍵となる要素とはなにかという問題は、さまざまな権威者が、解離過程のそれぞれ別の面をこれこそがそれだと唱えてきた。最近になると、解離を定義する決定的な点は正常な統合機能の分断であるとされてきた。ウェスト（一九六七）は解離を定義して、「情報――入力、貯蔵、出力――を通常の（あるいはそうあるべき）連合体に統合させないように積極的に逸脱させる心理生理学的過程」［357, p. 890］と述べている。このような体験のすべてが病的であるわけではないことは認めながらも、解離反応とは「個人の思考、感情ないし行動においてあきらかな変容を引き起こす体験あるいは行動状態であり、その結果、ある期間にわたって正常というか論理的には他の情報に連合ないし統合されるはずの情報がそうされなくなることである」[357, p. 890] と、ウェストは定義している。

一　解離症状の原理

ジョン・ネミア（一九八一）はほとんどすべてのタイプの病的解離の機制を可能にする二つの原理を提出している。第一の原理は、解離反応を起こしている人は同一性感覚の変容を体験するということである。この同一性の障害はさまざまな形態をとる。たとえば、名前や年齢などの自己についての情報の完全な健忘は、心因性健忘や遁走状態で生ずるものであるが、もし別個の独立した同一性の系列が存在すればＭＰＤということになる。第二の原理は、解離の間に生じた出来事の個人的な記憶が障害されるということである。この記憶の障害には完全な健忘からものごとのかすかなあるいは夢のような想起という型までの幅がある。この二つの原理はＤＳＭ－Ⅲとその改訂版（ＤＳＭ－Ⅲ－Ｒ）で解離性障害の定義に採用されているが、解離の要素があると疑われる症状を吟味するときにも臨床的に有用であることが多い。

第三の原理は解離反応の研究から明らかになってきたもので、解離性障害の大部分が心的外傷によって引き起こされるということである [276]。戦時の健忘症候群は心的外傷と解離反応との結び付きをもっともよく証明するものである。極限のストレスを受けている間の健忘、激しい疎隔感、離人感などの解離現象、体外離脱体験、出来事の夢様想起――系統的に質問されれば戦闘参加帰還兵がこういった体験を報告するのはごく普通のことである。私は七〇人以上の戦闘参加帰還兵を治療した経験をもつが、彼らがあやうく死にかけたと思ったときや相手を殺したときに非常な疎隔感と離人感を体験したと述べるのを何度も聞いたことがある。戦闘体験に部分的ないし完全な健忘のある戦闘参加帰還兵は相当の割合にのぼる [147, 15]。執拗に持続する疎隔感に加えて、フラッシュバックや除反応のような積極的な解離現象も，戦争によって引き起こされた心的外傷後ストレス反応の一部分としてしばしば生じている[106]。戦時の解離症候群は，一般には心因性健忘や心因性遁走反応であるが，その発生率はすべての精神科戦病兵のうち五〜一四％と見なされている[147, 307, 344, 133, 111]。これと対照的にカーシュナー（一九七三）は，平和時の軍隊では解離反応は精神科患者の一・三％であると報告している。戦闘関係者のストレス強度と解離反応の頻度との間に直線的な関係があると報告する著者も何人かある[307, 147]。

平和時にも，心的外傷となる出来事（通常は心理的外傷）と解離反応の間に同様の関係が観察されている[p. 1, 175]。エイベルスとシルダー（一九三五）は心因性健忘患者をベルヴュー病院において供覧した古典的研究において，「ある種の不快な葛藤，財政問題か家族問題かが健忘の直接的原因として重要である」[1, 603]と述べている。心因性遁走症候群の総説では，心的外傷の直接的契機を大きく三つに分類している。第一に，危機と闘うことも危機から逃れることもできない状況[27, 112, 224, 149]。第二に，重要な対象人物の喪失あるいは喪失の恐れ[127, 126]。第三に，自殺や殺人の衝動のように圧倒的でパニックを引き起こすような衝動体験である[112, 333, 334]。

離人症候群が，重大な心的外傷を体験した人にしばしば生じるという確実な証拠がある。たとえば，強制収容所への収容監禁のような持続的な生命脅威的体験後の生存者には高率に離人症候群が生じる[39, 118, 202, 162, 99, 28]。離人症候群と心的外傷体験を結ぶ証拠となる第二の例は，ノイスらの仕事にもとづいた，生命脅威的な危険に対する急性の心理反応である[251, 250, 252]。彼らは，生命脅威的な危険を体験した人の約三分の一に生じる「一過性離人症候群 transient depersonalization syndrome」の存在を明らかにした。フラートンら（一九八一）は，重度の脊髄損傷を受けた外傷患者にも同様の一過性離人症候群があり，損傷が重症であるほど高率に発症するということを示した。ノイスらは生命脅威的な体験に伴う離人症体験と精神科入院患者の訴える離人症体験とを比較して，この二つの体験は本質的に同じものであると結論したが，事故の犠牲者は覚醒度を高めるような反応をする傾向があるが，精神科患者は離人症体験の間には心的過程の鮮明度低下が起こると話してくれる。

いずれ第三章で述べるが、ＭＰＤの発症と小児期ないし青年期早期の重症反復性の心的外傷とには関連性があるという強力な証拠がある。小児期の心的外傷はまた類催眠状態の発生に寄与する因子であると考えられてきている。これらの例外的意識状態はヒステリーには不可欠であると、すでにブロイアーとフロイトが『ヒステリー研究』（一八九五／一九五七）に記載している。精神分析を信奉する多くの著者が、患者における類催眠状態は性的虐待などの小児期早期の心的外傷と関係があるのではないかと述べている [213, 97, 317]。

三節　解離の機能

解離とは本来心的外傷体験を処理するための防衛として用いられている正常過程であり、時がたつにつれて不適応的過程ないし病的過程に発展するという仮説ははるか以前からさまざまな形で表現されている。ラドウィッグ（一九八三）によると、「解離反応が広範に認められ、かつ多くの形式や現象形態をもつ現象であるということは、これが人間に与えられた重要な機能であり、生存のために非常に重要な役割を果たしているという考えを支持するものである」[222, p. 95]。解離に適応的な価値があるというこの考え方は、ＭＰＤの記述モデルの多くにおいても唱えられている [56, 190, 328]。

一　解離連続体

解離は適応的な機能であるという考え方の中心には、さまざまな解離現象の底には一つの連続体が存在し、解離の強度や頻度がある限度を越えるとき、または不適切な状況で出現するときにのみ不適応が生じるという考えがある。

ジャネは解離現象に関する著作の中で、意識的自己の支配力から解離された下位システムは「正常範囲をこえた異常な分離」であることを強調している[358]が、彼の同時代人は、解離は正常過程であり、一定の状況下においてのみ病的となるだけだと考えていた。たとえば、モートン・プリンス（一九〇九b／一九七五）は、解離とは「正常の精神神経機構を支配する一般原理の一つであり、非常に目立った形のものだけが病的である」と規定している[279, p. 123]。テイラーとマーティン（一九四四）は多重人格についての浩瀚な総説の中で、正常体験（たとえば白昼夢）から多重人格に至る一つの連続体が存在するという考えを述べている。その後に同様の理論を述べる著者が出てきた[243, 329, 292, 233, 129, 20, 56, 306]。『分裂した意識――人間の行動と思考における多重支配』（一九七七）によって心の「新解離」理論を提出したヒルガード（一九七七）は、正常解離から病的解離への連続性という考え方を支持する、おそらく現代ではもっとも有力な人物である。彼の観察では「日常生活をさがせばたくさんの小さな解離でいっぱいである」[152, p. 406]。

解離の連続性という考えを支持する根拠となる証拠が二つある。第一の証拠は、正常人における催眠感受性 hypnotic susceptibility（被催眠性能力 hypnotizability といわれることも多い）[355]の分布に関する研究である。催眠感受性は潜在的解離能力と密接に関連づけられてきた[331, 328, 31, 32, 56]。多くの研究において、研究対象の催眠感受性の分布には特有のカーブがあることが証明されている。このカーブの形は催眠感受性を測定する物差しの種類によって変わり、テスト状況によって左右される（臨床場面と実験室とでは別々の結果が出る）[116]。催眠感受性の分布に関する研究はすべて、正常人においてもこの能力は一つの連続体の上に乗っているということを証明している。

解離体験の連続体性という概念、すなわち、解離体験には白昼夢とか会話中に「上の空になる」体験、「高速道路催眠 highway hypnosis」などの日常生活の単純な解離から、健忘や遁走エピソードなどのメジャーな解離現象までの拡がりがある――という考えを支持する第二の証拠は、解離体験尺度 Dissociative Experiences Scale（ＤＥＳ）

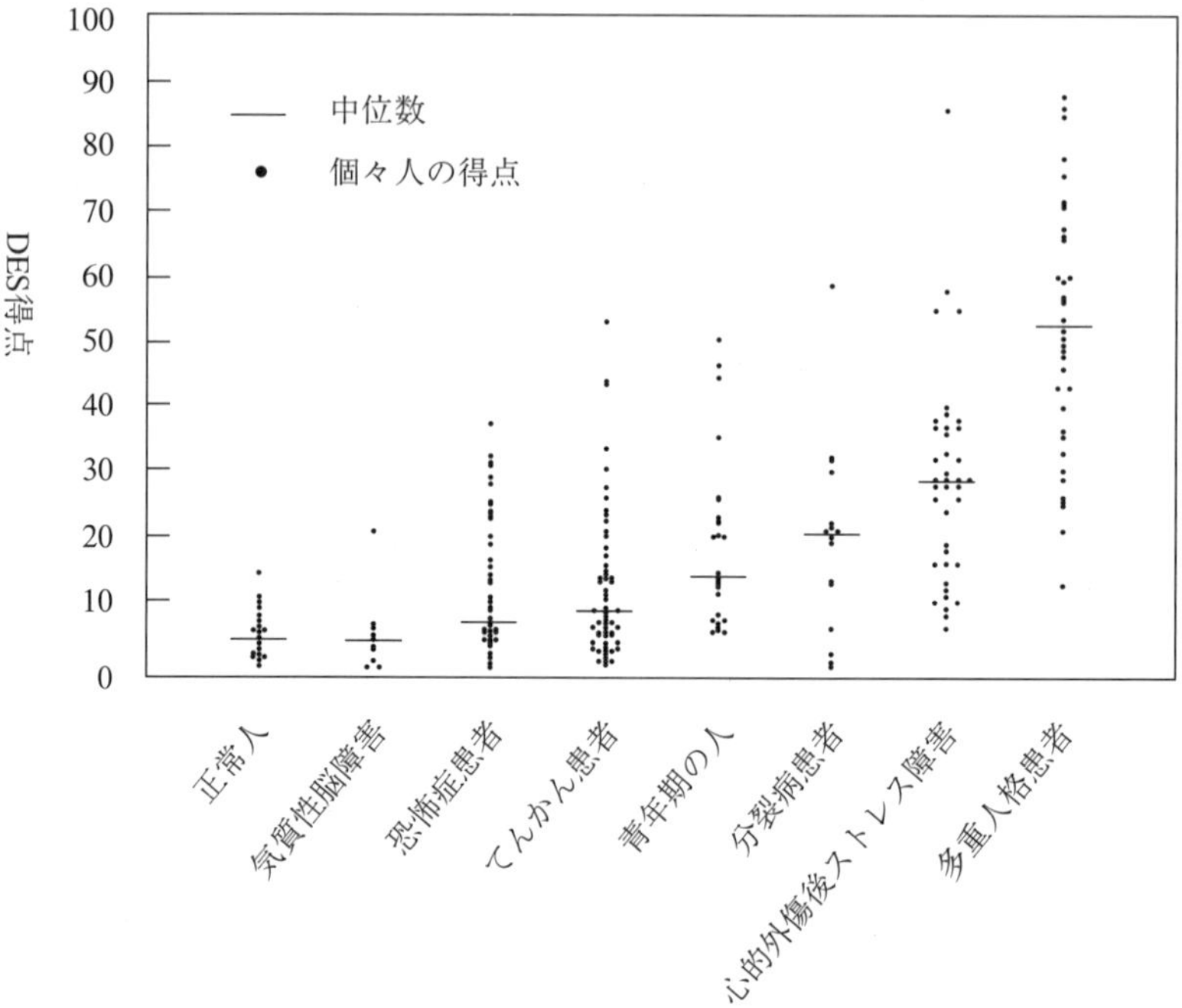

図1—1　いくつかの研究の対象集団に属する個人全員の解離体験尺度（DES）得点の分布

[26] を用いた調査である。DESは自己記入式の短い質問紙であり、被験者は、それぞれ特定の解離体験や離人体験が生じる頻度を一〇〇ミリメートルの直線のアナログ・スケールの上に印を付けるという方法で答えるように求められる。このスケールは検査・再検査の信頼性（すなわち再現性）が高く、また正常か異常かをきちんと二分する上での信頼性にも優れ、さらに診断基準とも高い相関を示す[26]。

図1—1は、正常成人および青年から多重人格患者までの一連の対象群についてのDESの点数にもとづく、解離現象連続体を示すものである。精神科患者である場合にはすべてDSM—Ⅲの基準に照らして診断されている。実線は各々の疾患群でのDESの中央値を示し、点線は各個人の点数を表している。それぞれの対象群の中央値が段階的に増加するありさまは、対象群がそれぞれ異質である

にもかかわらず解離体験が重複部分を次第に増大させつつ連続的に移行する一つの連続体をなしていることを証明している。DESでもっとも高得点を示すのは多重人格患者（MPD）である。すなわち、MPDとはそれ以外のDSM－Ⅲ／DSM－Ⅲ－Rの解離性障害に見られる解離症状のほとんどすべてを含む慢性解離性障害である［284］。

正常の青年期群がDESで比較的高い点数を示すことは、別の質問紙法を用いて青年期の離人感の発症率を調べた諸研究と一致している［295, 311, 139, 244］。青年期の人は内的、外的刺激に対して「上の空になる」体験をしばしば報告し、また、自己同一感覚が状況依存的に変動すると報告する傾向がある。ティーンエイジャーを子にもつ親なら驚くにあたらない（はずの）所見ではある。

二　解離のもつ適応機能

解離過程が状況への適応過程という側面をもつことは――極端な心的外傷に対する反応の場合はなおさらそうであると――心的外傷の犠牲者にも［28, 119］、心的外傷の犠牲者の治療者にも［118, 32, 56, 187, 328］認められてきた。フランケル（一九七六）は『催眠――対処メカニズムとしてのトランス』という画期的な労作において、「解離／催眠機制」は、破局的な心的外傷に直面した人を守るためだけのものでなく、日々のストレスに対処するために重要な役割を演じているという事実を概説した。ラドウィッグ（一九八三）によれば解離過程の果たす適応機能には次の七つがある。

解離は、解離性ヒステリー、催眠性トランス、霊媒性トランス、多重人格、遁走状態、霊的憑依、高速道路催眠など、さまざまな形の意識変容を基底にもつ基本的な心理生物学的メカニズムである。このメカニズムは個人および種の生存のために非常に有利なものである。ある種の条件下では解離は七つの主要機能を行いやすくする。⑴ある種の行動の自動化、⑵仕事の能率向上と経済化、⑶和解できない葛藤の溶解、⑷現実の拘束からの逃避、⑸破局的体験の切り離し、⑹ある種の感情のカタルシス的排泄、⑺群れ感覚の増強（たとえば、個人の自我をグループのアイデンティティや個人を超えた被暗示性（の世界）などの中に埋没させる）[222, p. 93]。

四節　ＤＳＭ－ⅢおよびＤＳＭ－Ⅲ－Ｒの解離性障害

ＤＳＭ－ⅢおよびＤＳＭ－Ⅲ－Ｒは解離性障害を⑴心因性健忘、⑵心因性遁走、⑶離人症性障害、⑷多重人格の四つに分類している。これに加えて非定型的な解離を呈する障害を何でも投げ込むためのカテゴリーがある[11, 13]。しかし、臨床実践においてはこれらの障害の区別がはっきりしなくなることがあっても不思議ではない。継時的あるいは同時的に複数の障害の症状を示す患者がいるからである。たとえば、多重人格患者が、心因性健忘を示し、遁走エピソードを体験し、長期間の離人症が何度かあったことを報告してもおかしくない[284]。それだけではなく、ＤＳＭ－ⅢおよびＤＳＭ－Ⅲ－Ｒの解離性障害の他に、それ以外の多数の解離状態（たとえばさまざまな類催眠状態）や解離症状（たとえば除反応）が多年にわたって臨床的文献に記載されている。

一　心因性健忘

心因性健忘とは重要な個人情報が突然思い出せなくなることであり、それは通常の物忘れでは説明できないほど広い範囲にわたり、しかも器質性精神障害に関連していない[13]。たいていの場合、失われる個人情報にはその人の同一性が入っており、名前、年齢、未婚／既婚の別、職業、個人的生活史が入っていることが多い[289]。通常、一般知識の蓄積は失われず、このことが器質性精神障害とあざやかな対照をなしている。器質性精神障害では一般知識が真っ先に失われ、個人的な情報は最後の最後まで保存される。心因性健忘の患者は、自分が重要な個人情報を思い出せないという事実を自覚しているのが普通であるが、しかも自分の欠損に対して古典的な「美しき無関心 la belle indifférence」を示すことがありうる。

心因性健忘は記憶想起の障害に基づいていくつかのタイプに分類されてきた。「局在性 localized」あるいは「限定性 circumscribed」健忘とは、ある限られた期間の出来事すべての想起不能のことである[11]。ＤＳＭ−Ⅲにはこれが心因性健忘のもっとも一般的な形であると記載されているが、こういう症例はめったに論文に出てこない。「選択性 selective」健忘はある限られた期間の出来事のすべてではなく部分的な想起不能である。「全般性 generalized」健忘は生活全体にわたる個人の重要情報の記憶喪失である。これは臨床的な文献でもっとも報告例の多い型である。「持続性 continuous」健忘は過去の全生活史を含み現在まで連続する記憶想起障害である。

どの解離性障害がどのくらいの発症率であるのかはまともなデータがない。心因性健忘は病院の救急外来で見られるもっとも一般的な解離反応であるという記述もある[248]。エイベルスとシルダー（一九三五）は、ベルヴュー病院精神科に入院した全患者の〇・二六％が心因性健忘であったと報告している。心因性健忘の発症率は戦場の兵士ではもっと高率であり、第二次世界大戦の太平洋戦線および北アフリカ戦線では各々五％と八・六％の発症率であった[344, 147]。

心因性健忘の発症は、突発性で、また通常は外傷体験の直後である。患者は異常な身体感覚、めまい、頭痛、離人感などを体験する。経過はおおむね短期で、始まりと終わりがはっきりしており、典型的には数時間から数日続いた後、しばしば自然に回復する[11, 1]。まれに、健忘が数カ月続く例もある[1, 175, 178]。催眠面接や薬物を利用した面接によって、しばしば、失われた情報が回復し、心的外傷となった出来事が除反応される。エイベルスとシルダー（一九三五）は、自験例の約四分の一は過去に少なくとも一回の健忘エピソードを経験していると報告している。

二　心因性遁走

心因性遁走とは、突然、不意に家や職場から遠くへ旅立ってしまい、過去を思い出すことができないが、器質性精神障害は存在しないものをいう [1]。しばしば新しい同一性をよそおっている。DSM－ⅢおよびDSM－Ⅲ－Rには、この新しい同一性はしばしば馴れ馴れしく人おじしなくて、もとの同一性ほど抑制的でないと書かれているが、他の権威者たちの観察では、この第二の同一性はしばしば物静かで退屈な人物である [165, 248]。

遁走状態での旅は目的のない彷徨の形をとることもあるが、たいていは合目的的であるようにみえるし、公共の交通手段を利用することがあってもよい。偶然見かけた人はその人の行動になんの奇妙な点をも認めないのが普通である。シャルコーの考えでは「遁走について非常にふしぎなのは、患者はその旅のそもそもの始めに警察に止められないようにうまく工夫して切り抜けるということである」[288, p. 201]。ジャネは遁走状態にある人を記載して次のように述べている。

実際に彼らはまったくのせん妄状態にある狂った人である。にもかかわらず、鉄道の切符を買い、食事をし、ホテルに泊まり、何人もの人と言葉を交わす。ちょっと変なようすだった、すなわち何かに没頭していて夢をみているようだったとか言われることもあるにはあるが、結局、彼らが狂った人であるとは認められない [288, p. 201]。

心因性健忘患者が記憶喪失を自覚するのに対し、遁走患者は自己に関連した情報を失っているのに気づいていないのが普通である [289]。典型的な遁走状態の患者は第一の自己の記憶をもっていない。第一の自己の同一性を回復したとき、交代に遁走中の出来事についての健忘が生じることが多い。

遁走エピソードはさまざまな器質性精神障害たとえば側頭葉てんかん[231]や中毒あるいは中毒からの離脱状態[320, 2]においても生じうる。そのため、徹底的に内科的および神経学的検査をしなければならない。遁走はMPDのありふれた症状でもある。鑑別診断に際してはMPDである可能性をつねに念頭に置いていなければならない[284]。遁走の発症率は全くわかっていないが、権威者にも、よくあると考えている人[320]もあれば、稀であると考えている人[27]もいる。戦時下や大自然災害のときに発症率が著明に増大することはよく知られている[11, 276]。心因性遁走では通常、遁走の発症直前に急性の心的外傷となる誘発因子がある[276]。

三　離人症性障害

離人感が障害となるのは社会的ないし職業的能力障害[11]、あるいは非常な苦痛[13]を引き起こすようなエピソードを一回以上経験した場合である。離人体験には、非常な非現実感を感じるような自己感覚の変容がある。すなわち、夢の中にいるような、機械になったような、死んでいるような、自分が自分でないような、などと表現される、正常状態からの著明な変化である。感覚麻痺、異常感覚、身体のサイズの感覚や身体の部分の感覚の変容、大視症あるいは小視症、あるいは自分の体から外に出て離れたところから自分を見ているとか、上から見下ろしている体験といった感覚の擾乱がしばしば存在する。また受動的な被影響体験のある患者もいる。その結果、患者は支配されていると感じたり、あるいはある種の機能（たとえば発話）が自分のコントロールを離れて「それ自身の心」をもつように感じたりする。

患者は記憶が夢であって、時には空想と区別できないということもある。だから、あることが実際に起こったのかどうかが当人には不確実になる。患者が離人状態にあるとき、過去の記憶は遠い昔に誰か別の人に起こったことのように体験される。正常の状態に戻ると、離人状態の時に体験した出来事を思い出しにくくなっているか、あるいはそのときの記憶の質が夢のようであるという人が多い。

離人症性障害という診断をしてもよいのは、離人症を症状の一部にもつような別の障害がないときのみであると考えられている [11, 13]。症状としての離人症は広い範囲の精神科的あるいは神経科的疾患に見出される。たとえば精神分裂病、うつ病、恐怖および不安状態、強迫性障害、物質乱用、断眠、側頭葉てんかん、偏頭痛である [276]。一過性の離人感は、いわゆる正常人とくに青年期の人にも普通に見られる [295, 98, 311, 139, 244]。フロイトでさえ自分の離人体験を報告している [120, 332]。離人感は診断名にかかわらず全精神科患者の約一五〜三〇%に存在する [276] が、離人感がなぜこのように広く存在するかというその性質を一元的に説明することはできない。もっとも、この章の冒頭で述べたように、離人症候群はしばしば長期にわたる心的外傷の既往と連合している（たとえば、強制収容所体験である）。

離人症性障害の発症は通常突然で、回復はたいてい段階的である。離人症候群患者の約一〇%のみが執拗な持続的離人感を訴える [276]。離人症候群の発症にはめまいや失神発作がしばしば伴っている [248]。自分が自分でない感じだけではなく、一種の非現実感、あるいは外界からの疎隔感がしばしば存在するが、非現実感は離人感とは独立にそれだけが生じることもありうる。

四 特定不能の解離性障害

特定不能の解離性障害とは、ＤＳＭ－Ⅲ／ＤＳＭ－Ⅲ－Ｒで決められた解離性障害には当てはまらないが、同一性、記憶、あるいは意識を正常に統合する機能の解離性変化という特徴をもつ多くの解離現象を入れるための残り物入れのカテゴリーである [13]。ＤＳＭ－Ⅲでは、このカテゴリーは非定型解離性障害と呼ばれていた。ガンザー症候群とは、健忘、失見当識、知覚障害、遁走、転換反応のような症状をしばしば示す病態であるが、これもＤＳＭ－Ⅲ－Ｒ

ではこのカテゴリーに入れられている。ココースら（一九八四）はガンザー状態のデータをまとめているが、それはこれが解離性障害であることを思わせるものである。

五　多重人格

多重人格は、ＤＳＭ−Ⅲ−Ｒでは多重人格性障害（ＭＰＤ）と新たに命名された[13]が、これがこれから述べていく本書の主題である。この複雑で慢性的な病態にはこれ以外の解離性障害のもつすべての要素があってもよいのである。この障害の定義およびＤＳＭ−Ⅲ／ＤＳＭ−Ⅲ−Ｒの診断基準は第二章と第三章で論じよう。

五節　ＤＳＭ−Ⅲに含まれない解離性障害

一　催眠状態

ブロイアーは、催眠類似状態とヒステリーとの関連を最初に認めた人としてメビウスの名を挙げている。『ヒステリー研究』（一八九五／一九五七）という古典の中で、ブロイアーとフロイトはその命題を拡張し、まず「予報」において催眠状態はヒステリーに不可欠の要素であるという考え方を予告しておいた。この線を押し進めて、フロイト（一八九三、一九二四）は次のように書いている。

> 実際、この現象にわれわれが専念すればするほど、われわれがますます確信を強めるのであるが、それはよく知られた二重意識 double conscience の古典例において意識の分裂がどのヒステリーにも萌芽的様態で存在しているということであり、また、

この解離傾性、またそれとともに類催眠状態ということばで一括される異常意識状態を生み出す傾性がこの神経症の基本的現象形態の一つであるということである。[121, p. 34]。

すべての類催眠状態と催眠との共通点が一つある。それは、このような状態で出現する観念はきわめて強烈な感情に彩られていながら、しかも残りの意識内容との連絡が切り離されているということである。これらの類催眠状態同士は互いに連合しあうことができ、そうなることによって類催眠状態に属する観念は寄り合って一つの心理的構造体になるのである。もっとも、その構造物の完成度はいろいろである。[121, p. 35]。

フロイトは、ブロイアーと決別した後、実際に親によって小児期の性的外傷が引き起こされるというブロイアーの考えを棄て、また類催眠状態がヒステリーに不可欠な症状項目であるという考えを斥けた [100]。ヨーロッパで類催眠状態への関心が衰退したのは、フロイトが催眠を棄て、治療技法として自由連想法を採用した後である。米国ではもう十年間、モートン・プリンス、ウィリアム・ジェームズとその同時代人たちがこの催眠状態とその精神病理学における役割について研究を続けた。

精神分析学者たちで、ある種の患者の類催眠状態の観察を続けていた人たちがいた。フリース（一九五三）は、類催眠状態は性的感情から逃れるためのメカニズムであるという仮説を立てた。ブレンマンら（一九五二）は、類催眠状態における意識の動揺はいろいろな攻撃衝動に対する一種の防衛として作用しているのではないかと述べている。ロワルド（一九五五）は、類催眠状態はヒステリーのメカニズムの本質部分の一つである「幼児期の自我状態 an early ego state」に等しいと述べた。ディックス（一九六五）は、類催眠状態は一種の自我防衛であり、この状態は心的外傷に富んだ小児期に防衛機制として発生すると注記している。シルバー（一九七九）も同意見であり、類催眠状態の起源は小児期の性的心的外傷とその周辺にあると報告した。類催眠状態ないしトランス様状態は、現代の研究者たちによって、小児期と青年期にみられる早発性のMPDの有力な予測因子であることがわかった[101, 107, 188]。

二　夢遊状態

夢遊状態 somnambulism は伝統的に初期の解離性障害のリストに載せられることになっていた。夢遊病者たちは一八世紀末から一九世紀まで多くの論議の的であり、多くの物語に取り上げられた。夢遊病者たちは夢中遊行エピソードの間に、川で泳ぎ、壁を登り、屋根から屋根を渡り歩き、詩を書く能力があるとして評判になった[100]。もしこういう行為の途中で覚醒させれば生命の危険があると一般に信じられてきた。初期の磁気術師ピュイゼギュールは、人為的に夢遊状態に導入したり離脱させたりする能力で名声を得ていた。エリック・カールソンは一九世紀初頭の夢遊病者の面白い話をいくつか出版している。たとえば、ジェイン・C・ライダー[66]は、夢遊エピソードの間、夜間視力が超限的に増大したし、レイチェル・ベイカー[319]は夢遊状態で説教をしている。

夢遊状態は近年、睡眠覚醒障害の一つとして定義しなおされている[11]。この新しい概念は大部分、ケイルズと共同研究者による業績にもとづいたものである[169, 170, 168, 171]。ケイルズらは夢遊状態を「解離された意識状態の一種であり、睡眠状態と覚醒状態とにみられるいろいろな現象が結び付いて一つになっているものである」[171, p. 1406]と定義した。

実験的研究によって、夢遊状態はおもに睡眠の最初の三時間で一般には睡眠の第三相あるいは第四相に出現することが示されている。典型的な場合では当人はベッドの上に上半身を起こして座り、それから立ち上がってベッドを出て歩きまわる。共同運動は通常拙劣で、その人はロボットのようになっている（たとえば、ぎごちなくゆっくり動く）。目は開き、表情は虚ろである。着衣や食事などの複雑な行為が実験室内でも観察されている。この行為は通常場違いで、周囲をまったく意識していないことがわかる。夢遊状態の人は目覚めさせるのが難しく、徐々に意識を取り戻す。ほとんどの場合、夢遊エピソードの完全な健忘がある。一晩に一回以上のエピソードがあることはまれである [171]。

夢遊状態は小児期にはありふれたものである。典型的には一〇歳ごろに消失し、成人にはまれである [171]。成人になっても続くような夢遊は、発達途上で消失する夢遊よりも、一般には発症年齢が上である。夢遊の家族性発症率は多少平均よりも高いと報告する研究者もあり、遺伝素因が想定されてきた [171]。成人の夢遊の発症にはしばしば主要な生活上の出来事が関係しており、かつて夢遊の既往があったと認められることはあまりない [171]。発達途上で夢遊が消失した人よりもケイルズら（一九八〇）は成人の夢遊病者には精神的病理が露呈していること、特に攻撃性の処理が困難である場合が多いことを発見している。

ところが、夢中遊行がＭＰＤの臨床症状の一部であることもある。私がよく知っている二つの症例では、最初、親が夢遊ということで相談に来られ、夢遊病として治療されていた。この二人の患者がＭＰＤであるとわかったのは後になってのことである。二人の夢遊現象は、交代人格、中でも子どもの交代人格が夜間に出現するために生じていた。交代人格は小児期の心的外傷を除反応したり、禁圧されていた衝動を行動化していたのだった。どちらの患者もこの夢遊エピソードの間じゅう極度に複雑な行動をしていた。たとえば、公衆電話から治療者を呼び出したり、物を盗んだり、庭仕事をしたり、複雑な構造物を建てたりした。

三　憑依状態

憑依状態 possession states はきわめてありふれたものである。たいていの文化で憑依状態が報告されている [369, 237, 367] が、今日の米国にもさまざまな形でいたるところにある [259]。エランベルジェ（一九七〇）は、現代の力動精神医学のルーツをたどって昔の悪魔憑きに対する悪魔払いの初期の実践に至った。

憑依状態には文化に規定される側面がある（たとえば、アモック、ラータハ、コロ、イム、ウィティゴ、ピブロクトク、ネギ・ネギなどの症候群には行動内容に相違がある）が、どの文化においても憑依状態は宗教的ないし魔術的コンテクストから生じてくる。このコンテクストにおいて、病気、自己、幸運、不運など生活上のすべての出来事は密接に関係しあったものとして体験されるのである。[259]。イノックとトレソワン（一九七九）は、「心理学的因果関係」という概念を提唱し、これを憑依状態とそれに関連した障害の共通分母として、その西洋的形態を古代ギリシアの聖なる病という概念にまで遡ったのであった。心理学的因果関係とは、ものごとはある人間なり人格化された物が望んだために起こるという信念である。

憑依と悪魔払いによる治療との歴史については浩瀚な総説がつくられてきた[259はすぐれた文献目録である]。精神医学的な総説の古典にはエスターライヒ（一九六六）がある。彼は、憑依を「夢遊型 somnabulistic」つまりヒステリー型と「覚醒型 lucid」つまり強迫観念型という二つの主要型に分けた。覚醒型では、患者は自己意識が残っているが、何ものかに侵入されたと感じ、自分の行動の支配権を奪われまいとして闘争する。夢遊型においては、患者は自己意識をすっかり失い、侵入者を「私」として語る[100]。意識を回復した後、夢遊型憑依体験の間の出来事の完全ないし部分的な健忘がある。それとは対照的に、覚醒型憑依の患者は憑依体験の間の出来事を覚えている。他にもたくさんの憑依の分類が提唱されてきた[259, 103]。

パティソンとウィントロープ（一九八一）が指摘するように、憑依は「外部の諸力」によるものだという考え方が一般的であるにもかかわらず、どの程度抽象的に表現されるかはさまざまであって一つの連続体をなしている。具体的表現の極は、ある特定の人、動物、神、悪魔などの「霊」によって憑依されるというものである。抽象的表現の極は、思考、衝動、観念、記憶、イメージに憑依されると考えられる場合である。憑依は有害なものと体験されることもあるし、有益なものと体験されることもある。それは望ましいものであることも、社会的に容認されないものであることもある。

ある人が初めて憑依状態に入る時には，その始まりはしばしば突然で，無秩序的で，ときには激烈である [179, 290, 103, 237]。レイヴェンクロフト（一九六五）はハイチのヴードゥー教文化での憑依状態を生き生きと描写し，儀式的導入と非儀式的導入とを区別している。前者では，憑依状態を促進するものとして，しばしば群衆の興奮，歌の詠唱，リズミカルな輪舞，太鼓の音，暗闇，ロウソクやたいまつの火などの導入儀式がある。憑依状態の非儀式的導入はしばしば個人的な危機や大きなストレスに関連して起こる [290, 237]。レイヴェンクロフト（一九六五）は，重要な他者との死別や離別がしばしば最初の憑依状態の直前に生じていることに気づいている。

憑依の発症に際して，最初はめまいや平衡喪失感が感じられる [237, 290]。地面に倒れ，体を痙攣させてもがき苦しむ場合もある。それよりも多いのは発症後急速に劇的変化の生じることである。表情が目立って変化する。たとえば，顎の位置が変化し（たとえば，下顎を突き出す），顔の皺も変化し，目を大きく見開き，瞳孔が散大するなどである [237, 254]。憑依された人の姿勢，歩き方，動作，行動も劇的に変化する。音調，語彙，発語障害の出現など，話し方の変化もよくみられる。ハイチのヴードゥー教のような文化では，特定の神々が憑依するが，儀式の他の参加者たちは憑依された人の示すステレオタイプな行動を見てどの神が来たかがすぐにわかる。神ごとに特徴的な行動があるのである [237, 290]。

「舌がたり glossolalia」が生じることもある。これには普通，でっち上げた言語や誰にもわからないおしゃべりの場合を含み，古くから憑依状態，宗教的恍惚，一部の霊媒体験に関連づけられてきた。舌がたりに二つの型を認める権威者もいる。第一の型は，聖霊降臨祭の儀式のように非常にエモーショナルな集団的宗教儀式に結び付いて生じるが，監督派教会，ルター派教会，長老教会のようなあまり騒がしいことをしない宗派においても報告がある [103]。第二の型は，静かな瞑想，黙想，礼拝に没頭している人に生じる。舌がたりは解離反応であると考える研究者が大部分であるが、この体験に伴って生じる二次的利得の形をその中心に認めた研究者もある[103, 163]。

憑依状態の参入者に関する統計学的データは乏しい。ミシェル夫妻（一九五八）もレイヴェンクロフト（一九六五）も、憑依は男性よりはるかに女性に多いと報告している。稀には子どもにも憑依状態が生じた報告があるが、もっとも多いのは二十五歳から四十五歳までの成人である[237, 290]。レイヴェンクロフト（一九六五）の報告では、初めて憑依を起こすのは女性ではふつう十七歳から二十二歳の間で、男性は典型的には二十二歳から二十八歳の間である。四五歳前後を過ぎると憑依エピソードの頻度は減少し、六十歳あたりでゼロになることが多い[290]。

自己や他者に対する暴力行為が生じることがあるが、たんに暴力をみせびらかすことのほうが多く、他者を傷つけることは稀である。憑依を払いのけようと奮闘する場合もあり、自分で自分に苦痛を与えることもある[290]。失禁したり衣服を汚したりといった子どもっぽい行動や退行した行動がしばしばある[237]。憑依された人はしばしば常軌を逸した大きな身体エネルギーと行動性を示し、何時間も狂ったように踊ることもある。憑依体験はしばしば倒れて失神したような状態で終わる。

憑依状態と精神障害との関係は広い分野の研究者の関心を引いてきたので、たくさんの意見や理論がある。他の解離状態の場合と同様、憑依状態とは、本質的に正常で文化的に容認された体験から始まって極端な精神病理的形態に至るまでの一つの連続体の上に乗っていると考える専門家が少なくない[259, 103]。

四　体外離脱体験と臨死体験

体外離脱体験（out-of-body experience，ＯＢＥ）とは、意識や心が身体から離れるか、または外側にあると認知される体験であるという定義が普通である[346]。これはそれほど珍しいものではない。この体験は、離人症候群や多重人格のような慢性解離性障害にはかなり頻繁に生じるものである。おもに大学生を対象としたいくつかの（一般人）調査によれば、調査対象群の少なくとも四分の一がこの体験を報告している[145, 130, 256]。シールズ（一九七八）の調査で、七十以上の非西洋文化圏にこの体験が見いだされ、そのどれもが非常に類似していたことがわかった。体外離脱体験は瀕死の重傷を負った人、呼吸や心拍が停止した後で蘇生され生き返った人などの臨死体験の一部としてもしばしば起こっている[346, 302, 132]。

精神科患者でない人の体外離脱体験は、その人が身体的にリラックスし穏やかな気持ちでいると感じているときが多い[346]。この体験は非常に生々しくて現実感があり、夢のような感じではない。自分の心や自己意識の感覚は身体から離れているが身体と同じ空間を占めていると体験され、身体に戻りたい気持ちがあると報告されることが多い[346]。トゥウェムロウら（一九八五）の調査では、体外離脱体験の約一〇％が外傷的な出来事に関連しているという。ちなみに、セイボム（一九八二）の臨死体験の総説においては、体験者の三〇％の人が外部から自分の身体を見たと報告し、五四％の人は自分の意識が異次元あるいは異領域に入り込んだという超越的な体験を報告している。

多くの研究者が体外離脱体験と臨死体験の分類図式を提出している[346, 132, 308]。これらの体験すべてに共通の中核的な要素があるのかどうかをめぐって議論が続いている[132]。研究は頻繁に体外離脱体験のある人の性格特性に集中している[161, 258, 257]。その原因についてはさまざまな説が提出されているが、おおむね霊肉分離説と心理説との二つのカテゴリーに分かれる[161]。霊肉分離論者は、非身体的な要素としての存在（たとえば、魂、精神、アストラル体）が実際に身体を離れて別の場所へ旅をするのだと信じている。心理説は、体外離脱体験もやはり特殊な意識状態であって、身体外に出ているという体験は本質的には幻覚だとするものである。

五　珍しい精神症候群

カプグラとルブール＝ラショーが一九二三年にはじめて記載した症候群は、患者が「ある人（しばしば近親者）がそっくりの替え玉に入れ替わられた」と思い込むものである[103]。そっくりさんはしばしば患者の人生における重要人物であり、既婚者の場合は配偶者であることが多い。何人かの研究者はカプグラ症候群と離人症および非現実化の現象との類似性に言及している[103]。

二人精神病 folie a deux（あるいは複数精神病 folie a plusieurs）症候群はおそらく複数の症候群の組み合わせである。中核的な症状はある人から別の人への精神症状（とくにパラノイド的妄想）の移送である[103]。解離を呈するものの報告もある[182]。コタール症候群、すなわち否定妄想 delire de negation は解離の一型であると考えられてきたが、退行期精神病の妄想型だと思っている学者もいる。極端な症例では、一次症状は自己存在の完全な否認である。軽症型では自己内面の離人症様変化感、あるいは絶望感あるいは自己嫌悪の感情と表現されることがある[103]。

六節　解離反応の形式に影響する因子

多数の解離反応が圧倒的な心的外傷に対する一種の適応反応に起源するという考えを受け入れるならば、なぜ単一の典型的な心的外傷誘発因子に対してある形式の解離反応が生じ（つまりそれが選ばれ）別の反応が起こらないのかと問うてみるべきであろう。ＭＰＤという一つの特定の型の発生を説明しようとする理論や仮説はたくさんあるが、心的外傷に誘発された解離性障害がとる形式全体にわたって（幅広く）説明しようとした理論はこれまでにない。文献を渉猟してみると、心的外傷に誘発された解離反応がどの型をとるのかを左右する因子は複数あるように思われる[276]。

一　年　齢

いくつかの状況証拠によれば、心的外傷を受けた年齢は、ある種の要素と組みあわさったときに解離反応の型を決める上で決定的な役割を果たすようである［276］。解離性障害患者についての統計学的なデータは乏しいが、若干の解離反応形式はある特定の年齢層に比較的よく見られるようである［276, 26］。第二の証拠となるデータは、持続的な心的外傷をこうむった年齢あるいは発達段階が、ＭＰＤを発症するかどうかを決定するのに重要な役割を果たしているということである。つけ加えていえば、数種の研究方法によって、小児期心的外傷の既往歴は成人になってからの催眠感受性とも強い相関があるということを示すデータが得られている［276］。

二　性

ある個体に特定の型の解離反応（あるいは解離反応一般ということでもいいが）を起こしやすくさせる上で性の違いがどんな役割を果たしているのか、（かりにあるとしても）これを評価するのはきわめて難しい。公刊された研究や症例集の多くは、サンプルの選び方がどちらかの性へ偏りがちだった。公刊された多重人格患者の症例集はどれも女性の有病率の著明な高さを示している。この差は報告例が多くなるにつれて着実に減少している。しかし、女性対男性の比は八対一ないし九対一とみられてきた［4, 284］。経験の豊富な何人かの治療者は四対一から二対一の間というずっと低い比率を報告している［187, 32］。女性の多重人格患者の有病率の方が高く現れる理由はこれまでたくさんの臨床家が憶測しているけれども、理由の少なくとも一部はサンプルのとり方に有意の偏りがあるせいである。女性の多重人格患者は自殺企図や自傷行為のように自分に暴力を向ける傾向があるので、精神保健の場に現れることが男性に比べて多いであろう。これに対して、男性の多重人格患者は暴力を外部に向ける傾向があるため、刑事裁判所の場で出会うことが多い [30, 129, 40, 285]。現在までに出版された犯罪者の調査は一つだけであるが、それによるとレイプ犯や性犯罪者におけるＭＰＤの有病率は驚くほど高い [37]。性の違いとＭＰＤの有病率との一見明らかにみえる関連性をめぐる思弁については第三章でもっと徹底的に論じよう。

まとめ

この章は、解離に対する科学的および臨床的な研究の歴史を概観した。ピエール・ジャネの未来を大きくはらんだ研究から話を始め、この一世紀の間の解離の存在に対する確信と関心との消長の跡をたどった。そこから出てきて意見がほぼ一致している点は、解離過程はマイナーな「日常の」例（たとえば白昼夢）から精神科的障害（たとえば多重人格）に至るまでの幅広い連続性をもっているということである。病的な型の解離は記憶障害と自己感覚の深刻な障害が特徴であり、これは圧倒的な身体的および／または心理的な外傷に対する応答である。解離反応は当初は適応的であっても外傷を取り巻く情況が終わってもそれを越えて執拗に持続するときは不適応的で病的なものとなる。最後に、この章では、ＭＰＤの議論は後回しにして、臨床的レベルの解離性障害全体の広がりを見渡し、解離反応がどの形式になるかを決める因子（たとえば年齢と性）を吟味して終わりとした。

第二章　多重人格性障害の歴史と診断基準

多重人格性障害（ＭＰＤ）は究極の解離性障害である。これを一つの症候群としてみれば、ＭＰＤの患者は、時に応じて心因性健忘、遁走エピソード、重度の離人症を示すであろう［284］。ＭＰＤは慢性障害であり、また他のＤＳＭ－Ⅲ／ＤＳＭ－Ⅲ－Ｒにおける解離性障害のようなまとまりがありそうに思えない。とはいえ、適切な治療を受けなければ生涯つづく病的過程となるであろう。ＭＰＤはその人の人生の時期によって現象形態が変わってもふしぎではない［191］。

多重人格はまた、これまでに知られている精神疾患の中でもっとも驚くべき、もっとも尋常ならざるものの一つである。いかにも自律的で分離したように見える交代人格が存在し、交替してその人の行動を統御すること――このことに強烈な魅惑を覚える人もあれば、反発して信じない人もいる。こういう交代人格群の存在を前にすると、人格と意識構造の単一性という根本的な前提に対する疑問が頭をもたげる。ＭＰＤが通常示す症状には大幅の多様性があり、他の精神障害にありうる症状ならたいていのものが一束ねになって入っている。

ＭＰＤの歴史は現代精神医学の歴史と並行して進んできた［100］。現代精神医学の初期の発展に名を連ねる傑出した人たちは皆、ＭＰＤが提起する問題に何らかの取っかかり点をみつけるように迫られていた。アメリカ精神医学の父であるベンジャミン・ラッシュはMPDについて研究し講義を行った最初期のパイオニアの一人であった[65]。ジャン＝マルタン・シャルコーとその生理学的心理学会における多数の有名な弟子たち――ババンスキ、ベルネーム、ビネ、ジャネ――は、総論では解離現象を、各論ではMPDを中心として、心的現象および精神病理学に関する理論を打ち立てた。アメリカでも同じような過程が起こり、ウィリアム・ジェームズやモートン・プリンスなどの輝かしい開拓者が、多重人格患者を相手とする個人的体験から意識の本質と精神の構造に関する理論を作り上げた。

フロイトでさえ、最終的には治療法としては催眠を斥け、解離ではなく抑圧に基づく精神力動的定式に入れ替えたが、彼の仕事始めは二重意識の本性についての研究である[61]。フロイト学説の普及につれて解離や多重人格への関心は空白期に入ったが、最近再び、MPDと解離過程とが、意識の構造に関するモデルと理論とにおいて中心的な役割を取り戻すようになってきた[153, 110]。およそ人間の意識や行動の構造を説明しようとする理論やモデルであれば、MPDの示す現象を勘定にいれないわけにはいかないだろう。

一節　多重人格性障害の歴史

一　最初期の症例

MPDの原型は、シャーマン的人格変容と憑依状態であり、宗教的信念と行動との存在が、たどれる限りの太古から存在していた。さまざまな動物の形に変身したり霊を受肉化したシャーマンの姿は旧石器時代の洞窟壁画にも現代エスキモーの彫刻にも認められる。シャーマニズム研究者の指摘によれば、時代を越え、人種や文化を区分する超えられそうにない境界線をも通り抜けて、ほとんど普遍的な主題があり、伝統の共通性がある。それはシャーマニズムが人間のこころの根本的なある過程を表現している証拠である[136, 138]。

悪魔憑きという概念は、何世紀もの間、西洋人の考え方に君臨しており、多重人格の症例が認識されるようになったのは異常行動を憑依のためだとする説明に耳を傾ける人がぐっと少なくなってからのことにすぎない[100]。第一章ですでに紹介したように、エスターライヒ（一九六六）は憑依を覚醒型と夢遊型の二つに分類した。エランベルジェの見たところでは、憑依の二類型は多重人格の二つの主要表現型に対応している。彼は「これまで何百何千年にわたって頻繁にみられてきた憑依という現象は多重人格の一種だったと考えてもよいのではあるまいか」[100, p. 127]と推測している。バーバラ・タックマン（一九七八）のような歴史の大家が描く陰鬱な中世の生活を思えば、MPDの発症率が今よりも格段に高かったとしても不思議ではない。

ブリス（一九八〇）によれば、初めてMPDの症例を記載したのはパラケルススである。一六四六年に、自分自身の金を盗んだ交代人格があり、これに対して健忘を示した女性の記載がある。一七九一年にはエーベルハルト・グメーリーンが「交換人格 exchange personalities」の症例を報告している[100]。彼が治療していた二十歳のドイツ人女性は、人格、言語、作法を突然「入れ換えて」別の一人格となることがよくあった。その人格は完璧なフランス語を話し、貴婦人のように振る舞った。フランス人格は、フランス人格のときに起こった出来事をすべて記憶していたが、ドイツ人格での行動はまったく覚えていなかった。グメーリーンは手をゆっくり振るだけで彼女の人格を切り替えて二つの人格の間を往ったり来たりさせることができた。

ベンジャミン・ラッシュは、米国独立宣言の署名者にして大陸会議軍の軍医総監であり、米国初の精神医学教科書の著者でもあったが、生理学的心理学に関する講義と著述のために、解離と多重人格の病歴を収集した[65, 67]。ラッシュの説によれば、意識の二重化を引き起こすメカニズムは、両大脳半球の離断のせいである。これは、多重人格と脳の左右差というテーマをめぐるさまざまな思弁の嚆矢である。初期の症例でもっとも有名なのは、症例メアリー・

レイノルズである。これはまず一八一六年にサミュエル・レイサム・ミッチェル医師が出版し、その後、米国では一八六〇年にウィリアム・S・プリューマー牧師が『ハーパーズ・ニュー・マンスリー・マガジン』に執筆したために、ヨーロッパでは一八三〇年にロバート・マクニッシュが自著『睡眠哲学』に紹介したために、広く知られるようになった [67]。

しかし、いろいろな意味で、デスピーヌによる症例エステルのほうがいちだんと教えられるところが大きい [100]。一八三六年にデスピーヌが治療を開始した、この十一歳のスイス人少女は最初、運動麻痺と繊細な触覚感受性とを示したが、そこからだんだんと発展して、ついには二重存在があきらかとなった。第二人格は歩くこともでき、雪の中で遊ぶのが好きで、母親がそばにいることに我慢がならなかった。ある種のもの（たとえば、ネコ）を見るとカタレプシー（強梗症）状態になった。二つの状態におけるエステルの行動、食べ物の好み、対人関係には非常な差があった。デスピーヌは六十歳だったが、この若い患者との間に密接なラポールを築き上げ、水浴療法や磁気療法を行ったところ、その中に潜在していた精神療法によって一種の治癒状態がもたらされた。彼が一八四〇年に出版した詳細なモノグラフはMPDの精神療法の原則を初めて打ち出したものであるが、これは現在でも通用するものだと認められている [188]。

二　多重人格の隆盛期（一八八〇〜一九二〇）

一八八〇年から一九二〇年前後にかけては、多重人格に対する関心が非常に盛んとなった [100, 340, 338]。かなり多数の症例報告があり、とくにフランスと米国に多かった。解離と多重人格とは、この時代の偉大な医師、心理学者、哲学者の多くを強烈に惹きつけるテーマとなった。この種の患者に対する臨床研究の特徴は、微に入り細を穿った症例報告（しばしば一症例にまるまる一冊を費している）とさまざまな解離現象に対して積極的に実験を試みるという姿勢である。これと並んで、意識の本質、そして解離された人格と夢や催眠のような正常体験との関係についての精巧な理論づくりが行われた。大きな国際医学会や研究会においても、解離に関する発表と討論に多大な時間が割かれていた。

　この時代の症例報告のいくつかは観察の質の高さ、あるいは重要性の面で抜きん出たものである。ユージェーヌ・アザン（一八二二〜一八九九）は症例フェリーダ・Xを三十五年間にわたって研究し、一八八七年にシャルコーの序文を付して出版した[16]。フェリーダ・Xは一八四三年に生まれ、幼児期に父を喪い、生計の苦しい子ども時代を送った。十三歳のときから第二人格を現すようになった。フェリーダが数分間眠ったような状態に沈みこんだ後に、この第二人格は現れる。第二人格は陽気で活発であり、フェリーダにとりついていた身体的苦痛とは無縁だった。第一人格のときは、第二人格のときの行動については覚えていなかったが、第二人格は彼女の全生活史を知っていた。時折、第三人格が出現した。この人格は不安と幻覚の発作に苦しんでいた。あるとき、第一人格が現れて自分が妊娠しているのに気づいたが、なぜ妊娠したのかわからなかった。ここで第二人格が出現して責任をとった。多重人格患者が知らないうちに妊娠するという、実によく似た例を最近ソロモン夫妻（一九八四）が報告している。時とともに、第二人格が前景に出るようになっていったが、短期間第一人格に戻ることはいつまでも続いた。どの人格も自分がフェリーダの正常状態であり、その他の人格は異常であると考えていた。

　ジャネは、有名な症例レオニーをはじめとして、いくつかの症例を報告している。最初にいくつかの実験をして（第一章に述べておいたとおりの）初歩的認識に至ったジャネは、その後レオニーの治療を再開し、一つの交代人格を発見した。この交代人格は、ニシェットという彼女の子ども時代の呼び名からわかるように、子ども人格であった。ジャネは症例リュシーにもアドリエンヌという第二人格がいて、恐怖発作の最中に子ども時代の心的外傷体験を再体験するのだった。ジャネは修正的除反応体験を患者に与える治療を行い、第二人格は消失した[100]。ジャネの第三の症例ローズはMPDの症例として引用されることもあるが診断の根拠となる証拠は前二者よりもはっきりしない[338]。ローズの陥る夢遊状態はさまざまであった。ある場合には麻痺を起こしたが、別の場合には自由に歩けた。

症例「クリスティン・ビーチャム」については、モートン・プリンスが『人格の解離』(一九〇六)でじつに詳しい報告をしている。これはもっとも有名なMPD症例の一つであり、これに比肩しうるものは、症例メアリー・レイノルズ、症例イヴ[342]、症例シビル[310]しかない。プリンスがミス・ビーチャムの治療を始めた一八九八年には、彼女は二十二歳の寄宿制学校の生徒であり、頭痛、疲労、「意志することの禁止」のために助けを求めていた。プリンスは彼女の苦痛を和らげるために催眠を用いたところ、二つの別個の人格を発見した。これらはBⅡおよびBⅢと呼ばれた。BⅡはふだん表に出ている人格BⅠを強烈にしたものであったが、BⅢはまったく違っていた。BⅢはサリーと名のり、子どもみたいで、悪ふざけの好きないたずらっ子であり、BⅠをいじめて楽しんでいた。サリーには子どもる癖があり、BⅠとは違って行儀の良さがなく、フランス語が話せなかった。サリーはBⅠを皮肉な目で見て馬鹿にしており、間接的な影響を行使したり(たとえば、BⅠに不謹慎な単語を言わせるとか)、あからさまにBⅠの色恋沙汰を邪魔したりして、BⅠに問題行動を起こさせようとした。

第四の人格BⅣは、「知恵遅れ」ともいわれるが、出現したのは治療の後半になってからである。この人格はきわめて退行しており、十八歳のときの心的外傷体験に関連して生じたものであった。ミス・ビーチャムは苦しい子ども時代をおくった人であることがわかっている。十三歳のときに母を失い、青年期をつうじてさまざまな心的外傷をこうむっており、それが何かはわからないがその結果彼女は家から逃げ出すことになったのだった。プリンスはBⅠとBⅡとを統合し、BⅢに「催眠をかけて」消えてなくならせた。その結果生まれた「ミス・ビーチャム」は治癒したということである。今では彼女の本名がクララ・ノートン・ファウラーであったということも知られている。彼女はその後、プリンスの弟子であったボストンの神経内科医ジョージ・ウォーターマンと結婚した[180]。

ウォルター・フランクリン・プリンス（モートン・プリンスとは無関係）もまた、ＭＰＤの典型例を精密に記載している［273］。プリンスはこの症例について五十ページの自称「みすぼらしい抜粋」を発表しているが、もとになったのは三年以上千九百ページにおよぶ毎日の観察記録だった。ドリス・フィッシャーは母親の愛情に恵まれない子ども時代をすごし、父親から身体的に虐待された。二つの交代人格の起源は、父親が憤怒発作中に彼女を床に突き倒したことに関連しているとプリンスは考えた。プリンスは典型的な多重人格患者に見られる現象を多数記載している。子ども人格、幻視と幻聴、体を掻きむしるという除反応、「架空の殴打から逃れようと身をすくめること」、非常に多彩な知覚障害、である。彼は、「一次人格 primary personality」は決して眠らず、眠るのはただ二次人格たちだけであるとも書いている。プリンスは古典的多重人格患者に特徴的な行動の変換を次のように記載している。

この患者では、人格の変換に先だって、かならず指標としてある種の運動が起きる。そういうことがこれまで他の患者においても気づかれたことがあるのかどうか筆者は知らない。これは、突然頭をぐいっと反らせたり揺さぶったりするのである。ほとんど気づかれないようなぴくっとした動きのこともあれば、体全体を揺さぶるような激しい動きのこともある。下位の人格から上位の人格への移行の際のほうが烈しく、中でも、一般に、人格Ｍから人格Ｒ・Ｄへの移行の時に顕著である［273. p. 89］。

プリンスの観察によれば、人格変換の生じるのはいつも、一つの人格が疲れたときだった。その他に人格変換を引き起こすのは、「痛み、悲しみ、怖れ、傷つけられた感情、不快な記憶、自責であり、その他の苦痛な情動でも何であり強烈で唐突であればあるほどそれと連合して起こりやすい。喜ばしい感情でもあまりに激情的であったり不意打ちに近い場合は引き金になる」［p. 90］。ある場合には一日に五〇回以上の人格変換が観察された。結局、人格の一つである「シック・ドリス（病気のドリス）」が「リアル・ドリス（本物のドリス）」に吸収され、もう一つの人格も「リアル・ドリス」に統合された。第三の人格「スリーピング・リアル・ドリス（眠れる本物のドリス）」は「消滅」した。これらの現象はウォルター・F・プリンスの症例報告に細大漏らさず書き込まれている。これはMPDの微視的研究である。

この時代の記載の豊富な症例報告は、同時代の多数の偉い臨床家が寄ってたかってさまざまな憶説や理論を押し進めるネタになった。モデルは大きく二分される。「二心性説」とは、精神には二重性があるという考え方であり、「多心性説」とは、精神とは多数の下位人格の集合体であるという考え方である[100]。デゾワールは、『二重自我』という書物をひっさげて二心性説信奉者の旗手となった[100]。彼は、人間の心は明瞭に分れた二つの層から成り立っており、それぞれが独自の特徴をもっていると考えて「上位意識 upper consciousness」「下位意識 lower consciousness」と呼んだ。多重心性説は磁気術師デュラン・ド・グロの造った用語であるが、これは「人間の心はいくつかの下位分画に分れ、それぞれが下位自我をもっている」とするモデルをいくつか記している。これらの下位自我のすべてが、われわれの通常の意識である「主自我 ego-in-chief」の中央集権的支配を受けている[100]。これらのモデルはウィリアム・ジェームズ、モートン・プリンス、ボリス・サイディス、フレデリック・マイヤーズなどの解離派によっていろいろと修正されたが、すべて二心性説か多心性説のいずれかに属するものである。フロイトによる無意識の「発見」の道をなだらかなものにしたのはこれらの初期のモデル、理論、仮説であるが、それらは元来、重症の解離症例を観察した実体験にもとづいたものであった。

三　多重人格性障害についての関心の衰退期（一九二〇～一九七〇）

多重人格についての総説を書いた著者たちはすべて、この二世紀間の症例報告数が上下変動を繰り返していると指

摘している [340, 338, 129]。一九二〇年から一九七〇年代初頭にかけての時期は、ＭＰＤが臨床単位としてもっとも省みられなかった時期である。一九二〇年代初頭から中期にかけては、重要な症例や興味深い症例が具体的に詳しく記載されている。たとえばゴダード（一九二六）の症例ノーマがある。Ｃ・Ｃ・ホーリー（一九二六）は、米国精神医学会の年次総会で、ある症例のフィルムを上映した。このフィルムは今でも残っている。このサイレント・フィルムには、気絶型の人格変換、交代人格間にみられる痛みの感受性の差異が各人格に特異的であること、異性人格、子ども人格などが映しだされている。これらすべては今日、多重人格患者においてよく報告されている臨床的な現象である [284]。一九三〇年代から一九四〇年代においては、少ないながらも権威ある雑誌に症例報告が掲載された。しかし、著者自身が目新しく感じているだけで、新しい情報が付け加わったわけではなかった。そのため、ＭＰＤは極端に稀な疾患であるとか減少しているという主流派の認識がさらに強くなった。

この時期のもっとも重要な症例は、セグペンとクレックリーが一九五四年に最初の報告をした症例イヴである。これは後に書き加えられて『イヴの三つの顔』（一九五七）というベストセラーになり、ジョアン・ウッドワードがイヴを演じた映画もヒットした。症例イヴには、新しい情報や理論が何もあるわけではなく、世間の注目を集めたという点に特筆すべき価値がある。おそらくこの症例のもっとも重要な点は、セグペンとクレックリーが別の情報源から子ども時代の話を確認できたことにある。その話によれば、少なくとも、イヴの交代人格の一つであるイヴ・ブラックは六歳までにすでに存在していたことになる。古典的な子ども時代のＭＰＤの筋書きでは健忘症的なイヴ・ホワイトのような人格は、自分は無実だと抗議しながら聞き入れてもらえなくて、イヴ・ブラックがした悪事のために鞭打たれるということになっていた。イヴ・ブラックは悪事を働いたと公言（カムアウト）して大喜びし、それから消えて、残されたイヴ・ホワイトが痛い目に遭い罰を受けるのである。

この時期に、ＭＰＤが真の臨床単位かどうかを決定し、診断基準を確立するために、徹底的な総説が二つ書かれた。

テイラーとマーティン『多重人格』（一九四四）[340]とサトクリフとジョーンズ『人格同一性・多重人格・催眠』（一九六二）[338]である。どちらの総説も批判的・保守的なトーンで書かれていて、この時期にMPDをとりまいて懐疑的な雰囲気がたちこめていたことがよく伝わってくる。どの著者も診断基準を定義して、その定義を満たさない多くの症例を除外した。双方とも、MPDは真の臨床単位であり、一時的な流行やいんちきだと決め付けることはできないと結論していたが、立場は防衛的な懐疑論者であり、そのために後に続く研究者も学問的信頼性を疑われないためにこの立場を取らざるを得なくなった。続く二十年間に出たMPDに関する論文や報告は、新しい知見を加えることではなく、そもそもMPDが存在することを証明するのに重点を置いた。多重人格の研究が、この防衛的な立場のもたらす面倒から自己を解放し、そしてMPDが存在するという「証明」にむかって頻繁にしかけてくる、しばしば無知な攻撃への反論というレベルの上に出るようになったのはやっと今始まったばかりのことである。『精神障害の診断と統計のためのマニュアル』（DSM）が改定されるたびにいくつもの症候群が現れたり消えたりするこの時代に、定義ばかりの他の病気がとりたてて何もいわれず形ばかりの手続きで承認されているのに、もっとも古くから記録されている精神医学の疾病単位の一つであるMPDがたえず喚問されてはその存在証明を要求され続けているのは何とも奇妙なことである。

この、MPDの衰退と防衛的立証の時代を振り返ってみると、広く不信と懐疑の雰囲気を生み出した因子がいくつかあるように思われる。臨床的および実験室の現象としての解離についての関心の衰退は第一章で論じたとおりであるが、MPDに対する懐疑論はこれと平行しており、そのことが一部の学者たちの仲間でのMPDの百パーセント否定に追い風となったことは疑いない。すぐれたMPD研究者たち、ことにモートン・プリンスを標的にして聞こえよがしの刺すような批判が行なわれたことも、症例を報告しようとする人たちの熱意に水をさしたであろう[100]。個人攻撃的でなくとも、「多重人格は催眠による人工産物である」というテーゼをかたくなに唱えてやまない批判者もあった。たとえば、英国心理学会の医学分科会でのバーナード・ハート会長講演に反論して、ウィリアム・ブラウンは「多重人格という現象が大部分人工産物であろうという見解に有利なことで言いたいことは山ほどある。多重人格をみている人たちの研究法、治療法に使われているいろんな催眠術のやり方が問題なのだ」と述べている [144, p. 260]。その他にも精神分析的アプローチの立場に立つ多くの研究者たちが同様の線でさらに批判に内容を加えている [100]。精神分析的治療モデルが隆盛したこと、分析的モデルとそれ以前のジャネらによる理論との競合が催眠とMPDとへの攻撃の火に油を注いだのは疑いない。

　この時期の多重人格患者減少においてかなりの役割を果たしたかもしれない因子にはもう一つある、とローゼンボーム（一九八〇）はいう。それは、精神分裂病という診断が、元来は古く一九〇八年頃にブロイラーが初めて唱えたものだが、一九二〇年代後半から一九三〇年代初頭にかけて米国で大受けしたことであった。ローゼンボームによれば、『インデックス・メディクス』を読み直すと、一九一四年〜一九二六年の間に報告された症例は分裂病よりも多重人格の方が多い。しかし、一九二七年頃から、分裂病の報告例が急激に増加し、それに相応して多重人格の報告例が劇的に減少している。ブロイラーは分裂病のカテゴリーの中に多重人格を含めていたのだとローゼンボームはコメントしている。

> 相異なる人格の順列があってある人格が別の人格の後を装うのは、ヒステリーの場合だけではない。類似のメカニズムで、分裂病は複数の人格を作りだす。この場合は共存である。実際、症例供覧に打ってつけの稀なケースをいじくりまわす必要などない。われわれはまったく同じものを催眠を用いて作りだすことができる [297, p. 1384]。

この時期、多くの多重人格患者が分裂病と診断されたのはありそうな話である。「精神分裂病」という名前はこの時期に広まったのだが、一般大衆の受け取り方は「人格の分裂」という、ふつう多重人格の線で理解されているものの一型が分裂病だというものであった[25]。多重人格患者がしばしば分裂病と誤診されるという知見は繰り返し何度も発表されている[284, 30, 38, 36]。

この時期の後半に、クロールプロマジンの導入によって精神薬理学革命が始まり、多くの神経遮断薬がぞくぞくと登場した。これらの強力な薬物の導入によって、精神分析的治療モデルから現在の生物学的／医学的治療パラダイムへの移動が始まった。新しいパラダイムでは、治療過程の中で医者－患者の直接的な接触という部分をあまり重視していない。その結果、医師－患者間の相互作用が少なくなったことも、多重人格患者が認識されなくなったことの一因となったであろう。健忘をはじめとする解離体験を明るみに出すには、しばしば長期間の親密な治療関係が必要だからである。

四　独立した障害として多重人格が再登場した（一九七〇年～現在）

現在のMPDについての関心と知識の復興の基礎は一九七〇年代に築かれた、少数の臨床家の献身と超人的努力の結果である。それは、初めのうちはばらばらで別個であったが、後に少しずつ協力関係と相互支援とがつくられてゆき、そのおかげでMPDは正式の臨床医学的障害の地位を再び確立した。ジャネやモートン・プリンスの時代の、忘れられていた古い知識が発掘され、新たな知見がたくさん加えられた。実験的研究も再び始められた。MPDが学位論文に恰好のテーマになったことも、学者社会における受容が進んできたことを告げるものである[41]。七〇年代の十年間の努力のファンファーレは一九八〇年におけるDSM－Ⅲの刊行であった。この中で多重人格が正式に診断名として再確立され、解離性障害に宛てた独立の診断カテゴリーが設けられたのである[11, 12]。

新しい時代の幕開けはエランベルジェの著作『無意識の発見』の刊行（一九七〇）とともに始まった。この本は力動精神医学の起源と発展についての広範な調査研究にもとづき、しかも啓蒙的な歴史書であった。この堂々たる博学の書は、単なる詳細な歴史的事実の記述をはるかに超えたもので、現代精神医学を形作った事件とテーマと人物とがみごとな織物となっている。エランベルジェは解離と多重人格とに多大の関心をはらっているが、精神医学における歴史的に重要な問題としてだけでなく臨床単位としても重視している。エランベルジェが詳しく細部まで再現した歴史の文脈の中に置いてはじめて、精神過程に関する近代の考え方に与えた解離現象の影響の大きさを正しく評価できる。

一九七〇年代には、アーノルド・ラドウィッグやコーネリア・ウィルバー、そしてケンタッキー大学精神科における彼らの同僚たちが、続々と、MPDについての重要な症例報告と解離に関する論文とを公刊した [205, 223, 221]。しかし、症例シビルこそ、多重人格という症候群を大衆と精神保健の専門家たちとに再度紹介したものであることに異議はなかろう [310]。セグペン、クレックリー『イヴの三つの顔』は有名となったが、MPDを誤解させる書き方をしており、皮肉なことにMPDの臨床的特徴を曖昧にした責任がありそうである。シュライバーの『シビル』（一九七四）のほうは、健忘、遁走エピソード、児童虐待、交代人格間の葛藤などを生き生きと描写し、他の患者と比較対照し理解するための標準標本となった。それ以前の有名な多重人格者と同様、症例シビルもマスコミの注目の対象となり、広く大衆に知られるようなった。コーネリア・ウィルバーによる長期の精神分析治療は、催眠やその他の治療的介入法によって補完され、ついに多重人格の解消に成功し、多くの多重人格患者とその治療者とのお手本となった。ウィルバー医師によるシビルの症例報告の論文は複数の医学雑誌に掲載を拒否されたが、それは当時このような症例の存在を信じないほうが圧倒的に多数派だったからであって、『シビル』の記載は非常に具体的でくわしく正確であり、MPD研究者の必読文献の価値がある。

一九七〇年代の間に、多重人格の症例報告は、ラドウィッグら（一九七二）[223] の報告にヒントを得た論文がぞくぞく現れて、珍しいものでなくなり、患者の複数の交代人格に対して標準化したテストはこの症候群の存在を証明する一つの方法だった。だが、ＤＳＭ－Ⅲ〔三〕の刊行とその普及がＭＰＤに与えたお墨付きは、それ以外の形の「存在証明」ではとうてい与えられなかったものであった。一九八〇年代から現在までに症例報告の数はさらに急速な増加が見られ、五〇例以上の多重人格患者を集めた報告も次第にありふれたものになった。そのうえ、関連領域への関心も急速に高まった。すなわち、ＭＰＤについての心理生理学的な実験研究、ＭＰＤの児童期型と青年期型の認識、催眠から集団療法にいたる治療介入の多様性、そしてもちろん、これは何世紀も前からいつもあるものだけれども、各論的にはＭＰＤ、総論的には人間の人格の本性とは何かという学説と憶説に関する文献への関心である。未来の歴史学者はＭＰＤ再発見の理由を確定するのにさらによい立場に立つであろう。しかしながら、多数の要因や傾向性がこの時期に一点に向かって集まってきて、この十年の精神障害への関心の劇的な再活性化のすくなくとも部分的理由になっているとみてよかろう。

近年きちんとした精神医学的診断と分類に対する関心が高まりつつあるが、それを推進したのは主に研究者たちで、生物学的特徴を同定したり薬物の特異性を調べたりするために、対象患者群を均一にしようとしたからである。けれども、このことは、診断基準に基づいた診断分類体系を広い範囲に使わせる結果になった。多重人格患者は、症状が非典型的な混在の仕方をしている（たとえば妄想や形式的思考障害がないのに持続性の非難する幻聴があるなど）ので、この新しく、がっちりとして融通のきかない診断分類にはめこむことは容易でない。ＭＰＤはこれまでは長らく他の診断カテゴリーの中にゴミのように掃き入れられていたが、一個の独立した障害としてふたたび脚光を浴びるようになった。とくにＤＳＭ－Ⅲはいくつかの点でＭＰＤの認知を広めるのに力を貸した。分裂病などの障害が比較的厳密に定義されたために、それらのカテゴリーに間違って入れられがちであったＭＰＤ患者を除外する役に立った。多重人格の診断基準の確立は解離性障害についてのすぐれた「ＤＳＭ－Ⅲ」本文の論考と相まって、臨床家が『イヴの三つの顔』による誤ったステレオタイプに惑わされずに、虚心坦懐にＭＰＤに遭遇する力をさずけてくれた。そして、すでに述べたように、ＤＳＭ－Ⅲによる正式承認の結果、これまではひそかに治療を行なっていた多くの臨床家は自分の知見を以前よりオープンに人に話す勇気をもてるようになった。

並行して、同時期に、精神の解離モデルと催眠とについての関心が改めて盛り上がった。アーネスト・ヒルガードの、意識の「新解離」理論をうちたてた著作は、この分野の関心を再燃させる上でとくに大きな影響力があった[153]。深催眠における実験的現象のいくつか、たとえば「隠れた観察者」は、ヒルガードらが発見したものであるが、近年、強い関心と論議の対象になった。催眠研究者が生み出したデータはＭＰＤ研究者の社会を刺激し、ＭＰＤ研究のデータは催眠研究者の社会を刺激している。

二節　多重人格性障害の診断基準

一　各時代における多重人格の臨床像

多重人格の歴史全体にわたって一例報告の文献を通読すると教えられるところが大きい。手あたり次第に選んで症例報告を十例読んだとすれば、その後では「症例一つ読めば全部読んだも同然だ」という気になる。ＭＰＤという臨床症候群は時代を通じて驚くほど同一である。ピエール・ジャネ、モートン・プリンス、ウィリアム・ジェームズなど、初期の研究者たちの臨床観察と考え方とは高度に今日的意味があるように思われるが、それは彼らの観察したものと現在われわれの見ているものとが非常に近いからである。この歴史的視野にたって考えれば、中核的障害に関連する症状や現象の大部分は、最初に記載された時から変わっていないままであるが、ただし若干そうでないものも存在する。

これらの一例報告の著者たちの中には、自分より早く報告をした臨床家がいることに気づいていた人もいたが、たいていはよく知らなかったようである。彼らは、非常に驚いたという表現を多少交えつつも、とにかく、患者に起こったことを目撃したとおりに記述しただけだった。典型的には、患者は、ふつう女性で、突然の劇的な変容を起こし、もとの彼女の行動とは非常に相容れない一面を見せるのが観察されるということだった。しばしば、このもう一つの面は子どもっぽくて、おとな人格は抑うつ的なのに、それとは話し方もしぐさも感情も食物などの好みも、それから痛みの感受性や身体症状も違っていた。人格同士の移行は、通常、急速で、しばしば外からの刺激に関連しているようであった。一部の患者では人格変換は失神発作や短時間の睡眠と連合しているのではないかと思われた（これは「気絶型」人格変換“swoon” switch である）。通常、健忘障壁が人格どうしを隔てているが、ただこの障壁には分極化してポラロイド型（一方通行型）になっているものもあるらしく、ある人格Aについての情報を人格Bが知ることができるが、その逆は不可能だということもあった。

トーマス・メイヨー（一八四五）は一八三一年に自分が治療した患者についてこう述べている。

> 彼女は交互に二つの異なる精神的存在状態を通過する。順を追って、というか、むしろ正常状態と異常状態とを交換していた（中略）。異常状態における精神現象は極端な興奮の出現であるが、これは彼女のふだんの立居振る舞いとはまったく似ても似つかない。ふだんはのろまで口数が少ないのに、異常状態にある間には、針仕事はかなり上達し、知的能力も多くの点でかなり進歩して、エネルギーも能力も正常状態のときをはるかに凌駕していた。会話のときにも快活でエスプリがあった。同時に両親やかつての仲間と自分との関係の知識がなくなっており、彼ら彼女らを間違った名前で呼んだ。しかし、支離滅裂になることはなかった。異常状態が去れば、いつも両親や友人の記憶、それも自分との正しい関係における記憶が戻ってきて、

ふたたび口数が少なくて鈍感な性格を取り戻すのであった……[232, p. 1202]。

半世紀以上たって、R・オスグッド・メイソン（一八九三）は自ら十年間面倒を見た患者アルマ・Zについて記載した。

ふだんの人格は、文盲でなく、温和で、口答えをせず、上品で、女らしい人格だったが、長きにわたる病いと痛みにすっかり消耗していた。その人格に代わって現れたのが、快活で才気のある子ども人格であった。子ども人格は、語彙が限られていて、文法が正しくなく、妙な方言で、たしかにもとはインディアン語だったが、彼女が使うととても魅力があり人を興じさせた。知能はきらきらしく目ざとくて、動作もきびきびとしてよい感じであり、直観力は非常に俊敏で正確だった。だが、なかでも奇妙なことは、彼女がまったく痛みを感じず、しっかり食事ができ、前と比べればけっこう力が強かったことである。……彼女は第一の人格が獲得していた知識を一つももっていなかった……[229, p. 594]。

それから二十年後、ウォルター・F・プリンス（一九一七）はドリスのもつ二つの人格の違いをこう描写している。

何もしていない時のシック・ドリス（SD）の顔の特徴は、表情の動きがぎこちなく目はぼんやりしていた。眼差は突然ちらっと動いてすぐにもとに戻り、声は単調で色彩を欠いていた。……SDは、いつも一歩退いていてうちとけず、自己中心のようでもあり、人目を気にして申し訳なさそうでもあり、とにかくおどおどしていた。（中略）彼女のユーモア感覚では誰にでもわかる冗談しかわからず、ものの考え方は文字どおりで具体的であって、比喩的、抽象的な表現に出会うと途方に暮れることが多かった。（中略）SDは臀部と内臓の痛みに悩まされていた。（中略）SDの鈍感でおとなの顔がとけて、若いおてんば娘の茶目っけのある笑い顔が出てくるのを見ると仰天した。ほんとうに顔の形までが変貌し、声もおどろくほど別ものになった。時には耳ざわりな甲高い声、時にはまるで幼児のような声で、豊かな抑揚と色彩とがあった。こころの習慣と好みは、どこからみても子どもっぽく、五～六歳以上ではふつう失われてしまうような、ひどくあどけない考えをもっていた［273, p. 83-84］。

それから六十年後に、ローゼンボームとウィーバー（一九八〇）が、一九四一年の発表以来断続的に経過を追跡してきたサラ・Kという患者について、二つの交代人格の相異点を次のようにまとめている。

モードが威勢よくぴょんぴょんと跳ねるように歩くのと対照的に、サラは動きを抑えた静かな歩き方をした。サラは抑うつ的であったが、モードには自殺衝動があったけれども、楽しげで撥溂としていた。モードは自殺や死の意味がわかっていなかった。サラは一日中個室の中に引きこもって誰とも話さなかったが、モードは病棟にも病院職員にも患者たちにも興味をもっていた。モードは衣装をよくとりかえた。サラはスリッパを二足もっていた。一足はグレイの無地の室内履きで履き古しだった。もう一足は踵が高く先には足指が見える派手な（縞柄の）サンダルだった。サラはいつも室内履きのほうを履いた。モードの化粧はけばけばしかった。サラは化粧をしなかった。サラの知能指数は一二八で、モードは四三だった。サラはタバコを吸わなかったが、モードは強迫的喫煙者だった。サラの感覚器系は正常だったが、モードは触覚以外の皮膚の感覚がなかった。モードは「痛み」や「けが」の意味がわからなかった。モードには良心も、正邪の感覚もなかった。……モードはけっして眠らず、「眠り」とは何かが理解できなかった。モードは一晩中出現していることは決してなく、いつもベッドに横になって、サラが代わるまで待つのだった。他方、サラのほうは夜中にモードに代わることは決してなかった［298, p. 598］。

今日の多重人格患者に見られる交代人格の代表型は、片や抑うつ的で消耗した主人格（ホスト人格）あるいは現行の人格、片や子ども人格であるが、それは過去一世紀半以上にわたって繰り返し臨床家によって観察されていたものだ。交代人格どうしの区別を付けているのはほとんどつねに話し方、感情、習慣的動作、行動、感覚その他の身体現象における目立った違いである。症例報告の文献を通覧してみれば、頭痛、幻聴、消化器障害などの、今日の多重人格患者が訴える精神症状・身体症状が、ＭＰＤの歴史をつうじて臨床家によってごく普通のものとして記載されてきたということがはっきりするだろう[286]。

しかし、時代とともに変化したＭＰＤの臨床症状もある。もっとも驚くのは、以前の症例報告にある交代人格の数と現代の患者の交代人格の数の差である。最初期の症例の多くは二重人格であったが、現在では二重人格はまれである。かつては交代人格が複数あっても、はっきりした人格は四つ以上同定されなかったのである。同定される交代人格の数が増加する傾向は最近始まったことらしい。事後的にＤＳＭ－Ⅲの診断基準をあてはめてみて、あてはまる過去の三十八症例を検討すると、交代人格数の平均は三・五で、一～八の間に分布していた[286]。ラルフ・アリソン（一九七八）の報告では、平均九・七で範囲は一～五〇、ユージン・ブリス（一九八〇）によれば、平均七・七で範囲は二～三〇であった。パトナムら（一九八六）は、百例の別個に診断された多重人格患者において、交代人格数の平均は一三・三と報告し、クラフト（一九八四）は、自験例三十三例の平均は一三・九であったという。クラフトはその後も症例を追加し、これを含めると交代人格数の平均は十五以上である、と最近になって訂正している（Ｒ・Ｐ・クラフト、私信、一九八五）。一人の患者に五十あるいはそれ以上の交代人格をもつ症例を報告している治療者を私は知らないが、非常に経験ある治療者ならいずれこのような複雑な症例を一人あるいはそれ以上は診ることになるだろう。

このことの説明のおそらく一部は、現代の治療者には、公然と自分から名乗り出ない交代人格を探し出して同定しようとする意欲が以前よりずっと高まっているということにあるだろう。過去の症例報告の行間を読めば、著者がいくつかの交代人格を見逃している可能性に思い当たる。彼らはしばしば、同定された人格の間のあきらかな変換について述べているだけでなく、患者が陥る複数の「状態」を観察すると報告している。この複数の「状態」において患者の行動は非常に変化をみせるのだが、これはしばしば除反応的な人格断片を思わせるようなものである。もっとも、この謎に対する私の答えは完全に明白というわけではない。この交代人格数の増加傾向がどうなってゆくかを今後も長期にわたって観測検討するべきであろう。

多重人格の特徴で、時とともに徐々にわかってきたものの第二は、小児期の心的外傷体験と多重人格との関連である。交代人格の一部が肉親の死のような心的外傷起源であることは、ジャネとモートン・プリンスが記載しているが、引き合いに出されている心的外傷は現代の症例にみられる心的外傷と比べれば穏やかなものである [100, 268]。それでもウォルター・F・プリンス（一九一七）は彼の患者ドリスにはある特定な身体的虐待のエピソードがあったと述べている。ゴダード（一九二六）は発症因子として性的虐待の可能性を報告した最初の人であるが、自分はこれを空想であると思っている旨を強く示唆している。モルセリ（一九三〇）が近親姦の既往を報告したはじめての人で自分の患者エレーナ・Fにおいてであった。その後まもなく、リプトン（一九四三）が、患者サラ・Kは父親と兄の両方から長期間の近親姦を受けていたという生活史を報告している。しかし、一九七〇年代後半までの症例報告の大多数には、生活史に児童期の外傷体験を含むものがない。もっとも、初期の症例報告を読み直すと、児童期の環境の特徴が、極端に権威主義的、宗教的あるいは完全主義的な規範であったことを確認していたものが少なくない [40]。

ＭＰＤと児童虐待との関連を報告する文献の増加は、近年の児童虐待についての認識の高まりと密接な関数関係がありそうである。「被殴打児症候群」は、児童虐待についての現代の関心に点火したものだが、近々一九六一年になってはじめて記載されたことを思い出していただきたい [176]。児童虐待の発生率の報告は、この十年間に劇的に増大し、ある調査では九〇〇パーセントに達するという［63］。現代の治療者は、初期の臨床家と比べて、多重人格患者における児童虐待の病歴を報告する頻度が高いが、これには、一般的には児童虐待についての関心の高まりを反映し、具体的にはＭＰＤと児童虐待との連合関係がますます明るみに出されたことを反映しているだろう。

二　多重人格の診断的定義

初期の症例報告の著者たちは、この障害の存在を確定するために、患者の記述を入念に行なった。しばしば患者は、メアリー・レイノルズ、フェリーダ・Ｘ、「ミス・ビーチャム」などの有名な症例と比較された。そして、一八九〇年代には多少は一般的病像を描くことができるほどの数の症例が集まっていた。一八九五年に、Ｒ・オスグッド・メイソンは、ＭＰＤに特有の特徴を以下のように記している。

> これらの症例はいずれも、病弱、虚弱、ショックなどの何らかの身体的原因により、意識の消失を来たし、意識が戻ったときには、以前とは全面的に別個の意識になっていることが観察されている。すなわち、患者はまったく別人のように見え、話し、行動し、そしてこの新しい意識というか自己は、自分がまったく別個の独立人であると主張したのである［230, p. 420］。

モートン・プリンスは、「多重人格は解離過程の発展にすぎない」という、研究者の大部分に支持されていた意見を総合して、一九〇六年に次のように明言している。

> もちろん、多重人格とは解離した（脱統合したともいわれる）人格と同じものである。正常の個人が、交替に脱統合した人間になったり健康な人間になったりする。病気と健康の間を往復するわけである。いや、本論文についていえば、ヒステリー

的人格と病的人格との交代である。二つよりも多くの人格がある場合には、二つのヒステリー状態が移行しあい、時には完全な健康人にも移行する［268, p. 172］。

プリンスの考え方は、解離連続体の一つの極に多重人格を置いているが、そうなると治療者はどの人格が「健康な人格」であるかを決めなくてはならなくなる［89］――臨床的見地からはひどい最悪の状況である。十年後になると、チャールズ・W・ストーン（一九一六）は二重人格の症例を次のように定義した。

それぞれの人格はそれぞれ固有の心の連続性があり、固有の性格と固有の記憶とをもっていて、これらの人格がはじめの人格あるいはそれ以外の人格と融合して一つの具体的な全体になることはない。それらの人格間には越えられない溝があるようだ。ある人格が現れているとき、もう一つの人格はどうやら存在していないらしい。第一人格は第二人格のすることを知らないことがあってもよく、第二人格は第一人格のすることを知っていることがあってもよい。第二人格は、性格、野心、目的において、また学業成績においてさえも、第一人格とは違っているようである。第二人格には意志、知能などの心的過程があって、それは、オリジナル人格の同種の過程と独立に活動するからである［337, p. 672］。

時代を経るにつれ、この初期の非常に記述的な定義が抽象的になってゆき、テイラーとマーティン（一九四四）にいたっては、自分たちの定義はあまりに不明瞭なために「文献を調べあげて症例のリストを作っても、同じリストを作る研究者は二人といないだろう」と言っておきながら、多重人格を次のように定義している――「多重人格の症例とは、おのおのの人格の発達と統合性とが比較的調和的で豊かで一元的で、それ自身の安定した生活をもちうるほどであるような二つ以上の人格で構成されているものとわれわれは理解する」［340, p. 282］。

サトクリフとジョーンズ（一九六二）は、多重人格の歴史と原因についての評論の中で、「この症候群を特徴づける人格の重大な変化は自己関連記憶の喪失および時空における個別的同一性についての混乱と妄想である」[338, 231]ということを強調している。しかし、ＤＳＭ－Ⅲが登場するまで専門家の大部分が用いていたものはラドウィッグ（一九七二）らがつくった定義であった。彼らは多重人格をこう定義している。

一つあるいはそれ以上の交代人格が存在し、おのおのが行動と価値観の一セットをもっており、それは相互に異なり、また「第一の」人格とも異なっていて、また相互に他の人格に対してさまざまな程度の無関心あるいは健忘があると申し立てるだろう。これらの交代人格の出現には「共意識 coconscious」的な基盤がある（すなわち、第一人格と共存し第一人格の思考や感情を覚知している）こともあれば、別個の意識の基盤に立脚している（すなわち、第一人格と交代人格とが交替に存在し、相互に相手の感情や思考にほとんどあるいはまったく無関心あるいは無自覚である）こともあり、無関心無自覚のこともある[223, p. 298-299]。

ラドウィッグらは、文献を通覧すれば交代人格の数の「数え方」には若干の混乱があることに気がついている。一部の筆者は交代人格を引き出すのに必要なトランス状態をも数にいれ、別の筆者は交代人格の合体によってできた人格をも数に含めている。ラドウィッグらの結論は、研究者が明確に交代人格であると同定できる場合の基準を具体的に記述し、この基準を満たす客観的証拠を挙げることができれば独立の人格に算入してよいというものである。

これらの定義はすべて、結局は、ＤＳＭ－Ⅲの診断基準に取って代わられた。これはそれ以前の文献から自由に借用して作成されたものである。ＤＳＭ－Ⅲが決めた多重人格という診断にとって必要な基準は以下のとおりである。

A　患者の内部に二つ以上の明らかに異なる人格が存在し、特定の一時点ではどちらかが優位である。
B　特定の一時点で優位な人格がその患者の行動を決定する。
C　患者の各々の人格は一つの複合体であり、独特の行動パターンと社会的対人関係をもつものとして統合されている［11. 259］。

臨床の場において、DSM－Ⅲの定める診断基準は一般に実用性が高かった。第一の基準として臨床家がおさえなくてはならないのは、患者が優位性の交代する二つあるいはそれ以上の「明らかに異なる人格」をもっているということである。何によって「明らかに異なる」とするのかは、臨床家の判断に委ねられているが、たいていはただちに明らかである。外見、感情、認知、話し方、習慣的行為、行動、そしてしばしば観察される生理学的反応や感受性――こういったものの変化が山ほどあるからである。第二の基準は「ある任意の時点で優位な人格が患者の行動を決定している」ということである。これはたいていの場合そのとおりだが、中間的優位性や主導権をめぐる闘争や急速人格変換（すなわち「回転ドア症候群」であってこの場合優位性はどの人格にあるのかが明確でない）などの例もある。

第三の基準は、「各々の人格は複合体であり、独特の行動パターンと社会的対人関係をもったものとして統合されている」というものであるが、一部の多重人格例には完全にはあてはまらない。この基準は、一箇の人格が当然もっているべき複合性と一貫性とが社会的対人関係において顕在化していることを求めているのだが、これは隠れた交代人格の多くが積極的に避けるものである。人格断片とは、持続的な自己感覚と行動の整合的な特徴的パターンとはもっているが（人格に比較して）限られた範囲の機能、情動あるいは生活史しかもたないものをいうが、この意味の人格断片はめずらしいものではない［189］。人格断片の多くは非常に特殊な状況でのみ出現し（たとえば、物理的外傷から身体を守るための守護的人格）、基準Ｃを満たさないことが多いのではあるまいか。だから、この第三の基準を厳密に解釈するならば、多重人格の症例として治療を受けることが望ましい多くの患者が治療を受けられなくなってしまいかねない。

ＤＳＭ－Ⅲ－Ｒ [13] は、第三の基準を削除して、以下のように多重人格を定義した。

Ａ　患者の内部に二つ以上の異なる人格または人格状態が存在すること（その各々はそれぞれ固有の比較的持続する様式をもち、環境およびその自己を知覚し、関与し、それらについて思考する）。

Ｂ　これらの人格状態のいずれもが一時点で、かつ反復的に、その個人の行動の主導権を完全に掌握する [13, 106]。

この改訂版は診断基準を広げて、ＤＳＭ－Ⅲの診断基準を満たさないが、ＭＰＤに対する治療法から臨床的な利益を得るであろうような患者を、その人生の早期に診断し治療できるようにしようとするものである。この改訂版での提案が有効であるか否かは、今後の時間が証明してくれることだろう。

ま と め

ＭＰＤに見られる劇的な自己の人格変容は、古来かわらず人間であることの条件の一部であった。古代にはシャーマン的儀式や悪魔憑きと連合していただけのことである。多重人格は、啓蒙時代に初めて認知された精神障害の一つである。この病いへの関心とその存在を信じるか否かの歴史は、第一章で述べた解離と催眠の歴史と連動しており、ともにこの二世紀のあいだに症例報告の数ははなはだしく上下を繰り返している。初期の症例も大部分の点で現代の症例と酷似している。臨床知見の蓄積とともに、症候群としての定義も洗練されて、「明らかに異なる分離した複数の意識状態によって個体の行動の主導権が交替する」という点が時とともに重視されるようになった。

第三章　病因、疫学、症候学

一節　病　因

ＭＰＤは、限られた発達段階でしか生じない相当特異な体験群に対する心理生物学的反応であるようにみえる。ＭＰＤの治療を有効で無駄のないものにするためには、心的外傷が発症因子であること、および、解離はもともとは小児期の圧倒的な心的外傷をやわらげるための適応機能であることを理解する必要がある。ＭＰＤの発生については諸説が競合しているが、臨床的に有効でもっとも説得力のある仮説は、小児期に繰り返し心的外傷をこうむると普通誰しもがもっている解離能力が強化され、そうなると今度はそれが土台となっていつの日か交代人格が創り出され、彫琢されてゆくようになる。

一　歴史的展望

多重人格の説明法は、最初、憑霊や転生などのような超自然的原因を仮定するものであった［100, 24, 335］。この説明法は一八〇〇年ごろから二十世紀の初めまで一般に流布していたが、少数の例外（たとえば８, 336）を除いておおむね消滅した。一八八〇年ごろから一九二〇年代中ごろまでの間には、生理学的な仮説がかつぎだされた。その中には今でなら「大脳半球離断症候群」と命名されるだろうものもしばしば入っており、言語などの脳機能の左右差という当時の新発見と関連して生まれた説明であった [100, 245, 238, 177, 65, 67]。現代の理論家の中にもなお生理学的仮説に関心を示す人がいる [52, 57]。

一九二〇年から一九七〇年までの約半世紀の間は、報告例が激減した時期である（第二章参照）が、一般に心理学的説明が出されていた（たとえば、ロールプレイングや催眠による人格の医原性創出などである）[340, 338, 24, 335, 100]。これらの仮説は手直しをされつつ現在も唱えられている [327]。状態依存性学習理論は、はやくもリボー（一九一〇）が一八九一年に多重人格の病因論として最初に提唱していたものであるが、この説明法は、解離とMPDの特徴である健忘と指向性意識に対する説明として、この時期の解離およびMPDの心理学的モデルおよび催眠学的モデルの多くの一部となっている [223, 52, 358, 187, 279]。

最近十年間（一九八〇年代）において、MPDの原因論はすべて大きく変化したが、それは、MPDをはじめとする解離性障害の発生において心的外傷体験の演じる役割が認知されたことである [276]。スペイノスら（一九八五）のようなごくまれな例外を除けば、MPDの本性と病因についての現行の理論はすべて、解離性意識状態が心的外傷によって誘発された性質のものであることを中心として展開されつつある [223, 52, 358, 187, 279]。

二　小児期の心的外傷

児童虐待とMPDとの関連は、数例の治療を経験した臨床家ならばすでに自明のことであるのに、臨床的文献の中には現在まで百年間かかって、ゆっくりと姿を現してきた。MPDと児童期外傷との関係が認知されるのになぜ時間がかかったのか。その理由は、初期の治療者が二例以上の症例にたずさわることはめったになかったためでもあろうし、厳密な診断基準がなかったために、てんかん、心因性遁走、器質性健忘などの別の精神障害をもつ人と混同されたということもあるだろう[81]。

多重人格の最初期の症例報告は患者の行動の記述にとどまっており、原因の考察はなされていない。一九〇〇年代初頭以来、少数の症例報告には、ＭＰＤの発症は親の死などの心的外傷となる人生体験があってのことではないかと示唆するものが出てきた[268, 273, 88]。自験例に性的虐待があったことを述べた最初の人はゴダード（一九二六）である。しかし、彼は、患者による近親姦の陳述を信じていないといかにもいいたげであって、患者の言は「非行少女をはぐくむ家庭」で得られる「父に犯される近親姦幻覚症」だと考えた[128, p.185]。モルセリ（一九三〇）の患者エレーナ・Ｆは治療中の激しい除反応の過程で、父親による性的暴行の記憶を甦らせている。この記憶は後に全く別個の情報源から確認された[100]。テイラーとマーティン（一九四四）は今世紀中葉に著したＭＰＤの総説の中で、ＭＰＤの起源には「激しい葛藤」が関与していると書いているが、それ以上は踏み込んでいない。

ようやく一九七〇年代になって、初めて両者の関連を明らかにする報告が一例報告の形で現れだした。なかでも、最初の報告でありながらもっともよく知られたのは症例シビルで、コーネリア・ウィルバーが治療を行ない、シュライバー（一九七四）が物語として出版したものである。児童虐待が重大な発症因子であると思われる症例は着実に数を増し、それと並行してＭＰＤが発見される数も増えた[129, 30, 40, 361, 306, 85]。

国立精神保健研究所（ＮＩＭＨ、現在は国立保健研究所ＮＩＨに吸収された）が行なったＭＰＤ一〇〇例の調査によると、全多重人格者の九七％が小児期に重大な心的外傷体験があったと述べている[284]。もっとも報告の多い外傷体験は近親姦であった（六八％）が、その他の形の性的虐待、身体的虐待、さらにさまざまな形の情緒的虐待も報告された。**図３−１**に示したのは、ＮＩＭＨの調査に基づいてＭＰＤ患者が回顧的に報告した児童虐待を分類したものである。

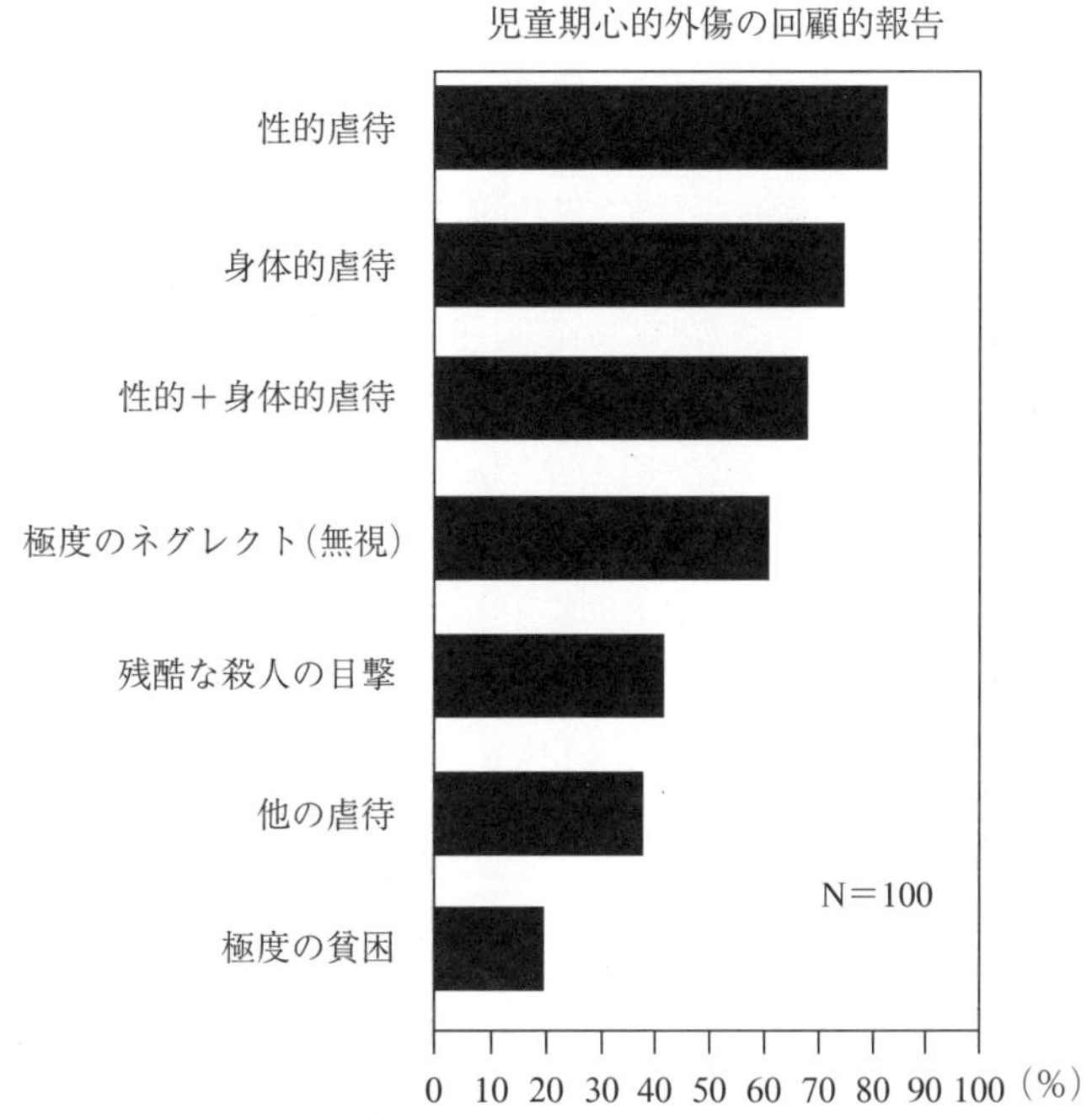

図３－１　NIMH の調査において100名の MPD 患者が報告した児童期外傷の種別

患者の大部分は、小児期に三種類以上の心的外傷を体験したと述べている。たとえば、性的虐待と身体的虐待との組み合わせを受けたと述べるＮＩＭＨの調査患者は、三分の二にのぼる。クーンズとミルスタイン（一九八四）によれば、二人が診た二〇例の多重人格患者の七五％に性的虐待の既往が、五〇％に身体的虐待の既往があり、児童虐待の発生率は全体で八五％にのぼるという。

現在までのところ、児童虐待がＭＰＤを「起こす」ことが証明されたわけではない。ＮＩＭＨの調査を含めて大部分の報告は、実際に心的外傷があったかどうかを客観的に確かめていない。虐待が治療の中で語られるのは、そのいうところの虐待が行われて十年あるいはそれ以上たってからのことが多く、平均的な治療者がその証拠を独自に入手することは不可能に近い。Ｒ・Ｐ・クラフト（一九六六、私信）は、患者が報告した心的外傷の一部を別個の情報源をとおして確証することができたという。ブリス（一九八四ａ）も彼の患者の一部においては、回顧的に報告された虐待の事実性を確証できたという。子どもの多重人格についての現在の研究によれば、子どものほうが、心的外傷を容易に語ることが多く、この研究によって必ずや、ＭＰＤと児童虐待の間の有無をいわせない関係を確立するために必要なデータがちかぢか得られるにちがいない。それはそれとして、二、三例以上の多重人格患者を診たことのある治療者ならば、ＭＰＤと小児期の心的外傷、なかんずく児童虐待との因果関係を疑う人は一人たりともいない。

１　児童虐待

多重人格患者でもっともよく述べられる小児期の心的外傷は性的虐待である（図３－１参照）。そしてもっともよく語られる性的虐待の種類は近親姦である[284, 306]。たいていの場合、父－娘姦あるいは継父－娘姦であるが、母－娘、母－息子、年上の同胞－年下の同胞という場合も報告されている。両親ときょうだい全員、あるいは両親かきょうだい全員が子どもの近親姦に積極的にかかわっていた場合には、いまＭＰＤになっている例の数のほうが、いまＭＰＤになっていない例よりも多いようにみえるが、データが少数だから誤りなしとしない。小児期の性的いたずらやレイプを一回だけ受けたと報告した患者はＮＩＭＨの調査では全ＭＰＤ患者の一五％にすぎなかった[284]。口唇、性器、肛門への性的接触をいろいろと組み合わせるのはもちろんのこと、浣腸、膣洗浄その他の「衛生的」材料と器具とが性的、身体的虐待の手段となって頻繁に患者にたいして使われていた。

多重人格患者が述べる性的虐待の描写と、ＭＰＤでない性的虐待の被害者の叙述とを比べて、私が愕然としたのは大部分の多重人格被害者がしばしば述べる、その受けた虐待の極端なサディズム的性質である。緊縛がある。膣、口腔、肛門へのさまざまな器具の挿入がある。さまざまな身体的、性的拷問がある。これらはありふれた話である。多くの患者が、集団から性的虐待を受ける、家族に売春を強要される、母親がボーイフレンドに性的な餌食として娘をさしだす――などを私に語った。ある程度の数の多重人格患者の治療を経験した人には、持続的反復的な激しい性的児童虐待がＭＰＤをつくる重要因子であることは自明である。

ＮＩＭＨの調査では、多重人格患者の約四分の三に何らかの身体的虐待が認められている（図３－１）。このような虐待には、平手打ち、拳で殴る、蹴るから、グロテスクな形の拷問までいろいろな形がある。いろいろな道具を使っての暴力、マッチやスチーム・アイロンによる火傷、カミソリの刃やガラスによる切傷などは、多重人格患者が述べるありふれた事柄である。多くの患者は、身体的虐待は虐待者によって儀式的に繰り返し加えられ、その際、虐待者がこの方法で子どもを「浄めてやっているのだ」「純粋にしてやっているのだ」と説明することが少なくない。「黒ミサ」などの悪魔的儀式の道具に使われたという多重人格者もいた。ここでもまた、多重人格患者に加えられた虐待は児童虐待の被害者の大部分と比べて、はるかにグロテスクでサディスティックになる傾向があるというのが私の印象である。

監禁という虐待は、多重人格患者の回顧的報告では群を抜いて多いようである。この形の虐待にはさまざまな手段によって繰り返し監禁するということがある。たとえば、子どもを縛りあげる、クロゼットや地下室やトランクに子どもを閉じ込めて鍵をかける、箱やかばんの中に子どもを詰め込む、などで、子どもを生き埋めにするというのまである。ウィルバー（一九八四ａ）は、生き埋めにされて、呼吸ができるように顔の上にストーヴの煙突をかぶせられた男性患者の症例を報告している。虐待者はそうしてから煙突に放尿して子どもの頭にかかるようにした。私も、罰だとして長期間埋められたことが何度もあると語る患者を二人診ている。監禁という虐待は、おびえる子どもを長時間孤立と感覚遮断の状態にさらすことであり、ＭＰＤなどの慢性解離過程の進行に格別の役割を果たしたとしても不思議ではないと私は思う。

さまざまな情緒的虐待も多重人格患者から報告されている。からかいとあざけり、卑しめとおとしめ、きたならしい奴だという侮辱が患者の小児時代にしばしば計画的に浴びせかけられている。文字どおりの身体的虐待がない場合でさえも、体罰などの虐待をするぞと脅かせば、子どもは休む間もなく脅えているはずである。子どもの目の前で、いずれお前もこうなるぞという例として、大切な持ち物が壊され、ペットまで殺されていたことがある。直接には虐待されなかったが、きょうだいが身体的・性的虐待を受けるのを見るように強制されたという患者も何人かいる。また、独り隔離されて、遊び仲間をつくったり学校以外で友達に会うことを禁じられたという場合もある。何の技術も、基本的な健康保持習慣も身につける機会をも与えられなかったという場合もある。

2　虐待以外の心的外傷

ＮＩＭＨの調査による知見で私たちを驚かせたものが一つある。それは、多重人格患者の中に、小児期に親族や親友の無惨な死を目撃したという例が非常に多いことである［284］。その中には、片方の親がもう一方の親を殺した場面に子どもが居合わせたという場合も少なくない。被虐待同胞が親の手にかかって死亡するのを見たという患者もいる。ＭＰＤ患者の家族病理に関するデータは乏しいが、患者が、家族内暴力が日常的であるようなきわめて異常な家庭に育ったということはほぼ間違いあるまい［284, 53］。

カンボジアやレバノンなどの戦争地域から渡米してきた青少年の多重人格患者を、私は何人か診たことがある。どの子どもも軍隊やテロリストの攻撃によって何人もの家族が虐殺されるのを目撃していた。たとえば、ある少女は、目の前で両親が地雷原で粉々に吹き飛ばされたのを目撃し、ばらばらの身体をつなぎ合わせようとしたと述べた。その後、この少女は、祖父が射殺され、同胞が斬首されるのを目撃した。別の少女は、戦車が家族の乗っていた車の上にのしかかって踏み潰し、一家が押しつぶされて死ぬのを見たと述べた。

まれな例であるが、持続性の疼痛や生活障害に至る外科的外傷が、慢性解離を引き起こさずにはすまないような心的外傷刺激になっていた場合もあるようである。ある患者は、いくつもの装具で身体を固定され、頻回に手術を受けた。感覚遮断、孤立、慢性疼痛、不快感は、身体を動かせないことによる離人症状と相まって、心的外傷体験となり、患者はいくつもの交代人格に分れた。臨死体験（たとえば溺死からの蘇生）もまた、それに続くＭＰＤの発症に関連があるとされてきた［188］。

三　多重人格の発達論モデル

この二世紀以上にわたって、解離性障害にみられる自己と記憶の障害を説明するために、山ほどの理論が産み出された。十九世紀の傑出した心理学者と精神医学者の多くは、精神がどのように組織されているかについての各自のモデルの中心材料に多重人格を用いていた。今日、ＭＰＤはさまざまな領域の第一線において広く精神の理論づくりとモデルづくりを刺激しつづけている［14, 34, 56, 57, 187, 279, 327］。この領域における私の研究を以下に紹介しよう。

1　多重人格の標準的発達基盤

私たちは皆、多重人格となる可能性をもって生まれているのだが、正常発達の途上で自己が一つに統合されているという感覚の確立にいくらかなりとも成功するのではなかろうかと私は思う。私たちは多重人格者として生まれるのではない。人格とは時のたつうちに獲得され、姿を現してくるものだからである。そう、誕生したころの私たちの行動の構成はいくつかの別個の状態が直列でつながっているようなものである。実際に、行動意識状態 behavioral states of consciousness という概念は、あらゆる幼児期研究を整理整頓する基本的な原理として頭角を現してきた［368］。プレクトルら［266, 265］の業績をはじめとして、幼児の意識の研究者たちは、新生児の行動意識状態の分類と命名とに努め、見解は一般に承認されている [368]。幼児の行動意識状態の順次の移行が示す心理生理学的法則は、ＭＰＤにおける交代人格の相次ぐ変換の際に観察されるものと非常によく似ている [283]。

子どもの成長につれて、新しい行動意識状態がつけ加わり、状態間の移行は円滑になっていく。そして、一歳を過ぎると、異なる行動意識状態を区別することはとても難しくなる [102]。成人でいくつかの別個の行動意識状態が明瞭に現れるのはある種の病的精神状態であり、たとえば気分障害にみられる感情状態や、不安神経症・恐怖症にみられる不安状態の場合である。ここでも、また感情状態間の変換や不安状態の始まりと終りにみられる切り替えは、幼児における行動意識状態の移行やＭＰＤにおける交代人格の変換に見られる生理心理的原理と同じものが少なくない [283]。

次のように考えてみてもよいだろう。すなわち、私たちが成長の過程で直面する多くの発達課題の中には、異なる行動意識状態の間を一貫する自己とアイデンティティとを確立することと、相異なる行動意識状態の間の移行を調律することが含まれている。子どもの注意の持続時間が延びたり（つまり、一定の状態を長く保つようになる能力）、周囲の状況がどんどん変化しても自己が一つであるという感覚が保てるようになることは、発達課題の前進の証拠である。もっとも、青年期には自己同一性危機というものもあるのだが、それにもめげずに――。

標準的発達過程の第二は、子どもには、ある特殊な意識状態である解離状態に入りこむ傾向性があることである [276]。ほとんどの専門家は、この傾向性がＭＰＤの発症に関与しているとしている。解離状態の特徴は、思考、感情あるいは行動についての記憶の統合機能の重大な変化であり、また、自己感覚の重大な変化である [222, 248]。自然発生的に解離状態に入りこむ傾向性は、自発的に催眠状態に入りこむ能力と関係があると考えられている [30, 34, 153, 187, 371]。イヴ・カールソンと私は、私達が開発した解離体験尺度（ＤＥＳ）で自然発生的解離体験の程度を測るとスタンフォード催眠感受性尺度（様式Ｃ）の点数の間に、きわめて高い相関があることを発見した [68]。

子どもの催眠感受性の研究によれば、総体的に、子どもはおとなよりもずっと高い催眠感受性をもつことが示唆されている [10, 125, 216, 217]。催眠感受性と年齢には上に凸な曲線的な関係があるとする縦断的研究もある。被催眠能力は小児期に上昇し、九～十歳ごろピークとなり、青年期に下降して、成人のレベルで定常となる [123, 124, 264, 364]。とすると、もし催眠感受性がストレスへの対処に解離を用いる傾向性と関係しているならば、子どもは催眠感受性が高いのであるから、圧倒的な心的外傷に対する防衛として解離を成人よりも頻繁に起こすだろうし、容易に起こす能力をもっているということにもなるだろう。

ＭＰＤの発生に一役かっているであろう第三の標準的発達基盤は、子どもの空想能力一般であり、とくに「人格」を対象（モノ）や状況に投影する能力である。「想像の友人 imaginary companionship」はこの能力が人の形をとったものである。これを正常の発達現象とみなす研究者が多いが、何歳ぐらいにもっともよくみられるかについては見解の相違が多少ある [140, 160, 247]。想像の友人をつくる目的についても多少の見解の相違があるが、推定されている役割には、恐怖に対処するためであるとか [18] や、スケープゴートであるとか補助的超自我の役割をはたしているとか [247] や、移行対象の一つの形として働くとか [23] がある。

想像の友人のＭＰＤとの関係ははっきりしそうでもう一つはっきりしていない。交代人格が、自分たちは最初は想像の友人として登場したのだが、後に子ども本人が虐待などの心的外傷に対処できなくなったとき、それぞれが多重人格として別個の人生を引き受けるようになったのだと交代人格が語ることがある。ロヴィンガー（一九八三）の考えでは、想像の友人が交代人格になるのは、子どもが不可欠の発達課題を心的外傷に満ちた環境のために達成できなかったときである。この発達課題には、自己批判の発達、自己尊敬と愛との維持、欲求と衝動の区別、理性と判断力との発達、行動をしようとするさいに親の態度を借りることなどがある。ブラウン夫妻（一九七九）やブリス（一九八三）は、元来は虐待と人間関係剥奪との期間を通して子どもを助けるために創造された想像の友人が発展して交代人格になるのではないかといっている。マイヤーズ[246]（一九七六）は、小児期の心的外傷に対処するために作り上げられた想像の友人がおとなになって再活性化された場合を記述している。

2　心的外傷の役割

大部分の犠牲者の児童期初期〜中期に生じた、反復持続的な強烈な心的外傷が、いくつかの相互に連関するメカニズムを介してMPDの発達を促すと考えられている。まず第一に、種々の行動意識状態を一貫させる自己を確立し、行動意識状態間の移行の主導権を掌握するという発達課題が挫折する。そのかわりに、反復する心的外傷（一般には児童虐待）がつくり出す状況においては、子どもが行動意識状態間の分離性を高めるほうが適応的なのであり、それは心的外傷によって生じた圧倒的な感情と記憶とを別々の区画に封じ込めるからである。特に子どもは、増大した解離能力を活用して、心的外傷から逃れるために特定の解離状態を選んで入りこむようになるであろう。従来、解離性意識状態は急性の心的外傷体験に対する適応反応と考えられてきた。解離性意識状態が与えてくれるものには(1)現実の拘束からの逃避、(2)心的外傷となった記憶や感情の正常覚醒意識外への封じ込め、(3)自己感覚の変容あるいはそれよりの離隔（そうなると心的外傷体験は他者あるいは離人化された自己に生じたことになる）、(4)痛覚の消失がある。

ほとんどの多重人格患者において、子どもに虐待を加えるのは親やその他の子どもの世話をする人物である。養育者のもっとも重要な仕事の一つ——特に幼児期において重要なのだが——は、よちよち歩きの子どもを助けて、その場その場に適切な行動意識状態に導き、これを続けさせることである。子どもが適切な行動意識状態になるように、そしてそのままでいられるように、親はどう助けるのか、また不適切な状態をどう抑制し、子どもの行動意識状態が混乱した時は立ち直るように親はどう手助けするのか——それを知ろうと思えば、良い親がみんなの前で幼児にものを食べさせているところを観察するだけでよい。虐待につきものの悪い親行動が子どもの行動意識状態の調整を学習しにくくすることは、容易に想像できよう。

3　交代人格の精密化

心的外傷をこうむった子どものMPD様解離反応にはいくつかのタイプがあるようである。子どもはその空想能力の高まりを活用して、心的外傷によって惹起された感情と身体イメージに関連した心と身体の構えを、すみやかにいろいろな解離状態にあてがってゆく。一部の子どもは、幼い子どもの場合が特にそうだが、交代人格より成る「想像の友人」システムが外在化し、子どもからはこれを外部からの影響として体験する。この外在化されたシステムは、しばしば漫画のキャラクター、スーパーヒーロー、動物、天使、こびと、精霊などからなり、機械ということすらある。ある子どものシステムがどういうメタファーを選択しているかは、治療の中で容易につきとめることができる。外在化された交代人格システムをもっていた子どもの一部は、思春期の間にそのシステムを内部化するようである。これと違って、はじめから内在化された交代人格システムをもつ子どももいるようである。

これらの解離状態については次のように考えることができるだろう。子どもは心的外傷から逃避するため、あるいは、正常な意識状態では行えない行動を行うために解離状態のどれかに繰り返し入り込んでいく。そのたびにその解離状態の中に特異的な自己感覚が植えつけられていき、時とともに精密化する。子どもが一つの特異的な解離状態に入り込むたびに、これに新しい記憶、感情、行動が加えられて、その解離状態と、状態依存的に結合し、こうしてその交代人格の「生活史」がこしらえあげられていく。成人の多重人格患者における交代人格の数と小児期にこうむった心的外傷の種類の数とには有意の相関がある[284]が、このことは子どもが状況次第で違う解離状態に入ることを示唆するものである。異なる交代人格間の移行（人格変換）は、幼児の行動意識状態間に見られる移行に酷似している。それは、多重人格患者は、正常の統合および状態調整のメカニズムを全面的に発達開花させることができず、取り残されて発達論的に原始的なメカニズムに依存して生きているからである。

以上のように、私たちは皆、ばらばらの状態を糸でつなげたように編成された行動を行っていた幼児から出発するのだが、時間がたち、また健康な養育者の助けがあれば、状況や外界の要請が変わっても、行動意識状態を調整し、一貫した自己感覚を育てることを学習して、おのれを単一化した一人格と感得するようになる。しかし、多重人格患者は別の発達過程をたどる。さまざまな行動意識状態をつなぐ一貫した自己を築き上げるようにならず、さまざまな解離状態を磨きあげて交代人格にまで精密化していくことによって、複数の「自己」を作り上げる。これは、そうする以外は無力な子どもが心的外傷を受けながら生き延びるための解決策にほかならない。だが、それは、記憶、行動、自己感覚の連続性に重きを置く成人世界では不適応的なものとなってしまう。

二節　疫学と統計

疫学とは疾患の発生と分布についての研究である。今日までのところ、MPDはもちろんDSM－Ⅲ体系内の他の解離性障害の大規模な疫学的調査も行なわれていない。いままで体系的に発生率と有病率の調査がなされた解離現象は、離人感と催眠感受性だけである。離人感の調査において離人感ありとされた患者の多くは、おそらくDSM－ⅢやDSM－Ⅲ－Rにおける離人障害の診断基準を満たしていないだろう。この二つの解離現象のデータが示唆するところによると、両者ともにその強度も深さもスペクトル的な連続体であり、正常者から精神科患者に至る広範囲の分布を示す［276, 26］。MPDの発症率、有病率、分布について私たちが手にしている乏しい情報といえば、記述的な臨床的伝承や挿話の他には、限られた状況で診断されたMPD症例数をもとにして、これを外挿したものが二、三あるにすぎない。

合衆国におけるＭＰＤの症例数を「当て推量（臆定）guesstimates」した報告ならいくつかある［49, 155, 81］。これらの報告と未刊のいくつかの評価とから推定すれば、合衆国における多重人格患者数は優に千を単位として数えられる人数であるらしい。ユージン・ブリスら［38, 36, 37］は、精神科にかかっている患者と犯罪歴のある患者の集団を標本抽出して、ＭＰＤの診断基準を満たす患者を探査した唯一の研究者である。

これらのどの「臆定値」もブリスの調査も、方法論的に重大な欠陥があって、ＭＰＤの全発病率と有病率が大規模な人口においてはどうであるかという一般化はできない。しかし、乏しいデータからでも言えることは、ＭＰＤは一般に精神保健の専門家がきわめてまれな疾患と見ているものだが、一般に思われているよりも有病率が高いだろうということである。将来はＭＰＤをはじめとする解離性障害のスクリーニング・テストが大規模な精神保健、疫学的研究のテスト・バッテリーの中に入れられることを期待したい。

多重人格患者の実際の症例にもとづく統計によって得られるデータのほうが確実であり、いくつかの興味深い傾向がわかる。このタイプのデータの主要な情報源は三つである。(1)文献にある症例報告の総ざらいによって得た統計、(2)個々の臨床家による複数症例の統計、(3)別々の治療者の治療症例の調査である。男女比、診断時の年齢、現症、精神科既往歴などについては、データの出所が異なっているにもかかわらず一般に高い一致率がある［280］。

一　性

今日までに記録されている多重人格患者の圧倒的多数は女性である。女対男比は、通常五対一以上である［7, 30, 33, 36, 322, 87, 284, 335］。二対一ないし三対一と報告する研究者もわずかながらいる［156, 187］。なぜこの病気は女性に多いのかという疑問が生じる。たくさんの仮説が出されてはいる。ＭＰＤは、性染色体に関連した遺伝性疾患であるかもしれない。ある著者のいうように、文化的要因の影響によって、女性のほうがこの心理学的防衛機制と精神病理の表現型を他の型よりも「選択」しがちなのかもしれない[24]。女性の発病率が高いということは、男性よりも女性のほうが長期間にわたって、身体的・性的虐待を受けるリスクが高いという事実の反映かもしれない。あるいは、サンプルの取り方に偏りがあって、多くの男性多重人格患者を見落としていて、実際の男女比はもっと一対一に近いかもしれない。

男性多重人格患者が探索の手を逃れているのは、男性患者は、大部分が女性患者の治療体験にもとづく「古典的」MPD像とは異なる形態を示しているからかもしれない。男性の多重人格患者と女性の多重人格患者とはどうも違っている点がいくつかあるように思われる（第五章参照）。男性患者が見過ごされるのは、彼らが精神保健システムで診察されているのではなくて、別のやり方で処遇されているためであるかもしれない。すでに述べたように（第一章）、思弁ではあるが最もよく口にされているのは、女性多重人格患者が暴力をしばしば自分自身に向けるのに対して、男性多重人格患者は暴力を外に向けるために、精神保健システムではなく司法システムに入ってしまっているということである[363, 285, 31]。ブリスとラーソン（一九八五）の研究によれば、性的犯罪による受刑者にはMPDと解離体験が高率に見出されるが、このことから、司法システムに相当数の多重人格患者が存在していることがうかがわれる。この可能性については今以上の体系的な調査がなされるべきである。

二　年　齢

診断時の多重人格患者の平均年齢については異なる調査の間にかなりの一致率がある。文献の通覧による診断時の平均年齢は二十八・五歳である[286]。一人の治療者による症例報告においても診断時の平均年齢は二十九・四歳から三十四・五歳の間にある[6, 30, 87, 156, 187, 284]。

MPDは小児期に始まることの強力な証拠があるにもかかわらず、多重人格患者の大半は二十〜三十歳代になるまで診断がついていないようであるから、MPDと診断されるまでに長期間の精神科既往歴をもっていて山ほど誤診されていた場合が断然多いはずである。クラフト（一九八五）は、多重人格患者の人生行路について驚くほど興味深い縦断研究を発表している。それによると、MPDの臨床症状は年齢に応じて変化するのであり、最もはなばなしい「多重人格」症状が現れるのは典型的には二十〜三十歳代ではないかということである。このことは、症例の出所がさまざまであるにもかかわらず、診断時の年齢がきわめて一致することを説明してくれるだろう。

三　民族と社会経済的階級

民族と社会経済的階級についてのデータは乏しいが、それでもMPDが主要な人種のすべてと社会経済的階級のどこにでも見出されると結論してもよいだけのものはある。症例の大部分は白人であるが、黒人 [223, 322, 335, 87] とヒスパニック [6, 322] の多重人格患者の報告もある。私が診断した症例では、約一三％が黒人で、約二％が東洋人（とりわけカンボジア大量虐殺の犠牲者）であった。文化横断的な症例報告はほとんどないのだが、非西洋圏にも患者はたしかに存在する [3, 347]。社会経済的階級についてのデータは、MPDがあらゆる階層に見出されることを示唆している [87, 335, 322, 284]。

三節　症状のプロフィール

一　序　論

MPDを認識し、診断するのは大仕事である。理由はいろいろあるけれども、MPDがほんとうに存在するのかどうかと専門家の中にも懐疑論がはびこっているうえに、ほとんどの臨床家は自己形成期に当たる研修期間中にこの障害についての十分な知識を教えられていないので、かつて考えられていたような珍しいものではないが、それほどありふれたものでもないので、たいていの専門家は臨床の場でこの障害に出会う機会が限られたものである。ＭＰＤは、主要な精神医学的障害の標準的な鑑別診断表に挙げられていることもめったにない。そのため、臨床家が患者の障害において何々を除外診断できるかを考えているときにＭＰＤがめったに思い浮かぶことはない。この理由だけではないが、患者がＭＰＤであるかもしれないという可能性がそもそも臨床家の脳裏に浮かばないことが多い。

しかしながら、ＭＰＤではないかと疑うべき患者のプロフィールというものがある。このプロフィールの中核にある徴候とは、このような患者が典型的には精神医学的、神経学的、内科学的な症状をふんだんに示し、多くの診断名が付けられ、しかもその診断による標準的治療が無効であるということである[285, 191]。ブリス（一九八四ｂ）は、この現象を「症状の超豊富性 superabundance of symptoms」と呼び、クーンズ（一九八四）は「症状の多重性 multiplicity of symptoms」と名付けた。具合の悪いことに、この症状のあふれは、いろいろな精神医学的障害を幅広く考えさせ、それだけでなく、しばしば底にある解離の病理を覆い隠してしまっている。そのため、これらの患者は自分が罹ってもいない病気の治療を受けて何年も無駄に費やしていることがよくある。

以下の考察は、多重人格患者の症状の中でもっともよく報告されるものに光を当てただけである。患者の中にＭＰＤが潜んでいるのを感知するためには、一つ一つの症状の表面的な現れの下を見とおし、その過程の基底にある解離の力動を探索することが重要である。たとえば、多重人格患者の訴える「抑うつ」は初診時には一見、月並みな神経症性抑うつ症に見えるかもしれない。しかし、患者の体験している無力と絶望を生み出している力動は、まったく違う。多重人格患者は自分の人生を変えたり、人生を動かす力がまったくないと感じているはずである。それは、自分の行動が「意識的」な支配下にないという苦痛な事実に患者が直面し続けているからなのである。

二　精神医学的症状

1　抑うつ症状

多重人格患者がもっともよく呈する単一症状は抑うつである[7, 81, 33, 253, 284]。抑うつを思わせる症状はＮＩＭＨの研究では八八％に認められ[284]、ブリス（一九八四ｂ）とクーンズ（一九八四）による症例報告でも唯一つ突出してよく見られる症状であった。抑うつ気分に加え、多重人格患者でよく報告される他のいくつかの症状は、表面的にみれば大感情障害という診断を補強するようなものである。多重人格患者の約四分の三は診察の際、自分には「気分変動」があるとか行動や感情の在り方が突然変化すると言う[81, 33, 284]。しばしば過去に一回以上の自殺企図ないし自殺のジェスチュアがあり、現在も自殺念慮ないし自己破壊念慮が存在する[30, 33, 81, 284]。最初に治療を受けに現れる典型的な「主（ホスト）」人格は自己評価が低く、打ちのめされ、無快楽的（アンヘドニア）で、一般に否定的な人生の見とおしを口にする。多重人格患者はまた、注意集中困難、疲労、性的困難、号泣発作があると述べることもある。

不眠その他の睡眠障害はＭＰＤの徴候としてよく見られるものである[284]。しかし、注意深く問診すれば、この睡眠障害は不安障害やうつ病に見られる入眠困難や早朝覚醒ではないことがわかるはずである。それは、心的外傷後ストレス障害に特徴的な型の睡眠障害であり、反復性の悪夢や恐ろしい入眠時ないし出眠時現象を伴っている。困ったことに、多重人格患者の大部分は睡眠障害の原因を自分からは話さないし、治療者もそれ以上の情報を取るのを怠ることが多い。

訴えをまとめてみると、今記した症状は表面的には大感情病ではないかと思わせるものである。しかし、解離性障害の可能性を念頭において、注意深く病歴を聴取すれば、大うつ病における抑うつ症状とMPDにおける抑うつ症状を区別するのに役立つような定型から外れた徴候を発見できることが多い。MPDにおいては、抑うつ症状が長続きすることはまれである。患者の例では、抑うつの期間にも、時々気分の良かったことがあった（上機嫌になることさえあった）という既往を打ち明ける用意があるだろう。気分の切り替わりは、もっともめまぐるしい急速交代型相極性障害に匹敵するほどに頻繁である。典型的には、患者は一日の間に数回の「気分の切り替わり」を体験し、一時間に数回ということさえまれではない。患者は急速な気分の切り替わりを体験したといってくれないけれども、家族が気分の切り替わりがあると漏らすことがある。時にはずばりとこう言うこともある。「先生、あの娘は日によって別人ですよ！」。抑うつ症状をもつ多重人格患者には植物神経症状は全然ないか、あっても短期間である。これは大うつ病の患者とは正反対である。

2　解離症状

MPDは究極の解離性障害であり、すべての多重人格患者はさまざまな解離症状を呈している。しかし、初診の際には、直接に解離症状に関連した訴えはないのが普通である。逆に、多くの場合、患者がそのような症状を治療者に語るまでには数カ月以上接触を続ける必要がある。健忘（記憶喪失）や「時間脱落 time loss」はMPD患者にもっとも多い解離症状である [81, 33, 284]。NIMHの調査では、MPD患者においてもっともよく報告される解離症状は以下のとおりである。健忘（九八％）、遁走エピソード（五五％）、離人感（五三％）、夢遊（二〇％）[284]。ブリス（一九八四b）の記載した解離プロフィールも本質的には同様である。すなわち、健忘（八五％）、ぼんやりした状態（八三％）、離人症（五四％）、非現実感（五四％）、遁走状態（五二％）である。

患者が自発的に解離症状を訴えるのを妨げている力動機制はいくつかあるが、それらは究極には一つに収斂するようである。もっとも重要な理由は、解離体験自体が記憶と想起の障害を引き起こしており、このために患者は解離体験を簡単には思い出せなくなっていることである。ベネット・ブラウンがいみじくもいったように「自分に健忘があるということを忘れているのかもしれない（あなたにはあなたの健忘症の健忘症があるのでしょう）」のである。患者が自分の解離エピソードのすべてをまったく思い出せないわけではない場合でも、解離過程が想起の歪みを引き起こしていて、そのために解離エピソードの記憶（遁走など）は、夢のようで、実感に乏しく、はるか昔のことのような性質をもっており、そのためほんとうにその体験があったのかどうかが患者にはあやふやになることがある。

患者が解離エピソードを直接に思い出せる場合にも、別の理由から、そのことを言いたがらないこともよくある。患者は自分が「クレージー」と思われて話を割引きして聞かれるのではないか、あるいは病院に放り込まれるのではないかとまで、心配していることがある。MPDは小児期にはじまるので、解離体験は患者にとって目新しくもなんともないことである。実際に、患者には「時間が脱落」し、自分が見知らぬ場所にいるのに気づいたことがこれまでの患者の人生にある程度規則的にあったのである。患者がこういう体験を格別異常だと考えていないこともある。そうなると、解離体験を現症として訴えないことになる。MPD患者は解離体験を別の原因のせいにすることがある。たとえば、ドラッグやアルコール性ブラックアウトである。こういう説明を患者が好むのは、自分に対しても他人に対しても、ある程度社会的に認められるやり方で解離体験を説明できるからである。解離症状の存在を調べるために診断にあたる臨床家は、解離性の精神症状から生じる特異的な体験を全範囲にわたって系統的に質問する必要がある。この解離の病歴や精神現症についての特別な質問法については第四章で述べる。

3　不安症状と恐怖症状

恐怖障害、不安障害、恐慌障害を思わせる症状はしばしば多重人格患者に存在し、これが初診時の臨床像の一部になっていることもある［81, 33, 284］。ここでもまた、これらの症状の底にある力動が奇妙に解離的である場合があるので、よく調べてみなければならない。主人格の不安発作はしばしば別の交代人格への変換と連動している。主人格はさまざまな身体症状を人格変換に前駆して、あるいは同時に体験することがある。たとえば、呼吸困難、動悸、窒息感、非現実感、パレステジア（異常触覚）、気が遠くなる、震えなどである。人格変換開始の「合図」となる状況が恐怖症様の行動をも起こすことがあり、この場合ある場所、ある対象、ある対人状況、あることばなどの情動を負荷された刺激が引き金となって脅える交代人格への変換を起こしていたり、心的外傷の記憶のフラッシュバックを引き起こしている［283］。だから多重人格患者の多くはこういう引き金を回避する方法を身につけ、それに対して恐怖症的な挙動（恐怖症的回避）を示すわけである。

4　物質乱用

物質乱用はしばしばＭＰＤに認められる［81, 284］。ＮＩＭＨの調査では患者の三分の一に多剤乱用があった［284］。多重人格患者が乱用する薬物でもっとも多いのは鎮静剤・催眠剤であるようだ［81, 284］。アルコールや刺激剤の乱用はＮＩＭＨの調査では患者の三分の一にあった。幻覚剤を用いる多重人格患者はそれほど多くないようである。クーンズ（一九八四）によれば、多重人格患者に多い頭痛に対して処方された鎮痛剤を乱用することから、薬物乱用が始まることが多いという。

多重人格患者が訴える症状や愁訴（たとえば抑うつ、睡眠障害、低い自己評価、不安発作、多彩な身体愁訴、そして重要なのはブラックアウト）は解離のない多剤乱用者にもよくみられるので、臨床家は評価を行うさいに、（その人が）薬物を乱用すればかならずブラックアウトのエピソードを引き起こすかどうかを、注意して見極めなければならない。困ったことに、多重人格者の多くは、なぜ「時間が脱落する」のかという理由をほんとうは知らないことを認めるよりは、まだしも社会的に受け入れられている薬物やアルコールのブラックアウトを認めるほうを選びたがるようだ。

5　幻　覚

多重人格患者の大半は幻視および／あるいは幻聴を体験しているはずだが、治療の初期からその体験を認めることはめったにない [38, 81, 284]。典型的な幻聴は、患者（通常は主人格）をけなし叱責し、あるいは自己破壊的行為や暴力行為を行うように命じる声である。声は患者に三人称を使ってあげつらい、「彼（彼女）」の考えや行動について批評することもあれば、声どうしで論じ合っていることもある。患者は、泣き声、叫び声、笑い声を聞くこともある。典型的な泣き声は幼い子どもが苦しんでいるときの泣き声に聞こえる。慰める声、支える声、助言する声が聞こえることもある [285]。

ほとんどの場合、声は頭の中に「聞こえる」か「声を出して考えている」ものとして体験される。声は一語一語明瞭に聞こえるのが普通である [81]。これらの徴候は分裂病患者に見られる幻聴との鑑別に有用である。分裂病の場合、幻聴は（常にというわけではないが）その人の外部から発しているように体験されることが多く、また聞こえ方が不明瞭なことが多い。多重人格患者の幻声はしばしば延々とした討論をやり、患者にはそれが筋の通った論理的なものに思えるのである。この「二次過程」的な性質は、分裂病患者の「一次過程」的な幻声からＭＰＤの幻声を区別するために役立つだろう。現前している人格が交代人格の存在に気づいていないならば（気づいていないのが普通である）、この幻声は恐ろしい体験となるだろう。

ＭＰＤにおける幻視は幻覚と錯覚とが奇妙に入り交じったものであるが、さらに患者の自己身体イメージの変化の知覚も加わることが多い。多重人格患者は鏡に映った自分の姿が別の人間に見えるとよく言う。患者には、自分の毛髪、眼、皮膚が違う色のように見えることもあれば、反対の性になったように見えることもある。こういう自己知覚変容にひどく混乱させられるために、鏡を恐怖症的に避ける患者もある。患者が、鏡をのぞき込むと何人もの違った人間が順々に現れるのが見えることもある。多重人格患者は、交代人格が体の外部に存在する別個の人々のように幻覚することもある。この体験は非常によくあることで、デイヴィッド・コールはこれを取り入れた内部集団療法というテクニックを考案した[72]。このテクニックについては第十章で述べる。

多重人格患者は自己像幻視があると述べることがある。これは、あたかも映画を見ているように、あるいは上から自分を見下ろしているように自分の姿が見えるというものである。この体外離脱体験は、通常、重症の離人感を伴うが、臨死状況に際して語られる体験に似たものである。多重人格患者は、肉体から遊離した顔が空中に漂っていたり、他人の顔の上に投影されるということをもよく語る。患者は血痕や身の毛のよだつ光景その他の暴力の証拠を幻覚に見ることがある。最後の幻覚の形は治療中に生じることもあり、典型的には過去の心的外傷後体験に関連する記憶が蘇ってくるとそれにともなって生じる。幻嗅と幻触とは五〜一二％の症例に報告されているが、側頭葉に脳波異常のある多重人格患者にはもっと高い頻度で出現する[279]。しかし多重人格患者は、虐待ないし心的外傷体験に関連した多くの「身体的記憶」を体験しているはずで、これを幻触と間違えていることもありうる。

6　思考障害

ときに、多重人格患者は重症の思考障害を呈することがある。これは、「急速人格変換 rapid switching」や「回転ドア危機 revolving-door crisis」といわれる解離体験による。この時には、どの交代人格も、患者の行動をコントロールし続けることができない。回転ドア現象によって、顕著な精神病様の病像が引き起こされ、これが患者個人の危機を深めることが少なくない。患者はみるからにきわめて感情不安定となり、典型的な場合、多数の不適切な情動を急速に円環的に反復する。患者が大思考障害の症状を示すようになることもある。途絶、思考奪取、「言葉のサラダ」発話などもある。回転ドア危機においては、患者は強烈なアンビバレンスを示し、ある行為を行っては取り消すことがある。それをみていると精神病的あるいは保続症的にみえる。

ほんとうに何が起こっているかといえば、患者はまとまった行動を一貫して行うほどの時間さえ、安定して単一の交代人格を保つことができないのである。交代人格が次から次へとびゅんびゅん現れては消えるのであり、患者が示す感情不安定、一貫性のなさ、アンビバレンスは、両立しえないことの少なくない患者の感情や行動をひっくるめた総体を表している。状態の急速な回転は行動の支配を求める交代人格の間の闘争であって、それぞれが他の人格を追い出そうとしているのである。あるいは、主導権の放棄によって起こることもある。この期間は、主要な人格たちが管理主導権の行使を放棄し、それ以外の人格がしぶしぶ動員されてこの真空状態に投入される。おそらく、この現象を真の思考障害と区別するもっとも重要な徴候は、この状態が通常は一過性であり、またある特定の危機状況に関連づけができることである。多重人格患者は、分裂病によくみられるような真の持続性思考障害を見せることはない[81, 285]。回転ドア危機については第十一章でさらに詳しく述べることにする。

7　妄　想

経験を積んだ治療者も多重人格患者に妄想があるかどうかについては意見が分かれている。サトクリフとジョーンズ（一九六二）は、時間と場所とがどこであるかに関する妄想を特徴とする症候群であるとした。他の研究者はこの現象を「偽妄想 quasi-delusion」[81] あるいは「仮性妄想 pseudodelusion」[189] であるとした。ブリス（一九八四b）は自験例のざっと三分の一にパラノイア様の妄想があると述べており、ＮＩＭＨの調査では調査症例の二〇％に妄想があるという[284]。しかし、肝心な点は、妄想をどう定義するかであり、また、交代人格の一部が抱く「自分は独立し自律している」という思い込みを妄想とするかどうかである。交代人格の中には、自分は別個の存在で、自分を傷つけずに別の人格の身体に打撃を与えることができるという強固な信念を公言する人格が少なくない。この明らかな誤った信念が強固で一切の反論を許さない場合には、妄想とみなして差しつかえないこともしばしばであると私は思う。

多重人格患者があきらかに「させられ妄想」を呈することもある。この体験にはほんとうの根拠がある。つまり、多くの主人格は受動的に他の交代人格からの影響を受けており、自らの意志に反して、自分がどうしてもしたくない行動をしていることに気づいている。人格変換に伴うことの多い身体イメージの変容（たとえば自分が小さい子どもであるように感じ、そう見える）は、交代人格に気づいていない治療者には身体妄想と誤解されるおそれがある。

治療者が患者の解離症状の力動を理解しはじめると、妄想だとみえたものが実際に根拠をもつものであることがわかることも少なくない。あきらかに妄想的だと診断される考えをもっている多重人格患者がいても、この妄想が妄想性障害によくみられるタイプの妄想――すなわちある種の外的な機関（政府、ロシア、火星人など）が患者を迫害し、メディアなどを通じて患者にメッセージを伝えてくる――であることはめったにない。多重人格患者の妄想のもっとも多いのは被影響体験であり、現実に根ざしている。そうでなければ、自分が別個の存在であるという妄想で、これは一部の交代人格が自己の独立性に対して過度の自己愛的備給を行っていることから二次的に生じたものである。

8　自殺と自傷

自殺行為は多重人格患者にはきわめてありふれたものである［129, 30, 33, 81, 284］。ブリス（一九八〇、一九八四b）もＮＩＭＨの調査（パトナムら、一九八六）も多重人格患者の少なくとも四分の三は一回以上の真剣な自殺企図を行ったことを明らかにしている。自傷行為――典型的なのはガラスや剃刀の刃で切ることやタバコやマッチで皮膚を焼くことである——は少なくとも多重人格患者の三分の一に起こっている[284]（というが）自傷行為の割合はおそらくそれよりずっと多いであろう。というのも、自傷行為はあまり治療者に語らないものだし、身体診察の場合を除いて自然に発見されることも少ないからである。自傷はグロテスクな形をとることもある。たとえば、割れたガラスのコップなどの異物を腟に挿入することである[294, 35]。

9　緊張病症状

緊張病的行動が多重人格患者に生じることもある[285]。ＮＩＭＨの調査では、緊張病症状は患者の十四％にあることになっている[284]。何人かの多重人格患者は、緊張病状態に入り込んでいくのは外傷体験の大量の想起の引き金を引いた外的刺激に圧倒されたときだと私に語った。患者はまた、緊張病状態を一種の癒し体験として用いていて、自分を圧倒する刺激をふるいに掛けて消すか、せめて速度を遅くして許容できるレベルにしているとも語っていた。

10　性転換と衣装倒錯

多重人格患者は性転換と衣装倒錯の人のかなりの割合を占めるようである。しかし、今までに、ＭＰＤ的な徴候を呈する性転換者の症例報告はほんの少ししかない[131, 239, 356, 240, 209]。これらの報告の患者がＭＰＤの診断基準をすべて満たすかどうかについては文献からは明らかにならない。多重人格患者のかなりの割合が、自分を実際の生物学的な性とは反対の性であると認知している交代人格をもっている[284]。私がよく知っているいくつかのケースでは、交代人格の一つが性転換手術先を探したり、身体の性別を変えようと野蛮な試みをして自分の性器を損壊することもあった。性転換者と衣装倒錯者に対しては解離症状の綿密な調査を実施し、知られざるＭＰＤがこの種の行為者の一部の行為の一次的（本来の）動機ではなかろうかとして慎重な調査がなされるべきである。

三　神経学的・内科学的症状

1　頭痛

多重人格患者がもっともよく報告する神経学的症状の第一は頭痛である [30, 33, 81, 129, 253, 284, 323]。この頭痛は、通常、強烈な痛みであり、しばしば暗点などの視覚障害を伴うことがあると述べられる。患者の何人かは私に、この頭痛のことを「目つぶし blinding」と語った。通常、こういう頭痛は普通の鎮痛薬では解消せず、しばしば嗜癖性のある頭痛薬の使用を余儀なくされる [6, 81]。力動的な立場から、一部の治療者は、頭痛の出現は交代人格間の支配権をめぐる闘争と関係があるとしている [81, 323]。私たちは、実験的場面において、頭痛は、調査研究中に起こった「強制された」人格変換にともなって生じることが多いのに気づいた [275]。離人症候群や遁走エピソードなどの他の解離性障害の臨床像の一部分としての頭痛の発症率も高い [315, 94, 181]。グリーヴス（一九八〇）のみたように、頭痛と解離の間の関連は、注目に値する重要なもので、今後研究が必要である。

多重人格患者は他にもさまざまな神経学的愁訴をもっていることが多い。なかでももっとも大きく患者を悩ますものは、失神などの意識消失と、全身けいれん発作ないし全身けいれん発作様行動である。前者と後者は同時に起ることもあり一つだけのこともある。これらの症状についてはほとんどわかっておらず、ただわかっているのは患者の相当の割合に生じるということと、解離の心理生理学的メカニズムになんらかの形で関係しているだろうことだけである。全身けいれん発作ないし全身けいれん発作様行動は、一例報告を総覧したものでは二一％であった [286]。またベス・イスラエル行動神経学研究所で研究されたＭＰＤ／解離患者たちにも報告がある [235, 309]。ブリス（一九八〇）は、その第一論文の症例群の一八％に「けいれん」があったと報告している。ＮＩＭＨの調査では、けいれん発作様エピソードは症例の一〇％に認められ、しばしば脳波に非特異的な両側側頭葉の徐波をともなったということで

ある [279, 284]。解離行動と側頭葉現象の関係は、遁走エピソードに関してはきちんとした立派な報告がある。頭痛と同様、この現象もさらに臨床的・科学的研究を行う価値がある [2, 231, 279]。

多重人格患者にはさまざまな感覚障害があるという報告がこれまで相次いでいる。こういう感覚異常のたいていは「ヒステリー的」である。感覚鈍化とチクチクするなどの異常感覚は比較的よく見られ、典型的には四肢に多い [30, 33, 284]。視覚障害は「ヒステリー性」複視から全盲まであるが、多重人格患者の約五分の一に報告がある [30, 284]。これらの視覚障害が交代人格の一部グループに限られることも稀でなく、その後の治療中に特定の体験との心理学的関連がつくことがある。心因性聾も多重人格患者には稀ではない [30, 284]。

多重人格患者における運動障害も同じように「ヒステリー的」特徴を示す。古典的な機能性四肢麻痺は患者の少なくとも一〇%あるいはそれ以上に報告がある [30, 33, 284]。歩行障害や運動性半麻痺などの運動機能低下の形を取ることも稀ではなく、さんざん神経学的検査をしてはじめて機能性であることに気づくこともある [59, 285, 30, 33]。失声はＮＩＭＨの調査では患者の一〇%に、ブリス（一九八〇）の患者たちの三分の一に認められた。遅発性ジスキネジアに似た現象が生じることもある。この一次的には口唇／顔面をひきつらせる運動は交代人格の急速な交代とともに生じていたと後でわかることもある。

多重人格患者は心肺系に起因するとされてしまう内科学的症状をしばしば呈する。典型的にはこれらの症状は不安や恐慌発作の患者に見られるものに似ている。すなわち、呼吸困難、動悸、胸痛、窒息感、である [30, 285, 284]。消化器症状、特に機能性便通障害は、多重人格患者にはごくありふれたものである [30, 284]。原因不明の嘔気および（あるいは）腹痛もありふれた症状だが、後になって特定の虐待体験との結び付きがわかるのが普通である。生殖器系の痛みは症例の少なくとも三分の一で報告されているが、これもまたしばしば過去の心的外傷を内臓が思い出すということと関係づけられることが後からわかる。多重人格患者における自傷性疾患あるいは仮病についてはこれまで報告が相次いでおり、つねに念頭に置くべきである。とくにめずらしい皮膚症状や説明のつかない発熱には注意が必要である [366, 313]。

四　症状プロフィールの経年変化

多重人格の人生行路についてはほとんどわかっていない。その他の解離性障害についても然りである。この尋常ならざる患者たちの症状、体験、行動の日ごとの変遷についてはほとんど知るところがない。現在のところこの第二の問題については、公衆向きの出版物に掲載された伝記あるいは自伝にあたるのがもっともよいという体たらくである。レーウェンスタインら（一九八七）は、多重人格患者の一日一日の人格変換パターンを研究するために、実証主義的な標本抽出法をいろいろ用いているが、この種の研究法から将来必ずや興味深い結果が得られるだろう。ＭＰＤの人生行路すなわち自然史について私たちの知るところはわずかに、一例ずつだが、カトラーとリード（一九七五）による十五年の追跡調査とローゼンボームとウィーヴァー（一九八〇）による三十八年の追跡調査とがあり、多数例を用いたものではクラフトによる出現症状の年齢別横断的分析 [191] がある。

有用な縦断的データが乏しいという問題は医学全体にとりついている疫病であり、精神医学的研究ではようやく今系統的な取り組みが始まったところである。良い縦断的データがない場合に、それに代わるもっとも良い情報は年齢別の横断的データである。クラフト（一九八五ｂ）は一〇〇例以上の経験から、一般的にいって、症状の現れ方に患者の年齢に応じた違いがあることを見出した。クラフトによれば、交代人格の存在を示すはなばなしい証拠を今示している多重人格患者は少数である（六・二％）。「見るからに多重人格である」ようなケースはたいていが二十歳代の患者であり、三十歳代になると臨床像は不安と軽度の強迫観念の徴候を伴う抑うつの形をとるようになる。クラフトによれば、四十歳代の患者は本質は似ているが、「すぐにでも助けを求めなければ自分の病的な適応から脱け出るチャンスを永久に失ってしまいそうだという内的な感覚」に駆り立てられているらしいようにみえる［192, p.224］。クラフトの観察では、五十歳代の患者は一例を除いて、抑うつ、不安、被影響体験を示していた。クラフトは、六十歳代にも古典的多重人格患者が何人かいるのを発見しているが、多くの年配の患者においては「中年期以降には、外に症状をあらわすことが徐々に少なくなってゆき、個人差がいわば萎縮を起こし、いくつかの要素（人格）が自発的に統合されるようになっていることがある」［192, p.227-228］と述べている。

これらの散発的な縦断的および横断的データは、一般論的には解離性障害、特殊論的にはＭＰＤは年配の患者にも依然存在するが、時とともに強度を減ずる傾向があるという臨床上の印象を支持している。この過程を治癒と誤解してはならないが、ＭＰＤはその人の人生行路の中で一種の進化を起こし、長年の間にさまざまな形を取りうることを示すと考えてよいだろう。私の経験では、年配のＭＰＤ患者の多くは交代人格同士が何らかの形の和解に到達し、この和解によって多重人格であり続けながらより快適に暮らせるようになる。しかし、こういう患者たちでも、成人してからも苦難と煩悶に満ちた波乱万丈の生活を送ってきた人が多く、早期に診断・治療を受けていれば非常に救われたはずだと言い切ってよいと思う。

五　既往歴

1　精神科の病歴

多重人格患者の既往歴には数多くの徴候が、それもしばしば生起していて、それだけ起こっていればＭＰＤでないかと疑っても良さそうなものにと思われる。ところが、患者が初めて精神保健システムと接触したときにＭＰＤの診断がつくことはめったにない［38, 191, 284］。だから、多くの多重人格患者に共通する病歴上の特徴が一つある。それは精神科既往歴の上で過去にいくつもの診断がついていることである。この所見に付随するものとして、多重人格患者はそういう診断と障害とに対する標準的治療が無効であったという既往もあるはずである[285, 191]。多重人格患者が過去に受けている普通の精神医学的診断名はうつ病、精神分裂病、分裂感情性障害、躁うつ病、さまざまな人格障害名（とくに多いのが境界性人格障害）、側頭葉てんかん、その他のてんかん、である[38, 284]。

2　内科の病歴

同様のパターンは、通常、多重人格患者の内科病歴の特徴でもある。患者は、非定型的な、あるいは説明のつかない症状のために、あるいは上述の内科的神経学的症状のために、大々的な内科学的・神経学的な検査を受けていることが少なくない。精神医学的障害の場合と同様、多重人格患者は診断された内科学的障害に対する標準的治療ではよくならなかったと証明済みであることが多い。投薬や麻酔に対して例外的反応や逆説反応を示した既往もありうる[277]。古いカルテに別々の姓名が使ってあったことや、とんでもなく矛盾した既往歴その他の情報が書かれてあるおかげで、別の自己同一性（交代人格たち）の存在が間接的に証明されることもある。

3　社会的生活史

多重人格患者の縦断的生活史についてのデータは乏しいが、臨床像が示唆する動作のパターンや過去の挿話的な情報から察するところ、多重人格患者の職歴の特徴は頻繁な転職である。もっとも一つ一つの仕事そのものは良くやれていることも少なくなく、高い役職についていることさえある。しかし、放浪する多重人格者もおり、長い遁走中に国中を旅行して家を構え短期間滞在することもあり、たくさんの市で治療を受けていることもある。いくつかの症例の場合には、私は患者が放浪する周期に気づき、次回はいつまた彼らが話を聞かせに来るのかの予想がつくようになった。

4　成人後の虐待歴

児童虐待の遺産には「成人してからもまた被害にあう」ということがある［63, 301］。クーンズとミルスタイン（一九八四）は、多重人格患者十七名におけるレイプ被害が、性と年齢とをマッチさせた非解離性障害患者のコントロール群と比較して非常に高率であったことを見出している。ＮＩＭＨで調査したＭＰＤ患者の約半数が、成人後にレイプをはじめとする性的暴行を受けたと述べた［284］。別々の機会に二回以上のレイプを受けた犠牲者の予備的調査は、彼女たちには重度の解離症状が非常に高率であることを示唆するものであった［282］。解離過程がどのような役割を果たして、犠牲者が繰り返し犠牲者となりやすい傾向が生まれるのかはもっとちゃんと調べる必要がある。

ま と め

重度、反復性の、しばしばサディスティックな児童期の心的外傷がＭＰＤ発症において主要な役割を果たしているということが広く認識されるようになってきた。発達モデルは輪郭が描かれているが、それは心的外傷の反復が、高い催眠感受性、自発性解離、架空の事件に参加する想像力と空想力という、児童期の標準的能力とが相互に作用することを重視するものである。子どもはこれらの能力を心的外傷から自分を守るための適応手段として用いる。心的外傷を負った子どもは、状況によって決定されるさまざまな解離性意識状態に繰り返し突入する。こうして解離性意識状態が、体験と感情との歴史および状態依存的な行動のレパートリーを獲得するようになる。長年のうちに、この状態が磨きをかけられて交代人格になる。

成人のＭＰＤの臨床的プロフィールは、表面的には抑うつおよび（あるいは）不安を思わせるような症状を最初に現すという特徴をもっている。健忘、遁走、離人などの解離症状が治療が軌道に乗るまでに自発的に語られることはまれである。多重人格患者は、多くの場合、別の精神医学的障害のための治療を受けているが、その標準的治療に反応しないのが典型的である。これに加えて、物質乱用および／または精神病類似の病像が診断をさらに困難にすることがありうる。自己破壊的行動がしばしばある。偏頭痛様の頭痛も多い。多くの精神科疾患と同様、縦断的データに乏しく、ＭＰＤの人生行路は大部分が不詳である。しかし、頻回の転職歴があるということと成人してからも繰り返し被害を受けることがよくある。

第四章　多重人格性障害の診断

治療者が、自分のクライエントはＭＰＤではないかと疑った場合、確定診断と除外診断のために用いることのできる戦略にはいろいろなものがあるが、ＭＰＤと診断するためには、第二章で述べたように、ＤＳＭ－Ⅲ／ＤＳＭ－Ⅲ－Ｒの基準を満たすような、それぞれ独立の明確な交代人格の存在を治療者が確認できなくてはならない。交代人格が存在するのではないかと疑った場合、これをつきとめ、引き出す作業は、治療者と患者の双方にとって困難な、不安を生じさせうる作業である。この章では、患者がＭＰＤであるかどうかを決定するためのいくつかの戦略について述べる。

ＭＰＤは慢性の解離状態である。これは、心因性健忘や心因性遁走状態のような、一過性で、一般に自ずとある（時間的）範囲以上に広がらずに終息する解離状態とは違う。だから、ＭＰＤであればいずれ、患者の日々の生活体験と治療者－患者間の相互作用との中に解離過程が存在する証拠を発見できるはずである。診断手順の第一歩は、患者に解離体験があるかどうかを決めることである。手始めには、今までの生活史を洗いざらい聞くのがいちばんよい。しかし、その生活史はしばしばとりとめがなく、せいぜいが何かありそうだというくらいで、患者にほんとうに何が起こっているのかを明らかにするためには、これ以外の診断的介入が必要である。この章では、解離症状があるかどうかを決定する必要のある症例の生活史聴取や面接中の治療者―患者間の相互作用について述べることから始めよう。続いて、この章では、さらに多くの情報を得るためのさまざまの特殊な診断的介入について検討する。催眠によるスクリーニングと薬物促進性の面接という二つの特殊な診断技法については後に第九章で述べる。それは催眠や除反応による治療的介入に触れている章である。

一節　患者の生活史の聴取

一　病歴聴取の難しさ

後にＭＰＤであると判明する患者の初めの頃の面接には共通のパターンがあることに、私は注目してきた。一貫した生活史を得ることが困難なのに気づくことである。生活史を聴き取った後、テープを文字にする段になって、多くの情報が一致せず、矛盾することさえあり、出来事をはっきりと時系列に沿って並べるのが非常に難しいことが明らかになる。これは、ＭＰＤの患者が明確な年代順の生活史を提供することが非常に困難であることの反映である。それは、彼らの生活史の記憶は、多くの交代人格に分割されているからである。

たいていの症例で、最初の生活史情報は主として主人格から得られるはずである。しかし、しばしば主人格は、幼少年時代の生活史情報については最小限の手掛かりしかもっておらず、自己の生存の連続性に頻繁に裂け目があるのを改めて思い知らされることになる。主人格については、第五章で述べるが、治療のために現れる人格はたいていこれである [279, 284, 280]。主人格は、他の交代人格の行動の後始末に悩まされている。しかし、その羽目に陥るまでの出来事のつらなりには、ほとんど、あるいはまったく、知っていない。たとえば、主人格が救急の処置室で気がつくと大量服薬のために胃洗浄をされている最中ということもあるだろう。実際には大量服薬したのは別の人格であるため、主人格には薬を服用した記憶がないだろう。後日このエピソードについて尋ねられたときに、患者（主人格）は、漠然とその事件を覚えているだけで、詳細についてはあまり説明ができないだろう。そういうときの多重人格患者はこんなふうに言うことが多い。「私はきっと落ち込んでたんだわ。みんなが私は薬をまるまる一瓶、飲んだって教えてくれる」。患者は、出来事と出来事との前後関係を全然決められないことがよくある。

多重人格患者の主訴と生活史には二つの特徴がある。それは数多くの不整合と明確な暦年（いついつ何が起こったという）時間関係の欠落である。不整合は、もし治療者が特定の出来事についてもっと情報を集めようとして、時間を置いてからそこに立ち戻ったときにもっとも明らかになる。私は、一人の患者から特定の出来事について三、四通りの矛盾した物語をされた経験がある。そういうことが起こった場合、治療者は、それが自分の側の問題なのか、患者の問題なのかわからなくなってもふしぎではない。駆け出しの治療者は、患者から以前に聞いたことは間違って受け取ったか、思い出し方が正しくないかどちらかにちがいないと決めてしまうことが少なくない。私がいつも研修医たちに話していることだが、自分と患者のどちらが覚え違いをしたのかわからなくなったら、（患者が）ＭＰＤである可能性を考えるべきである。

診断のこの初期段階で多重人格患者が出す情報は、一般に曖昧で、具体的細部が欠けている。患者は「どうしても思い出せません」と繰り返し言うこともあろうし、あるいは他の方法で「身の毛のよだつ」記憶をもっているとほのめかすこともある。多重人格患者はめったに自分の思い出し困難を健忘症ということはなく、健忘エピソードがあることを示唆する情報を出すこともしない。そうではなくて、記憶の欠落を記憶力が悪いせいにしとおす。以前に電撃療法（ＥＣＴ）を受けたことがある場合、記憶の障害をそのせいにすることが多い。

遺憾ながら、患者の説明を鵜呑みにして、それ以上この記憶障害を追及しない治療者が多い。個人の生活史を思い出すことが目立って困難だと思われる患者を前にしたときには、この困難の原因をつきとめることが大切である。多重人格患者が情報提供を控える場合に、その機制は一つではなくさまざまである。質問を受けた人格がその出来事を覚えていないのかもしれない。あるいは、その人格は、それ以上の情報を意識してはいるが、内部の人格システムの圧力を受けて、思い出すことを拒否しているのかもしれない。時には、患者は作話するかもしれない。記憶の空白をそうでもしないと自分に許せないために、さもなくば治療者を安心させるために、である［193, 196］。患者は「狂っている」と思われるのを恐れて、自分の病気について知っていることを明かしたがらないことも多い。

多重人格者たちの多くは、情報の欠落や記憶の空白に対処するためにそれを補う行動を発達させる。それは、答えにくい質問をはぐらかすために、あるいは治療者の注意をそらすために出てくることもある。その上、人格システムは診断を積極的に避けることもある。そのためにウソの情報を話したりもするが、もっと普通にあるのは重要な情報を省き、問診をある方向に誘導し、別の方向に向かわせないようにする情報を提出したりする。私の経験では、多重人格者が治療者を間違った方向へ導こうとするときは、あからさまに嘘をつくよりも情報を省くことが多い。もちろんあからさまに嘘をつくこともあることはあるが。患者が話していることに注意深く耳を傾けることが大切である。彼らはあることを話しているようにみせて、実は別のことを話す達人である。私は、多重人格者が語ったことを再検討するときには、もう一段高い抽象水準に上げて処理しつつ、またできるだけ具体的な文言に心の中で翻訳することにしている。具体的な解釈をしていると重大な二重の意味（ダブルミーニング）がしばしば見つかる。

多重人格者がよく用いるもう一つの策略は、自分たちの知っている以上のことを知っているような振りをすることである。多重人格者は何かが起こったとき困惑したり、面接者との以前の会話の記憶がなくなっていたりすることがあると、今出される当面の問題なら何でも正確に知りつくしているかのような振りをし、どんな質問にもとにかく答えて面接者の注意をそらせ、記憶の欠落を見つけられまいとする。根拠のない思い込みをしないことが重要である。

多重人格者の治療は容易でない。治療者はしばしば診断の段階でその難しさの一端を最初に味わうことになる。

二　どういう質問をすればよいか

患者がMPDなどの慢性解離状態にあるのではないかと疑いを抱いた臨床家は、生活史の特に問題のありそうな領域を詳細に問診し、また精神状態の検査を行うべきである。発見の便宜のために、これらの質問を四つのカテゴリーに分類しよう。すなわち、健忘または「時間喪失」、離人感／非現実感、日常の生活体験、シュナイダーの一級症状である。私は、病歴聴取の中に、こういった質問をあちこちにひそませておき、いろいろなカテゴリーと質問を状況に応じて織りまぜるようにしている。

1　健忘または「時間喪失」に関する質問

患者がMPDではないかと疑いをもったときは、遠回しに始めるのが賢明だろう。典型的には、「時間喪失」の体験を患者に尋ねるところから、病歴を取り始めることにしている。私は、はじめは「時間喪失」とは何のことかを定義しないことが多い。患者がそういう体験があるといえば、私は、いくつかの例をあげてください、とお願いする。患者がそんな体験はありませんといえば、私は、次のような例をあげて「時間喪失」とはこういうものだという。「私のいう『時間をなくす』というのは、たとえばね、置時計を見ると朝の九時だったのに、次に気がついて置時計を見ると午後三時で、午前九時から午後三時の間に何があったのか全然覚えていない、というようなことです。あなたには一度でもこういう体験がありますか」。患者が、はい、そういう体験がありますといえば、私は、例をあげてみてください、という。

時間喪失体験がほんとうに患者にあるのかどうかを決めるには、その前に、それ特有の具体例をたくさん聴き出すことが大切である。正常人にも、単調な状況（たとえば、走っている車がない高速道路を運転する）や極度の集中や没入の期間（たとえば、大事な試験を受ける、わくわくする小説を読む）には、時にミクロの解離エピソードがある人が少なくない。しかし、多重人格患者、あるいはＭＰＤではなくても慢性解離頻発者の場合には、時間喪失のエピソードは頻回であって、さまざまな状況で起こり、もっぱら単調な状況や極度の集中の際に限るわけではない。そのうえ、この時間喪失にははっきりした二次的疾病利得のないのが普通である。多重人格者には必ず時間喪失のある人格が一つ以上いる（主人格あるいは治療を求める人格は普通そういう人格である）。しかし、あいにく、必ずしもすべての多重人格者が、面接の最初から時間喪失体験を認めるわけではない。

患者の話してくれた例から、患者が自分では説明のつかない時間喪失を体験したのではないかと推定すれば、そのエピソードが薬物やアルコールの影響がないときに起こったことを確定することが重要である。患者が話す個々の具体例を取り上げて、それらが薬物やアルコールの使用に引き続いて起こったかどうかをつきとめるようにすることが一番いいだろう。酩酊・中毒物質と時間喪失に関連があっても、必ずしも解離性障害を除外できるとは限らないが、その場合、鑑別診断はかなり厄介になる。

患者がどんな時間喪失をも体験していないと言った場合でも、私は、その後の面接でまた同じことを質問することにしている。患者が時間喪失らしく思われるいくつかの体験のヒントをくれた場合、私は「自分がしたことを思い出せないけれども行なった証拠を見つけたという体験がありませんか」と尋ねる。時間喪失の体験があるという患者は、複雑な仕事をやったのにその記憶がないという例を話してくれることが多い。ある患者は公認会計士であるが、三、四時間、時間が飛ぶことがよくあり、結局、退社時間になって、机の上に完全に仕上がった貸借清算表があることに気づくのだという。彼の上司や同僚から、時間喪失エピソードの間に特に奇妙な行動をしていたと言われたことは一度もなかった。だが、何度か誰もいないオフィスで「われに返り」、同僚たちは自分に気づかれずにいつの間に帰ってしまったのだろうかとふしぎに思って、とても悩んだことがある。解離患者が話してくれる時間喪失体験には、こういう全然劇的でない事例もたくさんある。それらには明らかな二次的疾病利得が全くない。

私は、「着た覚えのない服を着ているのに気がついたことがありますか」と尋ねるようにしている。「目を閉じて、今何を着ているか言ってみてください」と言うこともある。たいていの人は、ある時点で意識的に着ることに決めたのだから、自分が今何を着ているかを言うことができるだろう。だが、多重人格者の場合、まったく好みの違う服、髪型、化粧の仕方をする人格がたくさんいることがあってもおかしくない。そのため、主人格は自分が選んだ覚えがなく、自分なら絶対に選ばないような服を着ているのに気づくことがある。私は、女性患者には「クロゼットの中に今まで着たことのないはずの服を見つけたことがありますか？」と尋ねることも多い。そのようにとれる答えをする患者が少なくないが、「なぜか小さすぎるサイズの服が二つあります」とか「ひょいと出てきた服なんか着たことはありませんよ」と言い添えることもある。女性の多重人格者は化粧の仕方や髪型に関して同じような体験をもっているのが普通である。謎の鬘、つけまつげ、宝石、香水、靴などをつけているのに気づくという体験は多くの女性多重人格者に共通の困惑体験である。男性患者にも同種の経験があるが、男の場合は武器、道具、車などをもっていたということが特徴的だろう。

同じ系統の質問として、「買った覚えのない所有物に気づいたことがありますか」というものがある。患者がよく話してくれるＭＰＤ特有の例は、選んでいない品物が、スーパーマーケットの買物かごの中に、あるいは、カフェテリアのトレイの上にあるのに気づくというものである。また、ノート、手紙、写真、絵など、他人の私物をもっているのに気づくが、自分では説明がつかないということはなかったかどうかも尋ねるべきである。

同種の体験は、家族や交友関係についても起こる。この方面を探るために私がする質問はたとえば、「あなたをよく知っているという人が近づいて来るが、その人のこともその人の話す状況についてもさっぱり覚えがないということがありますか？」というものである。誰しもこういう体験をしたことがある。だが、多重人格者は、この種の出来事を繰り返し繰り返し体験しているのだ。そして、患者は、人々がいろいろな違った名前で話しかけてくるとか、こちらがそんなことはないというのに、かくかくの場所で会ったことがあると人々が言い張ってきかないと教えてくれることもある。臨床家は、そういう時に患者がどういう名前で呼ばれたかを確実に知っておくべきだ。なぜなら、この情報は、実際にそれらの人と面識のある交代人格の存在を示唆しているかもしれないからである。

多重人格患者は、そう言ったではないか、あるいは、そうしたではないか、といわれたのに、そのことを思い出せない、という経験をもっているはずだ。だが、それは家族、友人、同僚にとっては忘れられない重大な言動であったのだ。この言い合いが、主人格に、抑えられない怒りなどの烈しい情動を生み出すこともある。たとえば、ある女性患者は、職場に着いてみると「自分」が前日に激しい口論をして、仕事を辞めていたことがわかるという経験を繰り返していた。人間関係がこんなふうに突然断ち切られていることがあって、そのことを知らない主人格にとっては、つらく途方にくれるばかりの別離となる。

多くの多重人格者が文字どおり途方にくれることは他にもある。生活史上の多くの重要な出来事を覚えていないという事実である。患者は、ある年月日に高校あるいは大学を卒業した事実、結婚した事実、出産した事実、かくかくの賞を獲得した事実、その他の大きな事件を体験した事実を知ってはいるが、いざその経験内容を思い出す段になるとできない。ベネット・ブラウンによれば、そういう場合には、ある出来事が起こったという知識とそのことを実体験として思い出すという行為とを患者に区別させることが大変重要である。

患者は、ある出来事が起こったことを他から聞かされて知ってはいるが、その経験のほんとうの記憶はもっていないということがある。ここでいう、出来事の記憶とは、その状況の中に自分がいるという体験が視覚その他のイメージによって再生されたものである。その意味での体験について私は次のように質問するだろう。「あなたの人生の重要な出来事や体験、たとえば卒業や結婚の様子を、他の人たちから聞かされたのに、自分ではまったく思い出せないことがありますか?」。たとえば、私の女性多重人格患者の一人はこの問いに答えて、子どもの頃から今までの誕生日やクリスマスのことをなに一つまったく思い出すことができないと言った。この種の問答では必ずそうするべきであるが、ここでもまた、具体例を聞き出し、それを詳細に検討することが大切である。患者が質問の意図を理解していたかどうか、薬物やアルコールなどの要因がからんで事態がはっきりしなくなっているのではないかどうかを結論しなければならないからである。

遁走様体験 fugue-like experiences は多重人格患者にはよくあることだ[284]。それは、ほんの短い期間自分を見失って短い距離を移動しただけのミニ遁走 minifugues から、「われにかえる」と別の州や外国にいたという大きな遁走までの広い幅がある。たいていの場合、「われにかえって」その状況に途方にくれるのは主人格である。私はこの種の経験については次のように質問する。「あなたには、ある場所にいることにはっと気づいたけれども、どうやってそこへ行ったかがわからないという経験が一度でもありましたか?」。普通の人でも何かに熱中したときには、「ぼうっとして」自分の家の別の部屋にいることに気づき、ここで何をしていたのだろうといぶかしく思うことはある。しかし、多重人格者に起こるのはその程度ではなくて、町の別の場所で気がつく、あるいは、車に乗り込んだ記憶もなく、またはどこへ行こうと思って向かっているかの記憶もなくて、車を運転している自分に気がつくといったことである。ある患者はこう言った。「もううんざりです。気がつくと、交差点の信号を見つめているんですけれども、どうやって来たのかが思い出せないのが何度あったことやら」。患者が大きな遁走様エピソードが二回以上あると言う場合には、ＭＰＤである可能性が高い。

2　離人感と非現実感に関する質問

離人感 depersonalization と非現実感 derealization の体験は、解離性障害一般の重要な症状であり、とくにMPDにはよくある症状である [284, 33]。しかしこれらの症状は、分裂病、精神病レベルの抑うつ、側頭葉てんかんのような他の精神神経病でも現れることがある。正常な人でも青年期には一過性の離人症状がよく起こるものである。離人症状はまた、ひどい外傷をこうむった正常人の臨死体験の一部でもある [276]。そのため、離人感／非現実感という症状についての質問をするときには他の疾患との鑑別診断に留意することが重要である。

私は、この領域の探索をはじめるときは、まず次のように聞くことにしている。「まるで自分以外の人間を見ているように、または映画の中の自分を見ているみたいに自分自身を眺めた経験がありますか？」。私が今調べているのは体外離脱体験についてだが、多重人格者の半数にこの体験がある。多くの場合、交代人格の行為を観察しているのは主人格である。患者は、これを「離れたところから自分を眺めているが自分のしていることを左右できないと感じます」と表現することが多い。患者は、横に放り出されたように思うこともあれば、上から見下ろしているようなこともあり、自分の内部の（下半身の）うんと下のほうから眺めているように感じることもある。普通これは多重人格患者にはとても恐ろしい体験である。ところが臨死状況でこの体験をした非MPDの人はしばしば距離を置いて眺めている感じや心が静かに落ち着いている感じだと報告するものである。私の経験では、多重人格者の多くは体外離脱体験があるとは認めるが具体例を挙げることが難しい。その体験を思い出すとどれだけ心をかき乱されるかということの関数でもあるようだ。体外離脱体験がもっとも多いのは、多重人格患者と生命が脅かされるほどの心的外傷の結果として生じる一過性の解離反応を経験した正常者とである。分裂病や他の精神疾患ではずっとまれである。てんかんでは発作性に起こることもある。

私は、離人感／非現実感の別の型についても尋ねる。たとえば現実でないように感じるとか、自分が機械のようにあるいは死人のように感じるとか、この世の人も事物もすべてが現実でないように感じる、などである。しかし、これらの体験は、分裂病、精神病レベルの抑うつ、恐怖あるいは不安症候群、あるいは強迫性障害においてでさえもまれではない。だから、こういう体験があると答えた場合でも、広範囲の鑑別診断を念頭に置いて陳述を評価しなくてはならない。

3 日常生活体験に関する質問

多重人格患者は、他の人々にはめったにないような生活体験をもっているはずである。私は一〇〇人以上の多重人格患者から生活に関する話を聞いた後に、その話の中から、多重人格者にはありふれているが、この障害をもっていない人にはまれな生活体験をたくさん抽出した。ベテランのMPD治療者による調査と、私の調査結果をつき合わせてみると、多重人格患者は以下のような生活体験にしょっちゅう遭遇していることがわかる。

嘘つきと呼ばれることは多重人格者にはよくある体験である。明らかな病的虚言や第三者に目撃されている行動の否認は、児童・青年期の多重人格者のもっとも良い診断予測因子の一つである[278]。成人の多重人格患者は、「子どもの頃、嘘つきのレッテルを貼られていた」とよく言うはずである。私は患者にこう尋ねる。「あなたは本当のことを言っているつもりなのに、嘘つきだと責められた経験が、よくありましたか?」。こういうことは誰にでも時々はあることかもしれない。しかし、多重人格患者にはこの体験が子どもの頃にはしょっちゅう、そして成人になってもかなり頻繁にある。だから、成人になってから、「何がほんとうか」について強迫的に詮索する多重人格患者もある。また、多重人格患者は、治療者が少しでも事実から外れることについて非常に敏感であるが、それも部分的にはこのことから説明がつくだろう。

多重人格者は、目撃者がいるのに自分の行為を否認するので、他人からは嘘つきだと思われる。たいていの場合、その行為を否認する人格は、その行為を覚えていないのである。実際に行為を行なったのは別の人格だからである。この理由からして、臨床家は、確実な症例をたくさん集めなくてはならない。それは確実な症例が後の治療のなかで、それまでは説明不能な現象を主人格に説明する際にも役立つためでもある。

ある患者をMPDの疑いと診断した場合、小児期の生活史を構造的に聴取することが特に重要である。これによって少なくとも二種類の重要な情報を収集することができる。第一は、小児期の記憶に大きな健忘による断絶があることの証拠である。これは多重人格患者にはありふれた所見である。第二は、多重人格者の小児期・青年期に共通の特殊な生活体験である。私は、患者の学校時代の生活史を一学年刻みで聴取することにしている。手早く情報をまとめ、記憶の著しい断絶を見つけるためには、この一学年刻みの生活史が、もっとも簡略で適応範囲の広い構造である。

私は患者に「どのくらい昔まで思い出すことができますか」「子ども時代の記憶がだいたい連続しはじめるように感じるのは何歳からですか」という質問から始める。二歳あたりから断片的な記憶のある人が多いが、六歳くらいまでは記憶が連続し始めないのが普通である。もっと遅くまでしかないこともあるが、だいたい小学校三年生か四年生（八～九歳）になれば、普通の人はたいてい、何年にはどこに住んでいたか、どこの学校へ通っていたか、親友がいたか、家庭で何が起こっていたかなどと一年ごとの生活史を語ることができるはずである。私は学童期については一学年刻みに聞いていくことにしている。そして、どこに住んでいたか、どこの学校へ通っていたか、先生は誰々だったか、親友はなんという名前か、家では何があったか、などを尋ねる。さらにそれぞれの年に起こった例外的な体験や事件についても尋ねる。

学年ごとの生活史聴取の中に入れ込ませて、嘘つきと呼ばれたことがあるか、成績にむらがあったか（ある学期で「不可」だったのに、次には「優」をとっているなど）、した覚えのない試験の答案や宿題が返却されてきた経験があるか、取った選択科目の中には取った覚えのないものがあることがあるか、を尋ねるのがよい。もう一つ、多重人格患者に多い子ども時代の経験の一つに、「同じクラスの皆が知っているのに自分だけは聞かされていない」というものがある[191]。多くの多重人格患者の子ども時代の記憶には連続性がなく、大きな断裂がある。「中学一年から三年までのことが記憶にない」「十六歳以前のことは何も思い出すことができない」などということは珍しくない。

フラッシュバック、侵入性イメージ、夢様記憶、悪夢などは多重人格患者がよく体験するものであり、ＭＰＤと心的外傷後ストレス障害（ＰＴＳＤ）に共通する症状の組み合わせである。フラッシュバックは周囲からの刺激で引き起こされ、そのされ方は、ＰＴＳＤのフラッシュバックの記載とよく似ている。私は次のように尋ねることにしている。「過去の出来事を思い出すとき、あまりにも生々しくリアルなので、まるで実際にもう一度起こっているみたいに思える、そんな体験がありますか？」と患者に尋ねる。臨床家は、患者にこの現象があることが明らかになるまでには類似の質問を何度かしなければならないかもしれない。フラッシュバックのあるＭＰＤ患者でも、この体験を認める患者も、認めない患者もある。フラッシュバックは非常に心を動揺させるので、主人格はしばしばそれを（多くの他の恐ろしい体験と同じように）否認によって処理しようとする。たいていの場合、フラッシュバック現象の存在は、治療がもっと進んだ時点で語られる。しかし、ＭＰＤではないかと疑われる患者の診察に際しては早期にフラッシュバックを見出そうとやってみる価値はある。薬物使用と関係のないフラッシュバック現象の存在は、その患者が解離症状をもっていることの強力な証拠である。

侵入性の心的イメージもまた多重人格患者に起こる。よくある例としては、配偶者または恋人との性交の最中におきる子ども時代の性的虐待の視覚的あるいは触覚的記憶の侵入である。多くの例でこれらの侵入的イメージは非常に怖ろしく、逃れられないものなので、患者の性生活は著しく障害される。これらの体験はフラッシュバックに近縁のものであるが、違う点はそれらは心的なイメージであって、今現に起こっていることではないと患者が語ることができる点である。患者はそのイメージを過去の記憶として認めないこともあるが、イメージの多くはステロタイプであり、反復して生じてくる。たとえば、私の患者の一人は、夫とのセックスの間、識別不能の暗い影が自分の上にのしかかってくるのを繰り返し見たり想像したりしていたという体験を語った。彼女はこのイメージを恐れ、それが起きるとしばしば「凍りついたように身体が動かなくなって」しまうので、性交はそこですっぱりと中断されるのだった。治療が進んでから、そのイメージは消えて、義父が夜中に彼女のベッドにのしかかってくるという近親姦の記憶になった。類似の現象は、MPDのない近親姦や小児期の性的虐待の犠牲者から報告されている。

多重人格者は、前後関係がわからない曖昧な夢様の記憶があると語る。これらの記憶断片は、その内容に相応しないように思われる強い情緒的反応と連合して現れるだろう。患者はこれらの記憶の内容について語るとき、しばしば次のように前置きする。「これが実際に起こったのかどうか、自分がでっちあげたのかどうかわからない」。私は患者にこう尋ねることにしている。「現実に起こったかどうかはっきりしない出来事についての記憶や、夢の中で起こっただけかもしれない出来事についての記憶に、あなたは悩まされていませんか」と。

MPDに睡眠障害が高頻度にみられることは第三章で述べたが、この「不眠」をうつ病にみられるタイプの睡眠障害と取り違えないように注意しよう。多重人格患者は、他の重篤な心的外傷の犠牲者と同じように、その悩む睡眠障害は、頻繁に同じ内容が出てくるひどい悪夢、深い眠りからの頻回な覚醒、入眠時／出眠時現象が特徴である。通常、私は第一回目の診察のときには、悪夢について慎重にかつ周到に尋ねる。たいていの多重人格患者は、フラッシュバックや侵入性のイメージなどの脅威的体験を認めない場合でも、悪夢については進んで話してくれるようである。私はその内容について尋ねるが、患者はよく覚えていないことが普通である。だから、「泣き叫んだり、恐ろしいことが起こりつつあると確信してベッドから飛び起きたことがありますか」と尋ねる。夢中遊行は、成人の多重人格患者ではそれほど珍しくない。多重人格患者はまた、朝、目が醒めるとなにやらいろいろと夜中に起きて活動していた証拠を見つけるが何一つ覚えていないという体験を何度もしている。患者は、線描きの絵、メモ、詩、家具の位置の移動、脱ぎ捨てられた衣類など、夜中に起きて活動していた証拠を見つけることもある。これが患者の普通の生活体験であるとすれば、その人がＭＰＤである可能性はきわめて高い。

多重人格患者によく認められる生活体験には、自分が身につけたはずのない知識や技術をもっていることがある。私は次のように尋ねる。「やり方を学んだ覚えもないのに、すでに知っていたという体験はありませんか。たとえば、ある外国語が話せる、ある楽器が演奏できる、馴れた手つきでてきぱき仕事をするなどです」。この反対の過程もまたＭＰＤにはよくある。すなわち、患者が以前はもっていた技術、知識、または能力が突然なくなって、なぜかわからないことである。ある女性患者は、呼吸訓練士であったが、自分の使っている器械の動かし方を周期的に思い出せなくなることに気づくのであった。そういうときに、彼女は女子トイレに隠れたり、病気のふりをして職場を離れたりした。彼女は予想外の行動をしたために何回か仕事を失っていった。

4　シュナイダーの一級症状に関する質問

クラフト［189, 199］の指摘によれば、多重人格患者はしばしば、シュナイダーの分裂病一級症状の多くを満たしている。多重人格患者は、頭の中で声が話し、議論し、金切り声を挙げるのが聞こえると訴える。その声は、侮蔑的・批判的であったり、時には支持的であったりする。声は患者の思考あるいは行動に対してコメントを加えることもある。多重人格患者には被影響体験もある。たとえば、外的な力による身体の操られ体験や思考奪取などである。多重人格患者によくある被影響体験に自動書記がある。思考や感情や衝動行為の「させられ」体験もよく認められる。クラフト［189］は、自殺企図のあった患者には「させられ」体験が多いと考えている。しかし、多重人格患者が思考伝播（思考が他の人へ伝わる）、思考化声、妄想知覚などを訴えることはまれである。

精神的現症の問診には、これらの症状に関連した質問を入れておくべきである。多重人格者の多くは、治療過程の初期には、声の存在を認めることを恐れるものである。「狂っている」と治療者に思われては困るからである。臨床家はまず、一人でいるときに大声で喋っている自分に気がついたことはないかと尋ねることから始めてはどうだろう。もし「イエス」ならば、答えのようなものが得られたかどうかを尋ねる。主人格の多くは、受診した時点で、すでに交代人格となんらかのコミュニケーションを行っているものだ。だが、主人格は実際に何が起こっているのかに気づいていないのが普通である。主人格には、自分自身との議論にのめり込んだと体験されているのである。

二節　患者との面接における相互作用

もしある患者がＭＰＤであるならば、診断と治療を進めていくうちに、ＭＰＤの症状をいろいろと提示してくるだろう。コツは患者が示す徴候の縦断的経過を追っていく方法をとることである。たいていの多重人格者は、短期間ならば人格変換などの解離現象を抑止することができる。しかし、患者と治療者との相互関係が長くなると、あるいは強いストレスの時になると解離が誘発されやすくなり、眼力のある治療者なら早晩それに気づくだろう。面接の回数を重ねる中で、ひそかな人格変換の可能性がないかという懐疑心を高いレベルに維持しつづけることが大切である。

人格変換に伴うさまざまな身体的・心理的変化については第五章で述べる。その変化を実際に探索していく過程においては、患者の不安定性、易変性、白か黒かの両極端な行動を、「一つの人格」による病理、たとえば「気分変調」や「スプリッティング」などで説明して満足してはならず、交代人格の変換によって生じている可能性をいつでも認める心構えをしていなければならない。ＭＰＤは臨床家が探しだそうとする心構えがなければ見つからない。そして、ＭＰＤを探したために、まだＭＰＤでない患者をＭＰＤにしてしまうことはありえない。

患者との面接中に人格変換が起こることがある。これをみつけるには、おもに二つの方法がある。まず第一に、人格変換の身体的徴候を認識することである。これらの徴候は第五章で取り上げるが，もっとも際だった徴候は表情の変化である。たとえば，眼球が上転する，すばやく瞬きをする，顔面がぴくぴくする，顔をしかめるなどである。声や話し方に変化があるのも普通である[283]。長期間，注意深く観察していると，これらの身体的な変化がいつも心理学的反応の一セット（すなわち交代人格）と連合して起こることが明らかになるだろう。

患者との面接中に起こる人格変換を示す第二の指標は，面接中健忘 intrainterview amnesia である。これはどういうときに起こるかというと，ある交代人格が出現したが，その前に出現していた交代人格の状態依存性（その交代人格限り）の記憶への通路をもっていないために，自分が出現するまで何があったのかわからないという場合である。多重人格者の多くは，失った記憶を目立たなくする戦略をかねてより磨いており，自分の健忘を隠そうとする。一般にその戦略は，行方不明になっている情報から面接者の注意を逸らし，その人格が安心できる分野に注意を向けさせようとするものである。面接者は，患者の思路の著しい横すべりや注意の焦点の劇的な位置移動に目ざとくあるべきである。

たとえば，私が治療したある女性患者は，つらい体験あるいは重要な体験について話し合っている最中に，突然部屋にある物（たとえば，壁に掛けた絵画や本棚の本の背表紙など）をしげしげと眺め，この物について話しはじめた。それまでの思考の流れに彼女を引き戻そうとしても，この二つの話題をつなげようとしても，この行動を抵抗であると解釈してみてもすべて無駄であった。彼女はついさっき話していたことを思い出せないことが，だんだんとわかってきた。健忘を疑ってからの最初の質問に対して彼女は「その話（とりとめのない話題だった先の話）はこれ以上したくないんです」という感じだと語った。「たった今何を話していたのか，具体的に私に話してください」と強く求めると，ついに彼女は思い出せないことを認めた。こういうやりとりが何回かの面接にわたってあって後に，彼女は，ようやく時間喪失体験が日常でも治療中でもあることを認めることができるようになった。

面接中健忘の現れ方は他にもある。それは、症状、行動、体験をいったん認めながら、結局はそれを撤回するというパターンである。この「やって取り消す」パターンは、MPDにはよく認められる。それは先立つ言動の健忘の結果かもしれないし、別の交代人格が正反対の世界観や価値観を唱えているのかもしれない。

面接中健忘ではないかと疑ったら、治療者は、最初は間接的なやり方で問題に近づいてゆきなさい。前述した時間喪失体験についての質問と同様の方法である。しかし、そのうち患者と直接対決し、患者が健忘を起こしているという治療者の推察の根拠になる事実について詳しく具体的に話すよう患者に求める必要が生じることもある。面接中に時間喪失の直接の証拠をつきつけられた時の患者は恐怖におののくかもしれない。そのような患者には、これがあなたの問題の症状であること、別の状況で起こる可能性もあること、治療の目標の一つはこれらの症状を軽くすることであることなどを伝え、そうすることで、その前の問答の衝撃を緩和することが大切である。

時々、多重人格者は（おそらくわざと）口を滑らせて、自分のことを一人称複数形または三人称で呼ぶことがある。修辞的に「私」の意味で「私たち」を使うことも世間にはあるが、そうではなくて、集団の意味で「私たち」を使うのはとくによく見られることである[129]。患者は自分の行動を指して「彼」や「彼女」を用いることもある。しかし、クラフト[191]によれば、「私たち」文の使用は、診断を受けた後の患者、治療によって人格の交流が生まれてからの多重人格患者のほうの特徴で、それ以前にはあまりみられない。

その他によくいわれる所見には、多重人格患者がおおげさな驚愕反射を示すことがある。確かに、一部のMPDでない精神科患者（たとえばＰＴＳＤ患者など）もまた、驚愕反射の高まりを示すが、多重人格者はほとんどの人が、ささいな刺激にも驚愕反射を頻繁に示す。この過程のもう一つの表れ方は、有害な刺激に対する慣れの生じ方が不安定なことである。たとえば、患者は、最初は大きな音を繰り返すと驚愕反射の繰り返しで反応するが、やがて「受診波長変更」をする（まともに聴かない）ように見える。だが、その後になって同じ刺激なのに初めての刺激であるかのように大きく反応する。この行動は、人格変換が起こって、慣れのできていない新しい人格が現れたことを示唆することが多い。

三節　診断手順

一　精神科的現症

表4―1にMPDの精神科的現症の検索に役立つ主な所見をまとめた。

二　一連の作業と観察の利用

初期の数回の面接で患者をMPDと診断することはまずないものである。われわれ[284]は、治療者がMPDと診断するまでに要した期間を調べたところ、その中位数は最初の診察後六カ月であった。診断がつくまでに数年を要した患者も何人かいた。NIMHの調査では、多重人格患者が、結局はMPDと診断できる症状で精神保健機関を最初に訪れてから、診断にいたるまでに平均六・八年を要している[284]。すなわち、MPDの診断に先立って、患者との相互作用と患者の観察とが長期間あるということができる[277]。

MPDの疑いのある患者についてその縦断的な情報を集めるための一つの方法は、順を追って毎日行う課題を患者に与えてその成績を長期にわたって調べることである。日記などの課題は、患者がMPDかどうかを探るために役に立つことが知られている。クラフト[189]は、毎日三十分間に心に浮かんでくる考えをどんなことでも書きとめて、次の面接のときにもって来てください、と患者に指示している。この方法が、交代人格が自分を名乗り出るようにす

表4－1　多重人格性障害の精神科的現症

領　域	特　徴
外　観	服のスタイル，身だしなみ，全体的な外観，しぐさなどが面接のたびごとに劇的に変化することがある。顔貌，表現，姿勢，しぐさの著明な変化は一回の面接中にも起こりうる。利き手，喫煙などの習慣が短時間のうちに変化することがある。
話し方	速さ，音調，アクセント，声の大きさ，語彙，その人特有の表現や誤用の仕方の変化が短時間の間に生じることがある。
運動過程	素早い瞬目，眼瞼の震え，激しい眼球の動き，チック，ひきつり，驚愕反応，身震い，眉をひそめる動きが，しばしば交代人格の入れ替わりの際に起きる。
思考過程	思考過程はときに脈絡なく，非論理的であるように見える。連合が弛緩するように見え，思路が途絶するか思考の導きの糸を見失ったように見える。これは人格の急速交代や「回転ドア」発作においてもっとも著明である。だが，思考障害は一回の発作が終わると終わり，尾を引くことはない。
幻　覚	幻聴そして／あるいは幻視があることがある。侮蔑的な声，患者についてコメントないし議論する声，あるいは命令する幻聴などである。声は，頭の中でしているように体験されることがもっとも多い。肯定的な声あるいは二次過程的な声もありうる。
知的機能	短期記憶，見当識，計算力，知識の蓄積は一般に障害されていない。長期記憶にはまだらな欠損部があることがある。
判断力	患者の行動や判断の適切さは急速に上下することがある。これらの変化はしばしば年齢軸に沿って生じることが多い（たとえば，おとなの行動から子どものような行動への変化）。
洞察力	治療のためにしばしば現われる人格（すなわち，全治療時間の80％ぐらいに現れている人格）は交代人格の存在に気づいていない。患者は，過去の経験から学ぶ能力が著しく障害されている。

るのに有効であることを私も経験した。しかし、私にとって、この方法の最大の難関は、患者にその資料を面接にもってこさせるところにある。多くの場合、患者は自分が書いたものを見て狼狽し、恥ずかしがり、恐れ、治療者に見せたがらない。たいていの患者に対して、私は、この作業を続けるよう押し続け、繰り返し患者に「忘れているね」と指摘しなければならなかった。記事を比較しやすいように、すべてを一冊のノートに記載してもらうのがよい。

交代人格は、日記の自分が書いた部分にサインをしたり、文体、綴り、文法、内容を劇的に変化させることによって自分の存在を知らせることがある。手書きの筆跡の変化はしばしばみられるところで、材料が十分に集った後では、普通、日記に記された筆跡と文体と内容とを関連させることができるだろう。この方法によって交代人格の思考、感情、関心をあらかじめ知ることができるため、治療者は、交代人格システムの中に入るのに便利な入り口を手中にするわけである。主人格やその他の交代人格に対して敵意を抱く交代人格はこの機会を利用して、不快なコメントや脅迫を行うだろう。「伝言板」法はこの日記法の変法であるが、後の治療においては、多重人格システム内部の交代人格相互の協力とコミュニケーションとを増大する過程を大いに促進してくれるだろう。

三　長時間面接の利用

数年前、リチャード・クラフトと私は、ＭＰＤの疑いのある患者に対してわざと長時間にわたる綿密な診断面接を行った。面接時間は七、八時間に及んだ。この方法は一部の患者には非常にうまくいった。クラフトの観察では、長時間面接 extended interview のストレス下においては、多重人格患者はどこかの時点で人格変換をせずにはいられなかった。長時間面接とは通常、およそ三時間行うものだが、極度に隠そうとする多重人格患者では一日の大半を費やす覚悟が必要である。この面接中、治療者も患者もストレスを受けて消耗するが、治療者は、解離体験を求めて攻撃的なほど積極的に探索の手をゆるめず、面接中健忘などの密かな人格変換を示す徴候を見逃さないように目ざとく見張っていることが重要である。

四　心理検査

現在、ＭＰＤに対する決定的な心理学的ないし生理学的検査はない。何年にもわたり、さまざまな心理テストが多重人格患者に用いられてきたが、どの検査も一〜二人の患者に施行されたものなので、それらの結果を一般化することはできない。多重人格患者に繰り返し用いられたテストは二つだけである。それはミネソタ多面人格検査（ＭＭＰＩ）とロールシャッハ・テストである。この二つのテストを用いて、多重人格患者の一般的特徴が観察され、追試されてきた。

1　ＭＭＰＩ（ミネソタ多面人格検査）

多重人格患者にＭＭＰＩを実施した研究は三つあり、対象となった多重人格患者はそれぞれ十五名以上である［87, 322, 33］。これらの三つの個々の研究結果には多くの一致点があった。ＭＰＤに特徴的なＭＭＰＩのプロフィールは、高いＦ尺度（妥当性得点）、高いＳｃ尺度（分裂病尺度）である［87, 322, 33］。分裂病尺度の弁別項目で、多重人格患者がしばしばイエスと答える項目は、項目一五六「私自身がやっていて後で知らないような活動を行っていた時間があった」、項目二五一「自分の活動が中断されるような空白の時間があり、身の回りで起こっていたことがわからなかった」などである［87, 322］。クーンズとスターン［87］によると、多重人格患者の六四％が初回検査で項目一五六に肯定をもって回答し、平均三年三カ月後の再試験では八六％がこの項目に肯定をもって回答した。また六四％が項目二五一に肯定をもって回答した。精神病に関連する弁別項目は、幻聴を除けばそれほど肯定されなかった、と彼らは述べている。

高いF指標は、多くの場合、自分を病弱者に見せるというプロフィールであるが、三つの研究のどれにも一致して認められた。[87, 322, 33]。ソロモン[322]は、これを「助けを求める叫び（クライ・フォー・ヘルプ）」と考え、彼の症例では自殺傾向と連合していたと述べている。また、三つの研究のすべてが注記しているように、多重人格患者はMMPIでは多症状的であり、表れてくるプロフィールが多く、通常ならば境界型人格障害によく見られるものである。

このMMPIの特徴は、MPDである可能性を示唆するというほどの役に立つぐらいで、MPDの疾病診断基準（パソノモニック）と考えられるような所見ではない。クーンズとスターン[87]は自験例を最初の施行後平均三年三カ月に再試験を行っており、たとえ患者が長期間の治療を受けていた場合でも、患者のプロフィールは時間経過にかかわりなくほとんど変化していなかったと報告した。治療によるMMPIの正常化を報告する論文は二つあるが、いずれも繰り返し検査を施行した一例報告である[44, 78]。

2　ロールシャッハテスト

ロールシャッハを施行した多重人格患者の数はさらに少ない。ワグナーとヘイズ[352]は、ロールシャッハに対する多重人格患者三名の反応を調べ、共通の特徴を二つ記している。(1)豊富で多彩な運動反応、(2)変動的矛盾的な色彩反応（さまざまな水準の色彩反応が混在する―訳注）。ワグナーら[351]は、四人目のMPD症例を加えて、この観察結果をさらに拡張している。ダネシーノら[93]とピオトロフスキ[263]は、別の多重人格患者二症例を彼ら自身が解釈して、ワグナーとヘイズ[352]の観察結果に賛同している。ローヴィットとレフコフ[219]は、ワグナーら[351]の判定法に異論を唱えている。彼らは、三人の多重人格患者に対して、別箇のロールシャッハ・スコアリング・プロトコルであるエクスナーの包括システムを用いた。MPDをはじめ重症の解離症状の同定に対するロールシャッハの能力には疑問がさしはさまれているが [351, 350]、各種のプロトコルで施行された症例数があまりにも少ないので、現時点では一般化はとうてい無理である。ワグナーら [351] の判定法とローヴィットとレフコフ [219] の所見の間の矛盾が解決されるまで、ロールシャッハは、重症の解離症状に対しては、漠然とした印象に立脚したスクリーニング・テストの域を出ない。

五　身体診察

精神科医は、臨床において、特に外来診療の状況では、身体診察をなおざりにする傾向がある。これには多くの理由があり、身体診察をするかどうかは治療者側の判断の問題である。しかし、ＭＰＤではいくつかの理由から、患者の身体診察、少なくとも神経学的検査は診断の助けになりうる重要なものである。

ＭＰＤの病態生理学的特徴のなかでもっともめだつのは健忘であり、これは記憶障害として現れる。記憶障害の鑑別診断には、器質的障害の特に閉鎖性頭部外傷、脳腫瘍、脳血管性障害、痴呆性疾患（たとえばアルツハイマー病、ハンチントン舞踏病さらにはパーキンソン病など）などの除外が求められる。きちんとした神経学的検査がこれらの可能性を排除するために必要である。

また身体的検査は、自傷行為の証拠を発見するのに有効なことがある。ＭＰＤの自傷行為の部位は、ざっとした診察ではまず見ないところが多く、上腕（袖に隠れている）、背中、股の内側、胸部、臀部などである。自傷行為は、剃刀の刃やガラスの破片で皮膚を細く切ったものが多い。剃刀の刃は、鉛筆の線のような細い、一見して自傷行為とわかる形の傷跡を残す。切創の繰り返しのため傷跡が何層にもなり、漢字や鶏の足にひっかかれた傷のような形になった患者を、私は数多く見てきた。他によくある自傷行為の形には、タバコやマッチを皮膚に押しつけた火傷がある。これらは円形もしくは斑点状の傷跡を残す。身体診察で反復性の自傷行為の証拠があれば、ＭＰＤや離人症候群のような解離性障害が強く示唆される。

これ以外にＭＰＤの傷跡の原因には、幼児期の虐待による傷がある。たいていの場合、幼い頃の傷跡は目立たなくなっている。しかし、私が診た何人かの患者では、幼児期の虐待の痕が成人になってもくっきりと残っていた。もし身体診察の際に傷跡を見つけたら（たとえ明らかな手術痕であっても）、私は常にその由来を尋ねることを重視している。ＭＰＤ患者にはその手術痕を説明できないことがあり、そうなれば人生の重要事件の健忘を示唆する実例がもう一つ加わることになる。

四節　交代人格との出会い

ＭＰＤの診断は、臨床家が一人もしくは複数の交代人格に出会い、少なくともある交代人格がはっきりと存在することを決定し、これが時にその人の行動を完全に支配することを確認してはじめてつけることがゆるされるものである[11, 13]。気分や「自我状態」から区別するには交代人格がどれぐらい明確で独立したものでなければならないかという問題は、この章の後半で論じることにする。さしあたっての疑問は、治療者がＭＰＤではないかと疑われる患者の交代人格に出会うにはどのように努力すればよいのかということである。

文献を通覧し、ＮＩＭＨの調査結果を見ると、全症例のおよそ半数では、交代人格との出会いは交代人格（たち）の方から「出て」来て、自分は患者とは別の存在だと名のることによってはじまっている[284]。交代人格は、当人がやってきたり、電話あるいは手紙で治療者に接近して、自分は患者の友人だと名のることが割合に多い。多くの場合、治療者はそれまでその患者がＭＰＤであるとは夢にも思っていなかった。私の経験では、初診からほどなく診断が自然に見えてくる場合は、患者が危機的状況にあるか、以前に診断されていたかのどちらかである。

病歴を取って精神的現症を調べ、特に時間喪失、離人症／非現実感、特徴的な生活体験、そしてシュナイダーの一級症状を見いだした場合、その患者はMPDであるかもしれないと疑いなさい。

交代人格たちを引き出すための方法はたくさんある。私の最初のアプローチは間接的な質問である。私は穏やかにその話題をもち出す。最初には「自分が一人以上いるように感じる時がありましたか」と尋ねることが多い。患者はしばしば「私は自分が誰なのかわかりません。私は自分がたくさんの人々であるような気がします。本当は一つの私というものはないのかもしれない」と答える。そのような人はしばしば自分が周囲の状況に応じてどんな人間にでもなり得るような気がしており、個人の同一性が持続しているという感覚がない。時にはこういう答えが返ってくることもある。「はい、私にはもう一つの部分があります。名前はマーサです」。そういう直接的な答えが得られない場合には、次のように質問を続ける。「自分がしたり言ったりしていないことを別の部分（側、面などといってもよい）が出てきて、行動したり言ったりすると感じたことはありませんか」「自分が一人でないように感じたり、だれか他にいるように感じたり、別の部分があなたを見ているように感じたりしたことはありませんか?」。これらの質問に肯定したり、曖昧な答えをしたりする場合には具体例について尋ねることが重要である。特に、この別の部分を直接的に引き出すためのラベルとして用いることができそうな名前、記号、機能、表現を探す。

たとえば、その患者がいくつかの解離症状を認め、時々自分が別の人間であるように感じたり、別の人がいるように感じ、その別の部分を、敵対的であるとか憤怒的であるとか抑うつ的であるとか自殺的であると漠然と表現する場合を考えてみよう。こういう場合には、臨床家は、その別の部分と会うことができるでしょうかと尋ねればよい。「その別の部分は、名乗りをあげて私と話すことができますか?」。この質問は多重人格者に苦痛な症状を生みだすことがある。主人格の中には望ましくない交代人格の出現を抑えることができなくなったと感じて、交代人格の出現を促す治療者を嫌うことがある。主人格が交代人格のことを知っている場合、主人格が交代人格と治療者の注意を引きつけようという争いをしていると感じていて、交代人格を紹介するのに消極的であることも珍しくない。治療者は、「それはできません」とか「望ましくありません」ということをいろいろな言い方で聞かされるかもしれない。

この時点で、ＭＰＤを初めて診る治療者は悩むかもしれない。「現実に何かが存在しているとしても、どのようにしてその人格に出てきてもらえばよいのだろう？」「もし交代人格が出てきたら何が起こるだろう。交代人格は危険だろうか？」「私が間違っていて本当は他に人格などいないのではないだろうか？私はそれに出てきてほしいと頼むことで何かをこしらえてしまうのではないだろうか？」。ひょっとしたら自分の相手は多重人格かもしれないと疑っているけれども、まだむき出しの交代人格に一度も出会った経験がない治療者には、このような疑問をはじめいろいろな疑問が浮かんでくるのが普通である。

存在しているかもしれない交代人格に出会う基本的なやり方は、その交代人格に出てきてくれと頼むことである。多くの症例では交代人格の出現を直接に頼むと一つかそこらの人格は引き出せるものである。一部の症例では、交代人格の出現を促すために催眠や薬物促進性面接を使うとよいが、前述したように、催眠と薬物を用いる方法については第九章まで待ってもらいたい。

一　いるかもしれない交代人格に出てくれと頼む

治療者が、患者はＭＰＤではなかろうかと強く疑いながら、それとわかる交代人格には自然発生的に出会わなかった場合には、交代人格に会いたいとずばり頼まなければならない時がいつかはやってくる。その時はおそらく患者よりも治療者にとって重荷だろう。頼むなどというと自分が馬鹿になったような気がするだろうが、しばしば必要なことである。第一の問題は、「誰」に出てきてくれと頼むかである。患者が本当に多重人格ならば、たいていの場合、治療者が知っている患者が主人格である可能性が大きい。第五章で論じる予定だが、治療に訪れる人格は主人格であることが多く、たいていは抑うつ的で生活の現状に打ちひしがれているが（これは男性ではそれほど当てはまらないかもしれない）、他の人格の存在の証拠を積極的に避けたり否定する。治療のために訪れる人格が主人格でない場合には、その人格は多重性に気づいていて、そのことの曝露に力を貸してくれることが多い。

治療者が会いたく思う交代人格とは、たいていの場合、治療者がもっとも多くの情報を握っている人格である。治療者がこれまでに解離体験について質問をしていて肯定的な答えや具体例を得ていた場合には、その中にはこれらの体験中に起こっていることについての情報が多少入っているものである。たとえば、患者が、怒りの爆発のために仕事を何度か失っているのに、爆発のことをさっぱり思い出せないと語ったとしよう。こういう時には、治療者は、思い出せないこの種の出来事がＭＰＤによるものであれば職場で出現して怒りを示した人格がいると推測してよく、この交代人格の出現を求めるためには次のように言えばよい。「先週の水曜日、仕事中に現れて職場の上司に辞めてやると言ったあなたの別の部分（面、考え方、側など）と私は直接お話したいのです。」いるのではないかと推測されている交代人格は、直接に特性を挙げれば挙げるほど、その出現を誘発できるチャンスが大となる。固有名詞は一般にもっとも強力な刺激であるが、特性や機能を表す言葉（たとえば「暗い人」「怒っている人」「小さい女の子」「管理人」など）を繰り返して言うことも有効である。この第二の人格に会いたいと求める時の語調は、命令的ではよくなく、招くような語調でなければならない。

私は治療のこの段階では「人格」という言葉を避けるようにしている。しかし、大部分の患者は（ＭＰＤであってもなくても）この手の質問が、何らかの形で多重人格関連の質問であることに気づくものである。私は初めのころは「部分」「側」「面」「顔」などの表現に固執する。なぜならば、これが治療の主要課題の一つだからである。つまり交代人格たちは実は人格全体の一部だということが治療のテーマだからである。後になって治療のきずなが確立されてきて、一つの全体としての患者がこの診断にある程度馴染むようになって初めて、私は「人格」という言葉をもっと気軽に使うようにする。

治療者が頼んでも、通常は、交代人格は一回目からぽんと現れたりしない。この求めは数回繰り返す必要があることが多い。かりに何も起こらなかったようにみえれば、治療者は一息入れて、この求めが患者に与えている効果を観察するとよい。治療者が人格変換を思わせる行動を目ざとくとらえるようになるのが理想である。人格変換が起こったことを思わせるものが何も現れない場合、患者は頼まれたために不穏になるものであろうか？　私の経験では、ＭＰＤでない患者ならば、存在していない部分に会いたいと求められても真剣に悩まない。非多重人格患者はその部分が出てくるのを待って待ちぼうけになるか、「先生、私には何かがいると思いません」といった意味のことを言うだろう。これと反対に、多重人格者は、交代人格を引き出そうと粘り強く試みれば非常な不快感を示すことが少なくない。それは患者の態度をみればわかる。時にははなはだしい苦しみを示すように見える。さらに患者がトランス様状態に入って無反応となることもある。

患者の不快感がありありとみえるために、治療者はこの求めを撤回しなければならない気になることもある。患者は、頭を抱え、顔をしかめ、頭痛などの痛みを訴えたり、その他、とにかくこの要求のために強烈な身体的苦痛が生じているということを示そうとするかもしれない。この不快感は内部抗争のせいである。人格システムの内部で主人格、あるいはシステム中の別の一つの交代人格が、治療者が会いたいと頼んでいる特定の人格の出現を妨害しているのかもしれない。あるいは二つあるいはそれ以上の交代人格が同時に現れようとしているのかもしれない。また、呼び求められているのに出て来たくない交代人格を人格システムが治療者に会わせるために無理矢理押し出そうとしているのかもしれない。この依頼を受けて患者がどんなに大きな苦痛を示しても、私は執拗に求めつづけなさいという。長く呼びかけを続けるのは判断のためである。最初の求めですべての交代人格が現れるわけではないが、その患者がＭＰＤでないかもしれないからだ。

患者が劇的に変身して「こんにちは。私の名前はマーシーです」などと言う場合、治療者は第一関門を通過したのである。患者が不快なようすだったり、人格変換したようだがはっきりしない場合には、私はよく「今、どのような感じですか？」と尋ねる。患者は「混乱している」「怖い」「腹が立つ」などと答えるはずである。すると私は「その気持ちには名前がありますか？」と尋ねる。多重人格者が固有名詞（たとえば「ジョンだ」）で答えることもまれではない。

このような反応がなければ、治療者はしばらく時間をとって、ある人格に会いたいと求めている最中に患者の中で起こっていたことを患者自身がどう知覚していたか、患者といっしょに検討するべきである。会いたいと求められながら最初は人格変換しなかった多重人格者の場合には、私が呼びかけを繰り返している間は「消えてなくなりそうになる」、遠く離れ無関係になる、息がつまって死にそうな感じ、ものすごい内的な圧迫感、あるいは霧がまわりを包みこむ感じなどがある。こういう陳述は患者が解離性の病理をもっていることを強く示唆するものであり、治療者は、次回の面接でよいから、交代人格を引き出す試みを続けるべきことを示している。第二の試みは、治療者が、患者の示した例から確かに存在すると推論される交代人格を呼び出すのに加えて、治療者に会いたい人格なら「どんな」交代人格でもいいから出てきてくださいと言うことである。

患者が何も感じていないようであり、治療者の呼びかけに対してまったく内的な反応がないと否定する場合、患者はＭＰＤでないかもしれないが、多重人格であることを隠したがる強力な交代人格なり交代人格のグループが、治療中長期間にわたって隠蔽に成功している場合もある。ＭＰＤの治療を経験している治療者の大部分は、そういう症例の一人や二人には出会うだろう。そのため、呼びかけに応じて交代人格を出現させることに失敗しても、ＭＰＤの診断を決定的に除外するべきではない。いずれにせよ、呼びかけたことをくやむ必要はない。私の経験では、ＭＰＤでない患者は、こういうことを、たんに医者ならすることの一つで小さなゴムのハンマーで膝を打診するようなものだと見るようである。だが、多重人格患者ならばこの時に治療者が自分を多重人格ではないかと疑い、それに対処していることがわかる。このことはたいていの場合、この介入のプラスの結果であり、次の二、三回以内の面接で交代人格が「自発的に」出現するという反応が現れてもふしぎではない。人格システムが、システムへの接近の最初の試みに対して、システム全体として対処し反応するために若干の時間を要したというだけのことかもしれない。

患者が頻繁に解離症状を体験しているという強力な証拠を示し続けているのに、治療者が直接の呼び出しでは交代人格が引き出せない場合には、催眠による探索や薬物促進性面接の利用を考慮する価値がある。

二　交代人格とのコミュニケーションの諸形式

もっとも単純な場合は、交代人格が現れて、自分を名乗り、治療者と話を始める場合である。これはおそらくもっともよくある場合であり、遅かれ早かれ、たいていのＭＰＤ治療中に起こってくる。交代人格は、最初は別の方法で治療者とコミュニケーションすることもある。交代人格は「出ていない」とき（すなわち、公然と身体を支配していない場合）でも話すことがある。この時の音声化 vocalization は何とも不気味であって、患者は非常に怖ろしがるであろう。たとえば、ある症例で、私が最初に出会った交代人格は「死んでいるメアリー」と名のり、脅えた主人格を通じて音声化した。この「死んでいるメアリー」は最初、患者に対する憎しみについて語り、「真黒な灰になるまであの女の身体を焼き」たいと言った。その後、直接に現れてみると、思ったほど悪質でないことがわかった。主人格は、音声化に対してまったくの恐怖を示した。私が学んだ対応の方法は、こういう音声化をあってあたりまえのものと扱うこと、および、心のこもったていねいな態度で「死んでいるメアリー」と話すことであった。そのうちにこのやり方は効を奏し、有益な会話が始められた。生産的な会話を行うことが患者の交代人格の部分との接触の目標であるのはいうまでもない。

別の接触形式は内部の音声化を介するものである。患者は交代人格が体内で内部の声として話すのを「聞く」ことがある。その声は患者が長年聞いてきた「声」の一つであることもよくある。患者にこれらの内部の反応を治療者に取り次ぐようにさせなさい。この場合、その交代人格の反応は別の人格（たいていは主人格）の検閲の篩にかけられており、そのために歪められているかもしれない。交代人格を直接引きだすことができなかった場合には、私の求めに対する内部の反応を聞いたり感じたりしたかどうかを患者に尋ねる。内部の音声化の取り次ぎにもとづく会話はうまくいっても表層的なものにとどまるが、より直接的な接触を可能にするような信頼を築くために必要である。

交代人格とコミュニケートするためのもう一つの手段は、自動書記 automatic writing である。これは、明確な意志に制御されない応答を患者が筆記するものである。ミルトン・エリクソンは自動書記を通じて治療を行なった症例を報告している [105]。書いたことを覚えていない記事のある日記や手記を患者が取っておくことができるならば、直接交代人格と出会う試みに失敗しても、治療者は自動書記を通じてその筆者とコミュニケートすることができるであろう。自動書記は時間がかかり、さまざまな制約があるので、面接の幅はどうしても狭くなる。しかし、それは治療者に、人格システムへの最初の窓口を与えるものであり、それが後の治療で役に立つ。

観念運動シグナル法 ideomotor signaling は催眠とともに用いると非常に有効な技法であるが、これもまた未出現の交代人格と、ある限度内ではあるが、コミュニケーションの手段を与えてくれる。観念運動シグナル法とは、あるサイン（たとえば左の人指し指を挙げる）がある発言（たとえば「はい」「いいえ」「やめ」）を意味するという取り決めをすることである。ブラウンは、この技法を用いて二系列の交代人格を含む症例を治療したと報告している [51]。観念運動シグナルの技法は、第九章で詳しく論じることにする。

五節　診断の確定

治療者が眼の前にいる患者（人格）とは違うと言う存在に出会ってしまっても、その時点ではまだＭＰＤの確定診断にはならない。その交代人格と、交代人格がその後も出現するならばそれも合わせて、それらが真に分離した、一つ一つ独自の、そして比較的持続的な存在であって、一過性の自我状態現象ではないことを確認しなければならない。交代人格が治療の場の外ではどの程度まで活動しているのか、またこれまで患者の生活史の中でどんな役割を演じてきたかを、治療者はできるだけ知る必要がある。治療者はまた、長期間にわたって交代人格がどれほど同一性を保持し一貫性があったかを評価する必要がある。真の交代人格は、長い時間を経ても、また状況が非常に変化しても、「その人らしさ」をもちつづける、驚くほど一貫し持続する存在である。

今までのあらゆるデータが示すところでは、ＭＰＤが発症するかどうかを決める脆弱性が存在し始めるのは、幼児期から青春期前期までである。結局、治療者は、患者の交代人格の起源を求めて、この時期かそれ以前にさかのぼる能力がなければならない。心因性遁走状態などの他の解離状態においては、いかに精巧に出来上がった二次的な同一性（「人格」）であっても、それは、遁走の以前に活動していた既往歴はないのが普通である。

ＭＰＤの診断確定には少し時間がかかる。そして、おそらく、治療者も患者も、治療の最初の段階では、診断を受容しては拒絶するという交替を繰り返し経験するだろう。これは当然だと思うべきである。ＭＰＤへの心理検査の適用のところですでに述べたように、ＭＰＤの存在を任意の患者に対して決定的に証明する検査はまだない。多くの場合、診断の最終的な確認の手がかりは治療に対する反応の中にある。他の治療法にほとんど反応していなかった患者を多重人格として治療して著明に改善したならば、「プディングは食べればわかる」（「論より証拠」）である。

一　患者と診断を共有する

たとえ診断を完全に確定できなかったとしても、患者の交代人格部分と出会うことはかなりの進歩であり、きちんと対応する必要がある。患者は交代人格の出現期間中の間の記憶を失っていることもあるが、そうでないこともある。治療者は、患者がすぐに思い出せる体験がどのくらいあるのかを最初に知っておかなくてはならない。私は、しばしば単純にこう尋ねる。「体験をどの程度覚えていますか？」「思い出すことができるのは何々ですか？」。交代人格が現れていたときに患者がどう感じたか、また今の気持ちはどうかをたずねることも大事である。この情報処理を済ませた後に、欠けている部分を、私のほうからまとめて述べ、治療者自身がどう感じたかを伝える。私は専門家らしく事実をさらりと述べるように心がける。

その瞬間、患者は、大きな不安と恐れを体験するはずである。私の経験では、もっとも大きな恐怖は、この新事態が治療に何らかの形の変化を起こさないか、いっそ治療をやめてしまうのではないかという恐れであり、また治療者が自分を見捨てないかという恐怖である。患者のこれまでの人生では多くの重要人物が自分を見捨ててきたではないか。主人格も、身体の中にいるのは自分一人ではないことを知った恐怖、あるいは、もはや他の人格たちを抑えておくことはできなくなって、やがて地獄の釜の蓋が開くのではないかと、不安とともに暗中模索しているだろう。治療者には、不安のほうは緩和することはできないが、恐怖のほうは、人格システムを相手に治療を始めて主人格や他の人格の恐怖を秤量し客観的に表現しやすくすることによって耐えられる程度に軽くすることができる。治療者にとって大切なのは、交代人格の出現の重要性を強調しないことであり、交代人格も現在進行中の治療と治療関係の中にいずれは統合できるものとみなすことだと私は思う。

この時点で、治療者は患者や他の人に診断を「証明」しようとするべきではない。特に、交代人格たちと出会ったすぐ後にその交代人格のビデオテープやその他の証拠を患者にみせることは好ましくない反応を引き起こすことが多い。治療者は、患者の別の部分に向かって、どうしたら患者と情報を共有できるかを教えてください、といいなさい。これが、患者まるごとを一つとして助けるために人格システムの協力を獲得する第一歩である。治療者はこの段階で多くを期待すべきではないが、もしある交代人格が有益な助言を与えようと申し出てくるならば、それを採用するのがよいだろう。

しかし、ここで警告しておかねばならない大切なことは、「(ある人格あるいは人格システムが)一つあるいは複数の人格たちには何々と言わないで下さい」と頼んでも、それに加担しないようにすることである。ある人格が、別の人格に対して情報を秘密にしておくように治療者に求めることは、大昔からのMPDの力動であって、内面の葛藤の中に治療者を加入させようとする策略である。この策略に屈してしまった臨床家は、非常に困った、どちらにもつけない立場に追い込まれて、すぐに秘密を洩らしてしまうだろう。もし人格システムがある特定の人格に、ある事実(たとえば、診断名)を知らせたくないのなら、(治療者が加担しなくても)情報を秘密にしておくやり方がいろいろあるはずである。

多重人格患者の治療において、心に留めておくべき格律が二つある。まず一つは、「皆さん(顕現していない交代人格のすべてのことである)が治療中『ずっと』聴きつづけている」ということである。四六時中きちんとそうしているわけではないが、治療者は、交代人格がそこにいるものとして、すべての介入、解釈、コメント、雑談を加減すべきであり、別の人格が聞いてはいけないことをどの人格に対しても話してはならない。二つめの格律は、「MPDのはじまりは患者の生き残りのための機構であり、たいていの場合は今後もその働きをしてゆくだろう」ということである。だから治療者は、特定の交代人格にとって耐えられない情報をふるいにかけて除くという作業は、多重人格システムにまかせなさい。この二つの原則を合わせて一つにすれば「治療者は精神内界における人格システム全体を念頭においてすべての発言の文章を組み立てるべきこと、そして誰が何を聞くべきかはシステムにまかせるべきであること」となる。

二　診断に対する患者の反応

もし患者がＭＰＤでないならば、一過性の自我状態現象を顕在化させても、その残響が患者をそれほど混乱させることはない。それはたかだか奇妙なつまり例外的体験にすぎず、日常生活機能や自己感覚に重大な打撃を与えるほどのものではない。しかし、多重人格者がその秘密を隠し続けてきた場合には、しばしば主人格という表通りに面した建築正面（ファサード）の裏側で、多重人格であることが暴露されたのを破滅的な敗北と感じているおそれがある。しかし、同時に、秘密を外に出したという深い安堵感と、これまで話せなかったことを今後は話して対処していくことができるという期待もある。もちろん患者はそれぞれであるが、一般に診断がついたばかりの多重人格者の反応はいわば今後の注意書きを語ってくれているようなものである。つまりそれは、この患者相手のこれからの治療がどうなってゆくかを予め概観させてくれる。多重人格性障害治療の核心は、秘密を明らかにし、ワークスルーすることである。多重人格患者の圧倒的大多数は近親姦を初めとする性的虐待、身体的虐待、情緒的虐待などの犠牲者である。多重人格患者は秘密でふくれあがっており、自分自身に対してさえも秘密をもっている。最高の秘密（自分がＭＰＤであること）が明らかにされたことへの患者の反応は、さらに秘密を明らかにされていく場合にその患者がこれからどう反応するかをかいまみせてくれる。

治療者にとってこの状況は、治療者として適格かどうかが試されるテスト、特に、「この患者の治療者」として適格かどうかが試されるテストである。人格システムは治療者の反応を間近で見守っている。注意書きにはもう一つの面があってそれがこれである。テストなのだ。多重人格性障害の治療では「すべてがテストである」。多重人格患者には、治療者に秘密を委ねてよいどうかを決めるために繰り返し治療者をテストしたい欲求があり、これが多重人格性障害をもっとも治療困難な精神科疾患としている理由の一つである。しかし、これらの秘密を自分のものとして取り戻し、ワークスルーすることが患者の心理状態の深い変化となるという事実は、ＭＰＤを治療にもっともよく反応する精神科疾患の一つとしている。私は、治療者が患者のテストにいつも完璧に合格できるとは決して思わないが、幸いにも、たいていの多重人格者は治療者にすすんで何度もやり直しのチャンスを与えたがるようだ。もっとも重要な原則は患者に対して誠実であることである。

診断に対する患者の反応には即時的なものと長期的なものがある。ある交代人格の初登場後の数週間には、交代人格（たち）あるいは主人格が自殺のそぶりや自殺企図を行うことがある。このことを念頭において、患者に処方する薬を見直すほうがよい（特に大量服薬に気をつける意味がある）。遁走もまれではない。診断されたばかりの患者が、いくつもの州をへだてたところの公衆電話から、恐怖にふるえながら私に電話をかけてきたことが何度もある。この種の出来事は患者と治療者の両方を狼狽させる。だが、大切なことは、こういう出来事を過大視しないこと、起こった事態の細部に拘泥して治療を次の重要な段階へ移行させそこなわないことである。これらの逃避反応は、ＭＰＤという診断の意味内容から患者と治療者双方の注意をそらせるためのものであると理解したほうがよい。

ＭＰＤ診断に対する患者の長期的な反応に、ＭＰＤについてのあらゆる知識を手に入れようとすることがある。私が診た患者の多く（もちろんすべてではないが）は、平均以上の知能をもち、ＭＰＤについての事実を大量に収集して武器とする能力をもっていた。残念ながら、この病気についてのほんとうに正しい知識はあまりに少ないので、こういう資料の多くはいちばんよくて不正確で（たいていは虚偽で）ある。私は患者に情報収集をしなさいともするなとも言わず、「ＭＰＤというもの」についてのどんな質問にも一般論で答えるようにしている。そして、「その質問は、あなたの場合に当てはめるとどういうことになりますか」と尋ねる。情報収集の動機となる強力な因子の一つは、自分の人生を何らかの形で意味あるものにしたいという患者の望みである。自分はどうして時間感覚を失うのか、自分に他の人と同じ世界に生きていると思えないのはなぜなのかを患者は知りたがっている。自分になにが起こったのか、何が起きているのか、その意味を理解したいという望みは、治療の推進力の一つであり、これは育成しなくてはならない。だが、この知識を、治療者と張り合ったり、治療者をやりこめるために使おうとすることには警戒しなくてはならない。こういうことが起これば、それは治療に対する抵抗だとはっきり解釈する必要がある。

多くの多重人格患者は「健康への逃避」を体験する。その期間は、現に今ＭＰＤであること、あるいは今までＭＰＤだったことを否定している。患者は、自分が今、多重人格ではない、あるいは今までもそうではなかったことを証明しようとする。「多重人格の振りをしていた」「多重人格をでっちあげていた」ということすらある。このことは、最初の交代人格に出会ってから数週間以内に起こることもあるし、治療がもっと進んでから繰り返し起こることもあるが、重要な新事実を明らかにした後に多い。

患者が初めてＭＰＤと診断された時に生きるか死ぬかの深刻な反応を引き起こした場合の、共通の精神力動は、治療者に見捨てられる恐れであるようだ。治療者は患者に会うのをやめようとしているらしい、と患者が思うような言動をしていることが少なくない。場合によってはこれは正しい認知である。初めてＭＰＤを診る治療者は、自分の理解を超えた状況にいると感じ、患者をより「専門知識のある」治療者へ紹介したいと思うものである。またある場合には、治療者は、困難で手に負えない患者を追い払う絶好の機会としてこの診断を使う。ほとんど例外なく、多重人格者たちは、実際であろうと思い込みであろうと、見捨てられることにきわめて敏感である。

六節　特別な場合

ここまでの記述と考察は、基本的にはＭＰＤの「典型例」に焦点を当てたものであった。これらの症例のプロフィールは、おもに外来で女性患者を治療する治療者たちが収集した臨床データから導き出したものである。多重人格者たちには、それ以外にもさまざまな場で出会うことがあり、われわれがこの病態についてもっと知るようになれば、「典型例」だと考えている内容もかなり修正されることだろう。以下に例をあげて、多重人格患者が現れる場にはどんなものがあるかを示そう。

一　長期入院患者

私は、ワシントンＤＣにあるセント・エリザベスズ病院で働いていたときに、さまざまな慢性入院患者の病棟を回診し、相談を受け、指導する機会があった。もちろん、犯罪を犯した精神病患者のためのジョン・ハワード病棟でも行った。私は、多くは分裂病という診断で長期入院している患者が、実はＤＳＭ－Ⅲの診断基準でＭＰＤにあてはまることを発見することがあった。私が出会った長期入院の多重人格患者全員に共通する一つの特徴がある。それは、彼らが病棟スタッフの側の激しい関わりと巻き込まれを生み出すことである。長期入院多重人格患者とスタッフとの関係が快適だからではない。それどころか、多くの場合、スタッフが患者に対して怒りを感じているか、患者への感情がスタッフ内で二分されているかである。しかし、スタッフは、長期入院多重人格患者とは活発な相互作用《やりとり》を行いがちである。それは、同じ病棟の慢性患者を日常的な方法で淡々とケアしているのと対照的である。ＭＰＤの関わり方には、他の精神科患者とははっきり違う何かがある。おそらくこれが、あれほど多くの治療者が、一～二人目の多重人格患者に入れ込みすぎてしまう理由であろう。

これらの患者のカルテを通覧すると、患者の多くは変動の多い不安定な行動様式をもっている。そのことをよく表しているのは、病棟での地位の著しい変動である。その目安は社会機能に応じて病棟内で許可される事項や責任を引き受ける能力である。多くの患者には退院に近づいたことが何度かあったのにそのつど、結局、外来治療に戻れなくなるような説明のつかない退行などの行動が出てきた。スタッフは、それを対人操作的であると見なし、病棟内の他の慢性患者と同じような「病気」ではないと判断することが多かった。

彼らは、病棟スタッフのあいだに強い情緒的反応を引き起こしがちであった。この反応は、患者または主治医に対する怒りという形で表現された。それはスタッフがその患者を他の方法で援助しようと精力的に働いている時に限って起こる。患者の人格システムが、病棟の人々をなだめたり怒らせたりすることによって治療環境を分裂するようにと振る舞っているようである。たとえば、あるレジデントの治療を受けていた患者には、周期的に出現する交代人格がいて、衣服を前後逆さまに着て病棟内を歩き回った。これは、交代人格が自分は主人格とは違うことを宣言するやり方だった。スタッフはこの行動は精神病的なものではなく、スタッフを刺激するように計算された意図的行動であるとみなし、その患者に許可していた行動を少なくしようとした。それだけの理由で、精神病ではなく自殺念慮もないこの患者が六カ月以上病棟に拘束されていた。

二　心的外傷後および病的悲哀反応を有する患者

ＭＰＤが顕在化する場合にはもう一つ、最初は、患者が心的外傷後ストレス障害（たとえばレイプ・トラウマ症候群）や病的悲哀反応に見える場合がある。私は、レイプ・トラウマ症候群のためにレイプ・カウンセリング・センターで治療中の女性で、ＭＰＤが顕在化した症例を数多く診てきた。大部分の症例ではレイプやレイプ未遂以前にはうまく機能してきたようだが、心的外傷の後に著しく機能が低下した。心的外傷は、以前の近親姦や性的虐待についての悪夢やフラッシュバックを再活性化することが多く、時間喪失や小さな遁走エピソードのような解離体験の頻度が増していった。

これらの症例のうちには、人格たちが語る物語から、その患者の人格システムがある程度の統合、あるいは少なくとも安定性に到達していたことがわかるものがある。だが、性的攻撃とそれに続く、解離されていた以前の性的虐待の記憶や感情の再活性化によって、この統合が粉砕される。多重人格患者は人並み以上にレイプされやすいらしく、このような事態は偶然として予想するよりも頻繁に生じている［85, 284］。

今までに、私は、当初は親の死後の病的悲哀反応だと思われた四症例を診たことがある。どの症例も、患者は成功し地位のある成人であったが、親の死後、機能水準が一挙に低下した。ある症例では、多重人格であることが三年間も診断されずに、その間、患者は難治性の側頭葉てんかんとして入院を繰り返してきた。共通点は、いずれの例も亡くなった親が最初の虐待者だったと思われた。その死が解離された感情と記憶を活性化したわけである。

三　同僚や専門家

ＮＩＭＨの患者の五分の一は大学卒業者で学士の学位取得者だった［284］。私は専門家として活発に働いている多重人格者を二十人以上知っている。彼らは、ソーシャル・ワーク、心理学、精神医学など、保健に関連する専門職に就く傾向があるが、私の知っている人には弁護士と陪審員もいる。ＭＰＤであるために、求められるところの多い仕事を効率的に行う能力がなくなるわけではないが、ＭＰＤはハンデイキャップではある。多重人格者が同僚ないし専門職として勤めていることを考えただけで、精神科以外の専門家はしばしば恐怖あるいは軽蔑を交えたユーモアを感じる。実際に私が知っている専門職のＭＰＤの多くは、その分野で平均以上の仕事をしている。残念ながら、これらの人々の多くは治療を受けると、多重人格であることを明らかにされ、仕事が犠牲になることを恐れている。今後MPDについての専門家および一般人の認識が高まって、これらの人々が、小児期の激しい心的外傷体験の生存者なのだとする見方が受け容れられるという希望をもちたい。

まとめ

診断に関する本章の主要テーマは、MPDとは慢性的病態であり、解離症状は患者の過去と現在の生活に行きわたっていることである。診断の鍵は、その証拠をどこにどうやって見出すかを学ぶことである。診断面接の時には、患者の生活史の一貫性や時系列のなかにしばしばある断裂を見つけるようにしなさい。患者が質問の焦点をそらしたり、疑問を巧みに避けようとする防衛的あるいは代償的な策略にも目ざとくなければならない。面接者は「時間喪失」の証拠だけでなく、複雑な行動についての健忘あるいは獲得した知識についての健忘についても調べなさい。しばしば小児期について、あるいは重要な生活史上の出来事のいくつかについての健忘がある。離人症状、非現実感、そして体外離脱体験があるのがむしろ普通である。嘘つきのレッテルを貼られた生活史上の体験、フラッシュバックすなわち外傷記憶の侵入性想起、悪夢は、「させられ」思考・感情・行為と並んで、患者がすぐに認める用意のあることが多い。面接者は、詳細を検討するためにこれらの体験の具体例を求め、また薬物やアルコールとの関連性を除外しなくてはならない。

ある面接のとき、あるいは面接を重ねるうちに、健忘の証拠が見つかることがある。交代人格のあいだでの密かな人格変換が、感情、表情、声の変化によって露見することがある。患者は、自分を指すのに三人称や一人称複数の人称代名詞を用いることがある。精神科的現症の検査の共通特徴は表4－1にまとめてある。日記をつけるような特殊な診断過程が必要となるような場合もある。決定的な心理学的あるいは生理学的な診断テストはないが、ＭＭＰＩやロールシャッハテストはＭＰＤではないかと思わせる証拠を与えてくれることがある。そして身体診察は軽視されがちだが、若干の器質疾患を除外し、また自傷行為の証拠を見つけるために、行ったほうがよい。

診断は、交代人格に直接出会うことでつけられる。交代人格が、しばしば直接あるいは間接的な質問によって誘いだされる場合もある。治療に対して患者が反応することで診断が確かめられることがよくある。患者はＭＰＤという診断を知って強い反応を示すことが予測されるので、治療者はやさしく、しかし単刀直入にこの問題を取り上げなければならない。

第五章　交代人格

一節　交代人格とは何か？

ＭＰＤ症状の中心は交代人格の存在である。さまざまな交代人格たちが入れ替わり立ち替わり、患者の行動を支配する。あらかじめはっきりさせておきたいのは、どのような交代人格であろうとも一人の独立した人間ではないということである。別々の人間に接するように交代人格たちとかかわるのは治療上大きな誤りである。交代人格の多くは自分たちが別々の人間であることを強調するが、この「別個の人間である」という妄想に治療者が巻き込まれてはならない。もっとも、それぞれの交代人格が自分を別個の人間であると感じることや、また、おのおのの交代人格が体験や出来事について独自の認識をもっていることに感情移入（エンパサイズ）はしてもよい。しかし、もっとも包括的な治療者からのメッセージは、交代人格全員がひとりの人間の構成部分で集まってひとりの人間全体をつくりあげているのだよ、というものでなくてはならない。このことは、交代人格のはっきりした出現の後に、治療同盟が遭遇する最初の試練である。この治療的立場に反発し憤慨する交代人格もあって、この問題にこだわることで治療を停滞させようとする場合もあろう。治療者は延々と論争したり自論を証明してみせようとするべきではない。機会あるごとに、ただ「人格は一つ」というメッセージだけを送り、それを強調しているのがよい。

結局のところ交代人格をつくりあげているのは何なのか、誰も真相を知っているとは思わない。私は交代人格を次のように考えている。つまり、交代人格とは、優位にある何らかの感情と自己感覚（身体イメージを含む）とを中心として組織された、意識の高度な分離状態である。これに付随して、ある範囲の行動レパートリーと、その状態に結合した記憶の一組（ワンセット）とをもっている。さしあたり臨床的にもっとも有用な定義は、ブラウンとクラフトによるもので、米国精神医学会ＭＰＤ部会で議論を積み重ねた上で作成された。その定義によると、交代人格とは、

堅固で持続的で確実な自己感覚、および、刺激に対する反応性にかんして特徴的で整合的な行動と感情とのパターンを備えた存在である。交代人格は、ある幅の機能、ある幅の感情反応、および（その交代人格独自の）有意味な生活史を必ずもっていることが条件である [189, p. 23]。

ほとんどの多重人格患者には、この定義を満たす交代人格が存在しているが、それだけでなく、多くの「人格断片 personality fragments」をもっている。「人格断片」とは一人前の交代人格と似ているが、人格というにふさわしい幅と奥行きとが欠けており、感情と行動と生活史も非常に幅が狭い [189]。典型的な人格断片とは、怒りや喜びなどの単一の情動を表現するとか、自動車を運転するとか身体を防御するといった単一の機能を行うものである。ブラウンはさらに「特殊目的用の人格断片 a special-purpose fragment」という別枠を立てている。この人格断片は、浴槽洗いのような、単一の非常に特殊化された行動しかしない [189]。

交代人格と人格断片との区別はむずかしいこともあり、大幅に判定次第で決められる。人格システムにおける交代人格の役割も時とともに変化する。同じものがその特性によって、ある時期には人格断片とされ、別の時期には交代

人格とされることもある。たいていの場合、それが交代人格か人格断片かを確定する必要はない。どちらの場合でも治療的介入の基本が同じだからである。

一　個性のさまざまな次元

交代人格は外部から観察可能ないくつかの行動、属性、機能をもっている。その人格はいくつかの「自己認識self-perception」をもっているはずで、この自己認識は、多重人格のシステムにおいて、その交代人格が自己同一性感覚をもち、果たす役割全体を知るために重要なものである。臨床家に対しては、外部から観察可能な現象の与える印象のほうが強烈なために、それだけで多重人格という診断を認めさせる力として十分である。ところが多重人格者本人にとっては、自己認識のほうが重要であって、それによって初めて多重人格システムの中で交代人格相互の区別ができる。治療者がその交代人格との治療同盟を確立しようとするならば、まず治療者は各交代人格のもつ自己認識に対してある程度の感情移入（エンパシー）をつくりあげなければならない。

1　患者にみられる観察可能な差異

何回も接触を重ねて観察するうちに、交代人格相互が種々の次元で相異なっていることに気づくだろう。交代人格間の主要な区別点は優位を占める感情が何かである。ある交代人格は年中陽気でおばかさんをやっているが、別の交代人格はいつも抑うつ的ばかりで自殺しかねず、また別の交代人格はいつもいきどおっていて敵対的である。交代人格を識別する第二の次元は観察可能な行動である。自発的な行動にも誘発すると出てくる行動にも相違があるはずだ。姿勢、表情、身体言語、ことば、特定の衒奇症などが交代人格ごとに違う。交代人格が違えば、同じ刺激に対しても劇的なほど異なる形で反応するだろう。過去の出来事（観察者との過去のやりとりを含む）の記憶を思い出す能力にも交代人格によって違いがある。交代人格の中には、心理学的にはもちろん、しばしば生理学的にも異なる身体症状（頭痛や機能性便通異常など）を示すものもある。

2　治療者にみられる観察可能な差異

この病気が、たとえば「心理生理学的多重状態障害」とならずに、「多重人格性障害」と呼ばれるようになった理由を私なりに考えてみると、それは、それぞれの交代人格が治療的にかかわる人に非常に個別的な相異なる反応を起こさせたからだろう。私が繰り返し繰り返し観察したとおり、医師をはじめとする医療スタッフであれ、一般人あるいは医者以外の非専門職の人であれ、別々の交代人格に対する反応はまるで別々の人間に接するようである。私自身も自分と多重人格者とのやりとりをビデオで見ると、私もまた、違った交代人格と接するごとに無意識のうちに態度を変えているのに気づく。この反応は、日常の対人関係のこまごましたところに及び、あらゆる形の言語的および非言語的コミュニケーションの中に現れてしまう。別々の交代人格に反応するときの人は、外部に現れた自分の行動の変化を漠然としか自覚しないことが多い。それぞれの交代人格に対して個々別々の反応を起こしてしまうのは多くの治療者がどうしようもないと感じていることである。

3　交代人格による陳述の差異

交代人格たちが自分から述べるように、交代人格によって価値観や身体イメージ、自己概念は非常に異なる。それぞれの交代人格が述べる年齢はちがうことがあり、さらに行動を見ても発達軸にまさに一致して（その年齢相応の）別々の形をとることもある。異なる性別や人種だということもあれば、異なる性愛傾向をもっているということもある。重要な他者との関係を違ったふうに述べることもある（たとえば、結婚していないと言い張ったり、実の子どものことを自分には関係ないと言ったりする)。他の交代人格たちや患者の生活史全体についてどの程度まで知っているかはそれぞれの交代人格によって違う。多重人格システムの存在やそのシステムの中での自分たちのもつ役割を知っている交代人格もあるが、他の交代人格の存在を頭から否定する交代人格もある。

二　交代人格の機能

交代人格は、患者が一人の人間として機能するために必要な、個別的な機能や任務を遂行していると考えることができる。任務の中には、仕事をする、家族を養う、芸術作品を作り上げるなどのような外的世界の要請に応じるものもある。一方、患者の内部の心理的世界の必要にかかわる機能もある。外部機能は一目瞭然だが、交代人格の多くは外的な義務だけでなく重要な内的機能をも果たしていることを忘れてはならない。内部機能の例として、心的外傷の記憶や耐えがたい感情が湧き起こる特定の状況ではどの交代人格が「出る」べきかを決める機能や、交代人格同士で情報を伝えあう機能がある。こういう内部機能は外部機能の延長であることが多い。たとえば、外部世界では売春婦として振る舞う交代人格が、内部でも患者の性的能力を秤量し調節する役割を果たしていた例があった。この売春婦人格はめったに出現しなかったので、当初はあまり重要な交代人格ではないと思われたが、人格システム内部の政治力学においては最大の扇動者だったことがわかった。

三　経過と治療の進展とに応じた交代人格の進化

たいていの場合、交代人格は、圧倒的な心的外傷体験に対する患者の防衛反応として生まれる[189, 129, 30]。時とともに、交代人格はかなりの自律性を獲得し、自分を分離独立した存在にしようと努力する[189]。初めは耐えがたい体験を排除ないし吸収するような心理的防衛の役割を果たしていた交代人格が、独自の目的をもつようになり、これが個人全体の目的と葛藤を起こすようになる。交代人格は時がたつと変化するのである。新しい機能を獲得し、古い機能を放棄することもある。個々の交代人格の外部／内部機能の両面について知ることとともに、それが時間の経過と治療の進展とにつれてどう変化するのかを知ることが重要である。

二節　交代人格の類型

誰でも自分をステレオタイプに仕立てられることは嫌なものだが、多重人格も例外ではない。ところが、治療者は多くの多重人格患者に遭遇するうちに、交代人格にはおおまかな類型があり、それはたいていの多重人格者に共通して見られることにすぐに気づくだろう。交代人格の各類型の特徴づけをさせてくれる共通分母とは、交代人格が受けもつ機能と交代人格が保持する感情および記憶である。多重人格患者は一人ひとり独自であるが、多重人格を作り上げている要素は類型的である。

一　主人格

あらゆる多重人格患者には「主 host」となる人格（主人格）が必ず一つはある。主人格は「任意の時期において最大時間、からだを管理的に支配している人格」[189, p. 23] と定義される。治療を求めて来る人格はしばしばこの主人格であり、ＭＰＤと診断される前からすでに「患者」とされている場合もある。

典型的な主人格は、抑うつ的で、不安が強く、無快楽（アンヘドニア）的、硬直的で、冷感症的で、強迫的に善良で、良心に縛られ、マゾヒスト的であり、さまざまな身体症状、とくに頭痛に悩まされている [189]。主人格はしばしば現実の生活条件に圧倒され、自分は無力であり、コントロールや理解を越えた力のなすがままになっていることが多い。ＮＩＭＨの調査では患者の三分の二において、主人格は他の交代人格の存在を知らず、他の交代人格出現の間、時間喪失を起こしていた[284]。スターン（一九八四）が指摘するように、交代人格が故意に主人格から隠れている場合よりも、主人格が交代人格の存在の証拠を積極的に否定する方が多い。主人格は、交代人格の存在を示されると治療から逃げてしまうことがある。

主人格がいつも単一の人格であるとはかぎらない。主人格が、ひとりの人格として通用するように合意した複数の交代人格の共同の努力がこしらえた社会的に通用する外面であることもある。この見せかけの主人格は治療過程の早期に解体してしまうことがあり、駆け出しの治療者はおいてけぼりを食らって、治療開始時の「患者」はどこへ行ってしまったのかと首をひねる羽目になることもある。

二　子ども人格

幼小児の交代人格は実際上すべての多重人格患者の人格システムに認められる[284]。たいてい、子ども人格は複数個存在し、しばしば大人人格の数より多い。子どもや幼児の人格は時間が凍結されているのが普通である。子どもの人格はある年齢に封じ込まれているが、治療の後半になって心理的負担が軽減されれば「成長」し統合されることもある。子どもや幼小児の交代人格は、早期の心的外傷体験の記憶や感情を保持する役割をになっていることが多い。この交代人格が表に「出る」時は何らかの方法で繰り返し心的外傷体験を除反応している。幼児や小さな子どもの交代人格の多くは言葉がしゃべられず、年齢相応のやり方でしか自己表現できないので、除反応はしばしば床をのたうち回ったり、体験を再演したり、壁にぶつかっていったりなどの大騒動で危険な可能性のある行為の形をとる。身体を丸めて胎児の姿勢になったり、無反応になることもある。治療者をかつての虐待者と認知してしまうこともまれではない。

これとは別個の幼小児の交代人格が、虐待の恐怖を受けた交代人格と釣り合いをとるために存在するのが普通である。こちらのほうの子ども人格はしばしば愛情を求めてやまず、時にはなにもかもがすばらしく見え、虐待者を理想化してしまうぐらいに底抜けの脳天気な楽天家のこともある。こちらの子ども人格は、あちらの交代人格が失った天真爛漫な無邪気さをもち続けている。しかし、こちらの子ども人格は自分が姿を現した場に対処できるだけの判断力や巧みな行動力をもっていないので、患者にとっては厄介な問題を引き起こすことになりかねない。

三　迫害者人格

多重人格患者の少なくとも半数以上に、自分は主人格と真っ向から対立している交代人格が存在すると考えている交代人格が存在する[286, 284]。こういう交代人格たちを「内的迫害者 internal persecutors」と呼ぶことがあるが、彼らは患者の生活を妨害し、主人格や他の交代人格を傷つけたり殺害しようとして身体をひどく傷つけることがある。自傷行為や「自殺」企図がこういう交代人格のしわざであることもある。迫害者人格が主人格を傷害ないし殺害しようとしているのだから、それは文字どおりの「内部殺人 internal homicides」である。ある交代人格が、自分は危険にさらされずに別の交代人格を殺害できると思いこむほど大きく分離している場合、クラフト（一九八四）は「仮性妄想 pseudodelusion」、スピーゲル（一九八四）は「トランス的論理 trance logic」の一形式と呼んだ。

迫害者人格の一部は、かつての虐待者を「取り込んだもの」と見做すことができるが、かつての救助者人格が迫害者人格に転じた場合もある。典型例では、迫害者人格は治療者に対して軽蔑的あるいは慇懃無礼な態度を取り、積極的に治療をぶちこわそうとすることが多い。しかし、患者全体に対する敵対的な行動や治療に対する否定的な反応という前歴があっても、迫害者人格は説得によって、自分の生活の質を向上させようという患者の努力に参加しうるものである。迫害者人格は、怒りという形で、多重人格患者が生き延びて回復していくために必要な強さとエネルギーを保持しているものだ。

四　自殺者人格

患者を殺害しようとする迫害者に加えて、自殺衝動をもつ自殺者人格が存在することがある。自殺者人格はひたすら自殺することだけに心を奪われていることが多く、主人格や他の交代人格の存在を知らないことさえある。自殺者人格の説得は非常に難しいので、患者にとっては重大な危険となることがある。しかし、たいていの場合は、人格システムが自殺者人格の自己破壊衝動の阻止のために力を貸してくれる。

五　保護者および救済者人格

さいわいにも、たいていの多重人格患者は、迫害者人格や自殺者人格と反対の秤の皿に乗ってくれる保護者ないし救助者人格のグループをもっている。保護者人格が迫害者人格の危険な行動や自己破壊的な行動をどの程度抑止できるかは、症例ごとに違い、治療段階の関数でもある。ＭＰＤとしての治療を受けていない患者の場合、保護者人格は患者を助けるには弱すぎて、頼りにならないかもしれない。治療が進み、人格システムの間の内的なコミュニケーションと協力関係が築かれると、保護者人格の影響力と統御力が強まることが多く、自他に対する暴力の方向を変えたり抑制する介入がより効果的になる。

保護者人格はさまざまな形態をとって現れるが、それは患者が何から保護されねばならないかによる。外からの危険を察知した時に身体を保護するためにだけ存在するような交代人格もある。女性患者の場合、保護者人格はしばしば男性人格である。きゃしゃな女性患者の場合でさえ保護者人格は予想外に屈強なことがある。身体が周囲から、過去の心的外傷を思い出させるような危険や脅威を受けていると思われるときに保護者人格が出現する。診察の最中に迂闊にも保護者人格出現の引き金を引いてしまうことがある。保護者人格は基本的に防衛者の性格をもっているので、患者に対しどんな危害も加えようと思っていないと説明し、実際に証明して見せてやることが大切である。

保護者人格はまた、内部の抑制・均衡システムの一端を担い、自己破壊的な交代人格に対抗している。保護者人格は自己破壊的行動を妨害あるいは制止し、たとえ自殺企図が起こっても助けると保証する。自殺者人格あるいは内なる殺人者人格が大量服薬した直後に保護者人格が現れて救急隊に電話するということもまれでない。

六　内部の自己救済者

「内部の自己救済者 internal self-helper, ＩＳＨ」と呼ばれる特殊な形の保護者ないし救済者人格がある。これはアリソン（一九七四ａ）が最初に記載したものである。ベテランの治療者間でも、ＩＳＨ人格の本質について、およびすべての多重人格患者にＩＳＨが出現するかどうかについては意見の相違がある。ＩＳＨは調査の対象となった多重人格患者の少なくとも五〇〜八〇％に出現するようである。典型的なＩＳＨは身体的に活気がなく感情にも比較的乏しい交代人格であるが、内面における人格システムの活動の情報と洞察とを与えてくれる。いったんＩＳＨ人格がいることがわかれば、多くの治療者はＩＳＨがこのうえなく貴重な案内者であることに気づくだろう。ＩＳＨは、治療上の問題点について時宜を得た意見を与えてくれる。ＩＳＨ人格を引き出し、認識し、協力させるためのガイドラインは第八章で述べる。

七　記録人格

記録人格を最初に確認したのはウィルバーだが、通常この交代人格は患者の生活史についておおむね完全な記憶をもっている[189]。記録人格はＭＰＤ患者には普通いるもので、過去の出来事や他の交代人格の行動についての歴史的情報を与えてくれる。記録人格は消極的になりがちなので、たいていは治療者のほうが探し出さなくてはならない。

八　異性人格

多重人格患者の少なくとも半数は自分と反対の性の交代人格をもっている。女性の多重人格患者の場合、子どもや青年や成人の男性人格が約半数の症例に認められる。男性の多重人格患者の場合、女性人格は全症例の三分の二から四分の三に存在するようである[284, 215]。異性人格はしばしば異性の服装をするが、多くの多重人格患者がユニセックスの身なりをするのも異性人格のせいであるまいか。女性の多重人格患者はしばしばショートヘアで、男性人格が気持ち良く出現できるような衣装（ブラウスやシャツとズボン）を身に付けている。すでに述べたように、女性患者の男性人格は、身体防衛や機械操作のような男性的な役割を受けもつ傾向がある。女性患者の男性人格は、男性性を強調した話し方、振る舞い、行動をすることがある。

男性多重人格患者においては、女性人格はしばしば年長の「良いお母さん」像であり、助言を与えたり、男性多重人格患者がよくみせる激怒の余りの自己破壊的行動をやわらげようとする。男性多重人格患者の女性人格は、外部世界よりも内部システムの力動のほうで活躍することが多い。そのため、女性人格が出現することは少なく、また一般に女性人格には相互にあまり目立つ違いはない。男性患者でも女性患者でも、異性人格が性行動をすることがあり、それも異性愛の場合も同性愛の場合もあって、大混乱のもととなる。

九　性的放縦人格

たいていの多重人格患者には、禁じられた衝動を示す交代人格がある。その衝動はしばしば性衝動である。性的放縦人格はすさまじい性的生活を送っていることがあり、当惑した主人格はどうしてまた破壊的な状況に陥ったのかと首をひねったまま放っておかれる。性的放縦人格は治療状況の内外でかつての性的虐待を再演することがある。女性多重人格患者の報告する毎度ながらの筋書きは、性的放縦人格が見知らぬ男を引っ掛けて、しばしばマゾヒスティクな肉体関係の状況にもっていった後に、消えてしまい、たいていは、性的冷感症の、おびえた主人格が、迫ってくる見知らぬ男と争うことである。主人格がこの内面の謀略を自分なりに解釈してこれをレイプだと考えてもふしぎではない。売春婦人格は女性の多重人格患者にはよくある交代人格である。売春婦人格は、人格システムにおいて性を担当していることがあり、（売春によって）収入源を確保していることもある。

十　管理者人格および強迫的人格

管理者および強迫的人格という二つのタイプの交代人格は、しばしば職場に出現して患者が生活費を稼ぐ手助けをする交代人格である。これらの交代人格は、職業的にきわめて有能なこともあり、その上、彼らがいなければ断片化する個人をまとめるという内的役割をも果たしていることもしばしばある。典型的な場合、職場の同僚はこの交代人格にしか会っていないので、これをその人だとして「知っている」ことになる。管理者人格は、冷酷で、情に動かされず、権威的である。彼らが超然としてお高くとまっているのは他の交代人格の存在を明らかにしそうな馴染みの関係に冷水をかけてつぶすためである。

十一　薬物乱用者

すでに述べたように、ＭＰＤの薬物乱用者はまれでない。鎮静剤、睡眠剤、麻酔剤などがもっとも一般的に用いられる薬物であり、刺激剤、アルコールがそれに続く [284]。ＭＰＤにおける薬物乱用は特定の交代人格に限られているのが普通である。多重人格者の人格システムの中で、断薬の後に禁断症状を起こす人格はどうやらただ一つ、薬物乱用人格だけで、他の人格は起こさないという報告は話としてはたくさんあるが、この報告がきちんとした条件設定の下で確かめられたことはまだない。

十二　自閉的人格および身体障害のある人格

多重人格患者の人格システムの中には一見自閉的な交代人格が存在することがある。一般に、それは幼小児人格である。活動的な場合には、椅子に座って身体をゆすっていたり、自閉的な子どもがするような自己刺激をしていたりする。他の交代人格が身体を使う気のないとき、この交代人格が「出される」ことが多い。患者が閉じ込められたり、押さえ付けられたり、強い調子で取調べられたりするような状況（たとえば、病院で隔離室の中や抑制シーツにくるまれているとき、警察に訊問されているときなど）で、とくに出現しやすい。

特定の身体障害をもった交代人格（視力障害、聴力障害、肢体機能喪失など）は、多重人格患者の複雑なケースでは比較的よく見られる。身体障害が表現している心理学的意味は最終的には治療の中で理解されるが、それが明らかになる前に、この交代人格は患者と治療者にとって多くの厄介な事態を引き起こすことがある。聴力障害者生活訓練プログラムに入れられていた多重人格患者を私は四人知っているが、それは聴力障害のある交代人格がたいていの時間を支配していたためである。これらの患者の中に生理学的聴力障害があった者はなかった。

十三　特殊な才能や技術をもつ人格

特殊な能力をもつ交代人格が多重人格患者の人格システムの中に存在することも少なくない。これらの技術は職業に関係していることもあり、芸術やスポーツの方面でありもする。典型的には、こういう能力を示す交代人格は人格断片であることが多い。この交代人格は自分のすることには並外れて熟練していて、ある一つの特別な能力や才能を現すためにだけ存在していることがある。

十四　無感覚的あるいは無痛覚的人格

無感覚的または無痛覚的人格が多重人格患者例に存在しているのは普通であり、その起源はしばしば苦痛な身体的あるいは性的虐待にさかのぼる［189, 284］。この交代人格は痛みの感覚を否認するもので、身体の自傷他害のときに活性化する。この交代人格が自傷行為に一役買っていることがある。

十五　模倣者および詐欺師

人格システムの中に他の交代人格を模倣する機能をもつ交代人格が存在することがある。こういう模倣者が出現すると、患者は模倣されている交代人格のように見え、その声になる。その意図は症例によって異なる。ある症例では、たんに、自分が模倣している交代人格には対処できない事態に模倣者が代わって対処しているだけのこともある。たとえば、ある患者には、セックスの相手を引っ掛ける「詐欺師」とセックスをしない主人格の代わりにセックスをするメンバーたちがいた。また、詐欺師は治療を妨害したり混乱させたりして、治療者を間違った方向に導く役をしている場合もある。ＩＳＨ人格を模倣する交代人格があるとする報告もある。

十六　悪魔と聖霊

多重人格患者の中でも、とくに田舎出身の患者や原理主義的宗教信者の患者には、自分のことを悪魔や聖霊だという交代人格が存在することがある。聖霊はしばしばＩＳＨの線上の方向に導く交代人格である。悪魔はたいてい悪意をもった迫害者タイプの交代人格であり、自分のことをサタンやその弟子のひとりだという。

善良な聖霊人格はＩＳＨと同様に取り扱うことができる（第八章参照）。悪魔もそれ以外の迫害者人格と同様に扱わなくてはならない。悪魔払い exorcism などの宗教的な儀式でこの種の交代人格を扱おうとしても、これらの交代人格を一時的に抑制する効果しかなく、反治療的であるから行うべきではない。初めて多重人格患者の治療をする治療者の多くは、激怒し、敵対的で、悪意をもった交代人格を抑圧しようとすることがある。これは束の間しか効かないし、治療同盟上いろいろな問題を引き起こすことが多い。なぜなら治療者は患者が体験していることの一部分を無視しているからである。迫害者人格の治療については第八章でさらに突っ込んで取り上げよう。

十七　オリジナル人格

多重人格患者の多くには人格システム内部の他の交代人格たちから、「オリジナル」人格とされる一人格が存在する。他の交代人格は自分たちが全員「オリジナル」人格から生まれてきたのだと考えている。クラフトはオリジナル人格を「出生直後に生まれ、最初に交代人格（の第一号）を切り離した存在で、それは重大なストレスから身体の生存を助けるためであった」と定義した[189]。典型的なオリジナル人格は非活動的で、ごく幼少時のある時点から「眠らされている」などの形の無能力状態におかれていることが多い。それはこの人格が心的外傷に対処できなかったためである。オリジナル人格は治療の終盤期に心的外傷の大部分が治療的除反応によって解消されてから、ようやく浮上してくるのが普通である。オリジナル人格が主人格になっていることはほとんどない。

三節　交代人格のその他の側面

一　交代人格同士はどの程度お互いのことを知っているか

多重人格患者の人格システム内部の交代人格たちはお互いのことを種々の程度に知っている。治療を受けに来るのは主人格であることが多いにもかかわらず、主人格だけは普通は他の交代人格たちの存在を知っていない。ＩＳＨや記憶記録人格などのように、交代人格システムの全容を知っていると主張する交代人格もある。また、他の交代人格の全員は知らないが、一部を一組として知っているという交代人格もある。交代人格Ａは交代人格Ｂの存在と行動を知っているが、交代人格Ｂのほうは交代人格Ａの存在を知らないことがよくある。この特性は「方向性覚知 directional awareness」といわれ、多重人格システムには典型的である。

古い文献を見ると、多重人格患者は方向性覚知の形式によってさまざまなカテゴリーに分類されている。たとえば、「相互的健忘 mutually amnesic」「一方向性健忘 one-way amnesic」などである[340, 100]。この初期の分類図式はせいぜい一～二症例を一般化して作られたもので、多数例にあてはめようとすると無理がある。ＮＩＭＨの調査では、多重人格患者の四分の三に、他の交代人格の存在を全否定する交代人格が一つ以上あり、八五％以上の患者に他の交代人格全員を知っていると主張する交代人格が存在した[284]。治療者が肝に命じておくべきことは、全交代人格が人格システムや患者の生死にかかわる重要な事項を同じ程度に知っているわけではないということである。だから、ある特定の交代人格のもつ秘密や知識を人格システム全体のものにすることが治療上の要点の一つである。知識を全人格に普及させれば、交代人格が別々に分かれている必要性は徐々に侵食され、人格システムの解消に向けての動きがはじまる。

交代人格たちを隔てる解離障壁は、あるタイプの情報は通しにくいが、別のタイプの情報は通しやすいという性質をもっている。この（選択的）情報透過性をはじめて系統的に研究したのはラドウィッグら（一九七二）である。もっとも、モートン・プリンス[272]のような初期の研究者もこの原理を用いて共意識現象 coconscious phenomena を研究している。ある考えや感情に情緒が籠められれば籠められるほど、また心的外傷に結び付けば付くほど、その考えや感情はある交代人格の中に閉じこめられて孤立化され、意識の大きな領域から分離される傾向がある。対語試験 paired-word と皮膚電気刺激反応（GSR）を用いたラドウィッグら（一九七二）の観察によれば、「諸人格の相対的独立性および人格を分離する境界は、情緒的に中立的な、すなわち感情を負荷されていない事柄では消滅していることが多い」[223, p. 308]。そのために、患者の交代人格は、ある事柄については分離の度合いが強いのに、別の事柄については共通の知識があるといった、非常にまだら状の仕切られ方を示す。巧みな実験によって証明されたように、識域下で（サブリミナルに）ある交代人格に情報を与えたり、その存在を別の交代人格に教えたりすることが可能である。このこともまた、解離障壁には何らかの漏れがあることを示唆している[249, 318]。

二　身体に対する交代人格の態度

多重人格患者の交代人格たちの多くは、自分たちが共有している身体の安全や快適さに驚くほど無頓着な態度を見せる。前述した「〈別々の存在である〉という妄想」だけでなく、自分たちが一つの身体を共有していることを知っている交代人格でさえ、その身体の健康に特別な関心を払わないことが少なくない。私は何人かの交代人格に対して「君の身体の扱い方は、まるで従業員が会社の車を扱うみたいなやり方だね」と述べたことがある。身体は、使いまくり、何にでも使い、使いつぶすためのものとされていて、身体をちゃんと働くようにしておくのは自分以外の誰かの責任だというわけである。そういいながら、交代人格たちは自分の棲む身体の安寧に無関心であることの言い訳をする。普通の返事には次のようなものがある。(1)他のみんな、とくに元来の虐待者が身体を傷つけたので、交代人格連としてはいまさら身体を大事にしなきゃならないなどと思わない。(2)自分たちは身体の外に存在しているのであり、身体はたんに物理的世界とかかわりあいをもつための場所にすぎない。別に身体がなくてもずっと生きてゆけると思う。(3)これは自分たちの身体ではない。この身体なんか大きらいだ。できれば（ずっと）身体を変えたいと思っている（たとえば性転換手術で）。

いわば盾の裏側だが、多くの交代人格は自分たちが身体に巣くっているときの身体が非常に変化すると考えている。ある交代人格は髪をブロンドだと思っているが、別の交代人格はブルネットだと思っている。ある交代人格は身体は背が低く太っていると思っているが、別の交代人格は背が高く痩せていると思っている。それぞれの交代人格が身体を物理的に違ったものとして「見る（思う）」ことができるのは、神経性無食欲症のような病気で見られる身体イメージの歪みに近い（ものがあるからだ）。この認知の相違は各交代人格の内的な自己表象の一部であり、患者を全体として理解するためによく調べておくべきである。一部の例では身体についての認知の相違が外面的な身体の変化として治療者が観察したものと一致する。だが、そうではないことが多い。

三　名前と名付け

同一性というのは複雑な概念であるが、交代人格の属性の大部分は凝集して単一の言語学的最小単位（モルフェーム）となる。つまり名前がつく[312]。たいていの交代人格は名前をもとうとする。姓名だけでなくミドルネームをもとうとすることもまれでない。名前の多くは本名から派生している。たとえば、エリザベス・ジェーン・ドゥという名前の患者なら、エリザベス、リジー、リジー、リズ、ベッツィ、ベス、ベッツ、ジェーン、ジャニー、リジー・ジェーンなどのファーストネームをもつ交代人格になる。さらに、一つの交代人格にいくつかの別々のヴァージョンが存在することもあって、そうなるとリズ一号とリズ二号という。ヴァージョンの違いはたいてい年齢の違いである。たとえば、リズ一号は子どもで、リズ二号は思春期という具合である。

交代人格の名前は、その交代人格が内面外面で演じる役割によってつけられていることもある（たとえば「運転手」「メイド」「コック」「門番」などは、いつシステム内のどの交代人格を出現させるかを取り仕切るという内部機能を演じる交代人格の名前である）。あるいは、その交代人格が現す感情によって名付けられることもある（たとえば「怒りんぼ」「さびしがり」「びくびく屋」など）。時には、役割による名前が固有名詞のような音になることもある。ある患者の記録人格は「Stasy（ステイシー）」という名だったが、それは「Stay and see（ステイ・アンド・シー）」（踏みとどまって見ておれ）という意味だった。交代人格の名前には表の意味と裏の意味とがないかどうかを尋ねることが重要である。それによって治療者が混乱を避けられることも多少あるだろう。

多くの人格システムは「名なしの unnamed」人格をもっているはずである。この「名なし」人格は、オデュッセウスがキュクロプスに仕掛けたのと同じ計略を用いることができる。（オデュッセウスはキュクロプスに対して「ウゥティス」（誰もいない）と名乗って眼に焼けた杭をつっこんだ。仲間が誰がやったときくと「ウゥティス」とこたえたので相手にされなかった）。つまり、「誰もいません No one（ノーワン）」という名前で通すのである。治療者が、ある行動についてそれは人格システムの中の誰がしたことなのかと問うと、「誰も No one」という答えが返ってくる。だから治療者は、No one、No name（ノーネイム）、Nobody（ノウバディ）という名の交代人格があるかどうか尋ねる用意をしておくべきである。「名なし」人格のほとんどは治療の進展とともに名前をもつようになる。治療の初期段階では名前を明らかにしたくない交代人格が多いが、それは名前を知られると治療者に呼び出されてしまうからである。各々の交代人格の名前を知り、人格システムの一部としてその交代人格と交渉する時には、その名前を用いることが重要である。第六章では、人格システム内部で交代人格がどういう名前と機能をもっているかを知る方法について述べよう。

四節　人格変換とそれを起こさせる機制

人格変換 switching とは、ある交代人格が別の交代人格に代わる過程のことであり、ＭＰＤの中核的行動現象である。多重人格患者の治療に上達しようとする治療者は変換について精通するようにならなければならない。そうでなければ、患者の行動を理解することはできず、交代人格達を認識しその行動について直面化を行うことができず、したがってそうすることによって得られるはずの臨床的な転機を起こすことができなくなってしまう。

一　変換過程はどの程度コントロールされているか

人格変換は、心理的かつ生理的な過程であるが、制御されている場合もそうでない場合もある。変換は患者の人格システム内部の力動に刺激されて起こることもあれば、その時点の環境における出来事に触発されて起こることもある。一般には、変換の前に存在していた交代人格が別の一つの交代人格に置き換わる。しかし、二つの交代人格が同時に存在するようになる場合もある。多くの多重人格患者が交代人格から交代人格へと変換するのを見ているうちに、変換には多くの共通要素があることが発見された[283]。

多重人格患者は、治療によって進歩していくうちに変換過程を制御できるようになる。はじめのうち、変換は周囲の合図や内的葛藤が引き金となって起こりがちであり、意志によって制御できないものと感じられる。とくに主人格はそのように体験する。多くの交代人格は互いの存在に気づいておらず、人生とは出番と退場の繰り返しで、しばしば見たことのない異様な状況で「目が覚める」ものだと思っている。しかし、変換過程には一種の適合論理のようなものがあって、たいていは適切な交代人格が出てくるものである。それぞれの状況に相応しい交代人格を前面に出すように変換するというこの能力は、多重人格患者にカメレオンのような能力を与え、彼（彼女）らはこの能力を使って交代人格の多重性を隠蔽する。そのために、交代人格の存在は、患者をさまざまな異なる状況で見た人にしか明らかにならないことがありうる。もっとも、ストレスを受けたときには、状況に相応しくない交代人格が現れて、患者を大変困らせることもある。

二　人格変換の結果はどんな形になるか

変換の結果現れるものを、身体的変化と心理的変化に分けることができる。これらは交代人格の置換が生じるときに観察できる。多くの場合、目に留まりやすいのは身体的変化のほうであるが、長い間診ていると、心理的変化のほうが観察しやすくなる。人格変換は顕在性のことも陰伏性のこともある。密かに入れ替わる場合の探知は極めて困難である。顕在性変換をたくさん観察した後でなければ陰伏的な変換はまず認識できないだろう。

人格の変換前後にどれだけの違いが見られるかは数個の要因に左右される。第一の因子は二人格の差異の大きさである。十歳の女性人格から三十五歳の男性人格への変換は、共通点の多い二つの成人男性人格間の変換よりも大きな身体的・心理的差異を生み出して当然である。観察者の差異の認知を左右する第二の因子は、交代人格についての観察者の馴染みとこれまでの経験である。多くの治療者は、はじめのうちは患者が何らかの形で変化しつつあることを漠然としか意識していなかったと告白している。これが交代人格から交代人格への変換だとは思わなかったという。そのうちに治療者は交代人格だとわかるようになり、次第に容易に交代人格を区別し、交代人格間の差異をもっとはっきりと認識する能力を身につけるようになった。しまいには多くの治療者は、五十歩離れたところからでも、どの交代人格が「出て」いるのかを言えるようになる。

1　身体的変化

(1)顔の変化

人格変換にともなって人相が劇的に変わる患者がある。この変化は目と口のあたりが顕著である。縦じわが横の溝になったり、顎の噛み合せが変わって下顎の出た口元から上顎の出た口元に変わったりする。表情がどことなく柔らかくなったり堅くなったりするだけのこともある。たいていの観察者は、目つきにはっきりした変化を認めるという。通常これは数量化できない差異、もっぱら質的な差異である。患者が陰伏的に変換しつつあるのではないかと疑わしいときは、まず顔のしわやひだや溝の向きと深さとを注意深く観察すること、次にこの目じるしが消えたり構図が変わるような突然の変化が起こらないかと見守っていることが大事だと気づいた。肝腎なのは、この過程をわれわれみんなにあるような普通の表情の変化と区別することである。顔の相の変化だけでは人格変換を確定するのに十分な証拠にはならないが、他の変化の観察と一致すれば、臨床家には表に現れない変換があったのではないかという警報となりうる。

(2)姿勢や運動の行動的変化

姿勢、身体言語、運動の変化がしばしば交代人格の交代とともに起こる。二つの交代人格に見られる差異の大きさは前述した要因によって左右されるはずである。多くの多重人格患者にははっきり違った姿勢を示す一つあるいは数個の交代人格がある。これはとりわけ子ども人格、あるタイプの虐待を受けた記憶を封じ込めてある交代人格、特定の心身症や欠陥をもつ交代人格がそうである。幼児や年少の子ども人格はしばしば胎児の姿勢をとって丸くなったり、床の上を這いずりまわったり、隅っこで縮こまったりする。心的外傷体験の情動と記憶の貯蔵庫の役割を果たしている交代人格が出てくると、心的外傷体験を再演する。微妙な形のことも劇的なやり方のこともある。たとえば、ある四十二歳の女性患者の中には九歳の子ども人格がいたが、この子ども人格は現れると手首と手とをずっとこすり合わせていた。その後、この交代人格から得た病歴によると、患者が手首のところで縛られ、ドアのフックに吊されて殴られたときに「出て」いたのが、この子ども人格だったらしい。この体験の痛みと痺れが心に沁みてよみがえるのに反応して、患者は手首をこするのだった。

心因性障害（たとえば、視力障害、聴力障害、緘黙、感覚麻痺など）のある交代人格はしばしば特徴的な代償行動を行うために、その交代人格が出現したとわかる。交代人格たちの身体運動性の行動がそれぞれに違っていることもある。ある課題に対する共同運動と手先の器用さのレベルが交代人格によって違うことがある。体力の強さも変化し、たとえばある交代人格は他の交代人格には真似のできないような腕力を発揮することがある。振戦や奇妙な癖をもった交代人格が存在することもある。

(3)声や話し方の変化

声や話し方の変化はＭＰＤの臨床観察者から繰り返し報告されてきたことである[294, 242, 128, 229, 273, 88, 260, 79, 342, 64, 211]。臨床的にいえば、この変化がもっともはっきりと現れるのは、声の高さ、大きさ、速さ、区切り方、アクセント、言葉遣いである。女性患者の男性人格が、ふだん話している声よりも１オクターブ以上低い声で話すということもある。子ども人格は１オクターブ声を高くすることがある。さらに、「赤ちゃんことば」で話したり、片言で話したり、子どものような文法で話すこともある。ある特定の人物に同一化している交代人格は、その人物の声だけでなく喋り方や文体まで似せることがある。多重人格患者の交代人格の自発的な語りと紋切り型の語りとの音声スペクトラムを分析したところ、しばしばこの変化は対照になってもらった俳優には真似のできない全体的な周波数変化であるということがわかった[220]。さらに、吃音などの言語障害がある交代人格とない交代人格が共存することもある

[268, 285]。

(4)衣装とみづくろい

服装、みづくろい、化粧の変化は、数回か面接しているだけで明らかになる。私がかかわった女性の多重人格患者の何人かは、当人がドレスを着ているときには出現を拒む男性人格をもっていた。そのため、前述したように、こういう患者の多くは男性人格にも女性人格にも人前で気楽にしていられるようにユニセックスの身なりをする。髪形の変化は非常に劇的なことがある。ある女性患者のケースは、交替に歳とったメイドのように髪の毛をくくった姿とパンクロック風の身なりとになっていた。どちらの交代人格も相手の交代人格の髪形や社会的地位では落ち着かなかった。自分のアイデンティティを完全にするためにかつらを付ける交代人格もある。化粧の変化も同様に劇的である。厚化粧、つけ睫毛、バストパッドなどは性的放縦人格やパーティ人格によく見られるが、逆に、同じ患者でも抑うつ的で引きこもりがちな交代人格は人目を避けるために目立たない格好をしようとするようだ。

(5)人格変換過程中の行動

人格変換に要する実際の時間は何分の一秒から数分までであるが、まれにはそれ以上のこともある[283]。私が人格変換をビデオに撮って検討できたような症例のほとんどでは、――全員ではないが――閉眼ないし眼球上転が人格変換開始の合図になっている。まぶたをパチパチとすばやく瞬かせることもある。人格変換に伴って一時的に顔を歪めたり眉を顰めたりすることも多い。さらに、身体を捩ったり、身震いしたり、突然姿勢を変えたりすることがある。人格変換が終わるまでに数分を要する場合、患者はトランス様状態に陥って反応がなくなり、虚ろで何も見ていない眼になる。全身けいれんのような人格変換を起こす患者がまれにいて、けいれんをてんかん発作と間違われていたこともある。

多くの患者は、人格変換行動を偽装し隠蔽する方法を身に付けている。女性患者は人格変換の間、しばしば顔を横にそむけ、時には手で顔を覆ったり、髪の毛を顔に垂らす。交代人格は出現するタイミングを見計らって出てくることがある。治療者がよそ見をしていたり何かに気を取られていたりする時である。交代人格が非常にすばやく現れては退くため、ほんの瞬間的にしか存在していないこともある。MPDに不慣れな治療者が、患者に何かが起こったとサブリミナルな意識で気づいて、「今きみに話しかける声を聞いていましたか」と患者に質問するのを何回か実地に見たことがあった。

新しい交代人格が出現した直後、とくにその前のやりとりについて健忘的である交代人格の場合、患者は、MPDの治療者が「着陸行為 grounding」と呼ぶ、いくつかの行動をみせることがある。典型的な着陸行為は、顔に触る、こめかみを押さえる、自分の座っている椅子に触る、すばやく部屋のなかを見渡す、たえず姿勢を変えつづける、などである。着陸行為は、自分が新しい場にいることに突然気がついた交代人格が、オリエンテーションをつけようとする過程の一部だと考えられている。

2　心理的変化

(1)感　情

多くの患者において、人格変換が生じたことのもっとも有力な指標は、患者の感情の、他に説明がつかない突然の変化である。「晴天の霹靂のように何もないのに突然」怒りだす、突然笑いだす、場違いな涙を見せるなどは、しばしば、今話題にのぼっていることに激しく反応して別の交代人格が出現したことの現れである。この一見場違いで不安定な感情のせいで、一部の多重人格患者は躁うつ病や分裂病と誤診される。治療者は、感情の説明のつかない突然の変化に着目してそれを追尾することが重要である。私はよく「今どんな気分がしますか」と尋ねる。多重人格患者は「怒り」や「悲しみ」などと答えるだろう。そこで私は「この気持ちに名前がある？」と問う。患者はしばしばこれに固有名詞で答える（たとえば「メリー」「ジョージ・W」などである）。

多重人格患者は、怒りや笑いの感情を突然爆発させてから、爆発が始まるすぐ前の状態を取り戻し、異常な事態が今起こったばかりだという自覚も記憶もないことがある。これは、第四章で論じた面接中健忘 intrainterview amnesia の一例である。実際に、治療者が治療している交代人格が、自分がさっき不適切なあるいはけしからぬ言動をしたことを自覚していない場合がある。たった今何が起こったのかと治療者に質問されて、患者はパニックに陥ったり、泣きだしたりすることもある。

(2)行動年齢

その他の人格変換の徴候は患者の成熟水準の明らかな変化である。たいていの交代人格は患者の実年齢よりも若い。そのため、人格変換が生じると、年齢が変化することがしばしばある。子ども人格は、落ち着きないそわそわした様子や過活動や子どもっぽいしぐさ（たとえば手の甲で鼻をこする）で容易にわかる。

(3)思考過程

交代人格同士は認知能力に大きな差を見せるのが特徴である。多くの子ども人格は、明らかに概念と言語の理解がしにくいために、治療者との意思疎通が難しい。抽象的な思考能力には交代人格間で差があって、成人並みの推論能力をもっている交代人格もあれば、具体的なことしか考えられない交代人格もある[285]。この点に関する突然の変化を探知すれば、人格変換が起こったとみてほぼよかろう。

以前の情報を思い出したり、新しい情報を取り入れたりする能力も交代人格によってずいぶん差がある。この点における交代人格間のくいちがいは因果関係に関するものが一番大きい。ある交代人格は、ある出来事が続くとある結果になると理解しているが、別の交代人格はまったく別個の結論を出す。治療者がはっきりとワークスルーし終えたと思っていることを患者が突然に解釈しなおし出す時は、多分、別の交代人格が出現している場合だろう。

3　心理生理学的感受性

ＭＰＤに関する臨床的文献にも臨床医の間で囁かれている噂にも、交代人格たちは同一刺激に対する心理生理学的反応が異なっているといる話がいっぱいある [274, 284]。いちばんよく報告されている差異は、薬物やアルコールに対する反応性の違いである。治療者の約三分の一が同一種類の薬物が別々の効果を示すと報告している（たとえば、「出ている」人格によって鎮静から賦活までの差を示す）。また別のよくある筋書きは、ある交代人格が酔っ払うと、別の交代人格が二日酔いを体験するというものである。アレルギー反応の違いも報告されており、現在、科学的研究の対象となっている。身体症状をどう体験するかも交代人格ごとに差がある。ある瞬間にはある症状（たとえば、偏頭痛）によって何もできなくなってしまうように見えた患者が、次の瞬間にはまったく何の不快も感じないように見えるのを治療者は観察することがあるだろう。こういうことがあれば人格変換が生じたと疑うべきである。

五節　人格システム

交代人格は魅惑的であり、交代人格の間の差異はくっきりとして劇的でもあろう。しかし、患者は自分がひとまとまりの人間であるという自覚をつねにもっていることが大切である。多重人格患者の「人格」とは交代人格システムの単なる和以上の力をもつ一つの全体である。

一　交代人格の数

多重人格患者の交代人格数は、二重人格の場合の二個から始まるが、二重人格は多重人格と比べると稀であるらしい。上は数百の「人格」までの報告がある。もっともこうなるとたいていは交代人格というよりも人格断片と考えるべきだろう。最近の二つの研究は、合計で一三三例の患者に関するものだが、どちらも患者一人につき平均して約十三の交代人格があり、約八種の人格様式をもっていると報告している［187, 284］。

多重人格患者がもつ交代人格数は多くの要因が決めているのだろう。NIMHの研究によれば、子ども時代に受けた心的外傷の種類の数と、患者がもつ交代人格の数との間には有意の相関がある［284］。このことから、子どものころから多くの心的外傷を受けた患者ほど、人格システムが多くの交代人格をもつと示唆されている。交代人格が初めて出現したと（患者が）報告する年齢も、人格システム内の交代人格数と相関している［284］。事後的報告によるものだが、最初の交代人格出現の年齢が若ければ若いほど、患者がもつ交代人格は多くなる確率が高い。大部分のベテラン治療者の臨床的な印象はこの知見を支持する。

人格システムの交代人格数は治療と密接な関係がある。クラフト（一九八四ａ）のデータが明らかにしたように、人格システムにおける交代人格数と、（彼のクライテリアによる）診断から融合の成功までに要する期間には有意の正の相関がある［284］。NIMHの研究によれば、大きな人格システムをもつ多重人格患者は小さな人格システムの患者よりも、社会病質的行動、物理的暴力、自殺企図などを起こしやすい［284］。しかし、患者が初めて臨床の場に現れた時期にはこれらの行動には大きな人格システムか小さな人格システムかによる有意の差がなかった。

二　人格システムの構造

MPDを医師が診はじめた最初期の例以来、交代人格の内部世界について感じたところを表現するために、治療者は比喩や地図や図表を用いてきた。この比喩は有用なことも誤解を招くこともあるが、それは比喩の字句をどのように受け取るかによる。おのおのの患者はいずれ独自に体系化した比喩や内部モデルをもつようになり、治療者は治療の経過の中でそれを理解し利用していかなければならなくなる。メタファーや体系的なマッピングを使う治療技法については第八章で論じよう。しかし、治療者が多重人格患者を治療する時には念頭に置くべき、よく使われているメタファーと構築物がいくつかある。

1　多層構造

「多層構造」(重なり合い、layering) は、心的外傷体験のワークスルーのさいに治療者の多くが気づく現象を記載するために、クラフト (一九八四a) が導入した用語である。それは、一部の交代人格のグループでは、あたかもお互いに覆いかぶさり合っていたり、別の交代人格の下に埋もれているように思われることをいう。しばしば、はっきりと表面に出ている一つの交代人格がいくつかの隠れて活動している交代人格たちをおおいかくしている。多くの症例では、重なり合っているすべての交代人格がある特定の心的外傷体験や生活史上の事件に何らかの形で関係している。治療者がある一つの交代人格と治療作業を始めると、しばしば多層構造が明らかになって、交代人格ないし人格断片の新しいグループが出現してくるのに気づく。この新しいグループは、最初の交代人格と治療作業中であったテーマにかんする人格たちである。

治療者が特定の体験についてのいくつかの交代人格たちの話を比較して始めて、多層構造の存在が推論されるだけのこともある。どの時点かで、治療者は、特定の具体的事実や記憶が欠落していることに気づく。たとえば、交代人格Aは、聞いていると結局はレイプのような特定の心的外傷体験があったということになる (漠然とした) 報告ができ、交代人格Bはその後に起こったことを順序立てて詳しく話すことができるがレイプの時の記憶は欠落していて、この点にかんする治療の最中に初めて出現した交代人格C、D、Eにその記憶が封じ込められていることがある。

多層構造を認識しそこない、これをワークスルーしそこなうことは、融合後の再発の重要な原因である [187]。治療者が苦痛な体験を最後までワークスルーしそこなうのはたいてい層状構造を見過ごしているからである。つまり、治多重人格患者のこうむった凄絶な心的外傷の多くは生々しい具体的細部まで明らかにされる必要がある。記憶に欠落が見出されたときには多層構造を疑うべきである。第八章では、交代人格の断片的な想起から「記憶」を再構築する方法を論じよう。

これとは別の多層構造が、多重人格システムの中の交代人格たちが融合あるいは統合をしはじめる時に生じる。統合の過程とはシステム内部の隠れたひだひだを開放するようなものだ。そのひだの中には、それまで休眠中あるいは不活性だった交代人格たちがつまっている。たとえば、ある女性患者の場合、子ども人格および青年期人格の多くが一つの全体に融合し、そして「成長」した。それからいくらも経たぬうちに、いくつかの「新しい」子どもおよび青年期人格が出現したが、生活史を聞くと、新しい交代人格はすべて高校時代に活発だった交代人格であって、患者が虐待される家庭環境を立ち去ったときに休眠したのであった。

ある層の中に層があり、その中にまた層があるといった複雑さをもつ多層構造の治療作業をした体験は、治療者をいらいらした気持ちにさせ、これではきりがないと思わせるかもしれない。しかし、多層構造という現象は、苦痛と恐怖とを細かい部分に分割し、思い出しにくいように拘束する、解離という防衛過程の一部にすぎない。多層構造は存在するものだと考えておくべきであり、どこにあるか探索すべきものである。説明がつかない行動や記憶の欠落がある場合にはとくにそうである。

2　ファミリー

前に指摘したとおり、親戚関係の人格グループがしばしば存在する。グループの内部関係の基盤としては多くの要因がありうる。しばしば、交代人格たちの親戚関係の基盤は発生の原因となった心的外傷の共有である。また交代人格たちが自分の起源を過去にさかのぼってさがし、自分たちがそこから派生してきた、より古い共通の人格に至ったために、その時から親戚関係になることもある。自分たちが果たしている機能によって集まり、グループを形成する交代人格たちもある。たとえば、職務のように複雑な機能は多くの交代人格が分担し、それぞれが業務上要求される部分部分の作業を行っていることがある。こういう交代人格たちは自分たちをグループないし家族と見做していることがある。

こういうグループ化ないし「ファミリー」は人格システムと定義され、治療上有意義な点がある。あるグループやファミリー内部の交代人格同士は、別のグループなりファミリーの交代人格同士よりも、一般にお互いに自分以外の人格の存在に気づいていることが多く、記憶や技術の共通の貯蔵庫に近づきやすい。一人の患者の中でも、あるファミリーが別のファミリーの存在を全然知らないことがしばしばある。多数の交代人格をもつ複雑な多重人格患者は、いくつもの別々のファミリーをもっていることがある。心の内部でファミリーとファミリーの境界線によって分かれて抗争することもある。つまり、交代人格の一つのファミリーがもう一つのファミリーと内戦をやるのである。また、あるファミリーと連絡を取る場合、あるいはあるファミリーから別のファミリーに情報や記憶を伝達する場合は、通常おのおののファミリーのある特定の交代人格を介してのみ可能である。この交代人格はファミリーの中と外を結ぶパイプ役を演じているのである。ある交代人格と接触するためには、まず門番の役割を果たしている交代人格を引き出すしかないことが多い。

3　ツリー状構造

ツリー状構造は、組織や家系の階層的関係を表すのに用いられるものだが、人格システムのモデルとして役に立つことがある。多重人格システムにおける典型的なツリー状構造とは、オリジナルあるいは核となる交代人格が頂点すなわち出発点にあり、そこから次の結節点（交代人格群）まで枝が下向きに伸び、順々に下向きに枝分れしてさらに多くの結節点（交代人格群）に至るものである。ツリー状構造の底辺にある結節点は、おかしなことに葉と呼ばれ、現在活動性の交代人格たちを表している。このモデルは治療の経過を図表化するのに役に立つ。一般には明らかに活動性の交代人格（葉）で始まり、このツリー状構造をさかのぼって核となる交代人格（根）に向けて治療が進むわけである。

ある一つの結節点に枝でつながっているいくつかの人格を明るみに出してみると、それが多層構造の形となっていることもしばしばある。ファミリーや交代人格グループは、根もとの近く、つまりツリー状構造の成長の初期段階で生じた枝分れということになるだろう。こういうシステムにおいては、門番人格が、ファミリー・グループが分離されていった枝分れが生じた結節点となっている。

六節　患者のタイプ

今世紀を通じて、多重人格患者をさらに亜型に分類するための分類図式がいくつも提唱された。この動向はMPDへの関心が再び劇的に高まってきたことによってさらに活発となった。全米学会やそれ以外のフォーラムでは、印象的な響きをもった記述的分類で患者をいろいろと特徴づけようとする治療者の声がきかれるが、たいていの場合、分類のための診断基準はあいまいなのがいちばんましである。

アリソンとシュウォーツ（一九八〇）は、MPDは大きく分けて二つあるのではないかといった。これは、最初に交代人格が分離した時の発達段階が早いか遅いかに基づいた分類である。心的外傷によって早期（乳児期から六歳ごろまで）に解離性の人格断片化を引き起こした患者には、人格の深い解体と大きな交代人格システムとがある。八歳以降に最初の分裂を来たした患者には、比較的少ない交代人格と比較的良質の「自我（複数）」とがある。この区別が臨床的にどれほどの意味をもつかははっきりしないが、ＮＩＭＨの調査では、交代人格の数と交代人格が早期に分裂したという事後的報告の間には統計学的に有意の関係がある [284]。その他にも、心的外傷が生じた発達段階が、後になってＭＰＤでない患者の症状表現にも有意の影響を与えるというデータがある [63]。

ブリスは、ＭＰＤを、さまざまな形式と発現をもち「スペクトラム」をなす病気であると考えた [38]。オブライエン（一九八五）はＭＰＤに三つの亜型があるのではないかと考えた。「共通同一化 coidentificatory 型」はすべての交代人格が物理的には同じ一つの身体をもっていることを認めているものである。「憑依 possessiform 型」は交代「疑似」人格群が同じ一つの身体をもっていると認めないとするものである。「混合 mixed form 型」は一部の交代人格が共通同一化型で一部の交代人格が憑依型である。交代人格の数、人格断片の数、内的力動に基づくいろいろな分類図式が学会で発表されてきた。ＮＩＭＨの調査では、患者の症状と現象形態を二十の因子にグループ分けし（たとえば、抑うつ、不安、身体症状など）、クラスター分析のための二種類の別個のアルゴリズムを用いて分析した。その結果によると、多重人格患者は、臨床症状に基づいて三つの亜型に分けられる。この分類およびその他の分類図式の提案の妥当性はまだ証明されていない。この分類の信頼性と妥当性がはっきりするまで、どんなＭＰＤの分類図式も治療に関連させたものは受け入れを控えるべきである。

めったにないことだが、私の見た多重人格患者の中には、子どものころに多重人格になり、子ども時代の終わりや青年期早期に自然に融合し（少なくとも他の交代人格を完全に抑圧し）、その後、成人期に強烈なストレスを受けて交代人格の分離が生じた場合があったと思う。この「第二次分裂 second-split」の症例はまれである。子ども時代の心的外傷は局所的な範囲のもので、成人になって大きな危機に圧倒されるまでは概してうまくやっている。私が見た三例のうち二例では、危機がうまく解決されると、数日のうちに交代人格も消失し、催眠面接によっても引き出されなくなった。

七節　男性患者と女性患者の違い

われわれが多重人格患者について知っていることの多くは、女性患者の研究から得たものである。もちろん男性患者もいるし、おそらく知られているよりも多いだろう。臨床的な文献の総説によると、男性多重人格患者の比率は全症例記録の数の増加とともに着実に増加している[276]。女性患者がなぜ不釣り合いなほど多いのかについての主な考えは第三章にまとめた。男性患者が比較的少ないためだろうが、MPDの発現症状の性差を調査した人はほとんどいない。

ブリス（一九八四）によれば、女性多重人格患者は不安、恐怖、転換性反応、強迫的恐怖に関連した症状を現しやすい傾向があるが、男性多重人格患者では社会病質やアルコール乱用が有意に多くなる傾向がある。このデータは臨床的な印象と一致している。つまり、男性患者は暴力を外部に向けてしばしば攻撃的に表現する傾向があり、女性患者は不安に陥りやすく、暴力を自分自身に向ける傾向があり、それは身体症状の形をとるか、自殺／自己破壊行動の形をとる[285, 191]。アルコール乱用も男性多重人格患者にはとくによく見られるようである[191]。

ＮＩＭＨの調査結果によれば、男性多重人格患者は女性多重人格患者よりも異性人格をもっていることが多いようである[284]。前述したように、男性患者の異性人格は通常、年配の母親像である。女性患者のもつ男性人格は保護者や自動車修理工の役割をつとめる傾向がある。女性患者ではまた、多くの少年人格が存在する傾向があるが、男性患者においては子どもの異性人格はどうも珍しいようだ。しかしながら、ＮＩＭＨの調査による男性患者と女性患者の症状の統計学的比較では、ほとんどの領域で本質的には性差がなかった[284]。

男性の多重人格患者は臨床的に大きく二つのグループに分けることができる。第一のグループは、主人格が外見上女性のようで、性愛傾向は同性愛であることが多い。第二のグループは主人格が異性愛者でマッチョで攻撃的である。後者は治療作業を進めていくのに大きな危険が伴い、私の経験では、わずかの期間でも治療を受けることは稀である。しかし、前者にも「暴走族（ヘルズ・エンジェル）」タイプの人格が少なくとも一人はいることが多い。私の印象では、男性多重人格患者は、女性多重人格患者ほど交代人格間に格段の違いはない。男性患者の隠れた人格変換を探知することは女性の場合より難しいと私は思う。私の観察では、女性患者の男性人格は、外見、話し方、行動がまったく男性そっくりのことがしばしばだが、男性患者の女性人格は、自分が出現したことを示すために、動作や声がやさしくなるだけである。クラフト（一九八四a）は、彼の男性多重人格患者は女性よりも人格数が少なく、そのために治療期間が短かい傾向があったと報告しているが、八症例では少なすぎて一般化することはできない。男女差のより正確な特徴については今後の調査を待たねばならない。

まとめ

本章ではMPDの交代人格の種類と役割をさぐった。基本的前提は、交代人格は別々の人間ではなく、交代人格の総和が一個人を構成しているということである。交代人格たちは主観的にも客観的にも多くの点で異なっている。感情、行動、認知、外見、話し方などにおける違いが目に留まりやすいが、患者にとっては自己感覚における主観的相違のほうが重要である。治療を効果的に進めるためには、これらの相違についての共感的理解を深めなくてはならない。

交代人格たちは、患者のために内部でも外部でも別々の機能を演じているが、時間の経過とともにある程度進化することがある。交代人格の古典的布置は以下のとおりである。抑うつ的でおどおどした主人格は他の交代人格のことを知らない。心的外傷の記憶を抱いているのはおびえた子ども人格たちである。悪意を抱いた迫害者があって、我慢のならない感情を抱いているのはこいつらである。保護者たち、救済者たちもある。異性人格、自閉的人格、禁じられた衝動を表現する人格、薬物乱用人格などもよくみられる。ある交代人格が別の交代人格を知っているレベルはさまざまである。また身体の安寧に対しては無頓着な態度を示すのが普通である。たいていの交代人格は名前をもっているが、ある期間、名を明かさないこともある。

交代人格間の移行と変換はＭＰＤの中心的特徴であるが、隠されていることがある。とくに治療の初期にはそうである。人格変換は、内的／外的刺激によって誘発され、感情、認知、外見、話し方、行動が急激に変化するために、それとわかる。

人格システムは、より大きな組織的構造体であり、治療者はこれに焦点を合わせて治療するべきである。このシステムはしばしば多層構造および交代人格ファミリーから構成されており、これをワークスルーしなければならない。さまざまな分類体系が多重人格患者の類型化のために提唱されてきたが、現在のところ、臨床的有用性を証明された分類はない。多重人格患者にはおそらくいくつかの点で性差があるだろうが、われわれは男性患者全体を包括する特徴についてはほとんど何も知っていない。

第六章　治療の開始

この章では、ＭＰＤの治療にとりかかる最初の段階を紹介する。初めて多重人格の治療に取り組もうとするとき、大多数の治療者が抱く疑問や懸念がある。まずそれらを検討しよう。次に、ＭＰＤにおける「理想的な」治療経過の全体について概略を示す。初期介入の過程を詳細に記述し、治療過程の初期段階で意識するべき（患者＝治療者間の）力動についての注意点をいくつか述べてこの章を終える。

一節　治療についての治療者の懸念

一　ＭＰＤの医原性創出あるいは医原性悪化

多重人格患者の治療を始めた治療者がもっとも一般的に抱く懸念は、患者の交代人格を認知し直接働きかけることによって、ＭＰＤを医原性に創り出すのではないか、解離過程を悪化させる可能性はないのか、という疑問である。こういう懸念を抱くのは精神保健の専門家であればこそである。通常、この懸念が表れるのは、初めて交代人格に正面切って出会った後であって、しかし当の交代人格たちが患者の人生にずっと果たしてきて今も果たしている役割をその治療者がまだ十分に知る以前である。しばしば治療者は他の診断名のもとですでに患者を治療していたのに、交代人格には全然「会ったこと」がなかった場合である。突如、「新しい」交代人格たちが至る所でにょきにょき顔を出し始める。最初の交代人格の出会いから数回のセッションのうちに、六、八、一〇以上の交代人格を発見するのも珍しいことではない。交代人格たちはみんなどこから来たのか、また、MPDという診断を下したことと患者の「被暗示性」とがどういう役割を果たして、こういう一見「新たな」交代人格たちの創り出されたのかなどと治療者が首をひねるのももっともなことである。

次の現象は、交代人格を医原性に誘発したのではないかとの懸念をさらに増大させる。臨床家ならばしばしば別の診断名で患者を治療していても、患者の内部に生じた気分、知覚、行動の激しい変化に気づいている。典型的な場合、こういう急激な変化は「分裂 splitting」などのボーダーライン力動によるものとされ、はっきりそれとわかる交代人格の顕在化は起こらない。ところがMPDと診断した後になると、交代人格がにわかに明瞭になり、以前には現れていなかった主人格との差異を主張するようになる。ジャネは一世紀も前に、この結晶化現象 crystallization を次のように述べている。「ひとたび名を与えられると、意識下の人物はくっきりとした輪郭をもつようになり、その心理学的特徴を巧みに表すようになる」[339, p. 86]。

診断後ただちに交代人格の分化が明瞭になることは、二つの相補的な過程によって説明できるようである。第一に、交代人格が「存在を公表し」、もはや主人格のふりをしなくなることである。MPDの診断はしばしば多重人格者にとっては解放である。というのは、患者は生き方として偽装や隠蔽を実行してきたからである。交代人格たちはいまや、普通みじめで無能だと見える主人格からの分離を強く望みだす。交代人格間の分化を目に見えて促進する第二の過程は、実際に、交代人格の違いを「見分ける」治療者の能力が発展することである。MPDを治療することになると、その結果、治療者が患者を見る見方が変わる。

「新しい」交代人格の急激な出現や交代人格が結晶化して独立した存在となることは、しばしば治療者が、交代人格を医原的に誘発したのは自分ではないかという考えを抱く原因となる。交代人格が医原的にでっちあげられたのではないことのもっとも納得のいく証拠は、時とともに明らかになってくる。新しい交代人格が治療中に生まれることもあるが、どんな多重人格システムにおいても、大多数の交代人格は、診断と治療を受ける何年も前から存在した歴史をもっている。この歴史は、治療者と患者が過去を再び開示し、かつては空白であった時間の裂け目を埋めていくにつれて、いずれ十分な証拠をともなって姿を現してくるだろう。長い眼で見れば、医原性創出というこしらえものではないかという疑問は抽象論となり無意味なものとなる。しかし、治療初期には、かけ出しの臨床家はほとんど皆が皆そうではないかと思って悩むものである。

二　暴力的な交代人格を誘い出しはしないかという恐れ

治療初期に頻繁に生じ、また生じてももっともな第二の懸念は、治療者が、危険な、あるいは暴力的な交代人格を誘い出しはしないかということである。これは実際に起こりうることだ。それ一つで人格システム内に危険な交代人格がいるかどうかを知る最良の指標は、暴力行為に関する患者の履歴である。患者が暴力行為の履歴をもつ場合、契約などの方法によって潜在している暴力を統御できることがはっきりするまでは適切な予防措置が必要である。通常、このことは、患者を面接する場合、治療者は、誰かを同席させるか、近くに待機させるべきであることを意味する。治療者が多重人格患者に暴行された例もあり、その可能性を軽視あるいは無視するべきではない。私の経験では、男性の多重人格者は一般に女性に比して社会に対して危険である反面、治療場面ではそれほど危なくないことが多い。彼らは自分がやろうと思えばやれることがわかっているからであろう。女性の多重人格者は暴力を「もてあそぶ」傾向があり、治療者にとって危険なことがある。

　喧嘩、窃盗、レイプの役目を受けもつ交代人格は男性患者のほうが多い。女性患者では、危険な交代人格がしばしば保護者人格でもあり、その役割は目前の危険から患者を守ることにある（第五章参照）。保護者人格もしくは守護的人格の思考と認知とはあまりに額面どおりの杓子定規なことがあり、その場合、治療者の発言を患者への脅しと誤解する。たとえば、私の知っているある治療者は、ある考えを「キック・アラウンドしよう」と述べたとき、身体保護人格に襟がみをつかまれた。治療者が言いたかったことは、試しにやってみようということだった。治療者と別の交代人格との会話を監視していた身体保護人格には、身体的虐待がさし迫っていると感じたのである（訳注・キック・アラウンドは「虐待する」が第一の意味である）。

　この問題の裏には、多くの多重人格者が一部の交代人格の危険性を誇張するということがある。治療者は、他の交代人格から人格Bが信じがたいほどものすごい憤怒をもっていると聞いていたのに、人格Bは過去のいくつかの出来事に対してはそれ相応の立腹をしてはいるが、十分な自制力をもっていることを知るのは珍しいことではない。交代人格が面と向かって話すことを額面どおり受けとるか、眉に唾をつけるかという選択は、治療者が治療経過の中で繰り返し遭遇する難問である。危険性に関する問題では、用心しすぎるぐらいがいちばんよい。しかし、治療者は、そういう脅しによって患者の人格システム内の交代人格の探索と発見に腰が引けてしまってはならない。治療の成否は、交代人格とその交代人格が体現している心の問題の処理次第である。暴力の噂を立てることは、しばしば（治療に対する）抵抗の一形態であり、患者が問題の交代人格が抱えている情報と感情の「危険性」を自覚すれば（むしろ）増強する。

三　MPDの治療をする資格がないという懸念

MPD治療の初心者がよく経験するもう一つのことは、MPDという診断を下すことによって「素人になりさがった deskilled」と感じることである。MPDの診断と治療について正式な訓練を受けた人は、われわれの中にもほとんどいなかった。最初の症例を診てすぐ「にわか専門家」になる治療者もいるが、ほとんどは、こういう患者を治療するのに必要な腕前をもっていないと感じるものである。通常、これは真実ではない。多重人格患者の治療をうまく行うためのもっとも大切な資質は、よい精神療法をする能力である。MPDにおいて遭遇する力動と抵抗のほとんどは、神経症ないし境界例患者に見いだされるものとほぼ同じである。違いは、交代人格がこれらの力動を疑似人格化していることであるが、この疑似人格化のおかげで、こういう力動に直接働きかけることが多くの点で容易になっているくらいである。

私の経験では、MPDの治療をする資格がないという感じは、大きく分けて二つのかたちで現れる。まず第一に、患者を「人手に渡そうとする」試みである。この力動は見るからに込み入ったものである。かつては別の障害であると考えていた患者にMPDの診断を下したなら、今後どう治療をするかという選択肢を患者といっしょになって考えなおしてみることが大切である。一方あるいは双方にとって別の治療者への紹介が最善だという場合もあろう。しかし多くの場合、治療関係がすでにできており、未診断の多重人格者を相手とする治療にありがちな混乱や自殺企図や入院によって（あるいはそれにもかかわらず）治療関係は濃密になっている。私の考えでは、MPDの治療結果を左右する極めて重要な要因は治療関係の質である。患者との間に良好な治療同盟をもっている治療者は、より「適任の」治療者を探すよりも患者の治療を続けることをまじめに考えるべきである。多重人格の治療は、分裂病、境界例、躁うつ病などのどの治療にも増して、これまでになかった臨床能力を大きく引き上げてくれる働きをする。

ＭＰＤを治療するには経験もなく「素人になりさがった」という感じの第二は、自分が間違った言動をとり、患者にうっかり深刻な傷を与えてしまうのではないかという治療者の恐れである。重症でしかも難症の障害を負った患者の治療に自信をもっている治療者も、多重人格者に出会うと、突然、薄氷を踏む思いがするものである。診断に先立って何年もその患者と面接していてもそういうことがある。ここで多重人格患者が虐待後生存者（サバイバー）であることを考えてみるべきである。患者は信じられないような心的外傷を生き抜いてきて、外傷から自分を遮蔽し保護する防衛を完成させている人である。治療者は、患者がこれまでに生き抜いてきたものに比肩するほどのひどいことを、患者にやろうとしてもできはしない。治療者が健全な治療をする上での常識的基本原則に留意し、それに従ってさえいれば、重篤で永続的な害を及ぼすことはないだろう。

他の治療者への紹介を真剣に考慮してよい場合の一つは、少なくとも一年以上、患者を治療する約束ができない場合である。ＭＰＤの治療には、成人の場合一年以上かかる。平均ではたぶん三～五年近くかかるだろう。この印象を裏付ける体系的データはないけれども――。研修先を廻り歩いている研修生やもっぱら短期介入を行う施設で働いている治療者は、必要なだけの継続的治療ができる治療環境に多重人格患者を紹介するべきである。哀しいかな、これがかなわぬことが多い。そうであっても、治療状況の安定と継続は、多重人格患者を治療する上でもっとも重要な要素の一つである。もし多重人格患者が、治療は非常に（時間的などの）制約があるとか、いつ終結されるかわからないと思ったら、それが間違っていようと正しかろうと、それに対応した抵抗をして意義ある治療作業に入るまいとするだろう。このことは、通常、たえざる危機と交代人格による行動化となって表れる。

四　治療環境への懸念

ＭＰＤの診断直後に、治療環境を変更しようかどうか、と考えこむ人がいる。この時点で、初心者がしばしば犯す間違いは、入院させようとすることである。入院は、一部の多重人格患者の治療には一定限度の役割を果たすが、よくよく考えてから行うべきことである。一般に、多重人格患者は入院病棟にうまく適応せず、治療の焦点がしばしば入院環境の問題にすり替えられてしまう。外来個人精神療法という状況がほとんどの多重人格患者とって最適の治療環境である。

二節　治療の概要

一　治療の課題

1　治療同盟の確立

多重人格患者の治療の課題と段階はあらゆるインテンシヴな変化指向型治療とほぼ同じである [187]。ここでいう課題とは、治療関係を成立・進展させ、非適応的な対処行動をつきとめ、より建設的な行動で置き換えることである。多重人格の治療にはそれに加えて、内部分裂を何らかの形の統一体で置換するという課題がある。

信頼の育成は、多重人格患者と治療関係を確立する上での鍵である [155, 362]。この信頼はすべての交代人格との間に築かれなければならない。治療者は、これがひょいとできたり、そのうち何となく自然にでき上がると期待してはならない。治療同盟は、すべての交代人格一つ一つに対して個別的に確立されなければならない。ある交代人格の場合には、これが難しく大変な苦労を要することがある。しかし、別の交代人格には、ただ会って、存在していることとその必要としていることを認めるだけで十分なこともある。どの交代人格にせよ、その話を傾聴することが大切である。もちろん、子ども人格に対してもである。治療者は、交代人格の話をちゃんと聴いていたかどうか、また、関心を抱き信じているかどうかを、何度も試されることになるだろう。予想できる転移でよくあるのは、治療者が無慈悲で残酷な虐待する親のイメージになることである［190, 362］。多くの交代人格は、観察する自我と体験する自我の間の分離線を維持する能力を欠いているので、解釈でこの認知を変えることは期待できない。しかも、この認知は交代人格の多くがそれぞれ別の形でもっている［190］。この認知を修正するのは、解釈ではなくて、治療者が繰り返す行動や態度である。危機において治療者がいつでも手をさしのべる用意をしていることと共感を示すこととは、信頼をかち取る上で決定的なものである。

治療者側の首尾一貫性と連続性もまた、信頼を育成するのに重要である。患者は不連続と矛盾の世界に生きている。長年の体験から周囲の人々を遠ざけ、信頼できる関係などできはしないと思っている。治療者は遅刻をせず、約束を守ることが大切である。万一、治療者が面接をキャンセルせざるを得ないことになったら、この情報が人格システム全体に伝わるようなやり方をしなければならない。多重人格患者は拒絶にいたって敏感であり、故意でなくても拒絶と受け取るものである。

患者に配慮しているということを（患者に）証明するには、交代人格一人ひとりを顧慮することである。治療者はすべての交代人格は重要性が等しいと考えるべきであり、お気に入りを作らないように注意しなければならない。患者に配慮していることを表現するには、危険で破壊的な行動に限界を設定することがよい。治療者は、一つ以上の交代人格がもつ不適切で危険な行動を進んで制止しようとするかどうか、繰り返し試されるだろう。治療者自身に向けられる不適切な行動についても同様である。患者に配慮していることを示すことは、患者の自己尊重のモデルを与える面もある。

治療同盟の育成における決め手は、治療者が、患者の過去の外傷的素材をどのように取り扱うかである。患者が被った虐待のいくつかは身の毛もよだつものであり、それを明らかにすると治療者がめげることもあるぐらいだ。こうした素材に耳を傾けそれに取り組んでいく能力は、治療作業の核心にとって断然不可欠である。患者が、治療者はこの話題にもちこたえられないと感じたならば、その素材は治療の中でワークスルーされなくなる。このことに関連して、こうした素材を取り扱う面接の際に患者が体験するストレスを治療者がどのようにして敏感に察知するかという問題がある。過去の外傷の多くは診察室で再体験される。こうした除反応が患者に与える影響に対する治療者の感受性、および、人格システムが自分のペースで過去の外傷を想起しワークスルーすることを治療者が進んで認める姿勢は、治療的な環境を作り出す上で決定的に重要である。

2　患者の生活変化を促進する

治療的な方向への変化は、不適応行動をつきとめ、これをより適切な対処法に置き換えることによって起こる。多重人格患者の解離性行動は、二つの観点すなわち現在と過去とに立ってそこから展望しなくてはならない。解離性防衛の起源は過去の外傷にある。この防衛の発現は現在の行動の中にある。毎日の出来事は解離反応のきっかけにはなるが、その病理の根は患者の奥底に深く潜んでいる。ある時期には（多くは幼児期早期であるが）解離は圧倒的な外傷に対する高度に適応的な反応であった。患者が成人し、発病の引き金を引いた外傷状況から離れた今となっては、解離が頻々と簡単に作動してしまうことは日常の普通のストレスに対しては非常に不適切な反応である。

解離という病的症状をより適応的な対処法に置き換えられるかどうかは、主に、小児期早期の外傷事件の想起と再処理とにかかっている。発病の引き金を引いた外傷の大半を患者が掘り起こし、再体験し、受容するまでは、解釈と洞察をしても実を結ばないだろう。解釈と洞察はＭＰＤ治療の主要な作業であり、治療の骨子ではあるが、その過程が円滑に進行するのは、治療同盟が確立され、患者のむき出しの自己破壊的行為がコントロールされてからである。深い変化を起こそうとする前に、患者はまず安定しなければならない。

3　分割を統一に置換する

よく引用されるデイヴィッド・コールの発言、「治療後に、機能的な統一体であればいいのではありませんか、会社でも、共同経営でも、まあ個人経営でもいいですが――」[135, p. 106] は、多重人格患者が到達する最終的な統一体が、統合した単一人格である必要はないという意味の言明である。大切なことは、目的と動機の点で安定した一体感を達成することである [190]。内部分裂の持続は、患者の人生に永続的な混沌をもたらすだろう。交代人格たちは連絡し協力することができる。交代人格たちがこの技能を修得するには時間を要するが、いったん獲得すると、これらの技能は患者の日常生活や過去の心的外傷の想起と消化にうまく利用されるようになる。多重人格のままでいることを選ぶ患者もいるだろう。通常これは、外傷のすべてが想起され、ワークスルーされていないことを意味している。こういう患者は機能の改善で満足するのかもしれないし、かつ／または、外傷のより深い層を探索する準備ができていないか、探索したくないのかもしれない。多くの場合、多重人格患者はいったん治療を離れても、後日、治療作業を続けるために戻ってくる。

患者の多くは完全な統合に至るまで治療を続けることを望むだろう。この過程を完了するための方法はたくさんあり、それは第十一章で論じる。実際の統合作業の多くは、初期の患者安定化の時期と発症因子となった心的外傷を乗り越える苦しい時期とにおいて起こる。たとえ最終的に統合が起こった後でも、ポスト統合期の治療作業が相当量ある。最終統合は、一度や二度起こっただけではそうそう長続きしない。長続きする場合でも、患者は解離性防衛を放棄したことによって生じた空隙を埋めるための新しい対処技術を多数学習し実践しなければならない。さらに、最終的に過去と折り合い、個々別々の交代人格の喪失を認知し、それを受け入れていくときの悲哀の作業をうんとしなければならない。交代人格たちは、ひとりぼっちだった時期に仲間となり相手をしてくれていたからである。

二　治療の諸段階

私はMPDの治療過程を大きく八つの作業段階に分けている。現実には、治療が単純な直線的な形でこの過程を通ってゆくことはない。これらの段階で同時に生起するものも多いが、この分け方は、治療過程を別々の段階の連なりとして叙述させてくれる点で発見論的価値がある。専門家が違えばきっと違う分け方をするだろうが、重要なことは、治療者が個別症例の複雑性の中に深すぎる立ち入りをする前に、まずMPD患者治療の経路と進度とについて一般的な方向感覚をもつことである。そうしておけば、木々をかきわけてやみくもに進む前に森を見ておく役に立つ。

1　診断をつけること

診断は最初で最重要の段階である。診断なくして効果的な治療はありえないからである。すでに第三章でこういう患者の臨床的現象を取り上げ、第四章では診断をつける過程を扱ったから、そちらを見ていただきたい。

2　最初期介入

初期介入というテーマについては、この章の後半で詳しく論じる。初期介入の目的は、患者を多重人格患者として治療する過程を始めること、および、患者を安定化させて外傷の深い中核部分を意識化し除反応する作業ができるようにすることである。患者と治療者との安定した治療同盟が確立しないうちに重要な除反応作業を進めれば、患者の人生に深刻な破綻を起こさずにはすまない。初期介入で最初に行う作業は、交代人格に出会い、若干の病歴を収集し、人格システムとの治療関係を作り出すことである。

3　最初期安定化

患者を安定化し、明らかな混沌状態を管制する技術については、この章の後半で論じる。多重人格患者を多重人格患者として治療すると、臨床家は、患者を統合された単一人格者として扱っていたときには不可能だった各種治療的介入法を使うことができるようになる。最重要な介入とは、個々の交代人格および人格システム全体と契約して、それまで制御不能であった行動を制御できるようにすることである。

4　診断の受容

患者によるMPD診断の受容は、最終統合の直前まで続いていく課題である。大部分の患者には、自分以外の交代人格が存在することを信じず断固否定する人格があるはずだ。通常、主人格が「信じない者」の代表格であるが、他の交代人格の支援や扇動を受けてのことであるのがしばしばである。これが治療抵抗の主要形態である。だが、治療の初期に、しばしば、もがきながらも自分以外の交代人格の存在を何らかの形で受容するようになる時期がある。私はこの過程を治療段階の一つに数えているが、これが個別の段階でなく継続課題である患者も多い。本章の後半でこの過程の諸局面について論じるが、診断の否認は精神療法において生じる問題として、第八章でていねいに論じよう。

5　コミュニケーションと協力の発達

（人格システム）内部のコミュニケーションと協力の促進もまた、最終統合の直前まで続く過程である。だが、基礎工事の多くは治療経過の初期になされるものである。それには四つの基本的側面がある。すなわち、⑴内部コミュニケーションを発生させる、⑵共通の目標に向けての協力を確実化させる、⑶内部の意志決定過程を発生させる、⑷人格変換をしやすくする、である。この過程がいったん進行を始めれば、患者は以前よりはるかに高度な水準で機能できるようになるだろう。内部コミュニケーションと協力とによって、健忘による欠落の多くを補うことができるので、以前には得難かった（人格の）連続感をもてるようになる。共通の目標に向けての協力は、分割を統一の形に置き換えていく作業の端緒である。患者の内部での意志決定過程の発達は、内的凝集力をつくりあげる作業へと繋がる。「身体を使う順番争い」は内的緊張と葛藤の主要な原因であるが、人格変換をしやすくすると、これが多少和らげられる。さらにまた、交代人格が行動の支配権を次に渡す協力関係を促進する。これらの作業についてはこの章で詳細に論じるが、この後の章でも付け加えるものがある。

6　外傷の消化

外傷を消化することは、ＭＰＤ治療の主要作業の一つである。だが、先ほど概略を示した作業がある程度進展するまでは、治療者はこの作業に着手するべきではない。大きな外傷の想起と除反応とはきわめて苦痛なものであり、重大な危機を引き起こしかねない。ある程度の安定化が達成されていなければ、このストレスに対して患者は大解離症状を引き起しかねない。幼少期外傷の探索が時期尚早であれば、今後有効な治療ができなくなるような深刻な事態が生じかねない。しかし、いったん基礎工事をすませれば、治療者は、過去の秘密を発見し意識化する作業に積極的になるべきである。外傷的素材の想起と統合に関する諸問題と技法とについては、第七、八、九章にて詳細を論じることにする。

7　解明と統合

解明（リゾリューション）と統合とは同じではない。多重人格者の中には、そこで治療を終結し、多重人格のままでいることを選ぶ人もいる。これは患者の権利である。それが適当である場合もあるし、治療を続けて、より完全な統一を達成することが患者の利益になる場合もあるだろう。この問題は第十一章でさらに詳しく述べる。

8　解明後の対処技術の向上

解明後に対処技術（コーピング・スキル）の向上を図ることは、見過ごしがちな作業である。とりわけ、初めて多重人格患者を治療する治療者はそうである。この世は春爛漫ではないから、多くの多重人格者は最終統合の後に大変な困難を経験する。患者は、かつてはいくつかの交代人格で分けもっていた責任や、あまりに病状が重いと思われていたために要求されなかった責任を一手に引き受けなければならない。多くの患者は、統合の後にやっと、自分の人生がいかに悲劇的な混乱状態にあったこと、それが今も続いているだろうことを初めて完全に自覚し、また、自分に加えられてきた苦痛の全体を感じるようになる。統合した患者は主たる心的防衛機制、すなわち解離を奪い去られていて、しかも日常のストレスに対する保護機能として、これに代わるものをほとんどもっていない。「一つ」になったという当初の多幸感のすぐあとに、しばしば反応性の抑うつが続くのは驚くに当たらない。治療者は決して「最終」統合の直後に多重人格患者の治療を終結してはいけない。治療の完結のためには、治療者は患者との治療作業を続け、この試行と苦難の時期をくぐり抜けなくてはならない。この問題は第十一章でさらに論じる。

三節　初期介入

患者を多重人格患者として治療するということは、直接的に交代人格を相手とするという意味である。直接に交代人格を治療しなくても、多重人格者を「うまく」治療できると思い込んでいるベテランの治療者もいるが、私の経験からはこれはありえないことである。私の意見では、交代人格に直接出会いこれと相互作用を行うことは、ＭＰＤ治療の不可欠な部分である。交代人格に出会う手続きについてはすでに第四章で述べた。治療者が、交代人格のはっきりした出現を引き出すことはできないけれども、患者の重大な解離症状の証拠（たとえば、遁走エピソード、健忘発作、人格変換かもしれないこと）にもとづいてＭＰＤの疑いという診断をもち続けている症例では、第九章で述べるような催眠あるいは薬物による促進法の使用が適応となるであろう。

初期の治療導入が終わると、系統的に交代人格たちに出会う作業に移る。すなわち、交代人格の役割や機能を確認し、人格システムの精神病理、人格システムの構造、人格システムの強度の水準を評価するのである。第一段階は、出現した交代人格それぞれから簡単な生活歴をきくことである。最初の質問は、しばしば「あなたのお名前は？」である。名前や名付け方の原則は、第五章ですでに述べた。ほとんどの交代人格は名前をもっているが、最初に求められたときに名前を明かすとはかぎらない。名前を言おうとしない交代人格に対して、治療者は、あなたに問いかけるための方法が必要であると告げるべきであり、あなたはどう呼ばれたいかと聞くべきである。その交代人格がそれでも名前を言うのを拒否するならば、治療者は、この人格を主人格などの交代人格から識別する何らかの特徴を利用して、名前をこしらえなければならない。私は「あなたは今私に名前を言いたくないようなので『手で口を隠して話す人』とあなたを呼ぶことにしましょう」という具合に言うようにしている。

名前はいろいろと役に立つ。名前は、治療者がさまざまな交代人格を混同せずにいるのに役立つ。これは複雑な多重人格者では難しい作業である。名前のおかげで、治療者は、特定の交代人格を呼び出して質問や契約をすることができる。交代人格が身元を明かしたくない理由の一つは、治療者に求められたらちょっとは会わなくてはならなくなるからである。治療者が、主人格のような健忘のある交代人格に因果関係を説明するときにも名前が役に立つ。たとえば、気がつくと昔のアパートの駐車場にいたのは「ジュディー」という名のあなたの一部が自分はまだそこに住んでいると思ったからである、と患者に説明することができる。私は、患者別に交代人格の名の一覧表を作り、簡単な生活史と人格システム内での役割とを書き込んでいる。

交代人格の性別が明々白々である場合を除き、私は性別を聞く。それぞれの交代人格に、自分は今何歳と考えているかと問い、最初に出現したときの患者の年齢すなわち身体年齢を尋ねる。これは重要な情報である。交代人格の年齢は、その人格の行動や抽象思考能力のレベル、人格システム内での役割を理解するために重要である。交代人格が最初に出現したときの患者の年齢すなわち身体年齢は、後で治療者が過去の外傷を探索する時に大切となる。交代人格は通常、患者の極限的ストレスの時に創り出される。たとえば、六歳のときにある特定の人格が最初に現れたという事実は、患者の人生のその時期に特有の外傷があることを示している。

私は、その交代人格が自分の機能や役割をどう考えているかを聞く。この方向に沿っていくつか質問をしてみるとよいだろう。その交代人格は何をしているのか。その交代人格はどういう状況で活性化しやすいか、支配権を握るようになりやすいか。名乗りをあげないままで患者の行動にずっと影響を与えてゆくつもりなのか。主人格はこの交代人格の存在を知っているのか。この交代人格は患者の生活のなかである特別な機能や役割を果たしているのか―。治療者はその答えを書き留めておくべきである。答えをまるごと真に受けるべきではないが、通常一つ一つの答えの中に真実の種子は入っている。（一般に）治療の初期には、治療者は間違ったり、だまされたりしやすいものである。

それぞれの交代人格に次に尋ねるべき重要な質問は、人格システム内の他の交代人格に気づいているかということである。治療者は折あるごとに、他の人格の正しい名前や具体的な特徴を教えてもらうべきである。だが、ここでも、すべてを真に受けるべきではない。私はこの過程を「芋ヅル方式 chaining」と呼んでいる。この方式によれば、出てきた交代人格たちから、人格システムを構成する交代人格たちの名前や特徴を聞き出して、一覧表を完成することができる。まだ現れていない新たな交代人格のことを聞くたびに、治療者はその交代人格に会いたいと頼みなさい。この技法は治療者を人格システムの中を巡回させてくれ、いくつかの未知の部分を埋めさせてくれる。第一回の接近で交代人格全員に会えると思ってはならない。最終融合に至るまで、新たな交代人格が出現をやめない可能性がある。治療者は、人格システムの新しい層に移ったら、そのつど、このルーチン作業をきちんとやることが大切である。実際、まだ姿を現していない交代人格がいると聞くたびに、通常、この人格に会い、同じ質問項目全部を尋ねることが必要である。治療者に一貫性があれば、これは当然なすべきルーチン作業になるはずである。

交代人格の一覧表を更新していつも最新のものにしていれば、治療者は人格システム全体の大きさ、構成、構造について、非常に多くの価値ある情報を手にするだろう。一覧表は、交代人格が最小限いくつありそうか、その見当を示してくれる。もっとも、人格システムは、最初に想定していたよりも数倍大規模であることが多い。また、一覧表をみれば、人格システム内の交代人格の年齢幅もわかる。これは重要である。というのは、子どもや青春期の人格が大部分を占める人格システムと、成人の人格が多いシステムとでは異なった力動を示すと思われるからである。さらに、一覧表をみれば、交代人格が自認している役割や機能もわかる。治療者が手に入れている交代人格の特徴を、第五章で記した交代人格の類型と照合すれば、まだ現れていない交代人格が何々かを的確に推測することができる。治療者はまた、特定の病的行動や危険な行動を引き起こしやすいのはどの人格かをも見当をつけることができるだろう。この情報は治療の次の段階で重要になってくる。最後に、この一覧表は、交代人格同士が互いをどれほど認識しているかの見当をつける役に立つだろう。この情報は、治療者がシステム内の内部コミュニケーションを促しはじめる際に役に立つものである。

治療者は、人格システムのなかを手さぐりしてゆくにつれて、精神病理の深さ、および、内部協力と内部コミュニケーションの程度についての感触がつかめていくだろう。初めて多重人格患者を診る治療者は、患者の人格システムを何と比較してよいかがわからないだろう。だが、五人目の多重人格患者を診ている治療者ならば、治療の期間や困難性を的確に推測できるだろう。「芋ヅル方式」は多重人格システムの精神病理だけでなく、システムの強度を知るのに役に立つ。多重人格システムは対処メカニズムとして生じ、それなりに対処機能を果たし続けていることを、治療者は忘れてはならない。

四節　初期安定化

一　治療契約の目的

病的な行動に限界を設定し、より適切な行動を促進するために、治療者と多重人格患者とが契約することは、MPD治療の永年の経験が確立した介入法である [54, 185, 360]。だが、多重人格者との契約行為は一つの芸術であり、練達の治療者でもやりそこなうことがある。それでも、契約は、他の方法では制御できない行動に有効な限界設定を行うために治療者の取りうるもっとも強力で有効な臨床的手段の一つである。多重人格者と契約を結ぶときに留意すべきいくつかの一般原則を挙げておこう。

テームズ（一九八四）が指摘するように、多重人格治療における契約行為には二つの目的がある。第一の目的は、患者にとって安全で納得のいく限界を設定することである。この限界設定は広い領域にわたり、たとえば、患者と治療者の安全、治療場面の設定条件、治療場面の外での行動などがある [304, 341]。第二の目的は、患者が行動に関する因果関係のセンスを養うことである。多重人格者は、因果関係ということがよくわかっていない。一般に、多重人格患者の育った環境は非常に虐待的であり、そこでの親の行動は一貫性がなく、予想しえない突飛なものである [56]。子どもは、同じ行動でもある場合には叱られ、別の場合には誉められてきただろう。だから、ある交代人格は自分の行動の結果を見たことがなく、反対に覚えのない行動のために罰せられてきた交代人格もあるだろう。契約行為が、限界、責任、報酬、罰則をはっきりさせるならば、患者が社会に対処していく方法を身につけるために必要な因果関係のセンスを磨く助けになる。契約行為をするというプロセス自体もまた、直接的・間接的に内部コミュニケーションと内部協力の成長を促すことを付言したい。

ＭＰＤの治療者たちは、多重人格者との契約が非常に個別的で、かつ極めて具体的でなくてはならないきびしい方法であることを学んできた。たとえば、クラフトとブラウンが米国精神医学会のＭＰＤについての教育講演で提唱した、危険な行動を制御するための一般的な契約は「私はいつどこでも、内部でも外部でも、偶発的にでも故意にでも、自分自身も他者も傷つけたり殺したりしない」[51, p. 36] である。テームズ（一九八四）は、治療契約が具体的個別的であるべきことを指摘し、少なくとも五つの領域で具体的でなければならないと述べた。(1)交代人格が要求してよいことに関する具体的個別性、(2)治療者が要求してよいことに関する具体的個別性、(3)契約に違反した時にどうするかに関する具体的個別性、(4)契約期間の長さに関する具体的個別性、(5)契約に違反した交代人格がその結果をも引き受けるということを交代人格たちが合意すること—以上である。

多重人格者との契約の文言を正確かつ遺漏のないものにすることの重要性はいくら強調してもしすぎることはない。どの症例にも、治療者が見落とした抜け道を見つけて利用しようとする交代人格がいるものである。こういう交代人格たちにとって、治療者側の手落ちを悪用して契約の裏をかくことは、テストであり、ゲームであり、チャレンジである。たとえば、ある症例の治療者は、困難な多重人格患者の治療にかなりの経験をもっている人だったが、拒食のある多重人格者と「毎日ある量の食事をとる」という契約をした。その患者は毎日ある量の食事をして契約の文言だけは守ったが、栄養のない食物だけを食べることで契約の目的を台無しにし、生命が危険になる状態まで体重を減らし続けた。多重人格患者を診察してきた治療者なら誰でも、似たような例をいくつか経験しているだろう。

契約の文言はできる限り簡単明瞭かつ具体的にすることが大切である。契約は文書化するべきである。少なくとも治療初期の、治療同盟が壊れやすく、多重人格者が治療者を試し続けている段階ではそうするべきである。契約を文書化していないと、治療者は多重人格者と文言をめぐって水掛け論をすることになり、どんな権威を引き合いに出しても契約違反を認めさせることができなくなる。また、治療者はあまり多項目の契約をしないよう用心すべきある。契約内容が互いに矛盾していたり、打ち消しあっていたりするようになる。そして、矛盾を見つけて利用してやろうと待ち構えている交代人格がいるものでる。多重人格者は矛盾したところがあって、人格が断片化して記憶が脱落して飛び飛びになっているのに、長大な文章を一語一句そのままに覚えていて、治療者が忘れてしまった具体的細部を正確に思い出せる人がけっこういる。多項目の契約を避ける二つ目の理由は、数が多いと一つ一つの契約の価値が下がるからである。

契約はいろいろな領域について結んでおくのがよい。テームズ（一九八四）の提案しているリストが役に立つだろう。このリストの内容は、(1)患者の身体の保全、(2)治療者の保全、(3)治療者のプライヴァシーの保護、(4)治療者の所有物の保全、(5)他の人格の所有物の保全、である。最後の点はしばしば見落とされるが、重要である多くの理由がある。治療の初期に、主人格のような健忘の多い人格は、他の交代人格のノート、手紙、詩、芸術作品などの個人的所有物を見つけて破棄してしまうことがよくある。それは交代人格の存在を否認する機制の一部である。このことは持ち物を破壊された交代人格からの報復を必ず招き、内部抗争が延々と続くもとになる。このような事態が起こるのを防ぐよう契約することで、治療者は、人格システムの枠中で自分以外の交代人格の権利を尊重するという概念を導入するわけである。他の交代人格の権利への配慮を宣言することは、治療者に人格システムの信頼を得やすくするだろう。

契約は人格システム全体を対象とすることもあれば、特定の交代人格に限定されることもある。これは個々の状況次第である。たとえば、自己破壊的行動についての契約は、人格システム全体に対してやってもよいが、職場で子ども人格が場違いに出現しないようにという契約は、そのようなもめごとを起こす交代人格に対してのみ必要である。私は、人格システム全体と包括的な契約を結ぶときには、できる限り多くの交代人格に契約の手続きに参加してもらって、契約について話し合う時間をつくる。私は、交代人格全員に「出て来る」ようにと招き、交代人格と一対一であう時間をつくって、契約の形式と内容について交渉し、意見を求め、修整・変更・追加するべきことはないかと尋ねる。交代人格たちと私の双方が満足のゆく草案にたどり着いたとき、契約を拒んでいる交代人格に対して、もう一度出て来て意見を言うようにと招き、出てこなければこの契約の精神と文言はあなたがたにも適応されるものとしますよと告げる。私も人格システムも、出て来て交渉の席につかない交代人格は契約を守るものとみなすということを、はっきり述べておくのである。

二　契約違反に対する罰則の決定

契約について話し合う際、もっとも難しい問題の一つは、契約違反に対して適切な罰則を決めることである。テームズ（一九八四）が強調するように、罰は嫌なものでなくてはならないが、虐待的なものであってはならない。両者は時には紙一重の差にすぎないこともある。だが、多くの場合、治療者は人格システムから助けを得ることができる。私は、通常、契約違反に対する適切な罰はどうあるべきかについて、いろいろな交代人格たちの考えを聞くようにしている。私が思いつかないような合理的な示唆を得ることがまれではない。違反をした人格にある期間、何かを行なったり、所有したりするのを禁じる（たとえば、文章や絵を書くことを許さない）という罰の場合、その期間は「その人格が身体を所有している」あいだの時間であると明示することが重要である[341]。そうしなければ、「出て」いないときは時間感覚がない交代人格にとって、この罰は無意味であろう。

もっとも難しい作業は、深刻な自己破壊的な行為に対して適切な罰則を定めることである。罰則として入院や治療終結がやむをえないこともある。単数あるいは複数の交代人格が治療者や治療者の財産に対して非常に危険な場合、罰則が治療終結であってもかまわなかろう。どんな治療者も自分が恐れている患者を有効に治療することはできないし、治療しようとするべきでない。だが、治療面接の一時的中断は契約違反の罰に使うべきではない。多重人格患者は定期的に診察する必要があり、面接の中断は進行中の治療作業を妨害することになる。

契約が自虐的行動（アルコールや薬物の乱用など）のコントロールが目的である場合、罰は、飲み歩いて騒ぎを引き起こした交代人格は二日酔いに耐えなければならない（二日酔いの治療をしない）というものでもいい。多重人格患者が述べるところによれば、交代人格はこの種の行動の罰を、ただ別の交代人格に入れ替わるだけで回避することができ、頭痛とともに目覚めるのは別の交代人格という羽目になる[47]。同じことは乱交にもあてはまる。見知らぬ人を引っかけた人格とは別の人格が翌朝その人物の横で目覚める次第となる。

テームズ（一九八四）は、契約違反の罰則に注意が向けられすぎていて、契約を守った交代人格への報奨にはあまり注意が払われていないといいたいようである。報酬はとくに子ども人格に対して有効である。治療者や内部の子どもたちを世話するおとなの交代人格にも報酬をさずけなさい。後者が有益なのは、それが自分の面倒を親身にみる仕方を上手にするからである。これが上手になると、多重人格患者の多くがこうむってきた愛情や養育の欠落をある程度補正してくれる役に立つ。

三　契約の期間と終了

契約期間は、個々の契約の事情によって決まる。治療期間中有効で治療終結とともに効力を失う契約もあれば、一回の面接中だけに有効な契約もある。多くの例では、一定の有効期限のある契約にしか同意しない交代人格（たち）があるだろう。それはそれでよいが、治療者は期限が切れる前に契約を更新することを決して忘れてはならない。たとえば、期限付きの契約が自己破壊的行動にかんするものである場合、治療者はその契約が失効する前に再交渉することを忘れてはならず、さもなくば、ありがたくないハプニングが、すぐにでも救急処置室で待ち受けているだろう。契約を更新しそこなうことは自分のことを思っていてくれないこと、アクティング・アウトしなさいといっていることだと受け取られる。私は、面接予約のカレンダーと手帳の契約が切れる日には太い線でしるしを付けている。私は、少なくとも期限切れの一回前の面接で再契約の交渉をしようとする。忙しい治療者にとってこういう要請は苦痛であるが、職業柄やむをえない。一般に、多重人格患者を扱う際には、几帳面で少し強迫的なスタンスをとるのが最善である。それが当方の心の平和を保つためだけのことだとしても――。

契約の終了の仕方はいろいろある。もっとも一般的な状況は契約期限を切れるに任せることである。そうしてもよい場合には、治療者と患者の双方が契約終了の宣言をはっきり行っておくべきであり、報奨や罰則もその時に済ませておく必要がある。どの契約を終わったか終わらないかはっきりしないままにしておいてはならない。このような姿勢は、その他の契約の治療的効果を損うからである。多くの場合、契約は、その目的を果たした後は、やめてよいものである。しかし、この場合もまた、契約が不要になったら、関係者全員がはっきりとした宣言をしなくてはならない。後にその契約が復活する可能性がある場合には、そのことを議論しておくべきである。契約にいくつかの穴があったとか、その契約が抑止するはずであった行動を続けさせてしまう条項があったということに治療者が気づくのはよくあることだが、このような場合、古い契約につぎを当てるよりも新しい契約を作成するほうが賢明である。私は、出し抜かれたときには、そのことを認め、自分はバカだったと公言し、これを教訓として生かそうとする。契約の文言が隙のないものになるまでには何回かの仮契約をしてみることもよいであろう。

私の経験では、確かに多重人格者たちは集団としては一般に契約の文言をよく守ってくれる。厄介が生じるときとは、文言が不明瞭であったり、契約が禁じている行動の責任のある当の交代人格が、どういうわけかその契約の「署名者」から漏れた場合である。すべての多重人格者が約束をよく守るわけではないが、一般に多重人格者は集団としては、非多重人格者以上とは言わないが、少なくとも同じくらい約束をよく守るようである。治療者が前述のような原則に慎重に従っている限り、たいていの多重人格患者は契約を守ることができるし、また実際に守るだろう。

四　契約に関してよく問題になること

多重人格者と契約を結ぶさいに陥りやすい落し穴としてよく目くばりしておくべきものには次のようなものがある。(1)ふとした不注意からの病的行動の強化、(2)「情状酌量」のために契約の不実行に目をつぶること、(3)子ども人格が契約を理解しているかどうかを確かめずにすますこと、(4)特定の人格に身体を使う時間を与えないなどの不適切な罰を用いること、である。第一の落し穴は、罰を加えると実は満足を得る交代人格があるときに起きやすい。たとえば、治療者が罰を行うのに伴って注意を向けてくれることがうれしいために、繰り返し故意に契約を違反する交代人格がいることがある。交代人格が治療時間を独占する戦術としてこの手を使ってきた場合もある。当然のことながら、新たな事件が勃発すればそのことについて交渉を行うのが必要である。

「情状酌量」は、契約履行をつまづかせるものの一つである。一般に、契約は明文化して施行しなければならない。そうしなければ、契約というものの原理が手抜きになり、多重人格者を誘って治療者を何度も窮地に追い込む状況を創り出すようにしているようなことになる。私は窮地に追いつめられたら、たいてい契約を額面どおり実行し、それから、この状況からお互いが学んだことに基づいて、契約の交渉をやり直そうではないか、と人格システムにもちかける。多重人格者は、治療者を繰り返し「道徳的矛盾」や「二重拘束」の状態に置こうとする[54]。これは、治療者が信頼に値するかどうかをテストする一法である。当然、満足のゆく解決策はない。そのような場合、治療者は麻酔なしの手術に歯を食いしばって耐えるような気持ちで、契約を具体的に一字一句そのとおりに実行するべきである。

もし、そうすれば明らかに事態を台無しにし、結果として実害を生じるのであれば、治療者ははらわたが煮えくり返っていても、失敗を認めるべきである。

子ども人格はごく普通の抽象概念でもまったく理解していないことが多い [275]。子ども人格の行動についての条項を含む契約を作製するとき（危険な行動に関する契約には子ども人格をも含めるべきである）治療者は必ず、子ども人格に対して契約がどういう意味だと思うかを子ども自身の言葉で説明させるべきである。子ども人格は、契約が何を禁じ、何を勧め、いつが期限で、何を罰則とするかを理解しているだろうか？　契約の条項について子ども人格たちに説明するよう、おとなの人格に頼むやり方もある。おとなの交代人格が治療者よりも上手に説明することも多いし、契約に入っている人格が誰々かを知っているだろう。この技法はまたおとなの交代人格の子ども人格に対する保護者的態度を励まし強める効果がある。

治療者はどの人格が身体を使ってよいか、またどのくらいの時間使ってよいかを指図しないように注意するべきである。圧倒的大多数の場合、これは治療者の仕事ではない。私は、患者の多くが、診察室での様子と外での様子がまったく違うことに気がついて地団駄を踏んだことがある。レーウェンスタインら（一九八七）による準備実験的研究はこの観察を支持している。ある人格が現れるとトラブルや困惑を引き起こすかもしれない場面には、その人格が現れて迷惑にならないようにすることを、治療者が人格システムと契約することはよいが、しかし、どんな人格であっても身体を使う時間をもつことまでを禁止するべきではない。人格システムが、一部の交代人格たちの身体使用時間に制限を設けることはあってもよいが、治療者はよほどの理由がないかぎり、ある交代人格の身体使用禁止に関わるべきではない。そんなことをすれば、公平中立の立場を取っていられなくなり、内部分裂と内部抗争に巻き込まれてしまう。

五　最初の契約

最初の契約は、(1)治療のタイプと期間、(2)危険な行為、(3)治療的境界の三つに焦点を合わせるべきである。契約は、治療者ができるかぎり多くの交代人格たちと条項の具体的細部と条文を協議してから、人格システム全体と結ぶべきである。治療の最初の段階では、治療者はおそらく少数の交代人格しか知らないであろうから、自殺や暴行のような一般的な禁止事項についての契約はすべて、人格システム全体と締結することが必要である。私が人格システムと結ぶ最初の契約は、米国精神医学会のＭＰＤについての研修課程のためにつくったものである。この契約のある版には、「私は、内部でも外部でも、故意にも偶然にも、現在も将来も、自分も他人も傷つけたり殺したりしません」とある。治療者は「傷つける」ということばの定義に達するまで、患者の人格システムとの間で時間をかなり費やそうという気になっても大いによろしい。治療のこの段階で私が何よりも先ず顧慮するのは、身体を傷つけることであるが、これは定義しやすいほうである。

詳細は第八章にゆずるが、私は、「トーキング・スルー talking through」と呼ばれる技法を用いて、すべての交代人格に耳を傾けるように頼み、自分の身体と他者への暴力を防ぐために契約することの必要を説く。それから、私は、交代人格のすべてに、一人残らず出ておいでと呼びかけ、条項や罰則について話し合おうという。通常は、代表者として振る舞ういくつかの交代人格が現れて私と協議する。私は、特に罰則に関して、熱心に提案をしてほしいと促す。草案が合意に達したら、その文章を定め、契約の開始と終了の日時を書き記し、普通はカルテに綴じ込む。たとえ契約条項への不服をもっている交代人格がいても、その不服を記録にとどめるために現れるなら別だが、そうでないならば、すべての交代人格がこの契約に拘束される、と私は人格システムに向かって声に出して言明する。びっくりされるだろうが、この手続きは一般に効果を発揮する。この形の契約によって、私は、自殺企図のために常時監視下にあった入院中のMPD患者を何人も退院させることができた。その一例は、激しい自殺企図のために、革のベルトで四肢を拘束され、付きっ切りで常時密着観察下にあった患者であった。

治療の初期段階で契約が役に立つ第二の領域は、治療に関する限界設定である。治療者は、面接の長さと、面接時間外で治療者に電話をかけてよい回数と、不適切あるいは侵襲的な行為とに関して限界設定をしなければならない。たった一人の多重人格患者が治療者の時間のすべてを独占することもありうる。多重人格者は堅固な境界にぶつかるまで激しく押してくる。それが多重人格者の世界との相互作用の方法である。多重人格者はさまざまな理由から、特別患者になる傾向があり（第七章の逆転移の問題に関する部分を参照のこと）、その地位を治療者から定期外の面接時間を奪い取るために利用する。こういうことが起こるのを許してしまう治療者は、患者に多くを与えれば与えるほど、治療がますます進展しなくなることにいつか気づくだろう。

五節　診断を受容させる

多重人格者は最終的な人格融合の後になるまでMPDの診断を完全には受け入れようとしないことが多い。多くの場合、主人格はこれまで何年間も他の交代人格の存在を積極的に否認してきており、多重人格の診断をたやすく受け入れようとはしない。主人格はしばしば他の交代人格の存在の証拠を隠滅する。この否認にはいろいろな理由があるが、主人格と他の交代人格の多くとの間の反目の原因はこれである。

第四章で述べたように、交代人格が発見された後に続いて解離症状が急に悪化することがある。遁走エピソードや自殺企図（しばしば内部殺人である）は、初めてMPDと診断されたことへのごく普通の反応である。一方、いくつかの交代人格は、治療者や家族と直接かかわりあうことができて楽になるだろう。交代人格がより頻回にはっきりと出現するようになると、主人格のパニックの回数が増え、コントロール喪失感が増大することだろう。患者は診断の受容と拒絶という両極端を往復しているように見えるだろう。患者が治療から逃げ出すこともある（通常それは長期間の遁走エピソードである）が、そうでなければある形の診断受容に至るようである。ふつう主人格はその話題を避けようとするか、抽象的には他の人格の存在を認めてもそれらが存在しないかのように振るまい続けるだろう。診断を受け入れないのは主人格だけではなくて、人格システムの中の主人格以外の交代人格にも診断を受け入れないのがいるだろう。

私は、患者が多重人格であることを、主人格や、多重人格システムの中でそれを信じない交代人格に納得させる必要があると考えていない。ある時点で患者に診断を証明しようとする治療者は多いが、私の経験では、これはうまくゆかないし、抵抗が生じて治療の焦点があらぬ方向に行ってしまうことが多い。私は、そのかわり、いろいろなやり方でこのテーマをこまぎれにして消化させてゆく。まず私は常に、主人格が覚えていない治療面接の際に起こった出来事について、必ず主人格の記憶を埋めることにしている。そのときに、私が面接で会っていた交代人格の名前を挙げたり、さらに知りたければある交代人格に尋ねなさい、と主人格にほのめかしたりする。私はこれを淡々と行うように努める。また、私は明白な事実も指摘する。主人格が椅子に座っているときに別の交代人格に入れ替わられ、そして、次に気がついたときには床の上に坐っていたとしよう（床の上というのは子ども人格が出現したときによく起こることである）。私は、この変化に患者の注意を促す。ただ、あまりに強くこの問題を強要すると、主人格やその他の交代人格にパニックや解離反応を引き起こしかねない。このような実例が時とともに積み重なって、否認をなしくずしにしてゆくのである。

多重人格者はＭＰＤに関するすべての知識を得ようとし、それを用いて自分が多重人格者でないことを治療者に証明しようとする。患者が多重人格であるかどうかと「論理的な」議論を長々とするのは避けるべきである。たいていは患者の勝ち（！）だからである。患者がこの障害についての知識を得ようとすることは、回復したいという願望の一種と解釈すべきである。私は、そのような議論をしても長い目で見れば反治療的であると思わないが、患者が治療者よりも臨床文献に通暁していると知ったら治療者が不愉快になるかもしれないとは思う。患者がどんな専門的知識をもっていると主張しても、きみのほうがよく知っているねと認めながら、ただ着実な精神療法を実践するのがよい。患者が自分をうまく治療できるなら、今治療などに来ていないはずだということを頭の隅に置いておくべきである。

治療のある時点で、逆の状況もまた起こりがちである。つまり、自分が多重人格であることを患者が「受け入れ」、そのことを公衆に告げたいと思うことが多いのである。治療者はこの罠にもはまってはいけない。患者が診断を公表しようと決心するかどうか、いつ公表しようとするかに、治療者は細心の注意を払って監督するべきである。患者が診断を、家族、友人、職場の同僚に打ち明けることはいいが、患者が地域の新聞に電話をかけて自分の生活歴を話す状況となると、話が違う。こちらのほうの状況はたいてい結果は大騒ぎになるのだが、私の見るところ、この「啓蒙的な」計画に治療者が積極的に加担していることがあまりに多い。診断を待ってましたとばかりに受け入れ、その公的な承認を性急・唐突に求めるのは、治療に対する抵抗であり、抵抗として治療すべきである。

多重人格であることの否認には別の形もあって、それは患者が「健康へ逃避」し、多重人格者であったことは認めるが、今はそうではないとする場合である。多くの患者はこの時点で治療を離れようとするだろう。多重人格であることの明白な証拠がすべてなくなってしまうこともある。私の経験ではその状態は長続きしないが、「もう治りました」と言って治療から脱落した患者は何人かいた。何度も言うように、多重人格であることを否認する力動は外傷性記憶に直面することからの逃避であると思われる。多くの場合、二、三回面接するうちに、一、二の交代人格が再び出現するだろう。だが、外見上、交代人格の消失が数カ月続くこともある。自然発生的な人格統合はないとはいえないが、世間でいわれているよりもずっと少ないだろう。「健康への逃避」の別の側面については第八章で述べる。

六節　コミュニケーションと協力

一　原　則

交代人格間のコミュニケーションは、あらゆる多重人格者でほとんどいつも起こっていると思われる。治療上関心をもつべきことは、このコミュニケーションが（あるかないかではなく）、その方向性と量と質である。たいていの主人格には幻聴があるが、それは当人を批判し嘲弄する感想であるのが普通である。これは、敵意をもった交代人格から主人格への一方交通的コミュニケーションの一形である。別の交代人格は「出ていない」ときでもお互いに見たり話したりすることができると言うだろう。主人格のほうはこのコミュニケーションを頭の中の会話として体験するだろう。主人格は、交代人格が残したノート、手紙、詩、絵などを発見することがある。これもまた一つのコミュニケーション・チャネルである。成人の多重人格患者の後方視的な報告と子ども人格の治療作業とからみると、主人格と他の交代人格との間の二方向性のコミュニケーションは、子どものころに活発であり、青年期になって減衰するようである。成人になるころには、主人格はどの交代人格とも言葉で話し合わなくなって、声に脅かされ、悩まされるようになることが多い。治療者の任務は、コミュニケーション・チャンネルを再び打開し、人格システムの中の対話を再建することである。

人格システムを芋ヅル式にたどって、どの交代人格が現れたか、その交代人格が覚知している自分以外の交代人格とは誰々かを記録していけば、治療者には患者の人格システムの中に存在するコミュニケーション・チャンネルの通路網についておよその見当がつくことであろう。治療者は、交代人格の誰が誰を覚知しているか、誰が誰とコミュニケーションできるかの見当をもっておくべきである。たいていの場合、これは人格システムの全体像ではないであろうが、これが出発点である。私は、ことあるごとにコミュニケーションという観念を強調しようとする。典型的な場合、実際の人格システム内のコミュニケーションは、私が最初に思い込んでいたよりも、ずっと豊かに進行していたことを、後から聞かされることになる。

内部コミュニケーションは、多重人格患者に変化をもたらす主要な治療的過程の一つである。このコミュニケーションによって、患者を複数の人格に分離している解離性健忘障壁は突き崩されていき、以前は交代人格同士が競い合っていたのに、それが内的協力に置き換わるようになる。また内部コミュニケーションは多重人格者内部の「育て直し過程（リペアレンティング・プロセス）」を可能にし、これが治癒をすすめる一助となる。

二　内部コミュニケーションを促進する技法

1　治療者が媒介者となる

第一の技法は単純で、治療者が「媒介者」として振る舞うというだけのことである。これは、治療者が、ある交代人格の話すことを聞いて、その話を人格システム中で聞く必要のある他の交代人格に伝えるということである。治療初期にはこれが主人格と他の交代人格の間の会話を始めさせる唯一の方法であることが多い。しかし、このやり方には多くの問題がある。敵対的・報復的な感想のやりとりを中継しながら、治療者が中立的な立場を維持することは困難であることが多い。そのいつわらざる結果として、治療者は内的な分裂に陥り、そして一方に反対し他方を支持するようにさせられていると感じてしまうだろう。もちろん、これは治療者すべてが用心しなければならないＭＰＤの力動の一つである。多重人格者は、一部の交代人格たちを支持し他の交代人格に敵対させられてしまうと感じる窮地へと治療者を追いやろうとするはずである。だが、えてしてものごとは憶測とは違うものであり、ある交代人格の側について別の交代人格に敵対すると、後に治療者の面目は丸潰れになるだろう。

しかし、最初は媒介者として振る舞うことしか、人格システム内部の会話を始めさせる唯一の方法がないかもしれない。治療者は中立を守り、できるかぎり正確に情報を伝達するよう努めるべきである。治療者には自分が相手の内部会話に加わっていることを念頭に置いていることが役に立つ。中東で往復外交をしている時のヘンリー・キッシンジャー（のような第三者）ではないのである。治療者は両方の側が治療者の支持を取りつける努力をしていることに気をつけなければならない。人格たちに対して、その気になれば直接お互いに話す能力をもっていることをいつもいつも指摘するべきである。この発想にもっとも強い抵抗を示すのはふつう主人格で、他の人格と話すことなどできないと主張する。これは主人格の否認の過程の一つであるが、時間とともに弱まる。私は主人格に「心の中でいろいろなことを言ってごらん」とか、他人に話したいことを考えてみて、心の中の答えに耳を傾けてごらんと勧める。いつかは、たいていの主人格はこのやり方を始める。これは内部コミュニケーションの幕を開く大切な移行点である。治療者は、内部コミュニケーション過程において決まった一つの役割を演じるべきでない。そんなことになれば、患者は治療者が不在の場合に、内部対話を続けることができなくなるだろう。

2　伝言板

内部コミュニケーション促進のための次の段階の技法として、私が人格システムに提案するのは、「伝言板 bulletin board」という方法である。やり方は簡単で、交代人格同士あるいは人格システム全体に対してメッセージを「投函」できる場を設けることである。具体的な媒体は患者に任せる。私がよく患者に奨めるのは、携帯に適した小さなノートを買うことである。そして、交代人格たちにそれぞれのメッセージをノートに書くよう指示する。メッセージには宛名（たとえば、「ジムとジョージへ」「みんなへ」など）および日付と署名がなくてはならない。メッセージの日付と順序から、患者は時系列に沿って会話をたどることができるようになり、それは一種の連続性を与えてくれる。

主人格がこのやり方に抵抗することがある。交代人格の存在をまざまざと証明する謎のメッセージを見つけることはうれしくないからである。主人格はまたこれらのメッセージの内容によって混乱を起こし、メッセージの言っていることを信じないとか思っていないと抗議したりする。私は、主人格を促して、この実験を続けなさい、しかし、メッセージの内容についての責任をとらないようにしてくださいと話す。自分のしたいことや予定についてのメモを「投函」し、また、たとえ何も書いていないことが確かだと思っても、一日に数回ノートをチェックするようにと主人格を励まさなくてはならない。主人格の抵抗は大きな障害物である。この過程を何度もやり直しているうちに、この過程が定着し、内部コミュニケーションを促進する有効な道具になるだろう。

コミュニケーションの媒体として、私はノートが好きだ。安価で、いつも持ち歩け、取り出しやすく、一つの場にすべてのメッセージが保存でき、メッセージを順番に記録できるからである。別の媒体を好む多重人格者もいる。たとえば、私の知っているある多重人格者は、留守番電話を使って交代人格間のメッセージ交換を中継している。その女性患者がこの方法を好むのは、音声媒体による伝言なら読み書きのできない子ども人格も利用しやすいからである。同じ目的のためにテープレコーダーを使う多重人格者たちもいる。子ども人格がメッセージを書きこんで「投函」する手助けをするおとなの人格を決めておくようにすると、読み書きのできない交代人格が文字による伝言板を利用しやすくできる。ここでもまた、この作業が多重人格システムの中での育て直し（リペアレンティング）の過程を醸成する。たまには、交代人格の一つがノートの一部あるいは全部を破棄することが起こる。

3　内部会話

内部会話 internal conversation は、内部コミュニケーションの好ましい形であるが、治療過程が進まないとシステム全体にはなかなか行き渡らない。二つ以上の交代人格が円滑に内的対話をやってゆくこともある。内的対話はそれまでにあった一方交通的な独り言と対照的なものである。このようなコミュニケーションをする能力は、おそらくすべての多重人格システムに存在するのだが、それを勧めるところに難しさがある。私は、交代人格に最初からこのやり方でコミュニケートするようにして、媒介者や伝言板の技法は対話を促進させるための一時的移行段階として利用するだけにしなさいと勧めている。多くの場合、患者は交代人格の考えを非常に恐ろしいと思うもので、だから、最初は距離をおいて、治療者なり伝言板なりのフィルターにかけてはじめてコミュニケーションに成功するのである。交代人格同士が「一対一で向きあって話す」ような内部対話は、そうでないチャンネルを介して交代人格同士の間にある程度の親密感と信頼感が得られてはじめて耐えられるものになる。

内部会話を促進していくうちに、脅したり悩ましたりする幻声の体験は、有益で褒める内容の活動へと変化する。初めのうちは、主人格は嘲笑的な感想が聞こえるのは自分が「狂っている」証拠であると考えて、否認し、意識から締め出すべき体験だとしていた。だが、今や内部会話は、主人格が否認してきた、自己の中のその他の部屋々々への扉を開くものとなる。ついには、患者は、多くの交代人格間での集団討論を体験できるようになるだろう。どんな種類のグループのメンバーと同じく、交代人格たちも、たとえば適切な時に発言権を（他の人格に）譲るなど、慣習のルールを学ばずにはすまされない。内部会話を行う能力があれば、患者は、統一された人格のもつほぼ連続的な生き方を模倣することができ、交代人格の入れ替わりによる連続性の空隙を埋めることができるようになる。ここでもまた、主人格の抵抗は、この能力を発達させるために乗り越えるべき第一の障害物である。

三　会話の話題——共通のゴールに向けての作業

最終的には、また理想としては、内部コミュニケーションにふさわしい話題として、媒体が何かを問わず、また何ごとであろうと取り上げることができるはずであるが、初めのうちは、困っていることから始めることがいちばんよい。総体としての人間は、多くの充たすべき必要や果たすべき義務をかかえている。この必要を充たすために、主人格は、援助者人格や管理者人格の助けを借りて、必死の努力を行っていることが多い。良好な内部コミュニケーションがなければ、単純な作業に見えても（たとえば、車のガソリン補給、洗濯物の取り込みなどでさえ）途方もなく困難なものになる。私が主人格に、最初に伝言板に「書き込み」をさせるのは、この種の仕事であって、果たさなくてはならない個々の課題や義務についていちいち具体的に漏れなく書くようにという。その他に、自分たちの要求、要望、意見を書き込むために伝言板を利用する交代人格がいてもよい。もし記載が不明瞭であれば、主人格や他の交代人格が、情報をもっと加えるか、はっきり書いてほしいと書き込むようにすればよい。人格システムがこのやり方をフルに活用するには少し時間がかかることが多い。しかし、難局から抜け出しはじめ、かつては極めて困難であったことがやれるようになると、主人格と人格システムは、内部コミュニケーションに熟達するようになるだろう。内部コミュニケーションが効果的になるにしたがって、交代人格間の共同作業によって直接的・即効的な利益があることを、人格システムは理解するようになる。

初期の内部コミュニケーションにおける話題として適当なものの第二は、主人格が人格変換による健忘空隙（ギャップ）のために失った記憶を補足し再生することである。主人格が他の交代人格を抑制し、否認しようとする理由の一つは、人格変換に関連した空白期間にどういうことが起こっていたかを不安に思うからである。多くの主人格は、健忘期間に、不適切な行動（犯罪行為かもしれない）を行うことを恐れている。しかし、通常、何が起こったかを知らないことのほうが事実よりもずっと困った事態である。交代人格たちには、長時間「現れて」いた場合には、必ずその間に起こったことをまとめて主人格に伝えなさいと命じておかなくてはならない。また、主人格には、かなりまとまった時間が欠落したら必ず、何が起こったかを（交代人格たちに）尋ねなさい、と口を酸っぱくして言っておかなくてはならない。

四　内部の意志決定

1　初期の見通し

人格システム内に加わるもっとも大きなストレッサーは、交代人格間の関心と価値観をめぐる抗争と、身体を使う時間の取り合いである。理由はいろいろだが、このストレスの強度が増大するのは、多重人格として患者を治療し始めたときであるようだ。治療時間の奪い合いを初めとしてありとあらゆる事柄をめぐっての交代人格間の競争増大に抵抗しながら、治療者は、内部意志決定過程 internal decision-making の基礎を作り始めなければならない。それまでもある種の意志決定過程はつねに存在し働いていたのだが、たいていは支配的な交代人格が自分の意志を人格システムに押しつけ、別の交代人格は突発的に主導権を奪って禁じられた欲望を衝動的に行動化してきたのであった。その結果はごらんのとおりである！

治療の初まりにおいて、まず一番やれそうなことは、交代人格の大部分の共通の利益となるような日常の課題についてある範囲内の協力をさせることである。緊急入院中にＭＰＤの診断が確定した場合ならば、退院させるということが共通の利益となるだろう。たとえばある患者の場合、協力と意志決定に関する最初の治療的作業は、歯科の予約診察のときに誰を「出す」ことにしようかという問題に焦点をしぼった。その患者は、（歯科で）嫌な目に何度かあっていて、どの交代人格も抜歯のときに現れるのを拒んでいた。結局、子ども人格が「押し出され」、そのふるまいは人を困らせた。ひどく悪くなった歯を治すことは共通の利益だったが、歯科治療の手配をする能力をもった交代人格は誰も治療を体験したがらなかった。長い話し合いの後、いくつかの交代人格でその体験を分担するという妥協案が生まれた。交代人格たちは、その案をおおむね守ることができ、必要な歯科治療を受けることに成功した。

ある程度の内部協力を得るためには、人格システム内部コミュニケーションの効果的方法もできていなければならない。公正や正義の感覚も人格システム内部に存在していなくてはならない。それはふつうは存在しているものである。実際、多重人格者の多くは、フェアプレイ意識の強い、きわめて道徳的な人たちである。治療者は、患者の日常生活の具体的な問題の処理を始めていこうと交代人格たちに勧めなさい。患者の生活のあれこれの用事は誰がするべきか。誰が支払いをするのか。患者が毎日仕事に出かけているかどうかを誰が確認するのか。このような意志決定をフォーマルに行うきまりをつくることは、意志決定機構の必要性に光を当て、また、すでに動いている過程がどういう性質のものであるかを多重人格者にも治療者にも実地に味わせてくれる。治療者は、患者の人格システムを相手として最初の意志決定をワークスルーし、検証しなければならない。多くの場合、協力的な意志決定過程のためには前もって地均し作業がしてあるもので、高度の内部コンセンサスを得るためには、それを少し手直しすれば十分である。

意志決定過程の基本姿勢としては民主的な線に沿うべきであり、交代人格の参加はできるだけ多いほうがよい。どれかの交代人格を排除するのはトラブルのもとである。治療の後半まで治療者や人格システムに知られないままの交代人格もあるはずである。大きな意志決定をするときは必ず、「未知の」交代人格すべてに対し、前に出て、感想や意見を述べるように要請しなさい。これで、籠城している交代人格が時々いぶし出されてくる。実際の意志決定過程は、交代人格につき一票の投票制度でいくか、衆議を聴取した後に意志決定の理事会が決定するという代表制度でいくかは、各々のＭＰＤ患者の人格システム次第だろう。後者のほうが煩雑さが少ないために、うまく機能するようだ。

2　長期の期待目標

長期の期待目標は、患者の人格システムにおいて、その人のあらゆる要求に対しそれを満足させるものを選定して与えていく能力をもつメカニズムが円滑に機能するようになることである。それは、この意志決定過程が、何らかの形で全交代人格を包含し、公正でえこひいきがなく、その決定が人格システム全体の最大の利益に合致すると感じられるようになることである。そういうシステムが収まるべきところに収まると、それは並外れた力を発揮し、患者の生活を安定させる主要な因子となるだろう。そういうシステムをもたない患者は、内部の弱肉強食の掟のなすがままに翻弄され、その結果、不安定となり、しばしば自己破壊的な行動にいたる。内部統治システムが他の交代人格の大部分から合意による委任権を獲得すれば、統治システムは自分の意志を人格システムに強制することができる。それも、単一の援助者人格や管理者人格ではとても到達できない一貫性と力をもって――。

五　人格変換のコントロール

多重人格者は、治療が進むにつれて、人格変換過程を制御する能力を獲得するように思われるが、一般に、未治療の多重人格者は、環境的因子によって引き起こされる人格変換に翻弄され、それが生活に混沌を起こさせているのは間違いない。時がたち治療が進むにつれ、ある交代人格に変換してまたもとに戻ることは、だんだんやさしくなり、また患者がそれをコントロールできるようになる。ワシントン近郊ベテズダにあるＮＩＭＨの施設で施行された生理学的な研究において、われわれが研究に用いる仕方を学んだのは、二年以上の治療を受けた多重人格者で、彼らは誰を「出して」、どれだけ長くそこにとどまらせるかをコントロールする力を獲得していた[275]。人格変換過程のコントロールが向上していくと、それに応じて「衝動的な」異常行動の多くが減少する。私は、未統合の多重人格者で、環境に誘発される人格変換を完全に制御している人はいると思わないが、観察しているとどうやら、多くの患者は、人格変換機構をある程度随意的にコントロールできているようである。

1　主人格の恐怖

人格変換へのコントロール強化に対する初期の障害の一つとして、主人格が、他のすべての交代人格が頻繁に出てこないように抑制しようとしていることがある。多くの場合、主人格は、面接中であろうと他の場面であろうと、他の交代人格にあまり「出て来て」もらいたくないのである。この抑制はほとんど常に不完全であり、他の交代人格が行動化を起こす原因となる。他の交代人格は身体を使う時間を主人格とも別の交代人格とも争っている。主人格が他の交代人格の抑制を行う動機は、通常、もし他の交代人格の出現を許したら、自分は完全にコントロールを失ってしまうのではないかという恐怖である。主人格は、他の交代人格が現れたら、自分は二度と戻ってこれないのではないかと恐れていると思われる。多くの主人格は、別の交代人格に乗っ取られるときの体験を虚無の中に消えていく「死のような」体験であると述べている。この空虚は戦慄的な恐怖を起こさせうるもので、患者は恐怖症のような強度でこれを恐れている。

主人格はまた、他の交代人格による不適切な行為を心配しているはずである。大方これは過去の経験にもとづく現実の恐怖である。治療中の主人格は、もし治療者が不適切なあるいは攻撃的な交代人格と会ったら、自分は拒絶されるかもしれないと心配しているはずである。主人格にとっては、人格変換過程体験はただ面食らうばかりのことで、それによる時間の欠落をうらめしく思っていてもふしぎではない。時間の欠落は顔をそむけたくなる嫌な体験であり、主人格には空白の時間中の言動についての心配が後に残る。治療者が別の交代人格を自分より好むようになって、ついにはその交代人格と長い時間を過ごすようになることを、主人格が心配することもあろう。主人格を含む交代人格たちは皆、治療者の愛情をめぐって、強烈な、きょうだいのようなライバル意識をもつ力がある。

2　人格変換過程を起こしやすくする

人格変換のコントロールを高めるのは好ましいことである。それによって患者は自分の生活のコントロールを高めることができるようになり、治療者は過去の心的外傷と現在の精神症状を求めて、より効果的に人格システムの中を探索することができるようになる。コントロールは時間をかけて徐々に達成され、おそらくいくつかの因子の合成力である。第一は、主人格が診断を受け入れ、他の交代人格に出会いたいと思うようになることである。第二は、人格変換をより円滑に、より適切にするような、人格システム内コミュニケーションの改善である。第三は、コミュニケーションの改善の結果として、交代人格間に生じている内部の信頼感が増大していることである。交代人格同士が互いにより良く知り合うようになると、身体を共有したいという意向が大きくなる。それぞれの交代人格の要求が人格システムに知られるようになり、中央集権化した意志決定過程がそれらの要求を認知し、要求に対応し始めると、それに応じて交代人格たちは公正な出番を進んで待つようになり、自分たちの欲望充足のために隙を見て身体を乗っ取るようなことは少なくなる。第四は、コミュニケーションの改善が時間の空隙を埋め、健忘の間に起こったかもしれないことへの恐怖が和らぐことである。

人格変換のコントロールを向上させるために治療者が舞台を設定するやりかたにはいくつかがある。第一に、主人格に、過去の嫌な体験を相殺するような良性の人格変換体験をしてもらうことである。第九章で述べるように、催眠法は主人格をリラックスさせ、主人格が居心地のよい場所から眺めている間に他の交代人格に出て来させるのに特に便利である。この技法は、過去の人格変換に伴った「死のような」体験に怯えている主人格の治療に有用である。

第二の重要な介入は、治療中に一つあるいは二つ以上の交代人格への人格変換が起こった後に、主人格が戻ってきたのを確認することである。主人格が特別混乱するのは、治療場面の外で「気がついて」、それまでに何が起きたのかがわからないことである。主人格は治療者を傷つけたのではないか、あるいは何か悪いことが起こったのではないかと恐れるはずである。治療時間中で主人格の記憶が欠落している部分に起こったことは何に限らずきちんと主人格に教えることも重要である。内部コミュニケーションが改善するにつれて、治療者は、この伝達の責任を人格システムに委ねることができるようになるが、初めのうちは、どの交代人格が現れて何を語ったかを主人格に話すことが重要である。そうすることによって主人格は健忘期間中にも治療作業が進行していることを納得するのである。

七節　治療の初期段階にありがちな陥穽

一　病的行為に対する過剰反応

多重人格者というものは全面的破滅との境界の塀の上でいつも揺れ動いているようなものである。改善の後にはつねに悪化が起きる。敵意をもった交代人格は、自殺、内部あるいは外部殺人やそのたぐいの破局に向かわせるぞと脅かす。角を曲がるごとに災難が待ち受けていようとも、治療者は、この中を生き抜いて有効な治療を行うすべを学ばなくてはならない。高レベルの背景雑音に耐える能力は、多重人格患者の治療を行う治療者に欠かせない資質である。この絶え間ない驚天動地に適応することはとうていできないと悟り、こういう患者を別の治療者に紹介するに如かずとする治療者もある。もし治療者が、多重人格患者の治療を行おうとするならは――むくいられるところは大きいが――この大いなる混沌のそばに沈着冷静でいつづけることが大切である。この混沌はたんに小児期心的外傷の除反応という厳しい作業を進めていく際の抵抗であることが多い。リチャード・クラフト（私信　一九八五）は、治療中の自分の態度を「雑音をかきわけかきわけしながら患者を健康の中に押し込む」試みであると述べている。同様に私は、患者が発生する多量の雑音に対しては「肩の力を抜いてこだわらない」アプローチを取るよう提唱している。もちろん自殺や殺人の脅しは秤量しなければならないが、たいていは入院の要件とはならない。コントロールは、外部から押しつけるよりも内部から押しつけるほうが一般にいい。

治療者は、多重人格患者には精神病様の現象、転換症状、心身症症状が一揃いあると覚悟しなさい[190]。これは、大解離障害の一部分である。これらの症状に過剰反応しないで、その症状はどの人格に由来するのか、何が原因でそうなっているのかを探索することが大切である。多重人格者を多重人格者として治療することができるのは、治療者がしばしばその病理を迂回できるからであり、迂回するためには人格システムと契約して、その症状がどの人格に由来するのかを教えてもらえばよろしい。それから治療者は当の交代人格と会い、症状を許容限度に抑えるための契約などの手段を講じればよい。外部からコントロールを押しつけようとすると、治療者（の注意）を苦痛な領域から逸らせようという抵抗が強まる。

二　現象としての多重人格性に入れ込みすぎること

人格の多重性そのものに重点を置きすぎることは、この障害が目新しい治療者によくある間違いである。ＭＰＤは、人の心についてこれまで学んできたことの多くを疑問視させる魅力的で呪縛的な現象である。もっとも古いものから現在までの症例報告を通覧するとわかるように、治療者側に共通する衝動として、患者の交代人格同士の違いを詳細に記録しようとすることがある。専門家でないメディアも何よりもまずこの相違を強調することに関心をもっている。交代人格相互の違いに魅惑されてしまうことは、治療者などに自分への関心をもたせるものはこの相違点だという、はっきりとしたメッセージを患者に送ることである。

同じ患者に対して研究者と治療者の両方がつとまると私は思わない。私が直接治療している患者を研究対象にしたことはない。研究したのは私が治療を担当してしていない患者ばかりである。転移－逆転移の問題は、ＭＰＤにおいてはいずれにせよ複雑すぎるほど複雑な問題であって、これが圧倒的なものすごいものになる。研究するというメッセージは、研究者はまず何よりも交代人格間の違いに興味がある、というメッセージである。治療するというメッセージは、要するに交代人格は究極的に一個の人間であり、治療の目標は目につくほどの差異の解消と内部の統合性の発展だというメッセージである。一人の治療者が患者にこの両方のメッセージを伝えると、手ひどい混乱を生じさせ、それは結局、治療過程に跳ね返ってくる。

三　ひいきの交代人格をつくってしまうこと

初めてMPDを診る治療者の陥りやすい誤りは、交代人格の中にひいきを作ることである。時とともに、治療者はさまざまな交代人格がいることを知るようになり、その中には正常な働きをして役に立ち、社会的にも望ましい人格とそうでない人格とがある。治療者は、内部の迫害者人格を積極的に毛嫌いし、子ども人格や誘惑的な人格と関わることを不愉快に感じるかもしれない。その結果、治療者は、ある特定の人格を、病的と思う交代人格よりも格を上にしようとするかもしれない。治療者は、一部の交代人格には身体の使用を禁じようとするかもしれないし、極端な場合には、その人格を抑制する手段として、催眠を用いてその人格を納戸（クロゼット）に「閉じ込め」ようとしたり、はては埋葬しようとするかもしれない。ある治療者が私に言ったことだが、自分は、魅力的で働き者の人格を強化し、醜い自己破壊的な人格を抑圧しようとしていると述べ、「いつも彼女［働き者の人格］が出ているようにすることさえできれば、万事オーケーなんだが」と言った。これは正しくない。治療者は、患者には「良い」人格と「悪い」人格があって、治療作業は単に良い人格を強化し、悪い人格を抑圧することだ、と考える間違いを犯すべきではない。

すべての交代人格は平等に扱われなければならない。どの交代人格もわけがあって生まれ、目的があって生じたのである。ある交代人格をひいきして力づけ、別の交代人格を無視または抑圧することは面倒をわざわざ招くことである。えこひいきというものには陥りやすいものだ。交代人格の中には会っていて楽しく、心ひかれるのがいる。こういう交代人格は要求が少なく、脅しも少ない。治療者の側が、一緒にいて楽しい交代人格の出現を促してしまうことは無理もない反応である。残念ながら、この治療設定ではほとんど治療にはならず、そして治療外でわんさと行動化が起きるだろう。治療者はすべての交代人格を相手に治療作業をしなければならない。そうすると、長い目で見れば、「悪い」人格の多くが「良い」人格になるとわかるだろう。ある交代人格の「悪さ」は、しばしばその交代人格が苦痛や怒りの保管者であるという事実のためであり、この交代人格のおかげで「良い」人格は苦痛や怒りから解放されて正常な機能ができるのである。

四　過去の心的外傷を時期尚早に追い求めること

ＭＰＤ治療の大きな焦点は、過去の心的外傷からの回復と治療的除反応にある。これが治療の中核的な作業であり、安定した解消や統合の達成のために不可欠である。だが、患者が十分に安定し、つらく苦痛に満ちた作業を始める準備が整う前に、いきなりこの治療過程部分に飛び込むのは間違いだと私は思う。過去の心的外傷の早すぎる探索は、顕著な解離症状（たとえば、長期の遁走発作、自殺行為ないし内部殺人行為など）や効果的に治療を中断させるような危機を生ぜしめる可能性がある。この章で論じられた初期介入と安定化は、治療者が心的外傷を扱う厳しい作業を行う前にすませておくべきである。

患者は、治療の開始段階に、かつての心的外傷を暗示するような過去の事件をそれとなく言わんとすることがある。その種の言及がなされたならば、いつでもその後それに関連して語られることに注意していることは重要である。それは、さしあたり患者に、治療者が患者が語ったことを聞き、これは将来のために憶えておくものが何かを理解したということをわからせるだけでも重要である。しかし、私は、積極的ないし除反応的な探索は、ある程度の信頼が確立されて、それにある程度の内部コミュニケーションと協力を伴ってからでなければ、普通は差し控えることにしている。

五　初めての症例を失う恐れ

多重人格者は特別患者である。彼らはさまざまな方法でそうなるようにと手段を講じる。実際、多重人格者の多くは、非常に異彩を放つ才能の人たちである。多重人格者の対人関係（たいていの他の精神科的患者より緊密である）および、さまざまな交代人格が生み出す多数の転移－逆転移感情によって、通常の患者－治療者境界はしばしば踏み越えられがちになる。他の障害の治療経験の豊富な治療者は、自分の担当する多重人格患者に向かっては、他のどんなタイプの患者に対しても考えもしなかったようなやり方で語りかけていることに気づいて愕然とする。転移－逆転移問題については第七章でさらに詳しく述べる。

初めての多重人格患者を治療する治療者に生じる初期の逆転移問題の一つに症例を失う恐怖がある。患者が治療を中断するか、別の治療者にかわるのではないかという恐怖である。むろん、それはありうる。国中を彷徨い、時々思い出したようにそこにいる治療者なら誰かまわず初期治療を受け、治療がしんどい坂道にさしかかるとすぐに車を乗り捨てる多重人格者がいる。私が思うに、多重人格者の何％か――リチャード・クラフト（私信、一九八五）は約1／3と考えているが――は、有意義な治療をもちこたえられないか、まだもちこたえる心の用意ができていない。こういう多重人格者は、危機介入治療の時に姿を現し、本当の問題に近づく前に消えて行くだろう。こういう患者は治療を継続できない。患者が何を利用でき、患者の側に求められるのは何かを知らせてあげることが関の山である。もし、患者に治療への心構えができたら、治療を始めるための方法を自分で見つけるはずだ。

六　信－不信の循環

「私は患者に会っているときには、それを信じている――それから夜に家に帰ると、たぶらかされたに違いないと考える。それが本当であるわけがないと。ところが、また彼女に会うと、それはほんとに本当であると思う」。私はこんなふうに考えたものだが、私と同じ考えを抱く治療者は、その時、私が「信－不信循環 belief-disbelief cycle」と呼ぶものの中を通過している。要は、MPDが治療者のうかうか信じてしまう感覚を引き伸ばし広大するということである。初めて多重人格の治療する多くの治療者は、治療の初期段階に、MPDの実在を信じる気持ちと頭のいい俳優に騙されているという恐れの間を往復している自分に気づくだろう。この体験は、一つには、患者の交代人格間の差異をきちんと記録したいという治療者の強い願望のせいであろう。MPDが本物かどうかの真のテストは時間というテストである。「健康への逃避」は例外であるが、本物の多重人格者は面接を重ねても一貫性のある行動様式を示すことに、治療者はいずれ気づくであろう。コントロール群として俳優を用いた生理学的研究において、われわれが何度も観察したとおり、俳優はストレスや疲労や注意散漫の時になると、役柄を外してしまう。俳優たちは多重人格者のように来る日も来る日も同じ一貫性を保つことはしない。時とともに、治療者は、患者の心理学的構造が実際それぞれ一個の同一性をもつ交代人格の集まりであることを納得するようになるだろう。

七　薬物療法に過度に期待すること

多くの場合、患者は他の診断名の下に治療を受けてから後にMPDと診断される。患者はすでに単数あるいは複数の向精神薬の投与をされていることが多い。MPDに対する薬物療法の（疾病との）相互作用と（疾病への）効果は非常に複雑であり、詳細は第一〇章で述べる。MPDの主要な治療法は、精神療法と催眠療法であり、薬物療法は付加的あるいは支持的手段として有用であるにすぎない［17, 190］。ＭＰＤの症状を抑える目的で薬物を利用する試みは誤りである。大量の神経遮断薬による一時的な症状の抑制は可能であろうが、具合の悪いことに、これによると患者がとうてい受け入れられないような生活機能水準の低下が避けられない。

たいていの場合、ＭＰＤと診断された直後には、患者からすべての薬物を除くことが望ましい。治療者が人格システムにある程度の馴染みをもつようになり、それぞれの交代人格によって違う薬の効果の違いをかなりよく評価できるようになってからは、もし薬が合っているようなら、薬物療法を再開してもよい。多くの患者では薬物療法の再開は不必要であろう。症状も行動も契約をはじめとする精神療法的介入によって何とか扱えるものである。

まとめ

本章は、初めてＭＰＤの治療をする治療者がよく口にする懸念を探ることから始めた。この懸念には、交代人格との治療作業によってＭＰＤをつくってしまったり悪化させたりするのではないかという恐れ、暴力的な交代人格に対する恐れ、ＭＰＤの治療に向いていないのではないかという懸念、適切な治療設定ができるかの懸念などがある。私は、医原的にＭＰＤを誘発することなどできないし、危険な交代人格は安全に管理でき、危険な交代人格の噂はしばしば派手な誇張であるということを述べて安心していただこうとした。良い精神療法家であるという能力が多重人格患者の治療のために第一義的な前提条件であり、また一般に外来治療が最善である。

次に「典型的」な治療における課題と段階を概説した。全体をつうじて重要な作業は、(1)治療同盟の確立、(2)適切な変化の促進、(3)内部の分裂と抗争を何らかの形の機能的統一体に置き換えることである。治療過程は、発見論的な目的から八つの段階に分けた。第一段階は診断を付けることだが、これについてはすでに第四章で述べた。

この章で詳しく述べたのは第二および第三段階である初期介入と安定化である。交代人格と出会い、人格システムに関する情報を収集する技法を紹介し、契約締結の原理と効能を詳述し、契約の文書化と、その極めて個別的かつ具体的な文言であることとの必要性を強調した。また、契約違反に対する罰則を決定し施行することに関する難しさを記した。最初の契約にもりこむとよいのは、(1)治療のタイプと期間、(2)危険なまたは自己破壊的な行為のコントロール、(3)適切な治療的境界についてである。

第四段階は診断の受容だが、これは普通、治療中に起こってくるテーマである。典型的な場合、患者は治療者にむりやり診断を「証明」させようとしたり、診断について白熱した議論で治療者を混乱させようとする。そうでない場合には、患者は診断を公表して診断から利益を得ようとすることがあり、この破壊的な抵抗に治療者が引きずり込まれることがあまりにも多すぎる。健康への逃避などの形の診断の否認は、治療のさまざまな時点で生じてもふしぎではない。

第五段階は人格システム内部の協力とコミュニケーションの育成であるが、これは継続的な治療作業の代表格である。内部には、一瞥で認められるよりも多くのコミュニケーションと協力が存在しているものであるが、治療者はすでにあるものを同定し、それをもとに事を進めていかなければならない。コミュニケーションを育成する特別な技法と、内部の交代人格グループによる意志決定の原理を取り上げた。これらの技法の多くは、日常生活の些細な事柄から始めるのが一番良い。また、患者の人格変換のコントロール獲得を助ける方法についても述べた。

治療過程の最後の段階は、心的外傷の代謝・解消後あるいは統合・融合後の事態への対処であるが、それは以下の章で述べる。本章は、初期の治療過程における治療者が犯しやすいいくつかの誤りに限ったものである。すなわち、病的な行為に対する過剰反応、MPDのおどろおどろしい運命に対する過剰な入れ込み、一部の交代人格をひいきすること、心的外傷の探求を早く始めすぎること、MPDが存在するという信念が強まったり弱まったりすること、患者の症状をコントロールする上で薬物療法に過剰に依存することである。

第七章　精神療法における諸問題

ＭＰＤの治療は本質的には、外傷性神経症の一種に対する精神療法である。第六章では、新たに診断された患者を安定化させ、治療が行える環境をつくり出すために必要な初期介入の筋書を述べた。患者－治療者の二者関係はそれぞれ独特であるから、必然的に治療のほうも、それぞれに特別な内容と問題をもっているはずであり、それがどうなるかを予測することはできない。しかし、私の経験では、多重人格患者の治療においてしばしば判で押したように決まって現れる主題と問題がいくつかある。この章では、そのような主題と問題が精神療法をどのように左右するかをくわしく述べることにしよう。

一節　境界のマネージメント

一　面接の頻度

多くの場合、ＭＰＤの診断がついた後には、治療のあらゆる面について見直しを行うチャンスがある。この時点で、いちばんよく受ける質問には、「多重人格患者とどれくらいの頻度で面接するのがいいでしょう?」である。むろん、すべての患者にあてはまる唯一つの答えがあるはずはないし、一人の患者でも条件が異なれば違ってくる。だが、私の経験では、一般に、外来患者は週に二、三回の面接でやっていけるようだ。それ以下の頻度の面接では治療が袋小路に入りがちだし、それ以上の頻度の面接は非常に錯綜して混沌無秩序な治療に陥りやすい。私としては、一般に危機状況にある患者に必要だと私が考えている頻度で患者を診ることにしている。だが、治療の政治学という観点でいえば、患者によけい会ったからといってその分急速に回復すると私は思わない。治療のある面（たとえば、診断の受容、信頼の樹立、心的外傷の消化）には、それぞれ固有のペースがあって、面接の頻度を増やしたぐらいで有意の加速が起こるわけではない。治療者はそれぞれの場合にしかるべきペースによって治療を行うべきである。平均的な患者は、症状の十分な解消に達するまでに数年間の治療を要する。一日に二度会おうと、一週に二度会おうと変わらない。そして治療者の燃え尽きは治療者のためにならないか患者のためにならないかだ。

二　面接時間の長さ

右に指摘したことの大半は、面接時間についてもあてはまる。多重人格患者は自分の持ち時間を越えて居続け、次の患者の時間に食い込む傾向が強い。彼らはさまざまなやり方で面接を引き伸ばす。治療者がそろそろ今日の面接を終わろうと考えているときに、ある種の交代人格が堂々と出現するというのがふつうである。私は「さて、今日は時間になりました。あなたとは次の面接でお話ししましょう」というのがいいことを経験から学んだ。交代人格たちは治療者とほんとうに話したいことがあれば、面接の最初のほうに現れていなくてはならないことを学ぶのがよいのである。

私の場合、通常、多重人格患者との面接時間は一時間半である。一回の面接の中で終えてしまうべき仕事の多くは全部で五十分では短すぎる。除反応の作業がとくにそうである。除反応を開始し、その経過をたどらせ、処理して、幕を閉じるだけの時間が必要である。患者は、生みの苦しみに比すべき除反応の苦しみの中に深く入っていくのに尻込みするのは当然であり、面接時間のそうとう後までこの反応の開始を遅らせようとする。除反応はいったん開始されれば最後までやりとおさなければならない。そして、その後にも、患者に新しい方向づけを行い、回復した記憶を処理し、ある程度その体験に幕をおろすための時間が必要である。除反応の後で患者を助けて安定化させるのに失敗すると、さまざまな面接後解離行動が生じてこれからの治療をやれなくし、患者はこれ以上除反応の作業を経験するのがいっそう嫌になってしまう。

残念ながら、多重人格の治療は「精神療法は五十分で」という伝統にはぴたりと収まらない。一つの解決法は、多重人格患者をその日の最後の患者にするように決めておくことである。そうすれば治療者は面接時間を延長することができる。面接の長さをどのように決めてもいったん決めれば、治療者はそれを固守するべきである。この境界線を守ること自体が大事である。そうでなければ、多重人格患者はますます時間を浪費するようになり、増えた時間は収穫逓減の法則に従って実りの少ないものになっていく。治療者は、患者が自分から時間どおり面接を終へてくれるとあてにしてはならない！

三　面接以外で治療者はどこまで相手をするべきか

多重人格患者は周期的に危機に陥る。クラフト（一九八三）によれば、多重人格患者の八〇％以上で、治療者の介入を必要とする危機が生じる。緊急時の対応のためにいつでも待機することや、別の治療者に相談することもこの仕事にはつきものである。肝腎なことは、治療者の常時待機性を患者に乱用されないようにすることである。治療の初期段階には、治療者はさまざまな交代人格が職場や自宅にかける電話を山ほど受けることだろう。電話の回数と、電話をかけてよい状況は何かとを人格システム全体と交渉して契約を結ぶことが重要である。もしそうしなければ、治療者は一晩に十本もの電話を取るはめになるだろう。それぞれの人格が、別の人格がついさきほどの電話で述べたことについて自分の意見を言うために電話をかけてくるからである。

多重人格患者が定期面接以外に診察室に姿を現したり、駐車場をうろうろしていたり、自宅の玄関前の階段に腰掛けていたりしても、治療者は飛び上がってはいけない。たしかに狼狽するだろうし、恐怖を覚えることもあるだろう。重要なのは、こういう行動をただちに契約によって制御することだ。この種の行動が続いて、治療者が脅えてしまったり、萎縮してしまったら、その治療を打ち切ることを真剣に考えるべきである。多重人格患者が治療者の私生活に侵入しはじめたら、それは危険な徴候であり、知らぬ顔をしたり、大目にみてはならない。

四　特別面接

成功した治療では、たいてい特別面接が重要な位置を占めていることが多い。特別面接とは、除反応の作業が長引いたための延長面接や、ビデオを見る面接や、子ども人格にごほうびとして何かをおごってやる面接などである。一例だけだが、私は動物園で数回の面接をした。私がいつも患者を診ている外来診察室という場では出現したがらない子ども人格に接触しやすくするためであった。確かに、このような面接の場では治療の境界線を踏み越えないように細心の注意を払う必要がある。特別な面接や特別な場での面接は明確に隅々まで考え抜いて行う必要がある。治療者はその面接によって何を達成したいのか、なぜ特別面接や特別な面接の場の設定が必要なのか。そのような面接が妥当である理由のあることも少なくないが、それを決まりごとにしてはならない。

二節　治療においてよく起こる問題と論点

この節では多重人格患者との治療経過の中で繰り返し生じてくるいくつかの主題を取り上げる。これらの主題のルーツは主に二つの領域にある。過去から続いている心的外傷と現在の心的外傷である。前者は過去の体験、なかんづく親などの養育者からの被虐待体験である。現在の心的外傷とは、多重人格患者が時間と自己との連続性を要求する社会に適応しようとするところに生じてくるありとあらゆる種類の困難である。多くの場合、これらの主題の表現は最初は日常生活体験の文脈に即してなされるが、実際には、深く秘められた幼少時の体験がその駆動力となっている。リンディ（一九八五）は同様の過程を天災および人災の犠牲者における「心的外傷事件の特別な構成形式」と名付けている。

しかし、多重人格患者の主題と力動はそれ以外の外傷体験の犠牲者と違う点がある。この違いを生み出している要因の一つは大半のＭＰＤの犠牲者がこうむった心的外傷の量の圧倒的な大きさである。洪水、航空機事故、ナイトクラブの火災などの犠牲者が格闘しているのは、単一の、比較的短期間の、単純に説明できる外傷的事件である。だが、通常、多重人格患者は、自分の世話をし、自分を愛するはずの人たちの手によるテロと外傷とに何年もさらされているのである。だから、災害の犠牲者の治療から生まれた主題や概念の多くはＭＰＤにも適応できるけれども、それらはＭＰＤの犠牲者にみられる心的外傷の慢性化と自己の断片化によって独特の再編成を受けて形が変わっている。

一　コントロール

治療過程においてはコントロールの問題が主要な力動になるだろう。そして、もしこれに適切に対処しなければ、治療は行き詰まりになるだろう[73]。多重人格患者におけるコントロールの主題は通常二つの領域に現れる。それは自己のコントロールと他者（とりわけ治療者）のコントロールである。主人格はしばしば自分が制御不能に陥る体験をする。主人格の多くが述べるこの体験は、抑うつ、被圧倒感、無力感を起こしやすくする。恐ろしい記憶喪失の空白、自分の判断と価値観に反する言動をしてしまった証拠に何度も直面する体験、別人の観察者となったかのように自分の姿をみつめる体験、被影響体験——こういう体験はすべて、主人格の自己と周囲に対するコントロールをほぼ完全に失ったという自己認知を強化するものばかりである。

主人格がもっている自己コントロール感覚は、自己を抑圧するという徹底的な内的抗争を経たものである。この自己コントロール感覚の脆弱性と、いちど喪失したならば自己コントロール感覚を取り戻せないのではないかという恐怖のために、主人格は他の交代人格の出現を一人たりとも許すまいと抵抗する。主人格は外部の手段によって内部のコントロールを強化しようとすることもしばしばである。ある種の主人格は硬直的な強迫性をもっており、儀式的行為によって他の人格を抑圧しようとする。また、別の主人格は治療者をコントロールし、交代人格の出現を引き起こしそうな領域への質問や探索を封じ込め、その間中、交代人格の存在に気づかないふりをしつづける。ある主人格は、治療者がずっと一緒にいてくれれば人格交代をくいとめられると言って治療者をコントロール（支配）するようだ。主人格が軍隊に入隊するということも、私の多くの症例にみられたが、それは、軍隊生活の高度に組織化された日常生活が自分では不可能なコントロール機構を与えてくれるのではないかという期待によるものであった。

主人格は、コントロール喪失の怖れを「最後の審判が間近だ」という表現をよく使う。通常、この表現は「得体の知れない破局が近未来に起こりそうだ」ということを意味している。患者は心の底からの恐怖感と結局は破滅が避けられないのではないかということを表現しても不思議ではない。しかし、同時に、患者はどうなるかという具体的な話になるとまったくとりとめがなくなる。

主人格のコントロールを維持しようという闘争の敗北必至感と、コントロールの明らかな脆さとは、治療者に反映して治療過程のコントロール喪失感となる。治療者はやすやすと、主人格はいかなる犠牲を払ってもコントロールを維持しなくてはならないとする考えを疑いもせずに取り込んでしまう。治療者はこの考えにひたり切ってしまうのは、治療者自身が、人格の多重性を恐れ、恐ろしい交代人格が出現しはしまいかと怖れ、患者が安定して絶え間ない変化が終ることを望み、ほんとうの患者が「誰」かがわからなくならないようにと願い、また醜悪な記憶を暴露して患者の苦痛を増したくないからかもしれない。主人格は人格の多重性を治療したいならば、コントロールを断念することを学ばねばならない。治療者は、主人格が抱くコントロール喪失の怖れに同一化しすぎないように注意すべきである。

逆の見方を交代人格のほうは語る。通常は明らかに悪意がある交代人格が、その患者の運命の完全な支配を要求する。こういう交代人格が出現して、治療者に対してせせら笑うように、「何ごとも自分の最終的な勝利を止めることはできず、治療者は手も足もでないのだ」ということがある。主人格の語る完全破壊の怖れと同様に、完全な支配力の要求も非常な誇張である。患者をめぐる支配闘争の手始めは闘争に治療者を加わらせることである。この闘いに加わると治療者は必ず負ける。だから、患者のコントロールに関して迫害者人格と争うことはどんなときにでも避けるべきである。そうなる前に治療の初期段階で、私は先手を打って、患者の最終的な運命に関するコントロールのすべてを「全体としての」患者に引き渡す。コントロールをめぐる闘争をすれば、治療者は、現実的な生の問題や過去の心的外傷の探求からそれてしまう。悪意ある交代人格は、患者を保護するという大目的のためにこの役割を演じていることが多い。

コール（一九八五ａ）が特筆しているのは、治療に対するコントロールのごく普通の形の一つとして、ふつう患者が話題を変えること、あるいは、面接の焦点をはずすことである。コールによれば、これは少しの間なら続けさせてもかまわないが、治療者は早目にコントロールを取り戻し、面接をもとの軌道に乗せなければならない。また交代人格の別の戦術は治療者がほかの交代人格と話せないようにすることである。コールは「治療者はなぜこのような事態が起こっているのかの理由を知るべきであるが、一方、他の人格たちにも権利があり、治療者は交代人格全員を治療する責任があることを患者に告げるべきである」と述べている［73, p. 4］。

治療者はかならず患者相手の、あるいは患者に対するコントロールを争う数多くの闘争に引き込まれる。緊急事態になれば、短期的には、治療者は入院などの手段によって患者からコントロールを奪わざるを得ないこともあろう。日々の治療において、治療者は、治療の境界線と面接の焦点とを堅持する責任を負わなくてはならない。しかし、長期的には、現実の患者の生活のコントロールを完全に患者に返さなくてはならない。治療の中でのコントロール争いは、患者の行動をコントロールしようとする交代人格間の内的闘争を反映するものと解すべきである。もっとも、解離された内容のコントロールを求める闘争は、患者が意識して体験してもかまわないものである。虐待の犠牲者の要求とは、「そのこと」（虐待）が二度と起こらないようにコントロールされることだからである。

二　拒　絶

多重人格患者はどんな形の拒絶にも並外れて敏感であり、誰も拒絶していないのに拒絶されたと感じることも少なくないだろう。拒絶されたという感じへの反応には、自傷、自殺企図、遁走エピソード、面接のすっぽかしなどがある。この力動を別の角度からみれば、多くの多重人格患者は、（絶対の）「受容か拒絶か」という状況に治療者を繰り返し追い込んでいる、ということである。それは治療中に（患者が行う）治療者についてのテストである。

この拒絶に対する敏感性のもとは多重人格患者の生活史の中にある。虐待された子どもだったということは、子どもを愛し養育すべき人たちから徹底的に拒絶されたということである。多くの多重人格患者の語るところによれば、自分たちが受けた拒絶や見捨てられを減らそうとする努力をしているうちに、虐待者を喜ばせる役目をもった人格を生み出してしまったという。しかし、どんな人格が創り出されても、またその人格がどんなに頑張っても、拒絶は続いた。こういう患者たちが児童期に体験した拒絶や見捨てられの感情はいくら大きく見積もっても見積もりすぎということはないと私は思う。重要人物からの拒絶も、虐待エピソードへの前奏曲であったであろう。一方の親の拒絶が、もう片方の親への合図——今からは自分のやりたい放題をやってよい——になっているということも考えられる。

拒絶への敏感さは成人後の体験によって強められることが多い。多くの多重人格患者には、重要な対人関係が突然自分が何か「した」ことはしたがそれが何かはわかっていない原因のために終わって苦しい思いをしたという経験がある。よくあるいきさつは、ある交代人格が主人格や別の交代人格の対人関係を妨害したことである。以前の治療者たちが患者の多重性を否認したということも拒絶の一つの形である。

一度も患者を拒絶したことがないという治療者がおられれば、たいへんごりっぱとしかいいようがないが、拒絶という体験は、意図したものであってもなくても、治療の道程でかならず一度ならず起きるものである。実際に患者には、あ、これは拒絶だとわかるものだ。重要なのは（その後の）手当てである。治療者が患者を見捨てたのではないことを疑いようのない明快さで示し、治療目標の追求を継続することである。いずれ患者は、治療者が治療に挺身していること自体が、広い意味で（治療者が）自分のありのままを受容していることであるのを理解するようになるだろう。今自分が患者を拒絶するところにはまりこんだと思う治療者は、事態に名を与え、今起こっていると思うことの構図を説明し、患者とともに問題の両面を見て、それぞれどうなるかを検討するべきである。患者を喜ばせようと思うあまり、（患者が）押しつけようとする選択枝のほうを盲目的に受け入れても、多重人格患者のテストには合格しない。患者が多重人格ならば問題のどちらの面にかかわる交代人格も存在するだろうから、命題の一面を受け入れることは、他面を拒絶することになる。どちらを取っても負けになるこの構造から抜け出す唯一の方法は、ものごとをありのままの名で呼ぶことである。

三　秘密

秘密という問題は多重人格患者との治療作業のいたるところに滲みとおっている。秘密は多くのレヴェルにおいて存在する。交代人格には、主人格に対して、治療者に対して、また別の交代人格に対して秘密にしているものがある。この秘密には過去の体験と現在の行動とがある。多くの治療では秘密をゆっくりと明らかにし、その内容を処理していくことが大きな部分を占める。

秘密は通常、虐待の時点から始まる。虐待者（とくに性的虐待者）はしばしば、もし子どもが虐待について誰かに話すようなことがあれば、子どもや子どもにとって大事な人やペットをいためつけたり殺すぞといって脅す。多重人格患者の子ども人格たちは、いつまでも消化されることのない心的外傷をもっており、この脅しは今なおその陰惨な力を保ち続けているのである。

> どの症例でも、こういう記憶をはじめて語るとき、患者は真の恐怖を体験する。まるで、あのなすがままに傷つけられているという気持ちが、実際の心的外傷を体験したときそのままに生々しく再体験されるごとくである。私の症例で、この恐怖をたんに医師患者の二者間の転移現象にとどまるというふうに理解して済ませられた人は一例もなかった。この恐怖は第三の人物の前に患者と治療者とが立たされている恐怖である。この第三の人物とは加害者である。加害者はかつて沈黙を強制したのに、今その命令が破棄されつつある。患者が虐待を語るのは命賭けであると感じる、この時の頭の中がまっ白になるような強烈さは、重荷を下ろしたい、打ち明けたい、癒されたいという欲求がある限り、第三の人物の影もありつづけたことを示唆している。この人物との関係は、心理的には、脅されて以来ずっと続いてきたのである［212, p. 875］。

犠牲者と虐待者との間の力動的なきずなが、この種の秘密を守る上で今も働いていると思ってよかろう。リスター（一九八二）が指摘するように、虐待者（親）との一定の心理的融合が発達上正常な過程であるような幼い年齢に心的外傷が生じたのではあるまいか。秘密を明らかにし、このきずなを絶ち切ることは一種の分離であって、一次対象（母親役）とのつながりを失うことと体験される。この力動が働いていることは一部の子ども人格の場合には明々白々である。これに似た力動は、子どもの攻撃者への同一化であって、これまた秘密を守る力を強める。さらにリスターは、子どもが初めは虐待に耐え、今では心理的なきずなを保ちつづけることによって、いわば愛と操作と魔術とによって親を「癒そう」とするという力動があることを述べている［212, p. 874］。

　患者が秘密を打ち明けるのをもっと妨げる働きをする、患者・治療者間の力動がいくつかある［212］。第一は羞恥と罪責で、これらは、心的外傷の犠牲者が非常にしばしば感じるものである。第二は魔術的思考による防衛である。――「私がそれを言わなければ、ぜんぜんなかったことになるだろう」。第三は、虐待を聞いた治療者の反応ががっかりするようなもので、被虐待感とそれに関連する羞恥感と罪責感をますますひどくするのではないかという怖れである。第四は、治療者が患者の話す内容を疑問視し、患者に治療者が「もうこないでいい」というのではないか、そうでなくとも起こった事態への自分なりの理解の仕方を捨てさせるのではないかということである。そして、最後は、治療者が虐待体験の詳細を聞くのに耐えられないかもしれないということである。これらの力動すべては、交代人格の内部における記憶の（慢性骨炎の際の骨柩《こつきゅう》内の腐骨化に似た）隔離と交代人格すべてに起こっている健忘障壁とあいまって、外傷体験の秘密を患者の内奥深く封じ込めるのに役立っている。

　過去の秘密だけが多重人格患者のもっている秘密ではない。多重人格患者の圧倒的多数は秘密をいくつも抱えた生活をし続けてきた。患者は自分の本性を、人格の多重性を、他者の目から、しばしば自分自身からも隠し続けてきた。時間の欠落とそれに伴う行動の非一貫性を代償し糊塗することを身に着けてきた。多くの多重人格患者は二重三重の生活を送っている。昼は図書館司書、夜は街娼といったたぐいの、まったく異質の社会的役割の共存は、多重人格患者には珍しくない。

秘密はただわかちあうことができるだけである。だから、患者と治療者の間の信頼が築かれれば、結局秘密を明かしてくれる。一般に、秘密は層をなしていて、患者は治療者を段階的に層から層へと連れていく。一番外傷性の少ない秘密から始まり、治療者が最初のテストに合格してはじめて、感情の負荷が大きい秘密へと移る。リスター（一九八二）は、昔の脅威に関連した秘密を患者が最初に打ち明けた際の除反応の過程を生々しく描写している。

秘密はそれ自体のパワーをもっていて、秘密を隠すようにも明かすようにも患者に圧力をかける。これらの秘密と付帯する心的外傷のすべてを安全に打ち明けられる治療的雰囲気をつくるのが治療者のできる努力の最高限度である。最初の仄めかしは通常さりげなくふと漏らして、すぐにとりつくろわれる。治療者はこの最初の手掛かりをいつも認知できる能力があるわけではない。しかし、患者はあるパターンの情報をさし出すようになり、このパターンはそのうちにある秘密を指し示していることがわかってくる。治療者は患者の声に注意深く耳を傾け、患者を支持することによってこの過程を促進するべきではあるが、患者から秘密を「引きずり出す」ようなことをしてはならない。

四　罠とテスト

多重人格患者との相互作用はすべてがある層で捉えれば一種のテストである。多重人格患者は、微妙なやり方で治療者を繰り返しテストする。それほど微妙でないやり方のこともある。テストは「信用に値するかどうか」を決定するためのものである。こういうテストの目的や状況や焦点はさまざまであろうが、多重人格患者がいちばん心配しているのは「治療者は信用できるのかどうか」である。

たいていの多重人格患者が治療に抱く心配の核心は「治療者が突如掌を返すように自分たちを虐待しはしないか」

というプリミティヴな怖れである。これは彼ら彼女らの親や養育者が実に多くの場合に行ったことである。そのため、矛盾しているようだが、彼女ら彼らはかつて虐待された状況を象徴的に再現する状況にしばしば治療者を追い込むものである。信頼というものは多重人格患者になかなかやってきてくれない。だから、治療者は、患者が自分に完全に忠実であると思い込むようにたぶらかされる。このうぬぼれは重大な問題を引き起こしかねない。交代人格たちは、象徴的に虐待的であるような状況や行為をそれとなくいうことによって、治療者をたえず迷わそうとする。この罠に気づき、限界設定をし、この罠から自分を救出する能力を示すことができなければ、治療者は信頼を得られないだろう。

罠とテストは、契約と境界線維持をめぐってもしばしば発生する。治療者は、自己破壊的行為を許すような契約の抜け穴をそのままにするだろうか？　治療者は多重人格患者に治療境界を踏み越えるのをそのまま放置するだろうか？　治療者は契約を断固強制するだろうか、それとも何らかの方法で「買収」できるだろうか？　これは、多重人格患者との契約のやりとりすべてに付きまとうテストの一部であり、なぜ契約をはっきりと言明し、一貫して強制する必要があるのか、その理由でもある。治療者は、契約違反が生じたときには、これを「大目に見る」ことで患者の歓心を買おうとするよりも、契約作成とその施行に細心の注意を払って厳正であるほうが、多重人格患者からの評価は高くなる。患者にとって、契約違反を見て見ぬふりをすることは、かつての重要人物が患者の虐待や苦痛を見て見ぬふりをしたのと同じことなのである。こういう治療者が契約を結びそれを守るといっても信用できないだろう。

テストにうってつけの領域はまだある。それは心的外傷の問題に耳を傾け、理解し、それを取り扱う能力が治療者にあるかどうか、である。治療の初期には、虐待や心的外傷についての触れ方は象徴シンボルを使い、何かのついでに曖昧に語られ、現在の生活の問題に紛れ込ませてある。治療者は波長を合わせて聞いてくれるだろうか？　治療者は虐待の事実を信じてくれるだろうか？　治療者は赤裸々な細部に耐えられるだろうか？　治療者は自分を堕落した無価値な人間、いや、それどころか怪物と思わないだろうか（虐待や心的外傷によって患者は自分をそう思い込んできた）。治療者は虐待に汚染されていないか？　虐待についての患者の思考、感情、態度はほとんど小児期初期に形成され、その頃から不変であることを忘れないように。過去の虐待と心的外傷に関連する話題にはすべて、大量の魔術的思考とプリミティヴな象徴化が入りまじっている。

治療者は、頭がよくても、善行を積もうとしても、それによっては、これらのテストに合格できない。治療者は、裏表なく正直でかつ感受性が豊かでなくてはならず、過去の心的外傷に関していろいろな層で話を聞かなければならない。治療者は自分に理解できないことがあれば患者にそう言うべきであり、意味のとれない感想やふとした脱線を聞きとがめてその先を聞いてゆかなければならない。治療者はまた患者とのやりとりのすべてにおいて、非の打ちどころのないようにしなければならない。これは、お高くとまって距離をとれということではなくて、厳正に誠実であれという意味である。治療者は守れない約束をすべきではない。約束は特別なテストであって、これで失格すれば治療同盟は深刻な打撃を受けよう。治療者はすべてのテストに合格できるわけではない。実際に、テストの多くは正解なしになるようにわざと組み立てられており、しかも治療者は選択を強制されていることを自覚するべきである。

五　実際に何が起こっていたのか？

「このことは本当のことなのか夢なのか——あるいは自分の作り話なのか——私にはわかりません」。多重人格患者などの重い心的外傷の犠牲者には、時に夢幻様イメージが内的意識に氾濫するのだが、それが何に由来するのかわからないことが多い。こういうイメージは強い情動を伴った生々しく強烈なものであるが、同時に非現実で異様にも思える。多くの場合、イメージは人物が何かしていたり、その他の事件の起こるアクション・シーン場面の断片であることが多い。その情景を構成する要素は明らかにありえないと思えるものであることもある。たとえば、ある患者は燃えさかる火の玉が部屋の中をころげまわるのを見つづけた。イメージは侵入的なフラッシュバックの性質を帯びることもあるが、患者は実際の出来事の記憶とぜんぜん結びつけることができないだろう。患者はイメージから生じる圧倒的な感情と、この内容の意味を理解できないことの間で身動きできなくなったと感じるだろう。

ドレスデンのホロコーストを描いたカート・ヴォネガット・ジュニアの半自伝的小説『スローターハウス５』（一九七〇）の主人公ビリー・ピルグリムのように、多重人格患者は「時間がゴチャゴチャになっている」のである。過去と現在は混じりあい、時系列の混乱の中で後になったり先になったりする。フラッシュバックは年齢と身体イメージが変化しており、患者はいきなり過去に引き戻され、心的外傷を再体験する。心的外傷は実際よりもいっそう生々しく感じられる。ある体格のよい男性患者は私に次のように言った。「過去に引き戻されたときに、自分の腕を見ると、それは十二歳の時のひょろひょろの腕なんです」。多重人格患者の時間は不連続である。この断絶は人格交代によって時間の連続感覚に欠落があるという単純なものではない。患者の時間感覚における順序逆転と逆行は過去の出来事のフラッシュバックによって引き起こされる。何が過去のことで、何が現在のことかを判断する基準になる確固とした「現在」が欠如しているために現実検討力が障害されているのである。

多重人格患者の苦痛な混乱は、実際に起こったことは何なのか、それはいつ起こったのかという疑問によることが多い。過去と現在との混同、現実と非現実との混同、夢と空想と記憶との混同は時に患者を圧倒する。患者は「あれはみんな作り話です」と言う時期に引きこもって出ようとしないことも稀ではない。もう少し詳しく尋ねれば、彼らはなぜどのようにそんな話を作ったのか、自分にもわかっていないことが明らかになるだろう。この言明はちょっと検討すればすぐに崩れ落ちてしまう。患者と治療者がともに「実際に起こったことは何なのか」について真実味のある事実を求めようとするのは当然である。時にはこの真実はすぐ手近にある。ドクター・ウィルバーはシビルの父に会うことができ、彼女の語ったことが真実であるのを確認できた［310］。残念なことだが、大多数の症例では、反論の余地のない確かな根拠は残されておらず、あるのは患者の身体的・心理的な傷跡だけである。

六　虐待者への怒りと理想化

慢性的で激しい児童虐待は、虐待する側と虐待される側の間に奇妙なきずなをつくりあげることがある。これは近親姦では特に真実であるようだ。ある女性患者は、私から、近親姦の父があなたを虐待したのだと言われたとき、信じられないくらい私に対して腹が立ったと述べた。わたしの父を児童虐待者だと告発するなんて先生はとんでもない奴だ！　児童虐待者なんてこの世のクズじゃないですか。問題は、私の話が、彼女の父についてのものだったことにある。彼女は失望し、数カ月のあいだ面接に来なかった。ただ、その間に、彼女は、ひょっとして自分が虐待された子どもだったかもしれない可能性があることを受け入れようと努力していたのだった。実際に、どの多重人格患者も、虐待者を理想化し、虐待の記憶をもたない交代人格の一群がある。このような交代人格たちは、かつて虐待者と暮し続ける子どもとなって適応し、現在も適応しているのだろう。このような交代人格は、持続的な恐怖を一休みさせ、その子どもが虐待者の与える養育と愛情とを引き出すことを可能にする役をしていたのだ。

同じ人格システムの中には虐待者に対して殺してやりたいほどの怒りを抱いている人格も存在するはずだ。このほうの交代人格は虐待者を「自分」の親とは認めず、虐待者を実名で呼び捨てしたり、あだ名をつけて呼ぶ。チャンスがあれば虐待者を殺してやると脅すことがあって、治療者を法的に難しい立場に立たせる。現在、他害の企図を通知するための、タラソフのガイドラインがあるからである。私はこの脅しが実行されたケースを一例も知らないが、どの場合も真剣に検討すべきことである。具合の悪いことに、こういう人格たちが虐待者に対して感じる怒りの相当部分が、スケープゴート的に治療者にかぶせられる。治療の初期段階では、解釈はこの過程にとんと影響がないのが普通である。治療者は限界設定をし、どんな形でも患者が治療者を虐待することを許してはならない。ここで限界設定の模範をつくっておくことには、虐待者を殺す他に、別のやり方で虐待に対処する方法がいくつかあることを示すという副次的な効果がある。

七　虐待の再現

虐待の再現は通常少なくとも二つの層で生じる。それは人格システム内と治療関係内である。典型的な場合では、治療外の人間関係でも起こる。以前の心的外傷を再現しようという犠牲者の欲求は、災害による心理的影響に関する文献で繰り返し記述されている[157]。子どもならプレイを反復して事件を再体験する。成人ならフラッシュバックと語りによって再体験する。多重人格者は治療の中で虐待等価物を新しく創り出す欲求をもつようだ。たいていの場合、この虐待等価物は象徴的に表されるが、治療者の精神病理のあり方によっては、治療者を誘惑するとか性的アクティングアウトに至ることがある。

治療場面で起こるもっとも痛ましい虐待等価物の例は、患者を「救う」ために、ある種の「虐待的」行為をせざるを得ないと治療者が思ってしまう状況である。一例を挙げよう。子どもの頃、その女性患者は何度も父に縛られて、フェラチオを強制されていた。最後の入院のときには、患者の拒食と自殺の傾向が非常に強まっていた。病棟スタッフは経鼻胃管で栄養を与えようとしたが、患者はいつもチューブを引き抜いた。結局、スタッフはしかたなく四肢抑制をせざるをえないと感じた。患者はベッドに縛られ、のどにチューブが押し込まれた。何とも皮肉にも、これはまさに患者のかつての心的外傷の再現である。しかし、すべてが生命保護の名の下に行われた。(私は)「治療的」介入が幼少時の虐待に似ていることを全関係者に指摘して、強制摂食を中止させた。患者はその後短期間で退院することができ、自活できるようになった。患者の「ため」に患者の嫌がることをすることもやむを得ないと思う治療者は、もう一度考えなおしてみるべきである。

人格システム内での過去の虐待の再現はシステム内部での迫害という形を取るのが普通である。特定の交代人格が身体に虐待を加える。名目は他の人格に加えることであり、行うのは小児期にこうむったと同じ虐待（あるいは象徴的に同じ）である。ＭＰＤの人格システムには加害者も被害者もいる。加害者人格は患者を実際に虐待した人物がほぼそのまま取り込まれたものであろう。この内部の迫害者たちを活性化する因子がいくつかある。小児期に虐待が始まる合図になっていた日常生活の出来事に刺激されることもあろうが、それよりももっと多いのは、患者が過去の虐待の細部を治療者に語り始めるときに活性化される。この場合、内部の迫害者は（患者が）過去の心的外傷について話すから患者を「罰する」のである。当然、これは患者がそれ以上打ち明け話をすることに対する抵抗を高める。虐待は除反応的なやり方で思い出し再体験することだけが苦痛なのではなく、そうすることで、虐待者を内面化した人格からの虐待をもう一度受ける羽目になりかねない。

患者は外的世界の対人関係によって虐待を再現することもある。たとえば、性的に虐待された多重人格者の大部分のなかには性的放縦（乱交的）人格がいて、患者に性的な外傷体験をするようにお膳立てする。ふつうの筋書きは、性的放縦人格が虐待的なセックス・パートナーを引っ掛けた後、性的堕落の絶頂で、恐怖にふるえる、しばしば冷感症の主人格に身体をあけわたす。なぜそのようなことをするのかとある交代人格に尋ねたところ、「あの子［主人格］がまだ小さかったときには、私はあの子の代わりをしなくちゃいけなかった――。今度はあれがどんなもんだかあの子に味わわせてやりたい」と私に告げた。

再現行為の力動は複雑であるが、いくつかの力がはたらいてそうさせていると思われる。伝統的な考え方によれば、再現行為とは、患者が心的外傷を手遅れながら自分が自由自在に処理できるように、心的外傷を受けたときに感じた無力感を克服しようとする行為である［108］。だが、ＭＰＤの場合、次の第二の力動のほうが重要であると私は思う。すなわち健忘障壁を破って、記憶している苦痛を他の人格たちに転送しようとする試みである。除反応の治療的効果の一つは、それまで単一あるいは小グループの交代人格の中に閉じこめられていた過去の外傷体験をより広くわかちあうことにある。苦痛な記憶をより大きなグループがわかちあうというこの過程は記憶されている体験の強烈さを薄めるように働き、最終的には消化し消滅する助けになる。内部の迫害行為の多くは外部の観察者には心ない残虐行為にみえるが、実際には未消化な苦痛を分かちあって薄めようとする試みであって、ただ間違った方向に誘導されているだけかもしれない。

八　罪悪感と羞恥心

罪悪感と羞恥心は心的外傷に対する反応であって、多重人格者だけでなく、自然災害の被災者やＭＰＤにならなかった身体的／性的虐待の犠牲者にも共通である。普通はいくつかの原因がこの罪悪感を強化する。大多数の多重人格者は低い自己評価をもっているが、これはＭＰＤでない児童虐待の犠牲者にもみられるものであり[281]、自分には生きる権利がないと感じるものである。一部の例では、ペットや同胞が殺されるのを目撃しており、この体験が「生存者罪悪感」を起こしても不思議ではない。つまり、あちらは死んだのにどうして自分が生き残ったのかという疑問を抱くのである。交代人格のなかには自分は醜い悪い者だから奴らに何をされても当然なんだと考えている人格もある。また、交代人格の一部には虐待を誘発した責任が自分にあると考える人格がいる。それは、ＭＰＤでない被虐待児にも、親の虐待行為の責任を自分に引き受ける非現実的な責任感の持ち主がいるが、それと同じものである。

実際の事実にもとづく罪悪感もよくある。多重人格者で自分でも恥ずかしいと思うことを自分自身や他人に行ってきた者は少なくない。治療者はどの感情が現実にもとづいており、どの感情が「神経症的」なのかを区別し、それぞれにそういうものとして対応しなくてはならない。この区別が難しいのは、罪悪感や羞恥心を生んでいる現在の行為の多く、たとえば性的乱脈のルーツが過去の心的外傷と非現実的な責任の引き受けと自責にある場合があるからである。

九　身体を取り合うこと

治療の初期には、身体を使う時間を奪い合うことが交代人格たちの大の関心事であるはずだ。今誰が身体を使っているかという問題は多重人格者にとっては永遠に変わらない問題であるが、患者が自己の多重人格性を認めはじめるにつれて、身体使用時間の奪い合いが激化するらしい。診断される前には、今平等の時間を要求している人格たちの少なくとも一部は「表に出る」ことや認められることを極力避けようとしていたはずである。また連鎖反応が生じて人格システム全体がかきまわされ、以前はあまり登場しなかった人格が活性化されることがある。

身体の奪い合いはいろいろな現れ方をする。人格たちが直接に時間を要求したり、「身体を奪って破壊的なあるいは自己破壊的なことをするぞ」と脅したり、交代人格が逃亡劇を演じる（これは主人格には遁走エピソードという体験となる）などである。交代人格が治療時間をもっと増やせと要求することもあれば、治療以外でもっと長時間「出ていたい」と要求することもある。この場合、治療者が責任をもってなすべきことは、何が適切な行動で何が不適切な行動か、コミュニケーションと協力とは何か、社会的責任とは何かを問いかけることであって、どの人格が何をいつするときにはどれだけの時間を与えるかをきちんと決めてやることではない。「出る」時間を割り当て実行させるのは人格システムにまかせるべきである。

十　身体イメージの問題

多重人格者の体験する身体イメージはしばしば劇的なまでに歪んでいる。多くの子ども人格は自分を小さくか弱いと体験するため、身体の物理的能力にとっては十分な仕事でもやろうとしないだろう。自分が魅力的であるとか逞しいと感じている交代人格もいるが、自分をぞっとするほど醜い、あるいは虐待によってけがされていると感じている交代人格もいる。他人にけがれを伝染させていると感じる人格さえある。異性人格は自分の身体が実際に異性の身体に見えているだろう。逆に、異性人格が自分の身体のほんとうの性別を認知している場合には、身体を変えようとすることがある。性器や乳房を乱暴に傷つけたり切り取ったりすることから性転換手術を求めることまでの幅がある。ある女性の多重人格者は、腕の筋肉が「男みたいに」逞しくなってきたと私に訴えた。犯人は十七歳の男性人格「ビリー」だとわかった。ビリーは重量挙げが好きであった。彼は「身体を元に戻したんだよ、男の身体にね！」と私に言いつづけた。

身体の統一感を欠くことから、一部の交代人格は自分の生ま身の肉体を乱暴に扱い、安全や健康に配慮しないことがある。治療者は機会あるごとに、人格全員が共有する身体はこわれやすいものであり、いずれはいっしょに死ぬ運命であることを交代人格たちに気づかせ、強調しなければならない。一人が死ねば全員が死ぬということを人格システムが理解するようになると、内部の協力はぐっとよくなるのが普通である。

十一　他の多重人格者に会いたいという望み

多重人格者が別の多重人格者に出会う可能性に直面したときにはしばしば「会うか会うまいか」の葛藤をみせる。同じ道を行く同行者に出会いたい、自分ひとりでないことを証明したい、「私」ではなく「私たち」として生きている他の人たちを発見したい、というのは一面であって、この両義的態度の反面は、別の多重人格者に会うとＭＰＤであるという現実を改めて確認することになってしまうということである。

それでもなお多重人格者が出会ったとしよう。多重人格者の相互作用も多重人格者以外の人と同様な相互作用をする。二人の多重人格者の交代人格の相互作用の数の、ありうる組み合わせ全部は信じられないほど多いはずであるが、人格システム同士の力動の働きによって、もっとも相性のいい人格同士のペアが生まれるのが普通である。管理者人格は管理者人格と交渉し、子ども人格は子ども人格どうしで遊ぶ。二人の多重人格者の間にはしばしば初対面の時に強いきずながができる。このきずなはその後、この二人の多重人格者がお互いをよく知りあうにつれて、現実に即した関係に道をゆずる。こういう関係がむつかしい局面をみせるのは、一つは、どちらかの多重人格者が非多重人格者と関係をむすんでいるような形で相手の多重人格者と関係をむすぼうとする場合である。そうしようとすると、たとえば、かくれて人格交代するなど、多重人格者が人格の多重性を隠すために使っている詐術をすることもある。このやり口は、相手の多重人格者の中に非常にマイナスの感情を帯びた反応を生むだろう。多重人格者はこういうことはすぐ見抜くものであり、最初の多重人格者が自分に「誠実」ではないとわかる。

十二　人格システム内部でのエネルギー配分

多重人格者たちを治療していると、そのエネルギーは平均的な人よりも高水準にあると治療者は思い込むかもしれない。多重人格者は毎晩数時間しか眠らないと報告する研究者はたくさんいる。ある交代人格がくたびれると、別の人格が「出て」来て、さっとその後を引き継ぐ。しかし、人格システム内部のエネルギーは有限である。時には、かつて逞しかった人格が弱くなり、色あせるようになるのを治療者は見ることがあるだろう。「もう死にそうです」というかもしれない。駆け出しの治療者はこのような事態を危機と見てパニックを起こし、瀕死の人格を救おうとすることが往々ある。だがたいていの場合、瀕死だった人格は休眠期間をへて再び現れる。交代人格はより大きな全体へと統合される場合を除いて、恒久的に消滅することはまずないといってよい。しかし、交代人格がある期間不活動状態になることはある。たいていの多重人格者は不活発な交代人格たちの層をもっている。それは、現在の人格システムには不必要なかつての機能を代表する人格たちである。

人格システム内部のエネルギーと活動性の再配分の過程は、変転する必要に対応するために人格システムを進化させるメカニズムの一つである。治療者は人格システム全体に忠実であるべきであって、特定の交代人格にではない。交代人格間でのエネルギーの再配分は人格システム内部に変化が起こりつつあることを示しており、たいていは怖れることでなく、歓迎するべきことである。治療者は消えゆく特定の交代人格を残し保護しようとする闘いに加わるべきではなく、この過程を集団としての交代人格たちが支配権を共有している人格システムの決定とみなして話し合うべきである。

十三　アンビバレンス

アンビバレンス（両価感情）はある大きさをもつ人格システムの特性である。個々の交代人格が少しでもアンビバレンスを示すことはめったにない。実際、個々の人格の目的意識や任務は典型的な裏表なしの単純さである。自殺者人格は自殺を図り、抑うつ人格は救いがたく抑うつ的であり、内部の迫害者は主人格に対したゆまず敵意をもやしている。この事態は、交代人格どうしのコミュニケーションや協力があるレベルに達して、「自己」というある大きさをもつシステムの感覚が芽生えてくると変わる。多重人格患者にアンビバレンスが表れていると認められるときは、やっては取り消すという形が普通である。ある人格がある行為を行えば、別の人格がそれを取り消す。この行為を一つの「アンビバレントな」交代人格の行為と誤解しないようにするのが大切である。治療者は、この左右に揺れる行為の原因になっている人格すべてをつきとめて治療の中で取り上げなければならない。

十四　洞　察　力

多重人格患者の治療経験からして、知的洞察と情緒的洞察は違うという昔の治療者の格言には多くの真実があると思われる。多くの多重人格者は、深い知的洞察力をもって患者の心理学的力動を解説する人格をもっている。とくに内部の自己救済者人格（ＩＳＨ）がこれに当たる。しかし、患者全体がこの洞察を利用できることはめったにない。この洞察を所有している人格は感情が中性的というか平板化しているのが特徴であり、過去の外傷体験の記憶に対してもぞっとする将来の見通しに対しても、機械的無感情的に語るはずである。有効な洞察はもっと後に、解離された感情の大部分が統合されて、共通の大きな自己意識の中に入ってはじめて生まれるものである。

三節　転移の問題

一　多重人格者における転移

この患者の治療は精神分析的な方法にそって行われたが、こういうやり方の治療には患者にとっていくつかの恐ろしい障害があることに私は気づいた。私にとってもっとも重大だと思われたのは、転移の中で今何が起こっているのかをできるだけ正確に知ろうとしても、どの時点でもまったく手がかりがないことである。それは(a)転移が変化すること――時にはまったく唐突に、多くは緩慢にそして微妙に――と、(b)治療者が直面しているのは一つの転移ではなく、人格すなわち自我状態一つ一つの転移の集合体であることによる［166, p. 250］。

初めて多重人格者を扱う治療者の多くは、患者がきわめて複雑な転移・逆転移反応を発生させる能力をもっていることを、程なく思い知らされることになろう［362］。「転移」とは「治療者に対する反応であるが、もともと小児期の重要人物とくに親や同胞への反応であったものを下敷きとする反応であって、相手を変えて治療者に向けられるようになったものである」と定義されよう［204, p. 151］。転移反応はしばしば一次過程的で、幼児的で、蒼古的で、圧縮され、多重決定的である。転移はしばしば患者の過去の重要人物（すなわち「対象（オブジェクト）」）の治療者への置き換えである。この「置き換え」は単一の外傷的事件にかんしてなされることも反復性の外傷的事件にかんしてなされる場合もある。しかし忘れてならないのは、患者の治療者に対する反応は、現実に根ざした刺激への適切な反応から、非現実的で非常に不適切な、はてはどんな精神病的な反応までの幅の連続スペクトラムのどこかの一点に位置づけられるということである。

転移に関する古典的論考の大部分は患者－治療者という二者関係のことばによって語られてきた。しかし、多重人格者の交代人格たちは、治療者に対してそれぞれが半独立的な転移を示しても不思議ではなく、このことが問題をさらに一次元分複雑にする。古典的な二者関係の転移反応は多層構造であると考えることができる。すなわち、患者の反応は患者の生活史のいくつかの別個の時期の何人かの重要人物とのいくつかの幼児体験からとったものであるから多層的なのである。一つの人格のまとまりをもつ患者の内部には多数の相異なる転移幻想システムが存在して一種の階層秩序をつくっており、一部の反応は他の反応を隠蔽ないし抑圧するようになっているらしい［204］。

多重人格者では、任意の交代人格一つ一つの転移反応が、生活史の特定の期間中のばらばらの事件にもとづいており、非多重人格患者に見られるような多層構造を反映していない。多重人格患者に見られる多層構造は、多くの交代人格が同じ刺激に対して半自律的に別々の反応をすることによって生じるものである。たとえば、治療者が多重人格者の身体に触れたとしよう。すると、一部の交代人格は、かつて慰め世話してくれた小児期の重要人物を治療者に転移する転移体験を起こすかもしれない。ところが同時に、別の交代人格たちは治療者を虐待者やレイプ犯と感じて、接触を非常に汚らわしいものと感じるかもしれない。この相克する転移反応群は、同時に表現されることも、順々に表現されることも、両者の組み合わせで表現されることもありうる。

二　多重人格者の転移をどう取り扱うか

多重人格者の治療の中で治療者が直面する転移は、ほとんどの場合、古典的精神分析におけるような構造化された転移神経症ではなく、ばらばらのまとまりのない転移反応である。型どおりの転移神経症は「転移反応と空想から発展し加工された情動的疾患」［204. p. 195］と定義され、治療の目標はこの転移神経症の解消である。転移神経症は過去の体験の再現とされ、それが今ここで治療者を相手に体験されるのだと考えられている。しかし、転移反応は必ずしもそのようにまとまったものではなく、普通はまとまらない形のままで処理する必要がある。多くの場合、体験材料の転移的側面はいっさい無視して、体験材料の現実的な内容とその患者への圧力に治療の焦点をおくべきである。ＭＰＤの治療では一般に、治療者は一過性の転移現象に対しては、治療を進める上で重大な障害となっていないかぎり、探索も強調も言及もするべきではない。

精神療法において転移反応を扱う際のラングズ（一九七四ｂ）の原則は多重人格者の治療にもおおむね妥当する。すなわち、⑴転移反応の精神内界におけるルーツをつきとめ、患者が過去に関わりをもった人（たち）で現在の治療者への態度の基底にあるのは誰なのかを決定し、⑵転移反応を発生させた過去の体験が患者の生活史のいつに起こったのかを同定する。この第二点で重要なのは、その時点での患者の機能レベルである。その機能がどれか一つの交代人格の反応の中に具現しているかもしれないからである。転移される材料とは通常、記憶、空想、過去の知覚（現実的な知覚と非現実的な知覚）の混合物である。

1　転移反応を引き起こすもの

多重人格者の転移反応はさまざまな刺激によって引き起こされる。たいていの引き金因子の出所は治療の場の内外の現実的体験である。多重人格者の、強く感作された、極度に警戒的覚知性の高い知覚システムは一見変哲もない多くの体験を拾い上げて、これに反応および／またはこれを除反応する。多くの症例では、主人格が転移反応を最初に現すが、その時点ではまだ何が刺激や体験のもとかさっぱり見当がつかない。

多くの転移反応は治療者によって引き起こされる。これらの反応の出所には以下のようなものがある。

(1)治療場面の見え方や治療場面にあるさまざまな物。たとえばある患者は大きな除反応発作を起こした時、私が近親姦を犯した父親に見えたのだが、それは私が彼女の父のもっているのと同じ上着を着ていたからであった。

(2)治療者が理論的ないし治療的にとっている態度。

(3)治療的介入が子どもの頃からのしつけなどの体験をたっぷり思い出させてくれる場合。

(4)治療の中で介入とは無関係だが避けられないこと、たとえば治療費を請求するとか、面接を取り消すとか、バカンスなどによる一時別離、面接中の突然の中座など。

(5)誤った方向の、あるいはへたくそな治療的介入。多重人格患者は治療者の間違いには並外れて敏感である。

多重人格者においては、転移反応は、過去の心的外傷を具現している交代人格の治療過程において外傷体験の覆いをとり、引き出す行為自体が主な原因である。患者の非常に情緒的な転移反応のなかに治療者を巻き込むには、治療者の性別やたんに治療者が目の前にいるというだけで十分であることが多い。この場合、患者は治療者を転移対象であると幻覚しているくらいの深刻な認知の歪みがあることが少なくない。この歪みは治療者の身を危険にさらすことがある。

2　転移反応の形態

転移反応の引き金を引くものは転移のあり方に影響を与えずにはおかない。だが、何よりもまず転移のあり方を決定するのは多重人格者の人格システムの構成物である。存在する交代人格たちの性質と、人格たちが患者の行動を陰に陽にコントロールする際の人格間の上下関係が転移反応のとる形を大きく規定する。ウィルバー（一九八四ｂ）によれば「一つ一つの人格の転移感情体験は、その人格が人格複合体の中で受けもつ役割次第であること、そしてこの役割はその人格がかかわる葛藤と情動反応およびこの人格がよびさました防衛反応との関係に関連して決まることをわきまえていなければならない」[362, p. 31]。

たとえば、ひどく心を傷つけられ恐怖におののく幼小児人格が人格システムのなかで大勢を占める場合には、治療者を過去の性的虐待者として認知する転移反応は、すすり泣きや家具の下に隠れるなどの退行した行動に表現されるだろう。だが、人格システムが性的虐待に耐えてきた青春期の人格を含んでいる場合には、同じように治療者を性的虐待者だと認知しても、治療者を操作し、あるいは誘惑する反応となるだろう。多重人格者の多くは、患者の生活史の別々の時期由来の反応から推察できるように、ある年齢幅の交代人格が（集まって）一つの転移反応に参加する。このことがしばしば治療者を混乱させる複雑で変転きわまりない行動を生み出す。

転移反応で、治療の場の中の治療者が直接のターゲットになることがある。こういう転移反応のたいていは一次過程により歪曲され支配されているものである。転移反応が治療の場以外でのアクティングアウトとなって現れることもある。こういう反応は直接間接に治療の妨げとなるだろう。アクティングアウトの中には、治療外での性的放縦行為や暴力行為というかたちをとることもあれば、もっと陰微なかたちのこともある。たとえば、別の（しばしば善良な）治療者たちを治療過程につれこもうとする。おきまりの筋書きはこんなふうだ。ある人格が救急室で姿を現す。最近の治療面接の中で起こった何かのために大量服薬や自傷行為をして連れてこられたのだ。ここで、その人格は治療者に関してあちこちを抜いたり歪曲したり作話した情報を話して、治療に別の治療者を巻き込もうとすることがある。残念なことに、「悪い治療者」から「救い出してやろう」とする前に、話全体の粉飾を剥いでみようとする専門家は多くない。多重人格者がある治療者の手によってこうむった不正について口にするのを聞くときには、若干の懐疑主義と多少の冷淡さが必要だろう。多重人格者の語ることは話一つでも表と裏どころかそれ以上に多面的であるのが普通である。

四節　逆転移の問題

多重人格患者はしばしば独特で複雑な逆転移反応を治療者に引き起こす [95, 190, 306]。ここでいう「逆転移」を次のように定義しておこう。すなわち、逆転移とは、治療の中のなんらかの事態によって引き起こされ、患者に向けられる治療者側の反応であって、治療を進展させるのでなく治療者の欲求の充足に向けられたものである。この項では、今までにわたしがＭＰＤの治療やスーパーヴィジョンにおいて何度も遭遇したいくつかの反応と状況について述べよう。決して完全なリストではないが、治療の進展を阻害する逆転移反応のうち比較的起こりやすいことは網羅しているだろう。

多重人格患者一人の交代人格の多くは治療者の中に明確な別個の逆転移反応を生じさせがちである。そのため、一人の多重人格患者を治療している一人の治療者が、同時に一つの人格に敵意を、別の人格に性的感情を、さらに別の人格に保護欲と育成欲を感じてもおかしくない。治療者は一人の多重人格患者との面接の間じゅう、あちこちに引っ張りまわされるように感じ、患者の中でも自分自身の中でもいったい何が起こっているのかを、たしかめようとしてもがき苦しんでも不思議ではない。そもそもこの病いは治療者に魅惑から恐怖までのさまざまな反応を起こさせるものである。

一　患者とは誰のことか

はじめて多重人格患者を治療する人が「患者とは誰のことか」という疑問に陰に陽に悩むのを、私は何人も見てきた。そのような場合、治療者の頭にある「患者」とはそもそもは治療に現れた主人格である。ＭＰＤと診断し、他の交代人格が出てくると、ほんとうに「患者」なのは誰か、治療者にはわからなくなる。この混乱が起こりやすいのは、他の人格からひどく悩まされる、と主人格が訴える場面においてである。治療者は主人格に対しても一般に医者が患者に対して抱く強い忠誠感情を覚えていて，他の人格たちは主人格ほど治療者に助けてほしいと訴えていないように感じやすい。この混乱感がさらに高まるのは、主人格がじつはいくつかの交代人格がひそかに共同して単一の主人格という表向きの姿をつくっている場合である。ＭＰＤであると診断され、多重人格であると公言することをゆるされたとき、こういう表向きの主人格は治療者の眼前で融けて消えてしまうことが多く、治療者は自分が知っていて「患者」だと思っていた人はいったいどうなったのかと茫然としたまま取り残される。

見かけ上の「患者」が消失し、異なる存在の集合体（なかには治療者に対する敵意をもっているものたちもいる）に置き替わるという事態に直面した治療者は、しばしば騙され、裏切られ、みすてられたという感じを抱く。治療契約の本質が踏みにじられたように思う。治療者は衝動的に主人格を復活させようとすることもあるが、この試みは全体としての患者を相手とする治療を行き詰まりに陥らせるのが普通である。治療者は患者が文字どおり多重人格であって、治療作業は人格システム全体を相手に行うべきであることを認識するようにならなければならない。はじめて「患者」が消えて見も知らぬ存在に置き替わるのを見た治療者には、患者を失い治療に失敗したという感情が起きるだろうが、交代人格が表に出現したことは信頼の表現であると理解するべきで、欺瞞だという誤解をすべきではない。

二　患者のことをきちんと覚えていること

本質的に別個な二つの生活史、二群の感情、二群の認知を頭の中ではっきりと区別しながら治療を行うことも、これまた難しいものである。二つの人格は人間に対してても状況に対してもまったく正反対に反応した。性的な好みのように明らかに違うものを正確に記憶することは容易でも、家族に対する態度などの微妙な分野は力動的見地が重要であるのに想起しにくかった[95, p. 512]。

多重人格の治療にたずさわる治療者の多くは、自分がたえず追いかけては処理しなければならない情報の量だけでも、ただもう圧倒されてしまうと感じるものである。一部の人格は、治療者が別の人格に属する事実や感情をまちがってその人格のものだとしたときには非難中傷されたと憤るために、この困難はさらに倍加する。治療者が情報をきちんと覚えていないと人格たちは治療者に怒り、治療者を軽蔑するので、この体験を重ねてゆくと、ついには治療者のほうが患者への怒りと鬱憤という逆転移感情というかたちで落としまえをつけるようになってしまうだろう。

この問題を取り除く簡単な方法はない。人格たちとその属性をカルテその他の記録紙に書いて保存して、経過記録の一部としてこの情報をいつも最新のものとしておくということで、一般には対処することができる。それでも、いつ誰が何をどこで言ったのかを治療者が抜かしたり間違えることはきっとあるだろう。多重人格者たちはこの種の情報の記憶には不気味なほどの能力をもっているように思える。患者－治療者の相互関係のことから細かな事実の末までを強迫的に（繰り返し）思い出し、たどり直しているのだと私に説明してくれた多重人格患者も多い。この強迫は時間欠落と健忘を補う行為である。治療者は思い違いをして手きびしく訂正されたときには、細かい点について言い争うよりも、自分が間違うこともありうると認めて、正確にはどうなのかを教えてほしいと求めるのがよい。

三　患者に対して「リアル」であること

「彼女といるときは他の患者といるときよりも、自分はもっともっと『リアル』でなくてはならないことに気づいた」。ある生え抜きの精神分析家がはじめて多重人格患者を数週間診た後に私に向かってこう言った。多重人格者は伝統的な治療境界のあらゆる箇所のぎりぎりのあたりに迫ってくるので、ある一つの理論あるいは治療的立場をかたくなに守っている治療者はとくに居心地の悪さを覚えるだろう。こういう治療者は多重人格患者の臨床において実際に観察していることとプロとしてのトレーニングの教えることとの板挟みになっている自分に気づくことだろう。

精神分析理論が伝統的に擁護するのは「中立」的な無反応性の立場だが、たいていの多重人格者はこれに耐えられない。患者はそれとは違う仕方でかかわるように治療者に強要するはずである。さもなくば治療同盟が解体する。患者との通常のかかわりかたを捨てさせようとする治療者への圧力は、治療者の中に、患者に操られ、自分の治療者としての権威をないがしろにされているという感情を引き起こすだろう。治療者は、現実的・直接的・積極的なやりかたで反応してほしいという多重人格者の現実にもとづく要求と、自分がやりやすくて効果的治療的立場を維持したいという自分の欲求の両者の間に折り合いをつけて一種の平衡に達するようにしなければならない。多重人格者との治療が効果的であるには治療者は柔軟でなくてはならず、しかし、いくつかの治療境界線はかたくなにまもらなくてはならない。そうでなければ、治療は混沌に堕してしまう。こういう矛盾は多重人格の治療のいたるところに顔を出すものである。

四　患者は絶え間なく変わる

「こういうことがいつまでも終わらないということもあるのだろうか。新しい人格が次々とあらわれてくるということはないだろうか。これは底なし沼なのではないだろうか」。私は、牧師カウンセリングで多重人格患者の治療を行っていた聖職者から、こういう質問をされたことがある。彼の治療する多重人格患者は人格の断片化が進んだ難しい症例だったが、それにもかかわらず、社会的機能を果たしており、めざましい回復を見せていた。しかし、彼は次々にあらわれては新しい危機を生み出す「新しい」人格と人格断片の大群に圧倒され消耗していた。複雑な多重人格患者を扱う治療者は終わりがないのではないかと絶望し、人格数が等比級数的に増大しつづけて、各人格が秘めている問題に取り組み、それをワークスルーする能力を越えてしまうのではないかという恐怖をもつことが少なくない。

多重人格患者の治療をしている治療者がこの際に体験する感情は一種の欲求不満感覚である。それは、患者の人格システムが、治療者がアクティヴな人格たちと余裕をもって接するようになれるまでの長い間同一の状態でいないからである。交代人格が出没し、人格たちがもっているエネルギーと能力と人格同士の関係とは不断に変化する。そのために治療者はどれが主要人格たちなのか、面接のたびにいつも確かであるとは限らなくなる。

患者の絶え間ない変化が止んでほしいと願うのは治療者として当然であるが、変動は解離性障害の主要徴候である。肝心なことは、多くの場合、変化は治療過程の一部であり、望ましいものであることを心に留めておくことだ。新しい人格の出現と人格間のバランスの変化は人格システム内部の新しい適応の現れであり、おそらくは治療に反応した結果である。交代人格が治療によって作られることもあるが、そういう人格の大抵は限定された役割と限られた寿命をもった特別目的の人格断片である。異常な治療においては、もっと永続的な交代人格が虐待的な治療者－患者関係によって作られることはあるが、こんなことは例外である。特別な人格ではなく人格システム全体に焦点をあてることによって、患者の、水銀の粒のように容易に捉えられない性質を和げることができるだろう。

五　過去の心的外傷の具体的細部を治療するのは難しい

多重人格患者を治療していくと、結局、治療者は過去の心的外傷体験をその映像の細部にわたって扱うことになる。多重人格者が被害者から加害者への転身を起こすこともあるので、他者への暴力という患者の迷惑行為にかかわる内容のものもあるかもしれない。これらの出来事の細部は治療者の中に、不安、怒り、嫌悪感、実存的な死の恐怖という形の逆転移感覚を呼び覚ますことがある。それに並んで心配、共感、無力感などを強く感じることもあるだろう。児童期の身体的・性的虐待の具体的詳細な物語によって治療者の中に引き出される共感反応は強力なものでありうる。治療者は、虐待の赤裸々で詳細な話が、自分の内部の、自認すると心が乱れる衝動、たとえばサディスティックな、懲罰的な、あるいは窃視症的な衝動をかきたてていることに気づくこともあるだろう。

これに関連する第二の逆転移現象は、心的外傷体験の想起が患者に及ぼす影響――多くの場合は苦痛な除反応ないし再体験という形をとる――によって引き起こされる。除反応に対して治療者がこうむる混乱は深刻であり、何日も余韻の残ることがある。治療による探索が除反応の引きがねをひいたとき、多くの患者は自分の苦痛を強めたといって、治療者を問責あるいは非難することもあろう。この種の体験の後で「ちっとも良くならないどころか前より悪くなった」といって治療者を陰に陽に非難することはよくある。

その結果、治療者は心的外傷体験の話題に二重に感作されてアレルギーになってしまうことが少なくなく、まだ語っていない外傷体験が存在すると患者がヒントや手がかりを与えても、それを取り上げようとしたがらなくなることにもなる。治療作業の中核は、解離されている心的外傷体験を取り戻すことであり、そしてこの体験を患者のより大きな記憶と自己同一性感覚の中に統合することである。治療者は外傷体験内容に耳を傾けることから来る逆転移感情を自覚していなければならない。クラフト（一九八四ｄ）は、多重人格患者の被外傷体験に感情移入することは治療者にとってしばしば過酷な体験であると述べている。「手を引きたくなる、知性化したくなる、あるいはその出来事が事実かどうかを防衛的に何度も反芻して考えたくなる」[190, p. 53]。患者は自分の身に起こったことを聞くのに治療者が耐えられないことをやがて知り、治療過程は次第に停止に向かうだろう。こういう場合、事態を認め、やむをえなければ、患者とともに心的外傷に直面することのできる治療者に患者をまわすほうがよい。

六　誘　惑

多重人格患者からの誘惑は実際にある問題である。ちゃんとした調査結果はないが、多重人格者と治療者の両方から十分な数の話を私は非公式に聞いている。それによれば、多重人格患者は他の疾患の患者よりも治療者を性的に巻き込むことが格段に多いと考えてよいだろう。多重人格患者のセクシュアリティは通常少数の人格内部に分割して封じこめられている。女性患者が売春にかかわる人格（たち）をもっていることもまれでない。主人格は一般に無性的であるか、あきらかに性に脅えを抱いている。子ども人格も通常無性的であるが、だっこ、だきしめなどの形で治療者からの感情表現を求めてくることがある。性的なものをあらわにした青春期あるいは成人の交代人格が、治療者がこういう感情表現をしているさなかに、治療者が咄嗟に気づかないくらいすばやく交代し、治療者がその結果に考え及ばないうちに「出て」くることがありうる。

性的な交代人格による誘惑行為は、治療者が過去の虐待者と同じように振る舞うかどうかを見るために治療者をテストすることでもあり、同時に、治療者を支配しようとする試みでもある [306]。誘惑は過去において患者が虐待者をコントロールする唯一の方法だった。虐待者を誘惑することを学んだのは、性的虐待がどうせ避けられないならば、せめて状況と時期とをコントロールするためだったと私に話した患者は一人だけではない。ある患者の場合には、誘惑行為は、虐待者の注意を年下のきょうだいから逸らすための保護者としての試みでもあって、これは患者の大きな自己犠牲である。

治療経過のどこかの時点でたいていの多重人格者は治療者を誘惑しようとする人格をもつようになる。実際、治療者がひそかにこれを期待することもありうる。ここでトラブルに巻きこまれる治療者は、すでに他の治療境界をたくさんやぶってきて、自分たちにはルールはあてはまらないと思い込んでいる連中だと私は思う。これは最初の多重人格者を治療している治療者にとくにあてはまることである。

これに関係する問題として、多重人格者の一部は治療者を「性的に虐待する」。私は、二、三の患者の特定の人格から性的ハラスメントを受けた経験がある。ハラスメントとはときおり私のあそこをつかんだり撫でたりしようとすることだった。もっとよくあることは、ある人格が診察室で服を脱ぎはじめたり、留守番電話にあからさまに性的なほのめかしやコメントを残すものである。この行為は治療者をターゲットにした攻撃の一つだと私は思うが、人格システム（できることならその行為を行う特定の人格も含めての）との契約によってすみやかにコントロールする必要がある。もしそれができなければ、治療者は治療を終結すべきである。こういう行為は治療者に対する暴力ないし暴力的な脅しの等価物であり、だから容認できないと私は思う。私は暴力行為が予想されるときと同じやりかたでむき出しの性的な行為を扱う。たとえば患者と会うときは他のスタッフに同席してもらうといったやりかたである。

七　リペアレンティング

多重人格者は多くの治療者の中にリペアレンティングの空想と欲望を喚起する。子ども人格はとくに自分を養育し抱えてくれる良い親を乞い求めているようだ。彼らの苦痛な経歴と現在の苦悩は親《おや》的な感情を強力に引き出すだろう。多少のリペアレンティングは、多重人格であろうがなかろうが、たいていの患者の治療に不可避のものであるし、転移という力動の一部である。しかし、他の問題にもいえることだが、多重人格者はこの過程を極限まで押し進めようとする。治療者が多重人格者を自宅に招き、一から育てなおそうとしたような場合もあった。これはうまくいかないし、結局は重大な問題を引き起こすことになるだろう。

そうではなくて、リペアレンティングの過程は多重人格者の内部で起こらなくてはならないと私は考えている。成人人格がまず子ども人格を認め、結局は保護し、世話し、養育しなければならない。私の経験ではこのやりかたはうまくいく。成人人格たちは子ども人格たちを適切な時に適切な状況で「外に出」させ、子ども人格たちに暖かく育てられる経験を与えるのを学ぶようにする。また子ども人格の多くが保持している解離された外傷体験を子ども人格同士で分かち会うための手助けをすることをおとな人格たちは学ぶ。子ども人格が外傷記憶を物語りあるいは除反応するあいだ、おとな人格（たち）が子ども人格を「かかえている」ことはとても有用である。適切な内的リペアレンティングがあれば、患者は傷だらけの発達体験の多くを修正することができ、同時に人格システムとそれが身体的情緒的なサヴァイヴァルのために果たした役割に対して前にもまして敬意を感じるようになる。

八　世界一偉大なＭＰＤ治療者であるという幻想

多重人格者は人の虚栄心をめいっぱいふくらませ、――それからピンで一刺ししてしぼませる方法をもっている。過去のさまざまな体験から患者は人間の本性に対して猜疑的で冷笑的になっている。どの治療者も多重人格患者から（明言するか暗示するかはともかく）「先生は今までＭＰＤを治療してきた治療者で一番素敵なひとだ」と聞かされ始めた時のことを覚えておきなさい。患者にはこれは真実だと思いたい部分があり、治療者にもそういう部分がある。しかし一方で治療者が失敗するように仕組みたいと願う部分も患者にはある。それは患者の人生上の重要人物がことごとくほんとうはならずもので信用できないということをもう一度証明したいと願う部分である。新しいＭＰＤ治療者が手に入れた急ごしらえの「熟練者感」の背後には、多重人格患者から「先生がどれだけ特別ですばらしいか」というおだてを聞いた体験が潜んでいると私は思う。このような治療者の誇大感は早晩くじかれるだろう。治療者が万能感と誇大感に陥りやすい傾向を多重人格患者はテストやおとし穴のためにせっせと育てるのである。治療者たる者は慎重かつ謙虚であるべきである。

九　多重人格患者に「悪口をいわれる」こと

このことの裏側として患者から公然とおとしめられることがある。たいていは治療者の面前ではなく、間接的に治療者の耳に入るような形で起こる。多重人格者はいつも他の治療者たちと話しては（自分の治療者と）比較している。可能ならいつでも、治療の中に他の治療者や関心をもつ連中をひきこもうとする。その行いに非の打ちどころがないと私が思っている治療者について多重人格者がひどいことを言うのを私は聞いてきた。私も多重人格者たちから酷評されたことがある。それは人を傷つけ、怒らせるが、治療者が患者を援助するために一生懸命働いてきたと思っているときにはとくにそうである。内容の多くは文脈をはずして語られ、しばしば極端に歪められているので、中傷された治療者は患者から騙され、裏切られ、いじめられたと感じるだろう。

こういう治療者のおとしめは多重人格の力動では避けられない一面だと考えるべきだと私は思う。強い陽性感情が一部の人格（たち）のところにあれば、それと同じくらい陰性感情をもつ人格もいるだろう。たいていの多重人格者は自分の治療者は善良で面倒見がよく、全知全能であると思いたいのだが、重要人物はすべて邪悪で、信用できず、虐待的であると信じてもいる。親密に、依存的になりすぎることを恐れながら、しかも大部分の患者は短期間に治療者にひどく依存するようになる。治療過程のなかで続く「悪口」は、多重人格者が重要な転移対象に関して体験する感情両極化のあらわれである。もし「悪口」が治療者と患者の間で問題になり、治療の進展の抵抗となる場合には、これを転移の一種として解釈すべきである。一方、治療者たる者は治療者仲間に対して寛容で、また、彼について言われていることを少し眉に唾をつけて聞くべきである。ここ以外のどこかで、あなた自身も同じようなことを言われているだろう。

十　同僚にどう思われるかという恐れ

八年間事実上この国のＭＰＤ治療者の中心を勤めているうちに、多くの臨床家が同僚からからかわれたり仲間外れにされたりすることを恐れてこっそりとＭＰＤ治療を行っていることを知った。ＤＳＭ－ⅢやＤＳＭ－Ⅲ－ＲにＭＰＤが採択され、臨床文献の量が増してゆくために、そういう恐れはいくぶん弱まった。しかし、多くの治療者はＭＰＤを治療していると人にいいたくない気持ちでいる。精神科医からの医学的バックアップに依存している臨床心理士、精神科ナース、ソーシャルワーカーはとくにそうである。

いまだかつて多重人格患者を「見た」ことのない専門家にこの病気の存在を信じてもらうのは難しい。コーネリア・ウィルバーのような傑出した治療者でさえ、無知な専門家たちから「患者との二人精神病を延々と続けている」と公然と罵られてきた（たとえば、[348]を参照）。無知や悪意によってＭＰＤの存在を否定しようとする人たちとは論戦をやめるほうが賢明だと私は悟った。今のところ、こういう人たちにはおだやかにＤＳＭ－Ⅲ－Ｒと文献リスト[41, 92]を示し、山ほどある証拠を自分の代わりに論じさせるようにするのがよい。好都合なことに、自分の患者の中にＭＰＤを発見してくれた懐疑論者の場合も多かった。ＭＰＤの存在に対する懐疑論者を熱烈な信奉者に変えるには、自分自身で診断を下してもらうにしくはない。

ま　と　め

本章では多重人格患者の精神療法過程でしばしば問題となるテーマについて論じた。限界設定の問題を探求することからはじめ、そして多重人格患者はしばしば格別の配慮を要求する（そして必要かもしれない）が、治療者のほうは治療の境界線と、できることとしてよいことは何々かという明確な一線を守らなくてはならないという基本原則を強調した。そうしなければ治療は速やかに堕落して混沌に陥ってしまうだろう。

多重人格患者たちの人生の中心問題はコントロールであり、それは治療中にさまざまなかたちで表面化するだろう。コントロールをめざす闘争とコントロールを失うかもしれないという恐怖は覆いを取り除いて行く作業への抵抗として働く。緊急時は治療者は入院によって一時的にコントロールをわが身に引き受ける必要があるだろうが、たいていはコントロールは人格システム全体にまかせて、治療作業を中心とするのが一番良い。

さまざまの秘密と、それが及ぼしている強力なダイナミックスがＭＰＤの精神療法のいたるところに顔を出している。各種の心理的メカニズムによって、これらのプリミティヴな秘密がいつまでも生きながらえているのだ。患者はこの内容を明かそうか隠しとおそうかと迷って文字どおり引き裂かれている。外傷を打ち明け、処理して変容できるような治療的風土をつくり出すのが治療者の仕事である。秘密は掘り起こして抜き出すのでなくて、おのずと現れるように援助するのが正しい。

主な力動の一つに、治療者が信頼できるかどうかをテストするということがある。患者は治療者を性的に誘惑することもあるだろうし、治療者を操って過去の虐待体験を反復させようとしむけることもあるだろう。テストは何度もあるものと覚悟するべきである。また、強制的に選択をさせるとか、人格システム（が敵味方に分かれている場合）

の一方の肩をもって他方と闘わせないように特に心しなければならない。

多重人格者は非常に錯綜した転移、逆転移を発生させる。通常、多重人格患者は形どおりの転移神経症を起こさず、ある幅をもってさまざまの転移反応やそのまた反作用を示すのが典型である。治療者を虐待者とみなすのは、ごくありふれた現象である。また、それぞれの交代人格が体験するので、相矛盾する同時多発的な転移反応群となることがしばしばで、治療の混乱をいっそうひどいものにする。

治療者はまた、患者を構成している交代人格たちの幅に対応した多重的な逆転移を起こすはずである。患者とは誰のことなのかがわからなくなったり、たえずくるくると変わるので腹が立ってきたり、過去の外傷を聞きづらくなったり、親になったような気持ちが烈しくわいてきたりする。（これらの逆転移反応は）さまざまの治療者がしばしば書きとめているとおりである。それでもなお、私の知己である治療者の大部分は、ＭＰＤ患者の治療から精神療法というアートについて多くを学んだと話してくれている。

第八章　精神療法のテクニック

本章ではMPDの治療に効果が認められた特殊な技法や接近法について具体的に述べる。人格システム全体に対する技法もあれば、普通にみられるタイプの個別的交代人格に対する技法もある。だが、精神療法のテクニックには言葉で表現できない部分が大きい。ある治療者－患者間でうまくいく方法が、別の場合には悲惨な失敗に終わることもあってもふしぎではない。

一節　トーキング・スルー

「トーキング・スルー talking through」とは、人格システム全体に話しかけることで、これはMPD治療において効果的で役に立つ方法である[51, 185]。契約を結ぶときや一般原則や治療境界を設定するときや治療に影響する出来事（休暇など）を患者に知らせるときや危機の際の患者との治療作業のときに、この方法は役に立つ。治療者は治療中つねに全人格が耳を傾けていると仮定してかからなければならないが、実際には必ずしも全員が聞いているわけでないこともしばしばである。ただ、こう仮定するのがよい理由は、そうしておくと、治療者が、人格全員が気づいてきる限り多くの交代人格にちゃんとほんとうに聞いてもらうための技法である。

トーキング・スルーを行なう際、私は普通だいたい次のように話の口火を切ることにしている。「ここにいるみなさんがこれから私の言うことにしっかりと注意を集中して他のことは考えないようにしてください。私は全員に聞いてほしいのです」。私は、これを数回繰り返すことにしている。交代人格全員が聞いているかどうかを知る方法はないが、通常は効果を得るに十分な数の交代人格が耳を傾けるようになるものである。また、聞くことのできない交代人格がいるならば、人格システムの誰かが、その人格が知っておくべきことを伝える責任を引き受けてもらわなければ困る、と私は明言しておく。人格システムの注意が得られてから、患者に伝達したいことを語るようにしている。私はメッセージの抽象度をいろいろかえて繰り返すようにしている。また、おとなの交代人格に頼んで、子ども人格が知る必要のあることをわからせるようにしてやってほしいと言うことがある。それから、質問なり感想を言いたい交代人格はみんな「出てきて」、私に直接話してくださいと言う。私のメッセージが伝わったかどうかは、たいていはしばらくすれば明らかになる。

人格システム全体に語りかけることの利点ははっきりしている。それは時間と労力の節約になる。それは、一つの全体としての患者に語りかけることである。それは、システム内部の協力と相互の意識化をはぐくむ。それは治療者が存在すら思いも寄らなかった交代人格にまでとどく。私の経験した主な難点は、トーキング・スルーの際に「出て」いる人格が健忘をもち、そのうえＭＰＤの診断を受け入れていない主人格の場合であった。交代人格の存在を知らない主人格を通じて残りの人格システムにトーキング・スルーを行うと、強烈な離人感あるいは被影響体験が生じかねない[185]。健忘をもつ主人格は動転し、先生は気分が悪くなることをしているので止めてくださいと言うことが何度もあった。私は、主人格に対して、リラックスして静かに聞いてくださいね、と応える。トーキング・スルーの最中に、主人格がトランス様状態に陥り、話の内容のほとんどを覚えていないということも少なくない。ふつう、メッセージはあなたより大きい人格システムに向けたのですが、主人格も聞かれましたかと確かめるのがよい。

私のトーキング・スルーの例を挙げてみよう。新たに診断された多重人格患者で、まだ人格システムが全然わかっていない場合である。その主人格は昔の職場の駐車場で我にかえるということが続いていた。そこは、彼女がその時間にいるはずの場所から何マイルか離れていた。現在の雇い主はこれ以上遅刻が続いたらクビにするぞと言って彼女を脅かした。私は、実際にこの行動を行わせている交代人格には出会えなかった。そこで健忘をもつ主人格を通じて人格システム全体に話しかけて、「私はあなたたちの多くをまだ知らないけれども、あなたたち全部をひとまとめにしてお願いするが、全員が毎日揃って出勤するようにしてほしい」と説明した。集団としてのあなたたちが、今後も経済的に独立していられ、治療を続けたいならば、主人格に今の仕事を続けさせる必要があるとも説明した。するとこのミニ遁走は止んだ。後になって、この遁走を行わせていた交代人格に会ったが、「彼」は駐車場でドラッグの売買をしていたのだった。

二節　断片から記憶全体を再構成する

非多重人格患者でも、外傷体験は出来事の想起を断片化することが多い。ＭＰＤの場合、外傷体験の記憶は一つの交代人格がもっていることもあるし、複数の交代人格にひろがっていることもある。記憶が複数の交代人格に分かちもたれているときは、それぞれの交代人格が事件の断片を所持していることもあり、一つの交代人格が事件の具体的詳細な記憶を所持していて、別の人格がその事件が生んだ感情を所持していることもある。治療者の仕事は、患者が内容と感情とを合わせた記憶全体を寄せ集めるのを助け、できあがった構造体をその個人全体に統合することである。

これは、時間のかかる綿密な作業である。最初は、ほとんど何の話かわからない。そのうち、治療者は、ほとんど無内容な強烈な感情を露呈してくる交代人格に出会う。また、他の交代人格は生々しい記憶の具体的細部の断片をもっているが、この内容をより大きな文脈の中に置くことができない。これは、巨大な多次元パズルで、しかも治療者と患者は一度に一片だけの断片を加えることしかできない。患者はいつもヒントを出しているが、自分自身も正解を知らない。また、心的外傷の想起を抑圧、歪曲、あるいは妨害する強力な心的過程が働いている。時間と、忍耐と、信頼とをもって一つずつの交代人格を相手に、一つずつの層を調べてゆくと、これまで患者が断片化して多重人格になる引き金を引き、そしてそうさせ続けている心的外傷の整合性のある時系列に沿った画像がゆっくりと姿を現してくる。

ジグソー・パズルというメタファーを頭に置いておくと役に立つ。このパズルは、はじめ共通の背景をもつ断片を集めて小さなユニットを作り、このユニットをざっと合うようにおいてみて、それからユニットとユニットとの間の隙間を埋めていく。多重人格患者の生活歴の再構成もしばしば似た過程である。感情から手をつけるとよいことが多い。ブラウン（一九八四c）は、ワトキンス（一九七一）が開発した「感情架橋法 affect bridge」の変法による治療を記述している。これは、強烈でありながら具体的な内容に欠ける感情が何であるかを突き止め、交代人格から次の交代人格へとその感情を追跡していくというやり方である。ブラウンの変法では、感情が変化（たとえば怒りから恐怖へ）すれば、それはそれでよいと認め、この新しい感情をその発生源まで追跡する。感情架橋法の用い方は第九章でくわしく述べる。

記憶も同様の方法で追跡できる。ブラウン（一九八四c）は、もっとも新しい記憶の断片から始めて時間を遡ってゆき、順々に次の断片を知っている交代人格を引き出していくやり方がよいと述べている。記憶と感情を並行して追跡する場合も多く、除反応によって得られた断片の部分部分から、徐々に一つの整合的な全体が寄せ集められてくる。

たとえば、ある女性患者では、この方法の手はじめは汽車の音が圧倒的な病的恐怖感をかきたてることであった。患者は、この刺激からどんな記憶も連想することができなかったが、通り過ぎてゆく機関車や列車の警笛の音を聞くと、交代人格が早い速度で入れ変わった。人格たちはそれぞれ不安、恐怖、悲しみ、怒りの感情を示した。怒りの人格は、父親を殺すぞ、あいつは最低の奴だからと脅かしのことばを吐いたが、具体的なことは何も話さなかった。悲しみにうちひしがれた人格のほうは、孤立した中西部の農場で彼女の唯一の友達だった犬の死を嘆いていた。恐怖におののく人格となると、一家の農場の裏を走る鉄道の線路に父親がその犬を縛りつけているのをじっと見つめていた、と語り、不安に満ちた人格は、今なお「お前もいつかはこうなるぞ」という脅しから逃れられずにいた。ここで蘇った記憶は、父親が自分のペットを取り上げ、鉄道の線路に縛りつけて、患者の目の前で悲鳴をあげる犬がとうとう貨物列車に轢かれてバラバラになるのをじっと見つめさせたというものだった。父親は、もし父親がした近親姦の行為を誰かにばらしでもしたら、お前も同じ目に遭わせてやるぞと脅かしたのであった。

記憶（しばしば強烈に生々しいイメージとして想起される）は、その体験によって生じた感情とともに数人の交代人格に分割されていた。先に記した以外にも、このエピソードに関係する交代人格はまだいくつかいたが、すべてこの出来事に関連する記憶か感情につながっていた。いったんある出来事の概略がつかめれば、いくつかの抜けている断片を推論し、それらの断片を秘めている交代人格を探すことができる。気の毒なのは、このエピソードがこの女性が耐えてきた多くの外傷体験の中の一つにすぎなかったことであった。

三節　相互評価法

「相互評価法 cross-inventorying」は、デイヴィッド・コール（一九八三）が開発した技法であるが、私はこれがM

PD治療に非常に有効であることを経験によって知った。数ある同種の技法と同じように、その効果は、この技法をどのように用いるかによって大きく違ってくる。やり方の基本はいたって簡単で、それぞれの交代人格に他の交代人格の長所短所についてくわしく意見を述べてもらうのである。治療者は注意深く聞いて、肯定的な面と否定的な面を分けて整理し、二つの人格間、もしくは二つの交代人格グループ間が相補的になっている場合を取り上げてコメントを述べる。このコメントはデリカシーが必要であり、またその時「出ている」交代人格と人格システム全体にも宛てたものでなければならない。治療者はある性格特徴や能力の有る無しが別の性格特徴や能力の有る無しよりも好ましいとするべきではなく、むしろいろいろな性格特徴の組み合わせ（たとえば、ある人格は怒りっぽく、別の人格は受動的であるなど）のおかげで人格システムは世界に対して幅広く応答できるものだという気持ちを伝えるべきである。コール（一九八五b）が強調するように、治療者は一貫して人格たちの肯定的な面に焦点をあて、また人格たちの中の否定的な影響力がどういうものかを知ろうとしなければならないが、その際に罪悪感や屈辱感を感じさせないように心がけるべきである。

相互評価法のポイントは、交代人格たちを助けて以下のことを認識するようにすることである。まず(1)出来事に対する反応の仕方や価値観が対立することもあるが、同じ刺激に対する自分以外の人格の反応のほうが状況によっては適切な場合があること。(2)交代人格たちのいろいろな長所が互いに補い合うこと自体が柔軟性のもとであり、人格システム全体がそのことによって得をしていること。そして(3)ある交代人格の弱点が別の交代人格の長所で代償されていること、である。相互評価法は実際、交代人格たちに、あなたがたは互いに入れ子になり合って、より大きな全体を作っており、それはどの交代人格が単独でいるよりも強力で能率的であることをわからせる方法である。この技法は通奏低音のようにバックグラウンドで用いる（すなわち持続的かつひそやかに）ときにもっとも有効であり、それによって、人格システムはより大きな全体とはどういう性質のものかについての情報入力をいつの間にか繰り返し受けるようになる。そのうちに交代人格たちはお互いの長所と短所をどのように代償しているかを自分たちから治療者に向かって語り始めるようになる。

四節　多重人格との夢作業

悪夢、夜驚、入眠時・出眠時現象、その他の外傷性睡眠障害の存在する証拠は、多重人格をはじめとする心的外傷の被害者によく見られるけれども、解離性障害において夢の演じる役割についてはほとんど述べられたことがない。マーマー（一九八〇ａ）の著作にある、解離状態における夢についての章が目下のところ主な参考文献である。夢は、埋もれている外傷体験を暴き、秘密の交代人格を突き止めるうえで重要な役割を果たす場合がある［166, 228, 305］。多重人格患者が、覚醒時には提供できない過去の外傷体験の情報が入った夢素材をたずさえて治療に来ることはまれではない。フェレンツィ（一九三四）とレヴィタン（一九八〇）は外傷性神経症において同様の現象をすでに観察している。

マーマー（一九八〇ａ）は、夢素材を分裂（スプリット）した自我機能の表現として分析し、これを記述している。

> 私のやり方で解釈に焦点をしぼることによって、人格たちは、全員が同じ夢素材に立ち向かわなければならないこと、全員が同じ外傷体験を経験すること、それぞれが独自の防衛様式をもっていること、防衛様式は、かつての外傷体験のように本質的に破壊的なのでなく、むしろ反応性のものであると認識するようになったことを理解した。［227, p. 174］。

マーマーは、夢内容を利用し、解離して自己所属感を失った体験が夢の中に表現されること、夢は交代人格たち自身の創作物であることを人格システムに対して証明してみせることによって、交代人格たちに共通の土台をつくる仕事が達成できると信じている。マーマー（一九八〇a）も、他の多くのMPD治療者も、個々の交代人格が別々に夢を生み出していると推定している。

多重人格患者の夢内容は、私の経験によれば、年齢退行法や感情架橋法のような催眠的な技法を用いても引き出しがたい深く隠れた心的外傷への接近路を与えてくれる。外傷的内容を含む夢はふつう繰り返し見るもので、覚醒時に持続的な強い感情や深い離人感を残すことが多い。患者は同じ夢が出てくるのを恐れて、睡眠を恐怖する場合がある。夢と悪夢を抑えようとして、睡眠薬を求めたり、アルコール飲料を用いる患者もいる。

これらの夢に関連する不快感は非常に強いもので、そのために、覚醒後に具体的細部を記録できる患者は少ないと思われる。しかし、断片的な記憶はふつう後々まで残るもので、したがってそのうちに具体的な部分部分を寄せ集めることができるようになる。

私は、夢の内容を聞くときには、それをたとえば体外離脱体験に似た一つの解離体験として扱うことにしている。反復的な外傷性悪夢の具体的内容と場面とは、明らかに通常の夢の世界の大部分に比べて、現実に存在した状況を下敷きにしたものであるようであり、外傷が起こったときに、当人が何歳で、どういうところにいたかを決定するのに役立つことがしばしばである。また人格システムの中から、患者の生活のこの時期に生まれた交代人格を探す手がかりともなる。夢の後に残る感情も重要であり、これを感情架橋法の出発点に使うことができる。多重人格患者は、外傷体験の他の記憶形態よりも夢内容の方を進んで語り、また治療の素材としたがるように思われる。

五節　内部の自己救済者（ＩＳＨ）

一　定　義

ＩＳＨ（internal self-helper）という略称で知られている「内部の自己救済者」をはじめて記載したのはアリソン（一九七四ａ）である。ＩＳＨを突き止め、これと協力して治療することを重要視する治療者もあれば、それほどでない治療者もある。たとえば、アリソン（一九七八ｂ）は、ＩＳＨを治療の中に組み込むことの重要性を強調している。ところがクラフト（一九八四ｃ）は、何かのついでにＩＳＨ人格を「清朗で理性的で客観的なコメンテーターでありアドバイザー」[189, p. 23] であると定義しただけで、彼の治療に関する考察は他の点では重厚で徹底的であるが、どこにもＩＳＨの活用に触れていない。ブラウン（一九八四ｃ）とコール（一九八四）もＩＳＨの利用を何かのついでに言及しているが、重視の程度には違いがある。ＩＳＨはどの例にも存在する普遍的な交代人格なのか、それともある種の多重人格患者だけに生じるのかは明らかになっていない。一人の多重人格患者に複数のＩＳＨが存在することもある。

二　ＩＳＨとの治療作業

ＩＳＨを治療に組み入れることに成功したと内輪で話す治療者は多いが、ＩＳＨの活用の具体例を挙げている文献は少ない。アリソン（一九七八ａ）は、ＩＳＨと治療者とが患者を第三者として、これについて対話していった場合を記載している。彼は「このパートナーシップに比肩できる人と人との関係は存在しない。あまりにもユニークな対人関係なので実際に経験しないと信じられないだろう」[6, p. 12] と述べている。ＩＳＨは患者の長所と短所とを取り上げて論じ、治療者に向かって、患者を助けるためにはどういうことをしなければならないかを話す。ブラウン（一九八四ａ）はＩＳＨに治療者のかわりをしてもらう方法を記載して、これを「電話中継機 switchboard」法と呼んで、第六章で述べた治療者を仲介者とするモデルに似たやり方で、内部会話を育成するために用いている。

コール（一九七八ａ）は、ＩＳＨは治療過程のできるだけ早期に発見されるべきであると考えている。彼は次のように述べている。

治療者はＩＳＨ相手の「巧妙な取り引き」を恐れてはならない。ＩＳＨはつねに人格たちを庇い、治療の機会が与えられるように、そして人格たちがいちばん得するように配慮するはずである。治療者が窮地に陥ったときには、治療者のほうから、治療を進めるためにはあなたの力による特別な援助が必要だとＩＳＨに知らせることをおすすめする。ＩＳＨは自分の切り札を一挙に全部使い切るようなことはしないはずである。ＩＳＨは治療者が思っているよりも多くのことができ、より大きな影響力を行使できることを治療者は学び理解しなければならない [69, p. 2-3]。

コール（一九八四）は集団ビデオ療法に関する論文の中で、ＩＳＨのもつ安定化の力の例をいくつか挙げている。なかでも印象的な例は、二人の多重人格患者のＩＳＨたちが二人の中の同じように怒っている交代人格たちのことを語ってお互いに同情しあっていたことである。

私自身のＩＳＨに関する経験は限られたものである。私は数人のＩＳＨに出会ったが、中には、多重人格治療のうえで測り知れないほど役に立つ情報源であり案内役だったこともあった。確かに私は、すべての多重人格患者にＩＳＨを見出したわけではないが、患者が適切な治療を受けているかどうかを第一に考えている人格が少なくとも一つはあるのが普通であった。私がＩＳＨを探す方法は、通常、他の交代人格を探すのと同じ方法である。つまりそのものずばりで、出て来て下さいというのである。私は「自分は案内者、救援者、治療者だと思っている方がいませんか。そして患者の治療の手伝いをしてくれる人がいませんか」とたずねる。この要望を行なって後、最初に歩み出てくる人格はＩＳＨでないことが少なくないから、治療者は、自分がＩＳＨであるという交代人格の陳述を鵜呑みにするべきではない。真のＩＳＨかどうかは長い目で見ているとおのずと明らかになる。ＩＳＨでない交代人格も、治療者が真のＩＳＨを相手にしているかどうかを知る手伝いをしてくれることがある。

私は、ＩＳＨが、人格システムについて、また治療が進むべき方向についての情報源あるいは案内役になると考えている。先の引用文の中でコールが指摘するように、ＩＳＨはいっときには少量の情報しか明かしてくれないし、その情報は不完全であったり、治療者が理解できない暗黙の前提が入っているだろう。ＩＳＨは謎めかしい存在であり、デルフォイの神託を解読するような課題を治療者に与えて放っておくのだ。治療者は答えをはっきり教えてほしいと言ってもよいが、いつもくれるとは限らない。一般に、私は、自分が話しかけているのがＩＳＨだと思ったら、その助言を私の治療的介入法の中に組み入れてみようとするが、しかし、少し眉に唾をつける。正しくない方向に案内したり破壊的な助言を与えるニセＩＳＨがいるので治療者は用心しなければならない。

一人の患者の中にいくつものＩＳＨがいることも少なくなく、それぞれが交代人格の一グループの権力者であるが、人格システム全体に連絡できるＩＳＨはいない場合がある。ＭＰＤに不慣れな治療者がよく狼狽するのは、治療者が人格システムの新たな層に到達すると、それまでいたＩＳＨがだんだん形がうすれてついに消えてしまったり、治療者を見捨ててしまう時である。ＩＳＨにしてみれば、単に自分の知識あるいは権力が限界に達しただけのことであり、治療の進展につれていずれ新しい救援者人格が見出されるだろう。ＩＳＨ人格は、消えずに残り続けるだけのパワーをもっていなくて、しばしば長期間「出ている」ことができないのも念頭におく必要がある［72］。

ＩＳＨとして具現しているものの本態は、（人格システムの）どこかの層に患者がもっている「観察者としての自我」という機能体である。これは、現在進行中の治療経過を正確に言語化し、患者の症状の洞察と制御とをかちとるために患者の残りの部分を助けるにはどうしたらよいかと助言し示唆する能力である。この型の機能は、多重人格でない患者の内にも、またわれわれ自身の内にもしばしば見出される。内なる知恵の声に耳を傾けることは大切ではあるが、この声を全知全能と考えることは誤りである。困難な患者を相手に奮闘しているときの治療者は奇跡的な介入をやってみたいと願うものであり、この願望が治療者にＩＳＨには全知性があるという気にさせてしまうと、私は思う。もちろん患者の声に耳を傾けなくてはならないし、ＩＳＨが助けになるように思われる場合はなおさらであるが、しかし、長期的には治療者が自分自身の治療的判断力を用いなければならない。

六節　日誌や日記の利用

治療者も多重人格患者も多くの者が述べているとおり、日記をつけるとか生活史を書くこと、さらに両方を行うことは治療的に有意義な作業であり、人格システムのことをよりよく知り、健忘されていた記憶内容をとりもどすことができ、また患者としては自己の時間的継続性の感覚を獲得する助けとなる。クラフト（一九八四ｃ）は、ＭＰＤ診断に役立つ継続的な作業の一つとして、毎日ものを書かせることを奨めている。クラフトは、心の中に思い浮かぶことを何でもよいから毎日書き留め、考えを書いたものを面接のときに持参してもらうようにしなさいと言っている。多くの交代人格はこの媒体によってはじめて自分たちの存在を知らせてくると彼は述べている。コール（一九七八ａ）は患者に生活史を「年表」に仕立てさせるようにしなさいといっている。

第六章で述べた伝言板療法に加えて、日記をつけさせること（または自伝などの形で生活史を記載させることあるいは両方をさせること）は、人格システムが患者の生活史とどのように対応しているかの情報を洗い出すための非常に有力な方法であることを私は経験した。はじめのうち、患者、特に主人格は、こういうことをやってみてはどうですかという提案に躊躇するだろう。この尻込みの理由は、通常、執筆時間中に時間喪失や深い離人感が出現する体験のためであり、時には聞いたこともない記事や、ワイセツな記事、脅迫的な記事、恐ろしい記事が日記の中にあるのを見る体験をするためである。

治療の後半部の、いくぶんなりとも診断を受容しているときの多重人格患者は、しばしば大量の書きものをするようになり、自分の自伝を長々と引用して治療者を窒息させる。若干の症例では、自伝を書くことは、交代人格たちが一丸となって共通の目標として取り組む大プロジェクトになり、内部協力と自己開示の焦点となる。それぞれの交代人格は自分の断片をもち寄ってパズル全体に加えることができ、それぞれが自分の寄与したところをとおして自分以外の交代人格を理解できるようになる。患者は融合と統合の準備として、はじめは（自伝の）紙上で自分を一つに組み立てることになる。過去の体験を記録するとそれが除反応となることもあるが、多くの患者は自伝の執筆法を学習して苦もなくやってのけるようになり、これを治療の枠外で治療を続ける一つの技術として用いるようになる。たいていの多重人格者は受けた心的外傷が広範囲であるから、患者が自前の時間にこの除反応作業の一部を行えるならば結構な話である。

七節　内的迫害者人格の治療

内的迫害者人格はたいていの多重人格患者に見出される[284]。迫害者人格は通常、主人格に対して敵対的な行動をとる。さまざまな形の嫌がらせとそれに対する患者の反応とは、多重人格患者の苦悩の大きな原因になっている。

迫害者人格を含む人格システムにおいては、治療者はこの型の人格にも関わり、治療していかなければならない。迫害者人格は勝手に出ていってくれるものでなく、追い払うわけにもゆかない。はじめて出会うときの迫害者人格は、もっぱら患者に悪意のある嫌がらせや虐待ばかりをしている、恐ろしくて、不愉快な、悪魔のような存在である。だが、長い間には、迫害者人格が治療者のもっとも強力な同盟者の一人であるとわかることが多く、患者を癒すうえで大きな役割を果たすこともありうる。

一　内的迫害の種類

内的迫害 internal persecution のもっとも多い現れ方は、批判し非難する声であり、普通これを聞くのは主人格である。声は患者を叱り、蔑み、脅し、自殺をうながし、自分たちが患者を全面的に支配していると言って、いやみたらたら楽しそうに患者を侮辱する。自分以外の交代人格の存在に気づいていないかあるいは気づきたがらない主人格の、これらの声に対する反応は、恐れにふるえあがるか、破滅が目前に迫っているのは明らかだとして絶望的諦念に陥るかである。声はまた、困難な仕事に集中しようとしているときの主人格の気を散らし心を掻き乱す。一部の多重人格者はこの体験を「妨害電波を受けている」と表現する。患者は自分が「狂っている」と思われないようにと、声の存在を認めたがらないことも多い。

患者の身体を直接的に傷つけることは、普通、治療者をいちばん悩ませる形の内的迫害である。もっとも、これをそれ以外の迫害の形よりもましだと思っている患者も多い。自殺は多重人格者にいつもつきまとっている問題である。内的迫害者は、自殺しろと脅すかもしれず、主人格を殺せ（内部殺人）と脅すかもしれず、あるいは、主人格に自分を殺すように勧めたり命令したりすることがある。主人格のほうも、自殺を止むことのない拷問を終わらせる唯一の手段だと考えるようになるかもしれない。存在するごくわずかなデータは、自殺企図や自殺のジェスチュアの数に比べれば全死亡率が低いことを示唆している。これは、治療者が自殺の可能性を無視していいということではない。そうではなくて、治療者は、人格システムの中の自殺念慮の非常に高い基底水準と折り合いをつけてゆかなくてはならない。自殺のジェスチュアは頻回であり、重大な自殺企図もまれではない。これらはしばしば他の人格の手によって未遂に終わる。しかし、大部分の多重人格者は、初期の治療段階では破壊という名のナイフの刃の上にずっと立ちつづけてよろめいているようなものである。

主人格や他の交代人格を罰するための迫害者による自傷行為はありふれた事件である [30, 284]。主人格が「目覚める」と、自分が血まみれになっていたり、何らかの形で傷つけられているのに気づくことがある。こういった体験は患者をふるえあがらせる。主人格はまた、これから身体の一部を損なうぞという脅迫文や絵による警告を見つけることもある。たとえば、ある患者は寝室の壁に彼女自身の血で描かれた脅迫文を見つけた。自傷行為の発作が誘発されるのは治療の中で過去の外傷が明らかにされるときが多い。そして、迫害者によって残されたメッセージや警告は、これ以上暴露するならもっとひどい傷を負うぞ、ひょっとすると死ぬぞとあからさまに告げていることが多い。言うまでもなく、このような体験は、過去を想起しよう、あるいは明かそうとする患者の試みをしばしば頓挫させる。もちろん、これが、迫害者人格の主要機能の一つである。

患者に対する迫害者人格の嫌がらせには他のやり方もある。ありふれたやり口は患者の家庭的、社会的、職業的生活を破綻させることである。迫害者が意図的に友人を遠ざけてしまうので、多重人格者の多くは社会的に孤立してしまう。迫害者は患者の家庭生活をやりにくくし、患者はそのために離婚したり、子どもから拒絶されたりする。社会的妨害の方法としては他に、迫害者人格の行動の結果として患者が巨額の借金を負わされたり、触法行為をやらされたりする。後者は男性多重人格患者のほうに多い。迫害者人格の妨害の中でも特に悪性の形は、患者がレイプや身体的虐待を受けるお膳立てをすることである。治療の中断も内的迫害者によって行われる嫌がらせの一つである。迫害者はいろいろな方法で患者が面接を受けられないように妨害する。「重要な情報を治療者にもらしたら傷つけてやる」とその患者を脅かすかもしれない。また、「主人格が治療から身を引かないと治療者を傷つけてやる」と主人格を脅す場合もある。

二　内的迫害者の起源と機能

はじめての何例かのMPDを治療する治療者は、主人格や患者全体に対する迫害者のむき出しの憎悪に面食らうことがしばしばある。迫害者たちの強い悪意やとどまるところを知らない敵意や暴力が哀れな無防備の主人格に向かって怒涛のように浴びせられるのは、いかにも理不尽だという気がする。ある患者が、迫害者がアルカリ性腐食剤の入った下水管洗浄剤を飲みこませたために食道潰瘍ができて入院した後、治療者は迫害者に向かって「彼女はこんな目に合うほど何をきみにしたのか」とたずねた。（主人格はひどく痛がっているのに）迫害者はまったく平然として「彼女は全くの敗残者で死んで当然だ」と言い放った。これは、内的迫害者が嫌がらせ行為や自傷行為を正当化するためにつける理屈の典型的なものである。迫害者たちは、通常、主人格を極端に軽蔑している。これとは矛盾した話だが、ベアーズ（一九八二）は「迫害者が主人格に向けている主要な衝動は本当は愛情なのかもしれない」と指摘している。

ベアーズ（一九八二）は、これらの「悪鬼たち demons」の多くは怒っている子どもたちだと考えている。私の経験も彼の観察に一致しており、迫害者は圧倒的に子どもや青春期の人格が多い。しかし、ブリス（一九八〇）は「人格はすべて友人や味方（あるいは招待客）として始まる」と述べている [30, p. 1390]。クラフト（一九八五b）は、子どもの多重人格患者には純粋のISHも迫害者も存在していないことに注目すべきだといっている。クラフトは、迫害者が、敵意の感情がマゾヒスティックな方向に転化したところから生じることも、また、元来は虐待をこうむることによって生まれた初期の救済者人格がそのうちに攻撃者をつきとめて他の人格のために苦しんできたことを恨むようになって生じることもあると推測している。現時点での臨床的印象は、迫害者人格の大部分は、もともと救済者か虐待を引き受ける人格として生まれたが、時間とともに、多くの成人多重人格患者にみられるような敵対的で他罰的な人格に変化したらしいということである。嬉々として患者を破壊しつくしてやるという脅迫を行う、途方もなく辛辣な迫害者を相手とするときには、この起源のことを心に留めておくとよいだろう。

わたしの考えでは、迫害者は人格システム内部で多くの重要な機能を果たしており、これらの機能を認め理解することが、治療者と人格システムとが迫害者と一種の同盟を結ぶ助けとなる。多くの場合、迫害者はすごいエネルギーと感情をもっているので、抑うつ的で無感情な主人格には耐えられない。しばしば、このことが、なぜ迫害者が「弱虫」「意気地なし」と主人格を軽蔑する理由である。ベアーズ（一九八二）が指摘するように、内容には目をつぶってエネルギーと感情という点だけでみれば、患者の生命力の大半はこれら「悪鬼」たちのなかにあるのである。

迫害者はまた、過去の虐待を被い隠している秘密と沈黙を守りつづけるという機能をももっている。このことからみれば、最初は生命保護的な役割だったかもしれない。迫害者は過去を守っている。ただし、守る手段は、もしばしたら悲惨な結末になるぞ、と患者や治療者あるいはその双方を脅し、そして、治療者が決して過去に焦点を当てないようにと治療にひどい騒ぎを起こすことである。リンディ（一九八五）は「外傷保護膜 trauma membrane」という概念を記している。これは、その中に包むことによって、破局からの生存者（サバイバー）が親戚や親友による侵入的あるいは尋問的な質問から守られる膜である。外傷保護膜は、その体験を思い起こさせる有害な人や物から距離をとる役に立っている。迫害者人格はしばしば多重人格患者の「外傷保護膜」の役を果たしている。迫害者人格および人格システム全体には、治療者が癒し手であること、だから保護膜の内側に入れてやっても大丈夫だということを、信じてもらわねばならない。

三　迫害者と関係をつけること

迫害者を含めて、人格は皆、究極は患者全体のなかで一つの役割と一つの居場所をもっていることを、治療者は忘れてはならい。治療者は、すべての人格に誠意と尊敬をもって関わるべきであるが、コール（一九八三）が注意しているように、これは何でも大目に見ることではない。迫害者を相手とするときには正邪の審判者のようにならないことが大切である。迫害者は本性が悪なのではない。悪いのは、迫害者が主人格など他の人格と身体とに行う事柄である。治療者は、迫害者の行動の支配権あるいは患者全体の支配権をめぐる迫害者との闘争に巻き込まれないように努力するべきである。迫害者も患者全体の一部であるから、良かれ悪しかれ、転帰に影響する力は治療者のもつ力よりも大きい。治療者は、迫害者と闘わないで、そのかわりに、話し合い、交渉し、契約をかわし、友好的な関係を築くように心かけるべきである。ただし、これがしばしばあっけないほどたやすいという印象は、迫害者の多くがほんとうに怒りと幼児的全能感とに満ちた怯える子どもたちに似ていると気づくまでの初めのころだけである。迫害者は、治療者が与える注目と安全感を歓迎する。これはいうまでもなく、迫害者の破壊的行為を強めず、協力関係を強める。

多くの治療者は、はじめのうち、患者のなかの迫害者人格を避けるものだ。面接中に迫害者が現れるのを恐れ、しばしば迫害者を罰し、追い払い、押し込める方法を探すことが多い。私は、ふつう、迫害者に、面接中に「出て」きて、少なくとも十五分間は居続けてもらうようにしている。迫害者は、大声で吠えながら現れることがあっても、去るときは穏やかであることが多い。ある時間、「出」続けてもらうだけで、迫害者のエネルギーは枯渇するようである。何度か、残忍な迫害者が、「疲れたから、もう行かなければならない」と私に告げたことを経験した。迫害者が現れたときには、私は、人格システムの中での起源と人格システム内での現在の役割をできるだけ知ろうと努める。いつやってきたのか？　外に出はじめたのはいつからか？　元来の目的は何だったのか？　今の役割はなにか？　私は、迫害者に、主人格や他の交代人格との関係を全部話してもらおうとする。そして、迫害者をもまた、他の交代人格と同じように扱うことを強調する。

大切なことは、迫害者人格の存在と重要性を認めることである。すなわち、迫害者が、要求、感情、希望、恐れの代表象であるという認識である。よくある（迫害者側の）懸念には、治療者が迫害者を追い払おうとするのではないか、ということがある。そうではないと迫害者に再三、保証しなくてはならない。すなわち、第一に、治療者には迫害者を絶滅させる力もなければその意志もないということ、第二に、「きみたちのしていることは何らかの形で何らかの層（レベル）で患者を助けるために必要だと思ってやっているにちがいないことを治療者はわかっているよ」ということである。迫害者が自分たちの過去と、本来は患者が直面できないことに対処するのを助けるために現れたという事実とを思い出させるようにしなければならない。

迫害者が外傷保護膜として機能し、苦痛な記憶が戻ってこないようにと主人格を守っているように思われる場合には、治療者は迫害者人格とともに、人格システム全体が耐えられる形で、主人格が外傷的な記憶内容を「思い出せる」ようにしようとしているのだということを、迫害者に保証しなければならない。そのためにはどうすればいいのかと、治療者は迫害者に対して助言を求めるべきである。内的迫害過程の力動の一つは、迫害者がもともと患者を守るために吸収した外傷や感情の一部を、主人格をはじめとする他の人格に移し返そうという試みである。それはしばしば虐待体験の再現という子どもっぽいやり方でなされる（「あたしはあれをあの娘のために引き受けた。今度は、あの娘が、あれがどんなものだか、これから味わおうとするところよ」）。治療者は、苦痛な記憶や感情を患者全体が再び自分のものとするには、それとは別の方法がいろいろあることを、迫害者が理解するように援助することが必要である。

主人格がいま迫害者を虐待しているところだという場合も多い。それは、たいてい、迫害者を無意識的に抑圧するとか、おぼろげに意識している拒絶による虐待である。主人格が迫害者の存在と、迫害者部分はさまざまの要求と感情との代表象であるという事実を認めるように援助することは内部葛藤の緊張度を和らげるのに役立つことが多い。最終的には、患者全体が、すべての迫害者を再所有し再吸収する必要がある。迫害者は患者を破滅させようとしているように見えるが、さいわいなことに、迫害者は自分が中に包んでいる苦痛をすすんで放棄し、他の交代人格と協力することが多い。破壊者の多くは治療の段階が進めば癒す者になる。

四　迫害者の諸層

ＩＳＨと同じく、内的迫害者もしばしば人格システムの中のいくつかの層に存在する。どれかの迫害者が穏和になり協力的になるにつれて、それは背景に見え隠れしている別の迫害者のことを「十倍悪い奴だ」と治療者に話すことがある。治療者は、悪さの程度をどのように評価しているのかと質問するべきである。その評価は、迫害者のもつ幼児的全能感と怒りによってなされることが多いからである。深い層にいる迫害者ほど強い「怒り」をもっているが、そのことは、深いところにいる迫害者ほど、解離した記憶と感情より成る外傷的な層の番人だという事実から来る。患者がいくつかの層に分かれている場合（多重人格患者はたいていそうであるが）、治療者は、それぞれの層の交代人格を相手として、それぞれの層をワークスルーしなければならない。これは厖大な作業となるかもしれない。しかし、いくつかの層をワークスルーした後には、治療者は、次の層でどんな人格が出現し、どんなことが起こるのかが、よくわかるようになっているだろう。

八節　人格システムのマッピング

多重人格患者の人格システムをマッピング（図式化）する発想は新しいものではなく、モートン・プリンス（一九〇九ａ）の著作の中にもウォルター・フランクリン・プリンス（一九一七）の著作の中にも、患者の交代人格が、お互いがどのように組み合わさってまとまっているのかを理解するための図式が描かれている。ベネット・ブラウン（一九八六）は、このマッピングの発想を有効な治療的技法にまで発展させた。

この方法は要するに、交代人格たちに頼んで、自分たちの組み合わさり方とか、自分たちの内部の世界の自分の感じ方とかで、自分たちがいちばんよく理解しているところを、地図なり、一覧表なり、絵とき図なりに描いてもらうことである。マップの正確な形などは、人格システムにまかせるべきである。これまでに私が受け取ったものには、メルカトール式投影図法あり、円グラフあり、建築の青写真あり、組織の人員配属図あり、弓道の的のような同心円図あり、時計のような図あり、一覧表ありで、何とも分類しようのない描き方のものもあった。大事なことは、なんらかの形で交代人格全員が図の中に表されているべきことである。出来ぐあいはまったくまちまちで、どんな形のマップも作れない多重人格患者もかなりの割合でいる。しかし、一部の例では、患者が人格システムの力動について多くを治療者（そして患者）に教え、さらに治療的に未開拓の領域を示す有益な図を描くこともある。

マップが含むもっとも有益な情報には、何かがあるか誰かがいるに違いないと患者が思っている空白領域がある。これは治療者がこれから会わなければならない隠れた交代人格の存在を治療者に予告していると考えるべきである。マップ上で交代人格が並べて描いてあるのも、有益な情報かもしれなくて、それはつまり、これから最終的融合をめざして部分的融合を次々にやってゆくわけだが、その際に簡単に融合しそうな人格はこれこれだとわからせてくれる。

マップの形式はまた人格システムが秘めているメタファーの情報をも与えてくれ、これは人格システムと共同で作業するために活用できる。たとえば、ある多重人格患者は自分の身体を交代人格が皆個室で暮らしている家にたとえる。このような人格システムのマップは交代人格の個室が皆中心の大部屋かホールに出口をもっている家の青写真に似ているだろう。治療者はこの構造を利用して交代人格の位置づけを行い、通信線を構想し、会議の根まわしをすることができる。治療者はマップを、交代人格たちに対していろいろな概念を説明したりイメージを思い浮かべさせるために使うメタファーの材料として活用しなさい。複雑な多重人格患者はしばしばマップ上に別々の人格家族群を描く。これはどの交代人格が同じグループで、どの交代人格が別々の家族間の結合点の役をしているのかを治療者に理解させてくれる。

いったんマップをつくりあげると、そのコピーを患者と治療者の両方がもつようにしなければならない。このマップは定期的に更新して、その時に新しくわかった空白部分を付け加え、部分的な統合を描き入れ、新しくわかった交代人格を追加しなさい。「最終的な統合」が実現するまでは、患者と治療者はいつもマップを見渡して、線引きがい い加減なところや曖昧な領域を探しつづけなければならない。それらは未発見の人格があるか治療作業が不完全であるかを示す信号だからである。

九節　治療に対する抵抗

一　定　義

ラングズ（一九七四a）の定義によると、抵抗とは「治療の進展を妨げるために患者が用いる手段、および面接中に生じる葛藤に関連した無意識的空想から生じる、心を騒がせる部分の感情的表現を予防するために患者が用いる方策のすべて（たとえば防衛など）である」[203, p. 464]。多重人格の場合、この定義の「空想」を「解離した記憶と感情」に置き換えてみるとよかろう。抵抗はあらゆる精神療法において生じるものであり、多重人格の治療も例外ではない。だが、すべての防衛が抵抗として現れるわけではない。多重人格患者の場合、抵抗がもっともよく表現されるのは外傷の蔽いを取る作業をめぐってである。他の疾患の患者も皆そうだが、多重人格患者においても抵抗は多重決定的な、無意識的衝動による過程であって、おおむね患者の意識の外で起こるものである。

抵抗はまた、治療者の誤りを示す重要な徴候であり指標である。誤った、あるいは不適切な治療的介入は、現在の抵抗をさらに強化し、新しい形の抵抗を引き出すであろう。治療者は、「治療的」介入の後に患者がにわかに抵抗を強めた場合には自分のせいかもしれないことをいつも念頭に置かなくてはならない。抵抗が現れてもかならずしも治療同盟が危うくなるわけではないが、治療同盟の決裂は必ず抵抗の大きな表現である[203]。

二　抵抗の現れ方

抵抗の形式を決める要素はたくさんある。たとえば、患者治療者関係、治療の進行上の位置（治療の初期か後期かなど）、抵抗が隠している外傷記憶内容、患者の人格システム、治療環境（たとえば外来か入院か）であるが、これらは重要な影響をほんのわずか挙げたにすぎない。ラングズ（一九七四ａ）は、さまざまな種類の患者の治療初期に現れる典型的な抵抗例をいくつか記載している。たとえば、他者を責める、懐疑的になり妄想的感情を抱く、行動化する、重要な他者を使って治療に反対させる、情緒的に問題はないと否定する、経済的問題や時間がないという問題をもち出す、治療や治療者を恐いというなどである。多重人格者もこのような古典的な抵抗の型のどれを示すこともありうる。しかし、それ以外に、多重人格者はしばしば、独特の形の抵抗を示したり、古典的な型に近い抵抗を独特な形で表したりする。

1　遁走・トランス・離人体験

解離は心的外傷に対する多重人格者の一次的防衛である。だから、解離が治療に対する抵抗の主要形式となっても驚くに当たるまい。治療場面における抵抗は、しばしば、トランス様状態あるいは深い離人体験として表現される。トランス様状態の間、患者はほとんどあるいは完全に無反応状態となって、中空を見つめているだろう。治療者は患者と接触し会話するのが極めて困難になる。面接時間が終ったところで、治療者を待っている次の患者がいるときにいろいろなことが危機の最高潮となることが多い。さもなくば、患者は深刻な離人症状を体験し、相互性のある対話とはかけはなれた、宙に漂っているような応答をするだろう。

診察場面外での、ミニ遁走の発作はよくある抵抗の表れである。患者は治療面接を終えてから、数時間、解離状態でさまよい歩き、最後は見覚えのない場所で「はっと目ざめて」パニックになり、治療者に電話をかけてよこすこともあるだろう。面接中、パニックや解離状態で突然ドアのほうに突進することもあるだろう。これらの体験は、患者をも治療者をもひどくうんざりさせ、外傷素材を積極的に解明する気をなくさせる。

2　行動化（アクティング・アウト）

抵抗と同様に、行動化は無数の形を取るが、もっとも治療者を悩ませる現れ方は、自殺のジェスチュア、外に向かう暴力、そして自傷である。自殺のジェスチュアや自傷行為は、外傷素材を解明しようとした面接の直後に生じることがある。この種の行為の責任は迫害者人格にあって、この人格が秘密を守るよう指令したためであることが少なくない。

3　内部騒動と急性退行

子ども人格や幼児人格をもつ多重人格者は、はなはだしい急性退行行動を示す力をもっている。極度の不安状態においては多重人格者は人格崩壊を起こし、幼児人格が現れ、言語以前の状態に陥って指しゃぶりをしたりすることがある。現実吟味力が障害された、二歳くらいの暴君のような子ども人格が現れて、治療者を、精神療法ではなく「子守り」で手一杯にしてしまうことがある。多くの症例で、こういう幼小児人格が人格システムから送り込まれてきて、外傷解明作業を頓挫させる。交代人格がことばを話せないならば、非常に強い感情を荷電した内容を明らかにできるはずがない。このような退行状態を見て、駆け出しの治療者は混乱し、これを患者の病気が水準低下を起こしたと考えてしまうだろう。よくある誤りは、こういう退行に対して「支持的」な介入や投薬を行うことである。

内部騒動 internal uproars は、人格システムが変質して、患者（通常は主人格）の頭の中で金切り声をあげる集団になりさがっている状態であり、この内部刺激が患者を圧倒して、治療の進展をしばしば妨害する。また転換症状、つまりいわゆる「ヒステリー」症状を示し、これが治療の焦点になって外傷素材を棚上げにしてしまう。ＭＰＤにおける転換症状は、患者が隠している外傷内容を露骨に象徴しているのが普通である。

4　治療に他者を巻き込むこと

この章の初めのほうに書いたように、多重人格患者はしばしば治療に他人を巻き込む。たいていの場合、これは抵抗の一種であり、治療同盟の重大な中断を招くこともまれではない。あらゆる他者、特に他の治療者が巻き込まれる時には、その中に治療に対する抵抗の要素がないかとくわしく検討するべきである。

5　多重人格であることの否認そして／あるいは健康への逃避

健康への逃避あるいは多重人格であることの否認はごくありふれたものであり、しばしば治療が厳しい外傷解明作業に着手し始めるときに生じる。多重人格患者が、難渋した面接の次の面接に現れたときに「私は融合しました」と言い、穏やかで落ち着いた様子を見せることがある。デイヴィッド・コール（一九八五ａ）は「治療者はその手のよい知らせに用心しなくてはならない」[73. p. 5] と考えている。多重人格患者で自然発生的に全体が融合することは、ひょっとしてごくまれに起こるかもしれないようなことで、外傷解明作業に着手したばかりの波乱万丈の治療の最中に起こることはまずないといってよい。コール（一九八五ａ）は、この「融合」が起こったのはどうしてかと、その理由を念入りに追究するようにと治療者に勧めている。特に治療者は、どのように「融合」が起こったのか、すなわち周囲の状況はどのようだったのか、他の人格たちはどういっていたのか、最終の意志決定はどういうやり方でなされたのかをたずねるべきである。患者は、他の人格全部を厄介払いしたいという治療者の無意識の願望を（治療者になりかわって）行動化しているのかもしれない。

　多重人格であることの否認もまた同様の背景で起こってくることが多い。患者は「すべて解決した」と「認める」。しかし、この否認の直前あるいは直後にしばしば、患者の多重人格性の明白な証明がなされることが多い。それは、一つあるいは二つ以上の交代人格が内的抑制を突破して、自分たちが引き続き存在していることを示すのである。「自然発生的融合」が起こっ（たといわれ）ても、多重人格性の否認があっても、治療をやめる理由にならない。たとえ患者が実際に融合したとしても、重要な融合後の治療段階が残っており、これは治療を成功裏に終わらせるためになくてはならないものである。

6　治療に参加しない人格

「あたしにはどんな治療だってクソ食らえよ！　患者はあの娘よ。あたしじゃないわ。あたしはあの娘をここに連れてきているだけ」とある交代人格は私に言った。一部の患者は「自分は治療を受けていない」と頑固に主張する交代人格をもっている。それらは、自分たちには全く問題はなく、治療が必要なのは他の人格（特に主人格）であると主張する。こういう交代人格は「私には何の問題もありません。先生に診てもらわなきゃならないのは私の妻（母、上司など）ですよ」と言う患者と似ている。治療者の立場は、すべての交代人格は何らかの形でいっしょに生きることを学ぶようになってもらうことだから、治療に参加するのは全員であって、例外はないのである。

7　薬物療法その他の治療的介入を要求されること

薬物療法、ショック療法、その他の身体的治療の要求は、たいていの場合、過去の心的外傷を解明し、再体験し、消化することへの大きな抵抗である。これは理解できる望みであり、多くの患者は、こういう方法で過去の想起の苦痛をぬぐい去ることができたらと願っている。この種の介入を望むのは通常は主人格である。主人格が、拷問者などの厄介者と感じている交代人格を制圧する方法を求めていることもありうる。これらの要求は、主人格や他の人格たちといっしょに丹念に検討するべきである。要求を断ると、拒絶された、見捨てられたと思われるだろうからである。薬物使用に関するガイドラインについては第十章で論じる。

8　文脈（コンテクスト）のない情報

多重人格患者の治療中、患者から提供された最初の情報の多くは、明確な文脈を欠いているはずである。記憶、感情、行動がどこからともなく現れ、患者には、それらを過去の事件や現在の状況と結び付けることがたいへんむずかしい。これは大部分、解離による記憶の断片化と不連続性の結果である。この過程が一種の抵抗になる時がある。それは、患者は繰り返し重要な記憶内容を思い出しはするが、治療者がそれをより大きな文脈の中に置こうとすると、その助けになることはいっさいやろうとしない場合である。この状況が進行するならば、治療者は人格システムとともにそのわけを探索すべきである。文脈を知らずに有効な治療作業を進めることは困難である。また、ラングズ（一九七四a）が指摘するように「効果的な精神療法的作業はすべて、究極的には残存している現実を相手とすることに始まり、それが精神内界に起こしている反響に終わる」[203, p. 285] のである。

三　抵抗を扱う

抵抗に焦点を当てることが、多重人格患者の精神療法の中心的作業になってしまってはならない。中核的な治療的作業は、第一に、患者を安定させることである。次に、内的会話を活発にし、内的協力を発展させることである。そこではじめて、解離した記憶と感情を解明して再統合するのである。抵抗を探求しそれに直面するのは、抵抗のために中核的作業が行きづまりはじめたときだけにするべきである。抵抗を扱う第一段階は、治療者が、抵抗の存在と、それが治療の中核的作業を妨げていることを認識することにある。次に、治療者は抵抗の本態とそれを動かしている力をできるだけ明らかにしなければならない。抵抗を患者と話し合うときは単純明快なことばを使うべきである。これは、人格システムが中核的治療作業に障害があることを気づいてもらおうとするための努力の一部である。治療者は、抵抗が表現されているのはどういう治療的文脈であるか、抵抗が治療作業をどのようなやり方で阻害しているのかをつきとめなくてはならない。その後にはじめて、治療者は患者に向かって抵抗が支払わせる「損金」のことを告げるべきである。

ま と め

この章は、人格システムと個々の交代人格に対する各種精神療法的技法と介入法について論じている。トーキング・スルーはきわめて効果的な方法であり、これによって治療者は、内部会話のチャンネルを開くよう患者に求めつつ、人格システム全体を相手に治療を行うことができる。全部の記憶を寄せ集める過程は、治療の主な再建的作業の一つである。治療者は患者が記憶の断片をぴったりと合わせていき、感情と記憶内容とを統合していく手助けをしなければならない。相互評価法は第二陣の技法として有用であり、交代人格たちの相補性の自覚を少しずつ築くものである。夢はまだ想起していない外傷に通じる重要な経路であり、交代人格たちの共通の基盤を説明するために活用できる。目録、日記、自伝を使うと、患者が自分の生活史を構成するのが楽になる。それは生活史を少し斜めの位置から扱うことなので、内面化しやすくなるからである。また患者に人格システムをマップにするように求めることで、患者の内部世界のモデルやメタファーとして利用できる図式を得ることができる。

ＩＳＨは治療者の案内人として助けになることがあるが、多重人格患者に共通して存在するわけではないし、にせＩＳＨも存在する。迫害者人格は、破壊的で危険であるが、重要な感情とエネルギーをもっていて、それは、患者全体のための「動員リストに登録しておかなくてはならないもの」である。迫害者人格の多くはただ心的外傷の探索に対して抵抗しているだけであり、ガス抜きをするのをそのまま認めてやれば味方につけることができる。多重人格者は、通常型の治療抵抗のすべてを示す他に、ユニークな抵抗の変種をも数多く示す。これが多重人格患者の治療をいつもやりがいのあるものにしてくれる。

第九章　催眠と除反応の治療的役割

デスピーヌは、一八三七年に、二重人格で麻痺性転換性障害の十一歳のスイスの少女エステルの治療に成功した。これがＭＰＤ治療に催眠が用いられた最初の症例報告である [100]。しかし、催眠性トランス状態と多重人格を初めて結び付けたのはジャネ（一八八九）だった。今日のＭＰＤ治療者は今も、患者たちが高い催眠感受性を示すという印象をもち続けている [34, 43, 51, 185]。わたしの知るところ、多重人格患者の治療者中で、催眠にかかりやすくない多重人格者の治療を報告しているのはブレンドとリンズリー（一九八一）だけである。ブリス（一九八四ｂ）は多重人格患者の催眠感受性問題について系統的に調査したが、そのデータによればここに述べた断片的な印象は正しいようである。

一節　催眠は医原的にＭＰＤを生み出すか

歴史的にみて、催眠の使用や濫用がＭＰＤを創り出すのではないかという心配は、少なくともジャネ（一八八九）とモートン・プリンス（一八九〇／一九七五）まで遡れるものである。今日、多重人格患者の治療を始めようとする多くの治療者にもこの可能性は一つの心配である。ハリマン（一九四二a、一九四二b、一九四三）、リーヴィット（一九四七）、キャンプマン（一九七四、一九七五、一九七六）らの論文は、催眠がMPDを創り出すために使えるということの「証拠」としてよく引用される。ブラウン（一九八四b）、クラフト（一九八二）、グリーヴス（一九八〇）はこれらの論文の批判的総説を書き、そのような催眠的操作によって引き出された「人格」は信頼できるどの診断基準から見ても「多重人格」ではないと結論している［50, p. 194］。クラフト（一九八二）は「概して文献は催眠の危険性を過大評価している」という結論である［185, p. 232］。これらの実験的に多重人格が創り出せるかという問題については、私はグリーヴス、ブラウン、クラフトがそれぞれ独自に達した結論に賛成である。実験的に催眠で創り出された代物の記述を読めば、そんなものは多重人格患者の臨床において治療者が遭遇するものにとうてい及びもつかない。

催眠であろうとあるまいと、治療者が知らず知らずのうちに患者の行動をつくり出したり強めたりして、解離過程を重症化する可能性は、多くの著者が警告するところである［42, 134, 159］。多重人格患者の交代人格の症状とその現象形態（たとえば交代人格の数とタイプ）を、催眠療法を用いた場合とそうでない場合とについて統計的に比較すると、両者に有意差はなかった［284］。ＮＩＭＨの調査では、治療中に新たに創り出された人格が出現する頻度は、以前から存在していた人格が治療中に発見される場合と比べて、その約三十％であると報告されている［284］。経験ある治療者も臨床的な論文のなかで同様の報告をしている［30, 43, 150］。新たに創出された人格の発生率は、催眠で治療された場合とそうでない場合で統計的に有意差はない［284］。現時点の調査結果からいえるのは、ＭＰＤ治療にとって催眠は効果的な手段であり、またその使用が解離症状を重症化するわけではないようだということである。

二節　多重人格者をトランス誘導する

一　自発性トランス

自発性トランス状態の存在は一八三五年のドゥ・ボワモンの症例報告［31］以来、ずっと記載されてきた。ブロイアーとフロイト（一八九五／一九五七）はアンナ・O症例における自発性類催眠状態の存在に触れている。その後も多数の精神分析家が児童期の心的外傷、とりわけ性的虐待、をこうむった患者に同様の類催眠状態の存在を記載している［276］。フェイゲンとマクマホン（一九八四）、クラフト（一九八四b）そして私［101に引用されている］はそれぞれ独立に、児童期の解離性障害には自発性トランス様状態が存在すると報告している。自発性トランス状態は正常人にも起こるという報告もされ続けてきた［365］。

自発性トランス現象は多重人格患者の生活上のさまざまな危機を引き起こす元凶であり［186］、ブリス（一九八六）によればMPDの主要な精神病理学的メカニズムであるということになる。多重人格患者はしばしば、精神療法面接の最中にも自発性トランスに入ったり出たりする。ブリス（一九八三）は自験例の自発性トランス状態を大きく二つの様式に分けた。第1型は、患者が内面の巣穴の静かでくつろいだ憩いの中に避難所を求めようとする場合である。第2型は、患者が「罠に捉えられ、ふるえあがって、対処できない」、すなわち「人格が誘発されたり、創り出されやすい状況」において、圧倒的な外傷的記憶によってトランスが誘発される場合である［31, p. 115］。恐怖によってトランスが誘発されるメカニズムが存在することはスピーゲル親子（一九七八）がつきとめている。

自発性トランス状態のさいにも、治療者がトランスに誘導する場合と同じ催眠療法テクニックを用いることも可能であるが、一般には、MPDのための正式な催眠誘導のほうが良い。正式な催眠誘導の場合は、患者からはっきりと承諾を得たうえで行うほうが、誘導過程のコントロールがよくなる。多重人格者は、コントロールや操縦という問題に精巧な感受性をもっているので、形式にこだわらないタイプやミルトン・エリクソン型の催眠誘導法にのることはめったにない。

二　催眠に抵抗を示す患者

多重人格患者は総じて高い催眠感受性を示すにもかかわらず、治療者がはじめて催眠誘導しようとすると恐れて抵抗することが多い。患者は、催眠をやってみましょうということをほのめかしただけでパニック的に反応することがありうる。ふつう患者は自分がなぜ恐いのかをはっきりと言葉にできない。自分が自己統御力（コントロール）を失うのではないかという恐怖が催眠に抵抗する多くの主人格の根底にあるらしい。患者は別の人格や治療者に自己統御力を奪われることを恐れている。後者の心配を念頭に置いてブラウン（一九八四b）はこう書いている。「こういう患者には、催眠によって『コントロール』されることはないと何回念を押しても、実際に正式なトランスを経験してしまうまで、コントロール喪失の恐怖は続くだろう」[51, p. 36]。治療者にコントロールされる恐怖に打ち克たせるのに役立つ最良の方法は、何回かラポールをつくる程度の穏やかなトランス体験をもってもらうことである。それがどういうものかは本章の後ろの方で述べる。

他の人格たちにコントロールを奪われるという恐れは、もっと複雑で、治療しにくい。主人格が自己統御力を手放してトランスに入るのを嫌がる場合が多いのは、別の人格がコントロールを奪って二度と返してくれないのではないかという恐れを、どこかのレベルでもっているからである。別の人格が「出てくる」のを認めることも、多重人格性に対する主人格の否認の土台を掘りくずす。さらに、別の人格への切替過程は、主人格には死あるいは忘却に近いものと体験されるようだ。多くの主人格は、人格の切替は恐ろしい渦巻かブラックホールに吸い込まれる感覚だと述べている。一つの主人格が催眠誘導のあいだに多数の体感異常を体験するらしく、典型的なものは、頭や胸の内部からの爆発するような強烈な圧迫感で、これに内臓がぐにょぐにょと動く感じが伴う。時々、ＭＰＤの患者は、トランスに入るとき恐ろしいイメージが見えるとあとで報告する。

治療者はこういう、ひどいけれども一過性だから、この体験を乗り越えるよう、主人格を説得しなければならない。治療者はまた、催眠面接の終了時には完全な自己統御力が戻ってくることを主人格に保証しなければならない。慣れないうちは、面接終了の少なくとも十五分前に主人格をトランスから戻し、その時間を体験の見直しと処理に充てることが大切である。トランス誘導の成功までに数回やってみる必要があるだろう。最初の数回はトランスに誘導しようとしている最中に、患者が恐慌状態でトランスから飛び出してくることも少なくないだろう。こういう現象は患者を催眠誘導できないことを意味しているのではなくて、反対に患者が非常に催眠されやすいことを示唆し、すでにトランス状態の中で、他の交代人格や解離されている外傷的記憶内容の存在を直接に体験しはじめたからだと考えてよい。

ホアヴィッツ（一九八三）はこれ以外の催眠に対する抵抗の原因をいくつか挙げている。彼は人格システム全体を保護する必要性に触れている。一部の「催眠できない」多重人格者が催眠に抵抗する理由は単純で、人格システムが水面下に存在するものを治療者に見せたくないからである。私の印象ではこのような妨害工作は予後不良の徴候である。ホアヴィッツ（一九八三）は、長年守ってきた秘密が破られるという恐れ、また、治るということは非常に大きなものを失うのではないかという恐れも催眠への抵抗の理由だろうと注記している。患者がトランスに入ることを自分に許せるようになるためには、これらの抵抗を取り上げて、よく検討し、対処する必要がある。

多重人格者はトランスに入っていないのに催眠にかかったふりをすることがある。オーン（一九七七）が示したように、熟練した催眠療法家でさえほんとうのトランスとトランスのふりを区別することが難しい。催眠にかかったふりをする患者には、著しい抵抗が信頼関係の欠如と連動していることを示唆する。このようなごまかしは、建前上は外傷記憶内容への接触から患者を守るためであるが、やはりふつう予後不良の徴候である。欺瞞もこれぐらいになると、治療の他の局面や患者の生活にいたるまで広がっていると考えてまずまちがいない。

三　誘導法

催眠を誘導しやすくする技法には実にいろいろなものがある。たいていの標準的な催眠誘導法は今日まで多重人格患者に用いて成功しており、どの技法がいちばん優れているという証拠はない。治療者はどの技法であれ馴れていてやりやすい方法を用いるのがよい。

ブリス（一九八六）は自分の患者には単純な短期間の方法がよかったと述べている。彼は、まず患者にリラックスするよう求めながら、一点を見つめさせ、患者のまぶたが重くなる重くなるという意味のことばを繰りかえす方法を使っていると述べている。この形の誘導がうまくいかないときには、患者に自分がいて楽しい場所のことを話してくださいと言い、それから彼はそこでの体験を描写してくださいと言い、さらに心の中でそこに行ってリラックスしてくださいと言う。私の経験では、後のほうの方法は催眠を考えるだけで強い抵抗を起こす患者に特に有用であった。患者は安全でくつろげる場所を選び、心の中でそこに行くことができ、その体験を患者にとってますますヴィヴィッドなものにさせることでトランスを深めてゆける。

ブラウン（一九八〇）の考えでは、どの催眠法を選ぶかはそれほど重要ではないが、「混乱法」は用いないほうがよいという。彼は、治療の初期の主要目標は「治療者がいて治療が行われているときに穏やかでリラックスして心地よい心理学的・生理学的状態になるようにする」[46. p. 211] ことだと力説している。彼は、催眠的除反応面接の混沌の中であっさり見逃されてしまいがちなのは、催眠を用いる時には治療者は必ず治療時間の終了より前に正式にトランスを「解除」して、さらにその体験の見直しと処理を行うだけの時間をとっておかなくてはならないという（あたりまえの）ことだと痛いところを突いている。彼の経験では、トランスがきちんと解除されていなければ、患者は「二日酔い的効果」を訴えてくるはずである [51]。

三節　催眠を診断に利用すること

第四章で、私はＭＰＤの診断の原則を論じたが、原則は解離過程とそのさまざまな徴候の知識をもつことと、必要性をきちんと説明した上で病歴を聴取することと、面接中の患者の行動を注意深く観察することである。ＭＰＤの疑診を確定診断にまでもってゆくには少なくとも一つの交代人格に会うことがなければならない。たいていの場合は、存在するのではないかと思われる交代人格に向かって、直接に会いたいと頼むだけで済むが、時には、とくに臨床上の緊急事態やコンサルテーションのように時間が限られている場合には、催眠は一つの交代人格の顕在化をしやすくする役に立つと思う。

催眠を診断に用いることの主な利点は、催眠が主人格の交代人格に対する抑圧を弱め、それによって他の方法では主人格の抵抗を打破できない交代人格が顕在化できるようになることである。一般的なやり方は、催眠性トランスに誘導してそれを深め、「身体の中に自分でない思考過程とか心の断片とか人間とか力とかが存在していますか」[46, p. 213] と患者にあっさり尋ねることである。私の経験では、主人格は催眠性トランス状態にある時のほうが、トランス状態抜きで人格変換が起こった時よりも直接的に交代人格（の存在すること）を体験する。トランス状態でないときに人格変換が起こる場合の主人格には、交代人格の出現と面接者とのやり取りの際の周辺的事情の記憶がまったくないことが多い。ところが、トランス状態においては、主人格はそれにまつわる周辺的事情を実際に見聞きし、その結果、その過程によってより多く動揺させられるらしい。ブラウン（一九八〇）は、催眠を用いた診断法をもう一つ紹介している。それは年齢退行である。もっとも、再体験（すなわち過去の出来事の現実的で強烈な再体験）をともなう年齢退行と真の交代人格の出現とをよく見分けるように注意しなくてはならないと彼は警告している。年齢退行技法と年齢進行技法については本章の後のほうで述べる。

四節　催眠療法のテクニック

以下はＭＰＤの治療に用いられる催眠療法のテクニックを概観して考察したものである。発見論的な目的のために、私はそれらのテクニックを三つのカテゴリーに分類した。すなわち（一）トランス誘導・ラポール建設技法、（二）健忘障壁貫通技法、（三）除反応／ヒーリングの諸技法である。実際に、これらの技法のほとんどすべては治療の際に起こる問題の種類を問わずある範囲全体に有効であろう。

一　トランス誘導・ラポール建設技法

ラポール建設技法は信頼感を発展させ、トランス誘導を促進し、治療同盟を強化するために用いる方法である。本節で私は良性トランス体験、観念運動シグナル法、自我強化法、合い言葉を用いる誘導技法について述べる。

1　良性トランス体験

良性トランス体験は、患者の信頼感と催眠の心地良さを高める手初めの方法として有効である。良性トランス体験の原則は、患者に直接に催眠を体験させ、うまくいけば催眠過程やわずらわしい症状を支配し統御しているという感覚に到達してもらうことである。古典的な良性トランス体験は、患者が心の中で自分が安全で楽しい場所にいるところを思い描き、この心像がだんだんヴィヴィッドになるようにするという、催眠誘導法の拡張である。治療者は患者の体験の直接性を高めていき、安全でくつろいだ感覚を増していくよう誘導する。患者のイメージとそれに伴う五感とを構成的なものにしてもらうようにすることが大切である。たとえば、患者が自分は海辺にいるところを思い描いていると言ったとしよう。治療者のほうは、熱い太陽、暖かい砂、うねる波といったイメージだねと言いながら軽率に話に割り込むとしよう。ところが、患者のイメージが風の吹きすさぶ寂しい冬の海岸で、患者の安全感は、とどろきわたる波の姿が見えないところで、風になびく砂丘の草の中でうずくまっていることだと知って治療者は肝をつぶすだろう。治療者はイメージの暗示をする時には慎重であってもらいたい。患者が思い起こしているイメージと治療者が暗示したイメージとの食い違いは患者の中に苦痛と鬱憤の感覚を生じさせ、それが転じて催眠への抵抗となりかねないからである。

ホアヴィッツ（一九八三）は、催眠は、「治療の助けになるものとしてでなく患者の助けに有用な手段として提供された」[155, p. 141] 時に、治療同盟を改善する力をもつと述べている。彼は催眠を、患者が不安の対処、リラクセーション、症状緩和、自己統御、自己支配を身につけるための認知的スキルとして紹介するのがよいとしている。同様に、ブラウン（一九八〇）は多重人格患者に自己催眠を教えるのはリラクセーションと不安の軽減のためだと述べている。ハーゾーグ（一九八四）は、ラポール建設技法として患者に催眠のある面（たとえば視覚イメージや後催眠暗示）を実演してみせてはどうかといっている。彼が、このやり方がいちばん有用なのは、催眠を面接の中心にせず、「飛び入り」的な練習課題に入れている時だと述べている。催眠の初期段階のこのラポール建設段階の間には、交代人格を引き出そうとするか、心的外傷の記憶を取り戻させようとするなどの深く探りを入れる作業はやるべきでないという点は諸家の意見がはっきりと一致している〔46, 150, 155, 185〕。

2　観念運動シグナル法

観念運動シグナル法は、一般に、催眠治療の初期段階に導入するのがもっとも役に立つ。この技法自体はさまざまの催眠状況に広く適用できるものであり、たんなるラポール促進法ではない。観念運動シグナル法の原理は、あらかじめ一組のシグナルを決めておき、これを与えておいて患者が質問に対してノンバーバルに返答し、催眠中に治療者とともにコミュニケーションとコントロールの練習を行う手段とするものである。いちばんよくあるのは、指による合図を使う。ブラウン（一九八四ｃ）は、人指し指を動かすと「イエス」、親指を動かすと「ノー」、小指を動かすと「ストップ」にするとよいと述べている。ストップ・シグナルがあることで、患者は、ある程度まで過程をコントロールし、これを選べと押しつけられる場面が起こらぬように防ぐことができる。申し合わせ済みの全てのシグナルは片手だけを使うようにし、両手を使うシグナルはないようにしなさいという勧告がある（ブラウン一九八〇）。それは交代人格によって利き手が変わることがあって、そうなると、両手を使うシグナルの意味が混乱しかねないからである。

観念運動シグナル法は、交代人格に直接はっきりと現れるようにしなくても、その交代人格に接触する方法としては使える。完全にトランスの中に没入するのを尻込みしている多数の患者も、一本かそこらの指ならば、リラックスして、そのコントロールを放棄してもよいというものである。観念運動シグナル法を導入すると、交代人格が治療者とある形で交信できるようになるので、主人格が催眠に導入されたら（交代人格は）すぐに出なくてはならないというプレッシャーを感じるものであるが、この圧力が少し弱くなってくれる。このように内部の緊張を下げると、しばしば、患者のリラックスしたい気持ちが高まり、あるいはリラックスする能力も高まる。両方が起きることもある。

こうなると、さらに催眠導入がしやすくなる。観念運動シグナル法はＭＰＤの治療の全経過をつうじて役に立つ方法である。クラフト（一九八三）は、それぞれの交代人格にそれぞれ別々の指をシグナルさせたところ、一つ質問しただけで「データの山」が集まったと述べている。

3　自我強化法

デイヴィッド・コールはＭＰＤについての講演の中で、怯えたり消耗しきった主人格には「自我強化 ego strengthening」的な催眠技法を用いる、と述べたことがある。この方法は主人格に、トランス状態において困難な課題を頭の中で予行演習させるか、あるいは恐怖を起こさせる対象や状況にイメージの中で直面させるものである。コールの示した例は、建築機械を見るとふるえあがる女性患者だった。トランス状態に置いてから、コールは、患者がクレーンに近づいて、よじ登って運転室に入り、ついにはクレーンを操縦するところまでをイメージするようにさせた。私もこの技法を使ったことがあるが、行動療法のリラクセーション／脱感作療法によく似ていて、私が使ったのも多重人格患者が恐ろしさや難しさを予感している状況（たとえば免許の更新手続や歯科受診）に対する準備を助けるためであった。

4　合い言葉（キーワード key or cue words）

特定の交代人格を引き出すためにキーワードを使うことを最初に論文にしたのはモートンとトーマ（一九六四）である。合い言葉は「キュー・ワード」という名で広く知られるようになったが、今では催眠過程をしやすくするための重要なテクニックである。コール（一九七八ｂ）はそれとは独立に、患者（あるいは治療者あるいは両者）の保護手段として急速にトランス誘導するために、合い言葉を用いた。原論文の中には、この簡便なトランス誘導が患者あるいは治療者を傷つけずにすんだという物語をいくつか述べている。ブラウン（一九八〇）とクラフト（一九八三）は、必要が生じたら出てきて事態を収拾できる交代人格とあらかじめそういう申し合わせをしておき、その人格を出現させるために合い言葉を使っていると述べている。合い言葉は、ルーティンの催眠療法にも用いることができ、催眠誘導に費やす時間の節約になる。これは治療者が多層のトランス治療を行うさいに特に役に立つ方法である〔51〕。

合い言葉は治療者や患者を守るための安全な予防策としていつも有効であるわけではないし、またそのためにこの方法に頼りきってはいけない。私たちの地域のＭＰＤ研究グループの一員である女性治療者は、自分の患者がせっかくの誘導のための合い言葉を自己催眠によって取り消してしまったと述べている。治療者は、以前は有効だった合い言葉が突然トランス誘導力を失ったことに気づいた。後になってから、患者は、実は自己誘発性催眠に入って行き、自己暗示によって合い言葉の効果をブロックしたと白状した。これは用心するべき点であるが、合い言葉はやはり急速にトランス誘導するさいには便利である。

私は、急速トランス誘導にはどんな合い言葉にするかを患者と私とで選び出し、意見と一致させておくことでいい結果を得てきた。私は患者あるいは特定の交代人格に気に入った合い言葉を言わせている。それから両者は標準型誘導法によって深トランス状態を産み出し、体験とその合い言葉をセットにする。患者に対して、合い言葉を聞いた時に即座に深トランス状態に達することができるという暗示を与える。それから両者は少しの間、合い言葉を用いてトランスを深めてみる。このテクニックは患者には急速トランス誘導の方法として紹介するのだが、実は私たちには治療セッションの時間節約になる。しかし、合い言葉は必要ならば緊急事態において用いることができる。（困った時のために）あらかじめ指名しておいた交代人格の出現も同じようなやりかたで行うことができる。

二　健忘障壁貫通技法

コール（一九七八b）は（自分が）多重人格患者に初めて正面きって催眠を用いたのは健忘障壁を突破するためだったと述べている。健忘障壁を突破する方法にはいろいろあるが、単純な「トーキング・スルー」から、多層催眠までのさまざまな技法について述べていこう。

1　トーキング・スルー

トーキング・スルーは第八章でくわしく述べた技法だが、催眠と連結して用いると特に効果的である。催眠状態の主人格を通して背景の中で聞いているとおぼしき交代人格たちに話しかけるのである。ブラウン（一九八四c）は、目下話題にしている内容につれての表情の動き、姿勢の変化、癖の出方などの反応を注意深く観察することが大切だと述べている。これらの徴候は話題の内容が引き起こした密かな切替の信号であるかもしれないからである。クラフト（一九八二）もトーキング・スルーを用いて「外に」出てこない人格に問いかけることによって健忘障壁をやぶろうとしており、いちばんよく用いる催眠下の指示は「全員聞いてください」だと付言している。この技法は「外」に出ていない交代人格たちの側に内部で耳を傾けさせるように促し、それによって内部の対話を発展させるのに役立つと彼は考えている。

一般に、トーキング・スルーがいちばん有効なのは、こちらの話を聞ける状態ではなさそうな個別的交代人格に対してでなく、人格システム全体に対して話しかける時である。コール（一九七八b）は以下のように考えている。

催眠下では交代人格全員に同時に話しかけることもでき、取り引き過程をきちんと行うための特別な治療的接触を二つあるいはそれ以上の人格に絞ることもできる。この技法は比較的単純にみえるが、治療者の側は、メッセージはできるだけ明確に表現するようにし、メッセージを「受け取る」者も皆、人格が違っても理解できる明快な言葉で表現するようにするという非常な気くばりと注意とが要求される……［70, p. 3］。

ベアーズ（一九八三）も多重人格患者にトーキング・スルー法を用いることを推奨し、「われわれが特定の一つの人格に述べたいことを聞いてもらうためにその人格だけを呼び出す必要がなくなる」［20, p. 107］と述べている。

2　交代人格と接触する

催眠は交代人格に直接接触するための有効な手段である。クラフト（一九八二）は、彼が診た多重人格患者の九五％以上で交代人格と接触するために催眠を用いたと報告している。トランス誘導の後、交代人格たちに対して、出てきてほしい、あるいは、現在表に出ている人格に内部から話しかけてほしい（その人格には幻聴と感じられるだろう）、あるいは治療者と交信するために観念運動シグナルを用いてほしい、と求め、交代人格の名前がわかっていれば、催眠下では直接交代人格に頼むことができるし、それは（名前がわかっていなくても）その交代人格が関与してきた行動を述べればできることである（たとえば「私はジェーンの描いた絵を全部破いた人と話をしたいのですが」）。もしこういう求めによって引き出される交代人格がいなければ、催眠下にある患者に対して、心の中を見渡して、苦痛な体験あるいは恐ろしい体験を探して下さいと頼むとよい。催眠状態で苦痛な体験が呼び起こされれば、患者に自分で一つ選んで思い出して下さいと頼みなさい。トランスから醒めた後、自分の耐えられる範囲でいいからできるだけ多くを思い出して下さいと患者に指示するのがよい。

3　年齢退行

年齢退行は、これまでによく研究されてきた催眠技法で、抑圧すなわち「忘れた」記憶をよみがえらせ、また外傷体験をコントロールしつつ除反応しはじめるのに使える。ジャネが治療に年齢退行を用いたことは、月経の時に「大ヒステリー発作」を起こす患者マリーの治療が描き出すとおりである。年齢退行と超限記憶（記憶亢進のこと）との相互関係を記載したのはヒルガード（一九六五）である。年齢が退行した意識状態において過去の事件がまざまざとよみがえるのは、この超限記憶のおかげであるらしい。このようにして取り戻した記憶がつねに事実であるわけではなく、ある種の状態では催眠者からの暗示が作り出すこともありうる[151, 326, 300, 372]。このような但し書きもあるが、年齢退行が多重人格患者の健忘障壁を打ち破るための強力な方法であることは間違いない。

年齢退行がいちばん効果があるのは、大多数の多重人格患者のように催眠感受性の強い人たちである。一部の人の記憶・反応・反射は多層構造をなしていて、年齢退行法で生活史をさかのぼると、各層が順々に現れてくることが、研究によってわかっている。ババンスキー反射や探索反射や把握反射のような発達上原始的な神経反射が年齢退行によって出現するという記載もある[331]。英語のネイティヴ・スピーカーではない人の年齢退行の場合、生活史上のまさにしかるべき年齢に退行した地点でネイティヴの言語に戻るという報告もある[151, 331]。年齢退行状態においては、MPDでない人ならばしばしば二重意識を示す。これは、年齢退行した部分が子どものように反応し、それを観察しているおとなの自我が別の反応をするものである。たとえば、ネイティヴの言語が英語ではない人の場合、年齢退行した部分は英語で言った命令が理解できないが、おとなの観察者部分は理解して言われたとおりをする。ヒルガード（一九六五）は、この過程はMPDの解離に似たタイプの解離であるとした。

記憶回復のための年齢退行は、多重人格患者のまるごとを相手に（すなわち主人格を通して）行うこともでき、個別の一交代人格を相手に行うこともできる。後者の場合、多層催眠技法がしばしば有効である[51]。あらかじめ患者と相談して「目標」を決めておき、その時点まで退行するように指示することが大事である。目標は、生活史上の重要な出来事（たとえば誕生日、クリスマス、進級、同胞の誕生、死、損失）か、あるいは、特異症状か問題行動が最初に出現した時がよいだろう。

適切な催眠誘導の後、患者はあらかじめ決めた目標に向かって、治療者の指示にしたがって時間をさかのぼっていく。たとえば、治療者はこんなふうにいう。「もう現在ではありません。あなたは時間をさかのぼっています。どんどん若くなっていきます。あなたはいま二十二歳ですね……、十八歳……、十二歳……、七歳。さあ、あなたは五歳ですよ。今日は五歳の誕生日です。私があなたの手に触れたら、目を開いて、私とお話ししましょう。後で、もう一度、あなたの手に触れますからね、そのときには目を閉じてください。」ここから、治療者は患者あるいは交代人格とともに、最初に決めた目標と関連した事件を探索する段階に進む。患者あるいは交代人格は上記の手順を逆にたどって現在に戻る。年齢退行がうまくいった場合の反応は、患者がまさに年齢相応に振る舞うこと、現在形で語ることからわかる [331]。

4　感情架橋法

感情架橋法 affect bridge technique はジョン・ワトキンス（一九七一）がはじめて記載した特殊な年齢退行法である。これは、解離された記憶を回復する一つの有効な手段である。感情架橋法においては患者は「観念」連合ならぬ、感情・感覚／身体感連合の鎖に沿ってゆくのである。これは、患者を現在悩ましているのが一つの大きな感情あるいは感覚であって、それを繰り返し体験すると訴える場合にもっとも適切な手段である。催眠下でその感情なり感覚を暗示によって高めていき、その場のそれ以外の面が消えてしまうまでやめない。それから患者を年齢退行法同様に過去に連れ去るが、違いは治療者が患者がどこで止めるかを選ぶ自由を与える点である。たとえば、患者を悩ませている身体症状がこみあげてくる吐き気で、しかもはっきりした原因の刺激がないままに患者を圧倒しているとしよう。治療者はこの体験を暗示によってさらに強めた上で、この橋を渡って時間を遡らせる。「あなたは戻っている。戻っている……戻っている……吐き気の橋を渡って過去の中へと。何もかも変わってゆきますね、吐き気以外は。あなたがどんどん若くなってゆくのに吐き気は同じままです。今、あなたはこの感じを最高に感じた時まで戻りつつあります。いま、どこにいますか？　何が起こっていますか？」治療者は終点がどこかを知っていない。治療者はただ、患者が最初に始まった時と場所とにたどりつくはずだという信頼を語るだけである。

感情架橋法は、年齢退行法のように、患者まるごとにも使えるし、特定の交代人格を相手にもできる。ブラウン（一九八四c）は、この方法の変法を発表しているが、それは、感情が変わってもよいとしている点が違っている。治療者は怒りを追いかけて過去に遡るが、ある事件のところで怒りが恐怖に変わったとしよう。そうなれば、この新たな感情を同じように遡って追いかけてゆく。感情が変わることを認めれば、特定の外傷的事件と関連した、多層にわたる複雑な感情群の相互関係の理解が一段と進むことも少なくない。感情なり身体感覚は事件の想起との連結を外されて、特定の交代人格群の中に隔離されていることが少なくないから、感覚なり身体感覚の跡をたどってゆくことは、ＭＰＤ患者の人格統合のために不可欠な感情と記憶との合一の助けになる。

5　多層催眠

多重人格患者は催眠にかかりやすい「自然児」であって、いつでも深いトランスに入れることは周知のとおりである。多層催眠 multilevel hypnosis とは、この能力を生かして、人格システムの数個の層でトランスに誘導するものである[51]。多層催眠の典型的な用法では、主人格が催眠誘導されてある交代人格が引き出されてくる。次に、この交代人格に第二の催眠誘導がなされる。この交代人格に対する催眠誘導の方法は主人格に対する方法と同じでもよいが、その交代人格だけにあらかじめ与えておいた特別な合い言葉があればそれを利用してよい。個々の交代人格に付する治療において、多層催眠を前述の年齢退行法と感情架橋法と併用するのが有益である。催眠誘導を行ったのと逆の順序でトランスを終えてゆくことが大切である（たとえば、交代人格を最初にトランスから出して、その後に主人格を出す）。

三　除反応／ヒーリングの諸技法

多重人格患者にとって、隠れていた記憶の回復はふつう外傷的である。多くの場合、思い出すという行為それ自体が派手な除反応を引き起こしかねなくて、これは患者にも治療者にも非常な苦痛を起こすだろう。再鮮明化とは、ある出来事がありありとよみがえるという体験のことであるが、ある点ではもとの体験以上に外傷的である。多くの患者が私に話してくれたように、思い出すことは、現実にその場面にいることよりも悪いのである。除反応の原則についてはこの章の後半でさらに詳しく述べよう。この節では除反応の間に用いることもでき、心理的治癒を進行させることができるような個別的催眠技法について述べよう。

1　スクリーン・テクニック

スクリーン・テクニックは、患者が、外傷となった出来事から心理的な距離を十分に取りながら、同時にその体験を見、再体験し、そして表現するために役に立つ方法である。患者あるいは特定の交代人格をトランスに誘導した後、巨大なスクリーンを思い浮かべるように命じる。これは映画のスクリーンでも、テレビの画面でも、青空の一部でも、何かを映すスクリーンとして使えるものならかまわない。探索する必要のある出来事や体験をこのスクリーンの上に投影して、患者がそれをひとごとのような感覚で離れたところから眺められるようにする。事件は、このスクリーンに映し出すと、暗示により必要に応じて、スピードを緩めたり、早めたり、逆回転させたり、停止させることができる。もし必要とあれば、このスクリーンを分割して、複数の出来事を同時進行で見ることも可能である。患者に細部を拡大して見たり、全体を眺めたり、もっと遠くから俯瞰したりすることもできることを教える。さまざまなカメラ技術を駆使することで、患者は単一の視点からみえるよりも多くのものを「見る」ことができ、これとともに記憶の回復もずいぶん容易になる。

スクリーン・テクニックは、おそらく外傷だろうと思われる体験の探索のためには、年齢退行法あるいは感情架橋法と組み合わせて用いると効果的である。除反応の引き金が引かれたら、治療者はかねて言っておいたとおり、患者がその体験をスクリーンに上演し続けるようにさせる。スクリーン上ならば体験を眺めてそれを語ることができる。しばしば、患者にこの時点で心に分裂が起こる。患者の一部分はハラワタにしみわたるようにその体験をもう一度生きるが、別の一部分はその出来事をスクリーンに映して眺め、ひとごとのように事件を語ることができるのである。時には、患者が記憶をスクリーンに残し続けられないことがあって、そうなると体験は変質して、構造化されていない除反応となってしまう。しかし、このスクリーン・テクニックは、患者と治療者が実際に粘り強く行っていれば、(自由に)使いこなせるようになり、外傷記憶を回復し、統合するためにとても役に立つ方法になるだろう。多くの場合、患者がスクリーン・テクニックを使って、治療面接以外でも除反応の作業を続けるようになれる。これは重要な能力である。それは、たいていの多重人格患者は延々たる恐怖と外傷の歴史をもっていて、かりに面接の場の外で除反応の作業を続けることができないとすれば、何年分も治療が長引くことになるだろうからである。

2　なしくずし法

なしくずし法 permissive amnesia は、催眠面接と除反応との間に取り戻した苦痛な記憶と感情の量を「滴定」するために用いる技法である。症例によっては、患者なり主人格なりが外傷の記憶を全面的に回復してこれを受けとめようとすれば、自己破壊的行動に出るか、一時的に精神病的になってしまう。外傷的な記憶を催眠状態で取り戻した時には、治療者は、患者なり主人格なり特定の交代人格あるいは人格システム全体なりに対して、耐えられる量の記憶を思い出すだけでよいという許可を無条件に与えなさい。患者が吸収し処理できる範囲のゆっくりしたペースで記憶が「一滴一滴とぽたぽた垂れるように戻ってくる」という暗示を与えてもよい。このようにしてゆき、取り戻した記憶の全内容を患者の意識の中につくりあげることができる。もっとも、それは数時間で済むことも何カ月もかかることもある。

患者は苦痛や恐怖や嫌悪や悲しみに耐えるために、外傷記憶を漏らすペースを調節する能力を本来的に所有しているようである。（しかし）記憶が患者の覚醒意識のなかに入っていくこの段階において、カタトニー、強い情動反応、ミニ除反応、自殺・殺人念慮などの反応が一過性に起こってもおかしくない。治療者と周囲の重要人物はこの過程を敏感に察知し、またこれらの一過性反応によって起こりうる問題をめざとく見張っていなければならない。

3　症状置換法

症状置換法は、危険な、あるいは自己破壊的な行為の信管を外して不発にさせるために用いられることがある。治療者は催眠暗示を用いて、危険な行為を、象徴的には等価物であるが無害な行為に置き換えるのである。たとえば、クラフト（一九八三）は、二つの交代人格がそれぞれ片腕を支配し、これをふりまわして（左右の腕を闘わせるという）身体の闘いを行っていたのを、患者の利き腕でないほうの薬指と小指との争いに置き換えたと述べている。

個別的危機を患者が切り抜けるためには、一部の交代人格を、眠らせるか安全な場所を思い描かせてそこに置き去りにするという催眠暗示をすることができる。私が知っている何人かの多重人格者は、（私の）研究計画に協力する時にはいつでも、後のほうの置き去りメタファーを自然発生的に用いて、調査を怖がりそうな人格や協力したくない人格を自宅や架空の避難場所に残すことにしている。交代人格を安全な場所に移動させるために催眠暗示を用いるときには、患者の人格システム全体の協力を求めて、その場所がどういうものかはっきりさせることが大切である。MPDの治療者は、患者の内部世界の地形図を次第に知るようになり、そして治療的メタファーと介入のためにこの知識を利用しなければならない。前述したように、誰も、厄介を起こす交代人格を強制的に抑制し「埋葬してしまう」ようなことをしてはならない。クラフト（一九八二）は、自分の経験から、厄介を起こす人格を催眠を用いて排除ないし抑制しようとすれば、むつかしい交代人格が一時的に抑制されて、いっときはほっとするかもしれないが、後日その人格が復讐に打って出るときに非常に痛い代価を支払うことになるだろう、と述べている。

4　年齢進行

年齢進行は、子ども人格の治療作業を終えた後に、その子ども人格たちを「大人にする」のに役立つ方法である。催眠暗示は、子ども人格が大人になるのを助けることができる。何歳ぐらい年齢進行させるかは、個々の介入の目標によって違う。しばしば、年齢進行を用いて、他の人格との融合に先立って、人格たちを「大人にしておく」。人格が時間の中を進行するのを助けるためには、さまざまなメタファーやイメージを用いる。クラフト（一九八二、一九八四b）は、交代人格の年齢進行には「タイムマシーン」幻想を用いると述べている。もし年齢進行中の人格がこのメタファーを強引だと感じたならば、それ以外のメタファーやイメージ、たとえば、時間の川を船で下るとか、カレンダーのページをめくってゆく、昼夜の交代を早めるなどを用いる。たいていの場合にあてはまることだが、この技法で、患者に暗示を行わせたり、用いるイメージやメタファーをつくる際に患者を協力させることは、催眠治療の効力を大幅に増強する。

5　自己催眠

ＭＰＤにおける解離過程と自己誘発性催眠（すなわち自己催眠）の解離過程とがどういう関係なのかは百年以上もああでもないこうでもないと考えられてきた。自己催眠は、ＭＰＤにみられるはげしい解離過程との関係がどうであろうと、患者が自分の生活をよりコントロールするために利用できる技法である。もっともよく用いられるのは、症状のコントロールのための自己催眠である。コール（一九七八ｂ）は、患者に自己催眠を教えておくと、患者がトランス状態に入れるようになり、不安発作や心身症状を止めたりコントロールするために、あらかじめ与えておいた催眠暗示の引き金を引くようになると述べている。さらにコールは、通常の型の麻酔に耐えられない多重人格者が歯科麻酔を受けやすくさせるために自己催眠を用いたとも述べている。ブラウン（一九八〇）とクラフト（一九八二）も、症状のコントロールや内部の会話を促すために自己催眠を患者に教えたと述べている。

自己催眠の不都合さに関する報告もある。クラフト（一九八二）は、三人の患者が自己催眠を治療に抵抗するために用いたと述べている。第一例は治療をそこで止めるために自己催眠を用い、第二例は葛藤を回避するために自己催眠を用い、第三例は治療者をモデルにした新しい人格を一人つくっていろいろな問題を起こした。ミラー（一九八四）も融合を阻止し、不安を回避するために自己催眠を用いた患者のことを記している。前述したように、ワシントンの多重人格研究グループに属する一治療者は、彼女が与えた催眠暗示を取り消すために自己催眠を用いた患者のことを報告している。こういう濫用の危険があるために、クラフト（一九八二）は、治療同盟が「緊密になり、すでにきびしい試練を乗り越える経験をするまでは」患者に自己催眠を教えない方がいいと述べている [185, p. 237]。

6　共意識の促進

催眠は共意識（coconsciousness）を促進するために用いることができる。ほとんどの専門家が、共意識の形式は、融合／統合が成功するために不可欠の前提条件であり、また、まだ統合されていない多重人格システム内部に日常的な協力体制を築き上げていくためにも、非常に重要なものと考えている。共意識という用語はモートン・プリンス（一九〇六）が作ったものだが、その意味は、ある人格が、別の人格の思考、感情、行動を直接に体験できるようになる意識状態のことである[189]。コール（一九七八b）は、患者をトランス状態に置き、ターゲットとなる交代人格に直接問いかけて、この過程以外のすべての問題やなぐさみごとはすべて消し去るように命じると共意識の形成を促すことができると報告している。それから、治療者は、交代人格たちがお互いにお互いのことを意識しあうようになって、皆さんの誰か一人が見聞きしたことはすべて全員が見聞きすることができるようになるだろうという暗示をする。治療者は、いちばんストレスの少ない時には、ずっとこの共意識を維持し続けられるだろうと暗示するとよい。コール（一九七八b）が警告するところによると、この技法はいつも予想どおりの効果を生むとは限らず、交代人格間の健忘障壁の消失によって不安を高める結果に終わることもある。もっとも、コールは、この技法は、治療が多重性の解消に近づいた時に用いれば、非常に患者のためになるだろうと結論している。

7　深いトランス

深いトランス deep trance は多重人格患者には一種の非特異的な治療効果があるようであり、また、健忘障壁の透過性を昂進させもするようである[189]。クラフト（一九八二）とブラウン（一九八四c）は、この分野についてのマーガレッタ・バワーズの未発表の業績を引用している。ブリス（一九八〇）もまた、MPD患者が、深いトランス体験によって快い気分に誘われると語ると述べている。ブラウン（一九八四c）は、患者を深いトランスに置き、時とともにトランスを深めて行く話を記している。あらかじめ決めておいた合図が聞こえてくるまで心は空っぽのままでと患者に告げる。クラフト（一九八二）は、この深いトランス体験はすべての人格が分かちあっているはずだと断言している。私の経験でも、深いトランスを体験することはＭＰＤ患者であろうと非ＭＰＤ患者であろうと、いずれも心をさっぱりさせ、癒す働きがある。

五節　除反応

除反応は以下のように定義されている。

> 意識することに耐えられないために抑圧されてきた苦痛な体験を想起した後に訪れる情緒の解放あるいは放出のことである。これによって苦痛な情動の部分的放出あるいは脱感作と洞察の深化が起こり、それを介して治療効果が生じることがある [12, p. 1]。

「除反応 abreaction」という用語はヒステリーにかんするブロイアーとフロイトの最初の業績にさかのぼる。彼らは「ただ言葉に出す」だけで患者が救われることを観察したのだった [316, p. 47]。後に二人はこの過程を催眠と組み合わせ、情動のカタルシスを促した [61]。『ヒステリー研究』の刊行後まもなく、フロイトは催眠の使用を斥け、それに代わって自由連想と精神分析技法とに転じた。

しかし、第一次世界大戦下で、除反応は「砲弾ショック」すなわち急性外傷性神経症の治療の重要な手段であることが急速に明らかとなった [316]。カルピン（一九三一）は以下のような考えを述べている。

　いったん戦争体験を話し合うことへの意識的な抵抗が克服されると、感情の負荷された事件がどっと語られ、それに続いて大きな精神的解放感が生じた。それはまるで意識の抵抗によって封じ込められていた感情が、その緊張によってさまざまな症状を生じさせていたかのようであった。それから、通常は私が想像だにしなかった記憶が表面に浮かびあがってきた。記憶がよみがえる直前には、顔が鬱血したようであり、また手で顔を覆い、身体を震わせるなどの感情の身体症状が先に起きていた[90, p. 27]。

カルピンは、事件の細部を思い出しても、情動的な内容はしばしば切り離され抑圧されていると記している。情動的な内容のほうを取り戻し、再体験しなければ治療にプラスとならない。

第一次世界大戦が終った後、除反応は治療の手段としては人気が下がった。一九三〇年代に米国のブラックウェンらは先駆的にアミタール・ソーダなどの薬物を精神療法と併用する方法を使った[316]。彼らの仕事は第二次世界大戦が勃発するまでほとんど注目されなかった。サーガントとスレイター（一九四一）は、ダンケルク撤退後のイギリス軍の精神科傷病兵の治療に対して薬物促進性除反応を行い、その有用性をはじめて報告した。兵士たちの多くは健忘と転換症状を起こしていた。グリンカーとスピーゲル（一九四三）も北アフリカ戦線において、みずから「ナルコシンセシス narcosynthesis」と呼んだ薬物促進性除反応を用いて、この方法に大きく貢献した。これらの劇的な成功のために、薬物促進性除反応療法はあらゆる戦域で精神科傷病兵の治療に急速に広く用いられるようになった。

第二次世界大戦が終わった後、戦時における薬物促進性除反応の治療経験を広範囲の精神科的疾患に応用しようという試みがなされたが、はかばかしい成果がえられなかった[201]。ホロコーストの生存者に見られたような、慢性の心的外傷後ストレス反応には除反応治療がおおむね無効だった[201]。これらの失敗は、薬物促進性記憶想起によって取りもどした回復内容の信憑性に疑問を投げかけたレッドウィックら（一九五一）の研究とあいまって、その後三十年間、除反応治療は事実上放棄された。近年、コルブ（一九八五）はベトナム帰還兵の慢性心的外傷後ストレス障害の治療に薬物促進性除反応を再び導入し、またイスラエルの治療者たちは急性ストレス反応の短期精神療法に除反応を用いて成功を収め[225]、これらによってこの方法に改めて関心が高まった。ＭＰＤの治療における除反応の価値（と不可避性）も除反応の治療的利用に対する関心を再び高めるように働いた。

この節では治療的除反応の原理、技法、適応と禁忌を中心とし、ＭＰＤおよび類縁の重症解離性障害の治療において生じるさまざまな独特の問題と局面とについてとくに注意を向けよう。

一　治療的除反応の原理

自然発生的除反応あるいは除反応類似の現象は、心的外傷の被害者には普通のことである。もっともよく知られている例は戦闘帰還兵に見られる「フラッシュバック」であるが、同様の現象はそれ以外の形の心的外傷の被害者にも報告されている。たとえば、自然災害、暴行やレイプなどの凶悪犯罪、火災、航空機墜落、自動車事故などである。ブランク（一九八五）は心的外傷後ストレス障害における外傷的記憶の侵入的想起を四つのタイプに分類した。すなわち⑴外傷的事件の生々しい夢や悪夢、⑵生々しい夢で、目覚めた後もその夢内容の影響が続き現実との接触が難しくなる場合、⑶意識的なフラッシュバックで、当人がその中にさまざまな官能の幻覚とともに外傷的事件の侵入的想起を体験するもので、現実との接触を失っても失わなくてもよい、⑷無意識的なフラッシュバックであって、その際、当人は唐突な、他から孤立した体験を味わい、これが外傷的事件を再現あるいは反復する行為を行わせるが、当人はその時も後になっても、この行為と過去の外傷との関連を全然自覚していない場合の四つである。

侵入的記憶想起のこの四型の全部がＭＰＤ患者には典型的に存在し活動している。ＭＰＤ患者に時折みられる精神病類似の退行した行動はしばしばフラッシュバックおよび侵入的記憶想起のせいである。これらの除反応類似の現象は、自然発生的で、統御されておらず、おおむね無意識であって、この性質のために、普通ならばフラッシュバックに伴って起こるはずの記憶および感情の放電による情緒的軽快感が起こらない。患者が除反応的な発作現象を治療的に活用するためには、患者も治療者も、これらの経験を自分で誘発し、また、統御し、そして処理変形させるすべを身につけなければならない。

二　除反応の導入

除反応の導入すなわち開始の引き金は、それまで押し込められ、抑圧され、解離されていた記憶と感情の想起によって引かれる。すでに述べたように、心的外傷の被害者においては、この過程がしばしば自然発生的に始まる。すぐれた治療者ならば、自然発生的除反応を治療目的に活用できるだろう。その上、多くの多重人格患者は、治療の枠外で、自己治療のために、自然発生的除反応法を身に付けることがある。だが、一般に、治療の初期の段階においては、患者と治療者が協力してコントロールされた除反応を引き出し、これを処理するほうが（自然発生的除反応よりも）ずっと治療作業ができ、副作用の数が少ないだろう。

1　外的なきっかけによる除反応

全体ないし一部が覚醒意識の外側にある外傷的記憶の想起を、促進し、コントロールする技法にはさまざまなものがある。外的なきっかけがなまなましい記憶をよみがえらせる力をもっていることは、かねてより臨床家たちが知っていたことで、それは、治療においても除反応の神経生理学の実験的研究においても利用されてきた [283]。外的なきっかけとは、何かの目撃、音声、におい、行動、そしてこれらの組み合わせである。多くの場合、きっかけは正常の日常的な物体や体験であり、第三者には無害なものに思える。この外的なきっかけが不快な気分をもたらし、侵入的な記憶想起の引き金を引く、その力が、外傷の被害者に回避行動と恐怖症的行動を取らせるのである。音と匂いはとくに強力なきっかけであり、また避けるのが非常にむずかしい。ヴェトナム帰還兵の場合、大都市ではありふれたものとなってきたヘリコプターの爆音がフラッシュバック体験の唐突な引き金になったということがしばしばいわれてきた [325]。

治療者は、治療の目的で、きっかけによる記憶想起の効果をいろいろな方面に活用する方法を、古くから身につけてきた。ジャネは自分の患者の除反応の導入を促すために、外部のきっかけを与えたり、ロールプレイを行ったりしていた [100]。マオスとピンカス（一九七九）は記憶想起を促すのに音響効果（たとえば爆発音）を利用する方法を記している。彼らはまた、治療者が「戦争ドラマ」の中の登場人物になって戦友や将校の役を演じるという方法も記している。彼らは、重要なきっかけなら「ちょっと口にする」だけで抑圧された外傷体験の再活性化にはしばしば十分であることに気づいた。多重人格患者の場合には、外的なきっかけが引き金になって、外傷的記憶の体現者である特異的交代人格が出現することがしばしばであって、この特定の人格が外傷的体験を再体験するのが普通であるが、時々は交代人格たちの一群がその体験を同時に再体験する場合もある。

外的なきっかけを除反応導入に用いてもっとも有効なのは、症例（の症状発現）に非常な状況特異性がある場合か、比較的よく出会う形の症例である場合か、外傷体験と結びついている場合かである。多重人格者では、外的なきっかけがその人に限られた非常に特殊なものであることが多く、信頼性が低くて結果の予想ができない嫌いがある。外的なきっかけがもっとも有効なのは、ある特別なものへの恐怖症や回避行動があって、それを治療する必要があるという状況である。しかし、外的なきっかけによる除反応は多重人格の治療の中では時折自然発生的に生じる。患者が部屋の中に何かの物体を見つけたり、治療者が知らず知らずのうちにきっかけの言葉を口にしたり、きっかけになる姿勢をとったり、その他患者に対して意図しないきっかけを与えることもある。こういうやり方で引き起こされた除反応は治療者を狼狽させるだろうが、治療者はこのような患者の混乱を引き起こすのに自分が演じた役割をある程度はわかるものである。

2　暗示誘導除反応

ひとたび適切な治療状況が確立すれば（たとえば、催眠によってスクリーンを見るようになり、見ていることを観察し報告する交代人格が誰であるかがわかれば）、暗示は、催眠や薬物促進性トランスと組み合わせれば、多重人格患者に除反応的な記憶想起を引き起こし、それを秩序あるものに組みあげるのに有用で制御可能な刺激となる。こうなれば特異的な体験や患者の生活史のある時期を治療作業の標的とすることができ、それに直接近づくことができる。こういう状況になれば年齢退行法が効力を発揮するが、それはこの技法を用いれば、治療者が患者を（いったん）事件に先行する時点にまで連れもどし、患者に事件に対して一種の心理的距離をとらせ、そのうえで（たとえば先のスクリーン・テクニックを用いて）心的外傷を順序立てて再活性化しつつ時間を前進してゆくことができるからである。この除反応の体験の構造化は、患者にも治療者にも、精神生理学的過程を強力な統御力の支配下に置くようにさせる。構造化と統御とは患者にも治療者にも安全感を高め、両者に、今後も除反応の作業を積極的にやろうという気持ちを起こさせる。この構造化はまた、心的外傷の想起を、整合的なものとしてゆく。このことは、外傷的記憶内容を精神療法的に処理し、統合しやすいものにする。

3　催眠促進性除反応

催眠性と薬物誘発性意識弛緩状態とは除反応を構造化するためにしばしば用いられる治療形態である。ＭＰＤを治療する治療者は薬物誘導性トランスよりも催眠導入のほうの肩を持つ[284]。催眠は協力的な多重人格患者を急速にトランスに導入することができ、医学的な禁忌がいっさいなく、急速な構造化がしやすい。ところが、薬物促進性除反応は、通常、医学、特に麻酔科の支援が必要であり、また病状によっては行ってはならない禁忌があり、また患者の覚醒度のコントロールが難しく、薬物による過剰鎮静がしばしばおきて、除反応の意識処理過程に干渉する。ローゼンとマイヤーズ（一九四七）は戦場における催眠導入性除反応と薬物促進性除反応の成果を比較して、患者が並外れて催眠抵抗性を示すか、あるいは医学的ないし法的理由で催眠を使用してはならないという稀な場合を除けば、催眠のほうに軍配を挙げている。

多重人格患者に催眠をかけておけば、さまざまな催眠療法を用いて除反応を引き起こすことができる。ただ特定の交代人格たちを引き出して接触しようとして催眠を行うだけで、除反応の開始に十分であることも多い。この章のはじめの方で述べた年齢退行法と感情架橋法は、外傷的記憶内容を探索して、治療的除反応を開始するための非常にすぐれた前処置である。他のいろいろな催眠療法のテクニックは、それから後の外傷記憶の取りもどしの構造化をやさしくし、この記憶内容を患者のより広い意識に再統合するために使うことができる。

4　薬物促進性除反応

薬物促進性除反応は第一次大戦においてハーストらがヒステリー性転換症状の「エーテル麻酔」治療を行って以来用いられてきた方法である（ショーヴォンとサーカンド　一九四七）。これは急速導入が可能であり（いざとなれば戦場でもやれる）、催眠治療に不可欠なレベルの信頼関係すなわちラポールを必要としない。もっともよく使われたのはアミタール・ソーダとペントタール・ソーダであるが、実にいろいろな薬物が除反応の導入に有効だと報告されている。ホーズリー（一九四三）は薬物を用いる治療に「麻酔分析」（ナルコアナリシス）と命名した。この方法を指すほぼ同義の用語で文献に出てくるのには「麻酔総合」（ナルコシンセシス）、「麻酔暗示」（ナルコサゼッション）、「ナルコカタルシス」がある。

アミタール・ソーダはペントタール・ソーダよりも治療と鎮静とを両極とする広範囲な効果があると報告されている。これはしかし、効果の持続が長く、したがって除反応の（意識的）処理段階の妨げになる傾向もある [353]。ペントタール・ソーダは、これに反して、効果の発現が迅速で、持続が短時間で、除反応後の鎮静が弱い [353]。この二つの薬物が絶対禁忌なのは紫斑病（ポルフィリア）であり、重症の心臓、呼吸器、肝、腎障害およびバルビツール剤嗜癖は相対禁忌である [226]。ホーズリー（一九四三）は面接二〇〇〇回で死亡者ゼロ、ハートら（一九四五）は面接五〇〇回において急速注入による呼吸停止例は一例のみであると報告している。

マルコスとトルヒヨ（一九七八）は、患者を横臥させて腕あるいは手の静脈に点滴注入するには蒸留水に五〇〇ミリグラムのアミタール・ソーダを溶解して一〇パーセント溶液とし、21番の蝶形針を用いるのがよいとしている。ペリーとジェイコブズ（一九八二）はアミタール・ソーダは五パーセントがよいという。注入速度は最初二分間は一分一ミリリットルとし、その後は患者の反応によって注入率を決めてゆく。普通、四百ミリリットルで十分であり、面接を成功裏に終えるにはふつう一グラムが上限である [226, 261]。この薬物は持続性の急速な左右動の眼球振盪に気づくか眠気が現れるまで注射する。ここで軽い舌もつれの現れに気づくことがあるだろう。このレベルに達するアミタール・ソーダの量は、ふつう一五〇〜三五〇ミリである [261]。患者を接触困難になるほど朦朧とさせてはいけない。適度の意識低下に達すれば、その後はほぼ五分ごとに二五ミリグラムから五〇ミリグラムのアミタール・ソーダを点滴注入してこのレベルを維持する。

この面接は普通三段階に分けられる。第一段階は導入段階で、治療者はまず安全であることを保障することばを語り、あなたはまもなくお話をしたい気分になりますよと暗示し、それから点滴の針を刺して注入を開始しながら、まず毒にも薬にもならない中立的な質問を始める。第二段階は探索段階で、患者が目的にかなう意識朦朧状態に達してからで、年齢退行法によって、患者を過去に連れ戻し、探索を開始する。治療者は情動負荷的や外傷的記憶的な内容には徐々に段階的に近づいてゆくべきであり、さらに細かい具体的内容を想起させるには外傷的な事件を何回か繰り返して「ワークスルー」しなければならない。外傷的な記憶内容を取り戻している間の治療者は患者の治療を過去と現在という二つの層で行いなさい。すなわち、治療者は患者が過去の体験に誘発された苦痛感、憤怒感、罪業感、戦慄感、恥辱感、恐怖感、孤立感、希望喪失感、無情感などの感情を再体験してこれを「ワークスルー」するように援助しながら、同時に「今ここ」において支持と大丈夫だよという保証と励ましとを与えつづけなさい [225]。

典型的な薬物促進性の面接と除反応の持続時間は通常三〇分から六〇分であり、一回以上の覚醒意識による面接分の記憶内容を回収しおえたならば、そこで終了とする。この面接の終了段階（第三段階）は、治療者は患者と、「手をたずさえて」現在の時と場所における完全な覚醒見当識状態につれもどすことである [225]。治療者はまた、回収した記憶内容は、今後の精神療法面接において処理してもっと完全な形にすると述べて暗示を与え、それと同時に、支持的で士気を高めるようなことばも告げなさい。患者は歩行ができるまで十五分以上横になったままにしておかなければならないし、歩行の時も側でみてあげなければならない [261]。回収した内容の処理を治療にプラスとなるようにする方法は後に述べる。

三　退行と再鮮明化

トランス導入の方法が何であろうと、退行と再体験とには除反応がつきもので、これはほとんど不可避的なものである。退行は多くの要因に続発する二次的なものである。通常の心理的防衛機制を圧倒する心的外傷は、たいていの人間に退行行動を起こしがちである。多重人格患者では通常、心的外傷は小児期の初期から中期にかけて生じるので、この外傷を吸い取るために作られた交代人格たちは、その心的外傷が生じた患者の年齢のままで動かなくなっていることが多い。成人なのに著明に退行した行動を行うのは除反応によって活性化されたこの子ども人格であることが多い。除反応の導入に年齢退行法などを用いる場合には、非常に催眠感受性の高い被験者なら、たとえ心的外傷がなくても、退行的な行動が促進される。

治療的除反応に伴う有益な退行と病的な退行の間の区別をはっきりさせることは時には難しい。一九七三年のアラブ=イスラエル戦争で戦闘性心因反応に陥った兵士に麻酔面接を行ったマオスとピンカス（一九七九）は、いくつかの例においては小さい子どものように大泣きしたり、自己憐憫に陥るなどの反復的な「退行行動」を示し、これが固着して治療がそこから進まないことに気づいた。その場合には、二人は催眠面接を中断している。私もまた、反復性の退行行動の固定に治療の進展の停止を伴うときは、病的退行を示すよい指標であることに気づいていた。しかし、一般に退行行動を病的だと早まって判断しないように用心しなくてはならない。多くの外傷体験は繰り返し除反応をしてはじめて、患者が受けた責め苦の全貌を明らかにすることができ、重層的に積み重なっている感情を放電できるのである。だが、ある交代人格が、それ以上記憶を取り戻すことをせずに常同的な退行状態にはまり込んでいると治療者が何度か気づいたならば、人格システムをさぐって、外傷体験をワークスルーする必要があるという洞察を持っている別の交代人格を探すのが一番よい。

再鮮明化 revivification とは、過去の体験がありありとよみがえることであり、除反応の一番顕著な特徴である。除反応、フラッシュバック、心的外傷後ストレス障害に関する臨床文献は、被害者が体験した外傷的事件のなまなましい絵画的な再体験の描写でいっぱいである。再鮮明化状態のあいだには過去と現在の混乱が起きるのが普通であるが、中には、スクリーンが二つに分れて半分に過去の外傷的事件が、半分に現在が映し出されているという患者もいる。これらの体験のなまなましさは、複数の知覚による幻覚および幻想という現象によるものである。患者は過去に体験したことを、見、聞き、感じ、におい、味わう。除反応中の患者はまた、周囲の物体や人間を除反応に取り込むことがある。私は、かつての長距離斥候パトロール隊長から殺してやるという攻撃を受けて辛うじて逃れたことがある。隊長は、私を北ベトナム兵で自分を捕虜にしようとしていると思い違いし、タイルの床で小部屋が並ぶ復員軍人病院の予診室を竹の柵をめぐらした密林の捕虜収容所と思い違いしたのであって、私はそれ以来、除反応中の人が現在の情況の内部に過去の恐怖の場を包み込む能力があるかどうかをテストしておくようになった。

除反応に伴う感情も同様に強烈でなまなましいことがある。その感情は外傷を体験した瞬間の新鮮さがそのまま残り、そのうえ長年の抑圧と解離とによって濃縮している。私のみるところ、MPDであろうとなかろうと、たいていの患者が非常に苦痛に感じるのは、記憶の内容よりも感情のほうの再体験である。一部の患者はそれまでも外傷的事件の具体的細部の想起のほうは意識的に行うことができていたのであり、治療過程の進展を可能にするために、予め蔽いをとり除反応しておかなければならないのはその事件にまつわる感情のほうである。この感情表現は、患者にとっても治療者にとっても爆発的で戦慄的なものとなりうる。外傷的記憶が覚醒意識の近くにまで来ている場合には、患者は催眠や薬物促進性のトランス誘導を受ければ直ちに除反応に突入できる。私の経験では、これは薬物促進性の誘導のほうが起こりやすかった。強烈な感情が瞬間的に出現し、とくにそれが現在の周囲の状況との関連がはっきりしないときには、患者が除反応に入ったしるしだという可能性を治療者に警告していると思ってよい。

四　外傷的記憶の回復

解離し抑圧してある記憶と感情とを、これらの素材を患者がいくつかの層でワークスルーできるような形で回復するのが必要である。患者と治療者とは協力して、精神療法の中で処理できるような形にふさわしい形に記憶を回復するように心がけながら、除反応過程を構築してゆかなければならない。外傷体験を構築化するのを助ける原則や示唆がいくつかある（これからそれを述べよう）。

たいていの場合、除反応の過程には始まりがあり、まん中があり、終わりがあって、これらの時点が外傷体験の時間的順序に並んでいる。これが除反応の役に立つ。もちろん、除反応ほど複雑なものが必ず単純な直線的時間にしたがって進行することはありえない！　過去と現在の混乱に加えて、患者は過去の時間を行ったり来たり飛びまわる。多重人格患者は、何らかのかたちで外傷体験につながっているいくつかの交代人格全員を急速に交代させることがある。各々の交代人格は皆、自分は別々の時間、別々の場所にいると思い込んでいる。患者もまた右往左往して、ターゲットにした外傷体験と似通ったテーマの別の外傷体験を除反応することがある。このことは戦闘帰還兵において気づかれてきた。彼らは、戦闘関連ストレス反応の治療中に、戦前に体験した心的外傷の除反応をしたのであった。

しかし、治療者は、できるだけ時間的順序にしたがって患者が再体験を進めてゆくように努めなくてはならない。なぜ外傷体験の被害者が体験する自然発生的なフラッシュバックに外傷的事件を排出する効果がないかという理由の一部分は、被害者がフラッシュバックの中に唐突に出入するだけであって、体験の始まりから終わりまでをもっと一直線上に並べてワークスルーすることができないからである。私の経験では、直線的な除反応体験であるほど精神療法による処理も容易であり、また患者による意識への統合も容易である。

治療者は年齢退行を用いて患者を心的外傷の以前に遡らせ、そこから時間軸にそって前進し除反応を時間的順序にしたがって直線的に構造化するのを助けなさい。残念ながら、治療者が、ある一つの心的外傷がどこから始まってどこで終わるかを知っていないことが多い。それでも、患者は「その出来事が始まる直前」に遡るように指示しただけで、一般に何とかしてその時点を見出すことができるものである。それからは治療者が患者に「あたりを見回す」ように指示し、その場所や周囲の状況や患者自身のありさまについて述べさせればよい（すなわち、患者が何歳か、患者は何をしているところか、など）。これは患者にも治療者にも指針になり、また出発点を確定する。これができると、治療者は患者に時間軸にそって前進するように、その間、心のスクリーンに映ることを監視し続けて報告するように指示する。患者が時間軸を行きつ戻りつしたいときや、治療者がいま何が起こっているのかがわからなくなったときには、治療者は患者に動きを「とめる」ように指示し、その時の周囲の状況を述べさせなさい。患者に「ズーム・バック」（遠くに退いて眺め）あるいは「ズーム・イン」（近づいて大写しに）させ、そこで停めた瞬間のすみずみを隈なく探索させると役に立つだろうし、そのうちに患者と治療者との方向感覚がよくなる助けになるだろう。

治療者は除反応の時と、所と、周辺状況とに注意を向け続けようとしなければならないが、それが端的に不可能なこともある。一回のセッションのなかで、除反応の時間軸を何回か最初から終わりまでたどり直すとよいことがある。患者に対して、毎回の除反応の度ごとに心的外傷をカメラのアングルを変えるようにして別の角度から眺めながらたどり直すように指示する。多重人格者では、それぞれの人格は、外傷的事件をたどってゆく道筋を別々につくっていることがありうる。それぞれの道筋について、治療者と患者とが新しい具体的内容を集めるようになれば、そのすべてを綿密に注意するようにしなさい。もし患者が突然時間的に後の時点に飛躍して「見えにくくなった」とか「スクリーンが真っ白になってゆく」などと言えば、これは時間軸に不連続がある証拠であって、治療者はこの時点を心にとどめ、事件の順序を次にたどる途中でもう一度そこを問題にするべきである。除反応体験の連続性のほころびは一般的には、もっと抑制・抑圧・解離されているいっそう深い層の心的外傷があることを示唆するものである。知覚と感情とが現れはじめるだろう。治療者は時間軸の直線性が乱れる点があれば、矛盾した

外傷的記憶の全貌の蔽いをとるためには除反応の反復がしばしば必要であるという観察所見は、戦闘関連傷病兵の治療についての論文の中に繰り返し記されてきた［296, 316, 353］。クラフト（一九八二）は、この観察所見を多重人格患者にまで拡げ、「一回の介入（除反応）だけでは、いかに強力に長時間をかけても、十分なガス抜きと緊張緩和ができることはめったにない。いくつかの交代人格が同一の事件や感情に関して別々に除反応を体験している場合もある」と述べている［185, p. 235］。治療者と患者とが一つの体験を何回もの面接の中で繰り返し除反応し、そしてそのつど、回収した素材を取り上げて論じる作業を間にはさまなければならないこともある。除反応段階の後に続く統合的

な精神療法段階になって初めて、患者や治療者がようやく記憶内容の欠落を示唆する記憶の空白や不連続性に気づくことも少なくない。

除反応は、できる場合にはすべて初めから終わりまでの全コースについて行うべきである。治療者の判断や外からの邪魔によってヤマ場で中断した除反応は後で不都合な時点で最高の強度で再開されることが少なくない。これは患者に深刻な問題を引き起こしかねず、よしんば大問題が生じなくても、外傷的記憶の蔽いをとることに対する患者の自然的抵抗を強めるだろう。あいにく除反応は五十分の精神療法の時間にぴったり収まらない。一回の面接中に一回あるいはそれ以上の除反応の全コースをたどりおおせた時ですら、微小な除反応、フラッシュバック、侵入的イメージ、外傷的悪夢などのアフターショックを体験するのが普通である。除反応とはそういう性質のものなのである。

患者には、直観的に、ひとたび外傷的記憶内容を外部に出してしまえば、もう二度と完全に抑圧することは困難いや不可能であることがわかっている。もう堤防に穴が開いてしまったのであり、今後は、不完全に除反応された外傷性記憶も新たな追加分の解離された外傷的記憶も覚醒意識の中へと漏れ続けていくだろう。治療者はこの過程を予想して、患者に準備をさせておかなくてはならない。どんなフラッシュバックも侵入的想起も、すでに身に付けているスクリーン・テクニックを用いて、すべて観察し、記銘し、この材料を次の治療面接にもってくるようにせよと患者に指示しなさい。

一つの外傷的事件を繰り返し除反応すると矛盾が生じてくる。患者は同一の事件に非常に別々のヴァージョンを語り、またひどくかけはなれた感情を話すようになる。多重人格患者においては別々の交代人格た相矛盾した認識を包み持っていることが少なくない。一部の症例では特定の事件なり、ある事件の特定のヴァージョンには明らかに空想部分がある。そうでない場合でも、治療者も患者も何が実際に起こったことで何が空想かを確実に区別できないことが多い。こういう場合には、私にも空想と真実とをよりわける方法がぜんぜんわからない。「患者にとってはすべてが現実である」のであって実際の信憑性は問題ではないとする意見があるだろうが、マオスとピンカス（一九七九）がイスラエルの兵士に行った除反応治療の際に観察したところでは、「真実を確かめることが何よりも重要であると思われるときもある」[225, p. 95]。矛盾が生じた時に、除反応の材料を統合的精神療法的処理の段階で焦点をあてることが重要である。矛盾を理解し解決することは、患者が開示された記憶材料を受容し統合する上で必要な手段であることが少なくない。

五　除反応の終結

除反応を終結する過程は、それを開始するときに用いた技法次第で部分的に変わってくる。薬物促進性除反応の場合、終結の始まりとは、薬物の注入を中止し、薬物が代謝され分解されてゆくのにまかせて、患者が完全に覚醒して独りで歩けるようになるレベルにまで薬物血中濃度を下げることである。アミタール面接の支持者の中には、除反応の終結の時点で患者にボーナスとして薬物をもう一度飲ませて睡眠を誘導するのがよいという人もいる[226]。この方法はほとんどの場合無効だと私は思う。患者を完全な覚醒状態に戻して面接の間に取り戻した記憶材料を意識の中に留めやすくするほうがよい。

催眠促進性の除反応では、治療者は、催眠誘導の順序を逆にたどって、催眠状態を除去しなくてはならない。もし、患者がまず催眠誘導を受けて、それからある特定の交代人格を引き出し、その人格をさらに催眠誘導し、さらにまた年齢退行した場合の終結は、まずその交代人格を年齢進行させて現在にもって来、そのトランスを終結し、その次に患者のトランスを終結させるという順序で実行しなければならない。健忘の許容やその他の後催眠暗示は、当の交代人格、主人格、他の交代人格、あるいはいくつかの人格の組み合わせのトランス終結をする前に施行してもよい。私は普通、除反応の後、トランスを深めるときに用いたたとえやイメージをひっくり返して使い、ゆっくりと患者をトランスから引き出して催眠を終結することにしている。催眠になれていない治療者の中には、患者がトランスの中で「動きがとれなくなって」いるのではないか、はてしのない除反応に陥って出られなくなるのではないか、と心配する人がいるが、そういうことは起こらない。

患者が覚醒意識に戻ってくると、治療者は意図的に、また繰り返し繰り返し、患者に場所と時間と状況（すなわち、患者はちょうど除反応体験をしたばかりであるという事実）について定位（見当識）を与えなくてはならない。治療者は患者に、また今どんな感じがするかを尋ねるべきである。除反応はしばしば強い感情を後に残すが、それをそのままにしておかずに、その感情が何であるかを知り、それを処理するために若干の時間をかければ、患者の絶対に必要な除反応作業の終結がしやすくなる。理想的には、除反応の後に十分な面接時間をとっておいて、患者を「現在にいる」と時間的に定位させて現在に着地させたうえで、後に残った感情が何であるかを同定し、取り戻した記憶材料の予備的処理を多少行うために用いる必要がある。予備的処理は次の面接にまわしてもよいが、再定位し着地させ、残存する感情を同定することは、絶対に必要であって、そうでなければ十分な終結にならず、患者は大きな断層なしの日常生活に戻れない。新米の治療者は除反応体験の強烈さに圧倒されて、適切な除反応終結を抜かしがちである。しかし、それこそが除反応の治療的効果の本質であり、適切な終結をしそこなうと、次からの除反応作業への抵抗が強くなるだろう。

六　除反応された記憶材料の再統合

除反応によって回収した材料を処理するために付随して精神療法を進めて行く必要があることは、この領域の臨床家の皆が昔から認めてきたことであった。[296]。グリンカーとスピーゲル（一九四三）は「麻酔治療その他の除反応だけで急性戦争神経症の治療は万全であるという考えは間違いである。患者にそれ以外のことを何もしなければ再発するという事実がその証拠である。（中略）精神療法をできるだけ早く始めなければならない」[133, p. 23]。統合的精神療法の役割が最初に認識されたのは、薬物促進性除反応作業と関連してだったわけだが、ベトナム帰還兵に催眠治療を行う臨床家に採用され、適応範囲が拡大された[58, 330]。除反応を通じて再賦活された外傷的記憶は、除反応体験後短期間内に覚醒意識に入れなければ、その多くが再び解離されるか再び抑圧されるなどして意識的になることを阻まれるようになるだろう。

このようにきわめて強く感情を荷電した記憶内容を想起しつつ、患者を援助する方法はいろいろある。まず第一に行う介入は、おそらくもっとも重要な介入だが、患者を助けて記憶内容をとにかく整合的な形に編成することである。時間軸を与えることは、さきに論じたとおり、治療的－構造的介入の一例であり、患者が将来の覚醒中に想起するための材料を揃えやすくするだろう。このやり方は一部の患者に使えるが、全員にではない。一部の患者には別の形の構造化、たとえば感情架橋法によるもののほうが有効だろう。ＭＰＤの場合、患者と治療者とは、共同で実地に除反応作業を非常にたくさん行うはずであり、時がたつうちに、お互いの不快感を最小限にし成果を最大限にする、それぞれなりの解決策にめぐりあうだろう。

多くの治療者は、それぞれ独立に、除反応のあいだに回収した記憶内容を患者に直接フィードバックするために、オーディオないしビデオ・テープを利用しはじめている。この方法をはじめて記載したのはホールら（一九七八）の一例報告の中であった。その後、デイヴィッド・コール（一九八四）はこの方法を創造的に拡張し、ＭＰＤ治療にビデオを利用した。ＭＰＤの他の治療技法の多くと同じく、ビデオ使用に臨床効果があるという証拠は全く経験的なものにすぎず、（何人かによって）独立に発見されたことと、非常にかけはなれた方向性をもつ治療者が広く採用していることから効果があるだろうと思われているだけである[280]。

「感じることの許容」は感情と身体感覚との統合を助ける治療的介入でもある。多くの場合、苦痛な傷害が虐待その他の外傷的事件のなかで加えられていても、この体験の身体的苦痛は解離され、当時はじゅうぶん感じられていない。後にこの解離された痛みは心身症的訴えの形をとって再浮上し、治療のきっかけとなることもある[58]。同様に、その事件によって生まれた恐れ、怒り、無力感、絶望感などの強力な感情も解離されて、当時は直接体験されず、後に、生活上のストレスに応じて周期的に浮上してくることもある。除反応期間中に、治療者は患者がこれらの解離された感情や身体感覚を「感じる」ように助けるべきである。そのためには、除反応の間、体験の具体的細部を尋ねるついでに患者がいま何を感じているかを間を置いて質問するだけでよい。治療者は全力を尽くして、切り離されている感情と身体感覚を回復し、再体験し、再統合する手助けをしなくてはならない。それらはおそらく日々の不快感と解離した行動の最強力な発生源だからである。

治療者が、抑圧あるいは解離された記憶材料を患者が再統合する手助けをする方法は、外傷体験が数回除反応される時に生じる矛盾した内容の複数のヴァージョンの記憶材料を精神療法の中でワークスルーすることである。患者が治療の中で事件の一つのヴァージョンを治療者に語っていたのに、除反応の中ではそれとひどくかけはなれたヴァージョンを打ち明けることがある。多重人格患者のいくつかの交代人格が除反応された場合には、「同じ」出来事が人格によってまったく異なった形の体験になっているほうが典型的である。たとえば、ある近親姦事件があったとしよう。いくつかの交代人格がそれを残忍なレイプとして体験し、ある人格は自分の知らない人間に起こった偶発事であるかのように体験し、ある人格は父親らしい愛情の一表現だと体験する。このような体験に患者がいくつもの統合されない内容の描写の仕方が存在するかぎりは、受容もできなければ、ワークスルーもできない。

治療者は互いに相容れない同時描写性の真実性（すなわち、それぞれが同時に存在でき、それぞれ真実であるということ）を患者が認識するように手助けをしなくてはならないし、矛盾の解消に向けて患者と共同作業をしなくてはならない。交代人格たちはその事件のいろいろなヴァージョンをお互いに聞かなくてはならない。また、人格たちは当否の判断を停止して、一つ一つのヴァージョンがそれなりの真実性をもっていることと、これらの離れ離れのヴァージョンがどの特定の交代人格の体験をも否定せずにまとめれば事件のより広い理解となりうることを認めなければならない。もっとも、外傷的記憶材料の統合が成立するには人格間の取引が必要であり、そのさらに前に、人格システム内部の内的通信線を十分に発達させておく必要がある。これは、除反応による記憶材料を取り扱おうとする試みが早すぎると、ふつう無効に終わる理由の一つである。

七　除反応作業に対する抵抗

治療的除反応のような、隠されているものをあばく作業は、多重人格患者の中に治療に対する強い抵抗を引き起こして当然である。解離された外傷的記憶と苦痛な感情とをもつ患者の人格システムは、これらの体験が覚醒意識に入るのを防ぐ全体的防衛機制である。受け入れがたい記憶材料を意識から締め出しておくために働く通常の防衛機制のすべてが存在しているところに加えて、ＭＰＤ特有の現象も働いている（たとえば、「秘密」をばらせば主人格を罰する迫害者人格である）。

治療者に棄てられるという患者の心配と恐れは、すでに高い水位にあるが、治療がより積極的な曝露作業に入るとさらに何倍にも拡大される。これは典型的な患者の小児期の生活史を考えに入れればよくわかることである。当時の患者は養育者によって虐待されネグレクトされるままに放置されていたのだ。その結果、拒絶と見棄てられに対する患者の敏感さは、治療がこの段階になるときわだって強くなる。除反応作業が本番に入ると、たいていの患者はふるえあがって、治療者が自分を見捨てて、あの心的外傷を、もともと外傷を受けたときと同じ恐ろしい孤立のなかでもう一度再体験させようとしているのではないかと思う。この理由もあり、他の理由もあって、多重人格者の大部分は、治療者が身を入れて関与しているかどうかを何度もテストしてからでなくては真剣な解明作業を始めようとはしない。

拒絶感と見棄てられ感をかきたてるありふれた筋書き（たとえば，治療者の休暇）でも，この治療時期には，いつもより大きな影響を及ぼすと考えたほうがよい。治療者はこれを予め念頭に置いて対策を講じなくてはならない。

外傷記憶の不完全な除反応が治療的除反応の失敗の主要原因であることは，多くの権威が指摘してきたところである［183, 185, 225, 296, 316］。外傷的事件の完全な除反応に失敗したことを示す自覚・他覚症状には，⑴事件の意識的な想起の連続性に空白部があること，⑵事件の強烈な除反応，フラッシュバック，あるいは侵入的想起が治療の枠外で起きること，⑶外傷的事件の矛盾した複数のヴァージョンの精神療法によるワークスルーに失敗すること，⑷除反応しきれなかった記憶材料をもつ交代人格を含む部分的統合に失敗すること，⑸除反応作業を進めていくと抵抗が増すこと，である。治療者は除反応が不完全ではないかと思ったら，事件を患者とともに，矛盾や不連続部分や内容との関係がはっきりしない強い感情など，隠れた記憶材料を示す徴候を探し出しながら，一段階ずつ注意深くワークスルーするべきである。これは，事件の総合的精神療法（訳注：全体像を明らかにする精神療法）の中ではじめてできることであり，必要なら除反応面接の時間を追加してその後を追跡することもできる。

典型的な多重人格患者が隠しもっている心的外傷の量も，患者の抵抗の程度を左右する。ひとたび意識化作業がはじまって，閉じていた扉が開かれれば，患者は苦痛な記憶材料を覚醒意識の外に押し留めておくことが前よりも難しくなる。この過程はひとりでに次第に勢いを増してゆくもののようであり，しばしば不適切な時点で抑圧障壁と解離障壁に亀裂をつくり，患者の日常生活の中に大きな問題を起こす。患者と治療者は努力して，治療の中で心的外傷を想起し統合できる範囲の進度を見つけ，患者が未処理の記憶材料を長期間大量にかかえこむことのないようにしなければならない。患者が取り戻せる心的外傷の量と，そのワークスルーと再統合との間に一定のバランスがとれて（滞りがなけ）れば理想的である。

八　除反応作業における治療者の役割

治療者は患者を援助するために多くのことを行うが、大部分は言葉で表現できないものである。除反応作業をしているときの治療者は患者にとって安全で支持的で構造をもった（混沌でない）場をつくろうとしているのだということを意識していなくてはならない。安全感は、多重人格患者が真剣な作業を始める前に絶対に必要なものである。人格システムは、治療者が身を入れて関与しているかどうか、外傷的事件の生々しい具体的細部に耐えられるかどうか、そして有害な交代人格を相手にしても公平に治療作業をしようとする気があるかどうかをテストしてからはじめて治療者に過去を深く探索することを許すだろう。患者には、治療者は状況を支配下に置き、実際の危害から患者のすべての部分を守ることができると信じてもらわなくてはならない。患者は、治療者が回収した記憶材料とそれが患者に与える影響に敏感であり、それに配慮してくれることも体験してもらわなければならない。治療者の反応が正邪の審判ではないかという恐れは意識化作業に対する抵抗に油を注ぐ。特定の自己描写が肯定されたり否定されたりしても同じく抵抗が強まる（特に肯定に羞恥や恥辱の要素が含まれている場合である）。

治療室の設備は患者の安全感にとても大きな影響力がある。プライヴァシーを保証するものがなくてはならないし、外からの侵入は最小限にとどめなければならず、辺りに武器になりそうなもの（たとえばはさみ、レター・ナイフなど）があったり、危険をはらむもの（たとえば、高層ビルの開け放した窓）があってはいけない。患者は強い力に対する統制を失うぎりぎりのところにおり、危険な行動化は実際にはそう頻繁なものではないが、多くの患者は自分がそうしないかという切迫した恐怖感を抱いている。治療過程の早期に、保護者人格と援助者人格に対して、安全についての心配事項と解決法とを相談しておくべきである。一部の治療者は除反応作業を特別な環境で行う。たとえば、家具をいっさい置かず、枕と動物のぬいぐるみとでいっぱいの部屋を使う。ヤング（一九八六）は、安全を確実なものにするために患者に自分を自発的に拘束させると述べている。私はそのような場面で治療を行ったことはないが、ある種の患者には有効だと思う。

安全と支持に付け加え、治療者は治療目的のために除反応を封じ込め、正しい水路につなぐ治療構造を提供しなければならない。時系列などの枠組みは外傷体験に連続性を与え、また、体験のより完全な排出を保証する。治療者は、記憶材料を通りぬけるいくつかの経路をオーケストラのように組織化し、また隠れた体験材料の証拠が浮かび出てきた時にはそこで手を止めてそこから逆にたどり直すことによって、患者が欠けている部分を捜索しやすくする。治療者はまた患者が過去と現在の間を行ったりきたりすることを助ける。除反応中の患者、とくに多重人格患者は道を見失い、方向がわからなくなり、治療者に頼って、除反応過程の要所要所で着地する。マオスとピンカス（一九七九）は、除反応中に戦闘の外傷記憶と現在の治療的対話とを往復するという過程を記している。治療者は、除反応が終われば、患者が再定位して見当識を取り戻し、日常生活の「いまとここ（ヒア・アンド・ナウ）」に戻るために必要な程度まで、患者の心にちゃんと蓋をするように助けなさい。

九　心的外傷は全部除反応されねばならないか

主要な心的外傷をすべて除反応するのが必要かどうかについては、権威たちの意見が一致していない。多重人格患者の大部分は、治療の経過中に主要な心的外傷の全部をきちんと除反応することはおそらく不可能である。しかし、多くの多重人格患者は治療の進行とともに自力で除反応作業を行う能力をつくり上げる。多くの多重人格患者の中に積もり積もった心的外傷の全体量の大きさだけをみても、すべての外傷的事件の除反応などおよそありえないことだろう。一部の場合には、たった一つの外傷体験、あるいはある特定の反復的虐待形式を代表する体験一つを除反応するだけで、一連の外傷体験を解離した記憶内容の排出が起こることがある。とはいえ、未処理あるいは処理不完全な心的外傷があることはやはり、交代人格融合失敗の主要因である。私が言えることはせいぜい、治療者たるものは、患者が適切十分な治療的解消に達するためには、患者の体験した主な心的外傷の大部分を除反応するか、それ以外のやり方でもよいから外傷にふさわしい方法で処理するべきだと予想してかからねばなるまいというぐらいである。

まとめ

本章では、催眠や薬物による変成意識状態を利用して、解離性の行動を生み出している外傷的な感情と記憶を治療するための方法に焦点をあてた。催眠がＭＰＤを「創り出す」かもしれないという危惧がしばしば語られているが、まず、この恐れを検証して、この危惧を立証する証拠はないと結論した。多重人格者は催眠にかかりやすい達人であることは周知であり、治療の最中にもしばしば自然発生的にトランスに出入りするが、しかし、暗示による正式のトランス誘導法には患者は抵抗を示す。しかし、正式のトランス誘導が治療を進める最善の方法である。こわがりの患者でも、催眠を一つの道具として提供して、良性トランス体験を与えることができれば、催眠を受け入れやすくできる。催眠という手段で自由自在に支配されはしないかという恐れを理解していることは示すべきであるが、それでもなお患者が正式にトランスを体験するまではこの恐れは解消しない。

トランス誘導の方法はどれでもよさそうに見えるが、良性のトランス体験を与え、ラポール建設を行うためには、いくつかの特別なトランス誘導法がお勧めである。ＭＰＤ治療の作業の多くは、解離された心的外傷の取り戻しという中心を回る（惑星である）。催眠は、交代人格に出会い、隠れた記憶の蔽いを取るのにきわだって有用なことが証明済みである。年齢退行法、感情架橋法、多層催眠、スクリーン技法、なしくずし法、症状置換法などの技法は患者と治療者がこの課題をなんとかやりとげる助けになる。

本章の後半部では除反応の原則を探求した。自然発生的除反応はしばしば生じるが、それは不快感の原因であり、治療的解放感をほとんどもたらさない。治療が進展するのはただ、除反応をトランス誘導とコントロールのための特別の技法とを組み合わせた場合のみである。治療的除反応の誘導には年齢退行法、感情架橋法などの催眠技法あるいは薬物促進性トランス誘導技法を用いるとよい。一般に、除反応を催眠によって管制する方法が薬物を用いるよりも勧められる。薬物を用いると、医師の支援が必要であり、また医学的な問題のために薬物の使用が禁忌のこともある。

除反応の際には、生き生きとした記憶想起と事件の再体験とが起こる。回収した記憶材料の精神療法的なワークスルーをしやすくするために、治療者は、この混沌とした過程の軌跡を構造化するように援助しなければならない。それは、事件を時系列に直線的に沿って並べなおし、患者が過去を再体験している間、患者をつなぎとめておく、現実に根ざした錨を現在の中に降ろすことである。治療効果が生じるまでに、しばしば個々の心的外傷を何回か除反応しなくてはならず、また事件の相矛盾するヴァージョンを一つにまとめなくてはならない。除反応は可能な限り全経過を通るべきである。除反応が終ったら、患者をしっかりと定位して見当識をとりもどすようにしなければならない。

治療者は除反応の後で、残っている感情が何かをつきとめ、その内容に予備的処理を行ってから除反応の蓋をするように援助しなさい。回収した記憶材料を十分ワークスルーするにはさらに何回かの精神療法が必要なことが少なくない。除反応の不完全は治療失敗の主要因である。心的外傷の除反応不完全の徴候はいくつかあり、(1)外傷的事件の記憶想起の連続性に空白部があるか、(2)治療の枠外でフラッシュバックが起こり、侵入的な思考や感情やイメージが出現するか、(3)外傷的事件の相矛盾するヴァージョンに折り合いを付けて一つにまとめることに失敗するか、(4)交代人格の融合に失敗するか、(5)さらに除反応作業を進めようとすると抵抗が強まるか、である。除反応作業は強力に行ってもよいもので、苦しむ患者をこれほど劇的に救出する精神医学的介入法は他にそうざらにない。

第十章　補助的治療

一節　薬物療法

はじめに

多重人格患者の治療に薬物を使った研究でコントロール（対照群）をきちんと置いた研究は存在しない。しかし、何年かのうちには、経験的知識が多少集積され、この分野の臨床医の共有財産となってきている。近い将来、ＭＰＤ治療の精神薬理学についての大規模で対照群を置いた研究が実施される見込みは乏しい。そのような研究の計画と実施とに関連しては方法論的問題点も倫理的問題点も多数あって、いずれも争点だらけのとげとげしいものばかりである [280]。適切な方法論が案出されないままか、いつかされるまでは、ＭＰＤの薬物療法は実用的な技能の域を出ないであろう。けれども、私たちは、心的外傷後ストレス障害患者に関する対照群を置いた研究の結果を多少は導きの糸とすることができるのであるまいか。

解離性障害の患者に薬物を用いる場合、その薬物でどの症状を治療しようとしているのかをちゃんと認識していなくてはならない。どのタイプの薬物であれ薬物投与がＭＰＤに見られる解離過程に対して直接の治療効果があるというちゃんとした証拠は一つもない [17, 184, 190, 299]。実際、ロス（一九八四）その他の研究者（バーキンら　一九八六）が示唆していたように、薬物の使用は、解離を増強させかねない。それは解離した人格を孤立させ、再統合を阻害することがある。しかし、確かに薬物療法が、時にはＭＰＤ治療の補助的治療として有効だという証拠もないではない。補助役としての薬物は、一次的には精神療法を妨害する特定の非解離症状（たとえば抑うつと不安）を統制し改善するために用いられる。だが、臨床家は、症状の治療を目的として薬物の使用に頼り過ぎないように注意すべきである。患者の症状は大部分が心身症的であり、一般に患者の過去の心的外傷への重要な精神力動的手掛かりを与えてくれるからである。

一　多重人格患者への薬物使用の一般的原則

さまざまの断片的報告に加えて、二重盲検法を用いた薬物使用を含む未発表の二症例研究の示唆するところによれば、多重人格患者における薬物使用はしばしば非特異的プラセボ様反応を起こす [280]。私は、百例をはるかに超すＭＰＤ症例を追跡調査しているが、その際、治療者がしばしば自分の多重人格患者にあれやこれやの薬物が奏効したといって有頂天になった話をよく聞かされた。こういう良好な薬物反応性はめったに一、二カ月以上続かない。クラフト（一九八四ｄ）は彼の多数の症例において同じような成り行きがみられたと報告している。

（同一患者でも）交代人格によって薬物やアレルゲンに対する感受性と反応性とが違うという断片的報告が、ＭＰＤの治療にたずさわる臨床家にはゆきわたっている [17, 190, 284]。ある交代人格がある薬物によく反応するのに、別の交代人格は生命にかかわる副作用を示し、また別の交代人格たちはほとんどというか全然無反応だったりする。この感受性の違いについて、臨床観察報告以上の記録をまだ誰も発表していないが、こういう報告が広まっているということ、たとえば、ＮＩＭＨの調査では、治療者の四六％が交代人格間に薬物感受性の相違があったと告げている [284]。このことはＭＰＤの薬物療法の際には、各交代人格の別個の薬物反応特異性を勘定に入れるべきことを示唆している。一般論として、私は経験的に、多重人格患者は、他の精神科患者を一まとめにしてそれと比べれば、投薬によって正常な能力を損なう副作用を起こしやすいという印象をもっている。多くの場合、副作用は身体的愁訴であって、主観的であり検証できないものだが、造血器障害その他の客観的な症状も発生期待値よりも多いと思われる。副作用発現の薬物量依存性は他の精神科患者に通常認められるほどではない。

多重人格患者のコンプライアンス（服薬遵守度）のデータはないが、経験と常識との示唆するところでは、多重人格患者には時間と量を守る必要のある行動は苦しいようだ。ある期間経口服薬をしたことのある人ならおわかりと思うが、服薬時間をきちんと覚えておくことは難しいもので、時には薬をちゃんとのんだかどうかが思い出せなくて困る。多重人格患者には時間感覚の障害もあり、頻繁な健忘行動もあり、責任感の断片化もあって、服薬スケジュールのようなものを維持することはとりわけ困難である。さらに、一つあるいは複数の交代人格が、ふつう服薬に積極的反対論を唱え、その結果、怠薬したり、自分に過量服薬するためか別の人格にさせるために錠剤を貯めこんだりする。私の経験では、大部分の多重人格患者は、時々、頓服をのむ（応時服薬）だけである。バーキンら（一九八六）は、複数の交代人格が服薬の責任を引き受けている場合には、極端なコンプライアンス過剰問題が起こるだろうと注記している。コンプライアンスに関するもう一つの問題は、別々の交代人格が別々の医師に治療を求める結果、知らず知らずに医原性の薬物相互作用が起こる可能性である [277]。

多重人格患者には物質乱用が高率に認められるため、医師は、ベンゾジアゼピン、バルビツール酸、鎮痛薬など、乱用の危険がある薬物を処方する際には、そういう事態がありうるのを考慮しなくてはならない。薬物乱用をひきおこす通常の理由すべてに加えて、さらに多重人格患者は、ある薬がある交代人格を抑制し別の人格を賦活するからという理由で、処方された薬を乱用することがある。

多重人格患者が薬を処方してくれと要求することはよくあることだが、治療者はそれをうかうかと承知もせず、さりとて拒絶もせずに、まずよく考えなければならない。では、どういう点が問題になるのか。はじめて要点を列挙したのは、リチャード・クラフト（一九八四d）である。第一の要点は、患者の症状の何か一つでも薬に反応しそうかどうかを決定することである。また、不安や抑うつのように薬に反応するかもしれない症状があるとしても、その症状は、不快な副作用が生じても投薬する方がよいほどの苦痛を人格システムにもたらしているのか？　さらに、患者の苦痛が薬に反応しない解離や非特異的な症状によるものであれば、治療者はただ単に「何もしないわけにゆかないから」とか、患者に関わる主治医以外の人たちの不安を収める目的で投薬しようとしているのではないか？　同じくらいの効果があって、しかも危険のない介入法が非薬物療法にないだろうか？　たとえば、ＭＰＤの慢性的な疼痛症状は催眠療法的介入によってうまく対処できる場合が多い。患者の薬理学的履歴はどういうものだろうか？　過去に過量服薬をしていないか？　最後にクラフト（一九八四）は「すべてを秤にかけた後、想定しうる利益は想定しうる危険をうわまわっているか？」と自問してみよという [190, p. 53]。

二　薬物の種類

1　抗精神病薬

多重人格患者は、しばしば分裂病その他の精神病と誤診され、その結果、しばしば抗精神病薬を投与されている。抗精神病薬が解離過程に有効であるとする証拠は全然ないが、常軌を逸した行動を一時抑制してくれることはある。クラフト（一九八四d）とパーキンら（一九八六）は、ＭＰＤに抗精神病薬を投与した場合には生理学的、心理学的な副作用が高率に出現すると報告している。生理学的副作用には、遅発性ジスキネジアと錐体外路症状が非常に出やすく、また、自律神経症状と抗ムスカリン作用もよく出現する。

心理学的作用には、理性的人格あるいは保護者人格だけの選択的抑制や弱力化、患者の現実検討力の壊乱、身体支配を取り戻そうとして人格変換が頻回化することがある。抗精神病薬処方に対する反応として新しい交代人格が生まれるという簡単な記載がある［17］。抗精神病薬の使用は治療者による暴行あるいは虐待と解されるかもしれない。私は、一般論としては、多重人格患者には抗精神病薬を用いるべきでないと勧告する。主な例外は、鎮静のための少量の抗精神病薬投薬である。これは時には入院よりも好ましい［17, 190］。抗精神病薬の長期大量使用は、経験豊富な治療者なら一致して、勧められないという。

患者がＭＰＤと診断される前に、ある期間、時には数年間という長期間、抗精神病薬による治療を受けていることがしばしばある。私はそのような場合、治療者がまず人格システムとの治療同盟の確立に着手し、それから抗精神病薬を断薬するようにと勧告する。抗精神病薬は、抑制がはずれるとまずまちがいなく爆発する交代人格をうまく抑制してきたかもしれないからである。臨床家は抗精神病薬を徐々に減量するべきであり、そして減量過程がどう作用しているかを、いくつかの交代人格たちについて頻繁にチェックしなければならない。交代人格の多くは抗精神病薬服薬体験を嫌がるはずだが、主人格は服薬には安定力があると感じていて、投薬を中止すれば無統制状態になることを恐れているかもしれない。主人格の不安水位が顕著に上昇することは、これまで抑制されていた交代人格たちの行動化増大と並んで、長期にわたって投与されていた抗精神病薬を中断した当初はしばしば認められる。

2　抗うつ薬

抗うつ薬は多重人格の治療において一つの地位を確保している。抗うつ薬は、おそらくそれ自体が直接に解離過程に作用するわけではないが、重症の解離性障害にしばしば伴ううつ状態の苦痛を軽減するのに役立っていてもふしぎではない。その他の随伴症状で、抗うつ薬に反応する見込みのあるものには、広場恐怖、パニック発作、無食欲症、大食症、慢性疼痛症候群がある。うつ症状をもつ人格が唯一つで、現在現れている主人格その他の傑出人格である場合には抗うつ薬投与は適応でない。うつ症状が主人格と相当パーセントの交代人格とに認められる場合だけが、抗うつ薬投与が有効な補助療法となる唯一の場合である。この場合、三環系または四環系抗うつ薬が気分を顕著に改善し、精神療法を促進することがありうる [17, 190]。抗うつ薬からの離脱の時期が早すぎると、再発しかねず、またうつ症状と解離症状の双方が増悪する。

バーキンら（一九八六）の報告によると、三環または四環系抗うつ薬の効果は多重人格患者の場合、交代人格によって異なり、一貫性がなく、また、人格システムの中の抑うつ的な交代人格すべての抑うつを解消する効果があるとは限らない。多重人格患者の抑うつやその他の症状の治療にはMAO阻害剤投与はぜったいにやめておくように [17, 277]。MAO阻害剤は他の薬物やチラミン（交感神経興奮作用がある）を大量に含有する食品と相互作用を起こして、高血圧発作を引き起こし、それが生命にかかわることもある。正式の報告はないが、多重人格患者にMAO阻害剤を処方した場合、MAO阻害剤を服むかやめておくかについて交代人格が争うという風評は長年治療者の間をぐるぐるまわっている。服薬を破っても問題はないと思われる場合でも、こんどは子ども人格はもちろん成人人格でも過量服薬や頻回服薬によって好ましくない事態を起こすという重大なリスクがある。

多重人格患者のかなりの割合の人に双極性障害があると診断されているが、大部分の症例では、実際の診断はMPDで、双極性障害はその中に含まれてしまう部分診断である [285]。しかし、ほんものの感情障害を合併しているMPD症例の報告もあることはある [190]。しかし、多重人格患者のリチウムによる治療経験は限られており、入手できる少数のデータは、多重人格患者の大部分がリチウムに反応しないらしいことを思わせる [17]。二、三の症例では、リチウムが人格変換を抑制するという感触があるらしい [17]。

3　抗不安薬

抗うつ薬と同様、抗不安薬（ベンゾジアゼピン、ヒドロキシジン、メプロバメートなど）も、多重人格患者に見られる全般性不安、パニック、恐怖症状態などの症状を和らげる上で一定の役割を果たしている。抗不安薬は、患者が重大な危機の際の不安を何とかしのいでやりすごす助けに用られることがある。バーキンら（一九八六）はすべての交代人格の不安レベルが高い場合か、不安が主要な交代人格（たとえば執行部人格や労働人格）の活動をひどく妨げる場合にはベンゾジアゼピンをよく状況をみながら使ってみなさいと奨めている。バーキンらはまた、抗不安薬を用いてよい場合として、初期の治療介入期間に全体としての患者を沈静化しようとする場合と、強力な治療中あるいは融合中の不安を軽減しようとする場合と、統合後の時期に患者の非解離的な対処法の獲得を助けようとする場合を挙げている。私が多重人格患者に処方する回数がもっとも多いのは抗不安薬である。私は、一部の患者の悪夢や夜驚の力を減殺するのにも有効だと思う。

4　抗けいれん薬

多重人格患者における脳波の異常所見［22, 279］は予想よりも高率に出現し、臨床的文献上もてんかんを合併したＭＰＤの症例報告が異常に多い。このことによって何人かの臨床家が抗けいれん薬の投薬を試みるようになった。メシュラム（一九八一）とシェンクとベア（一九八一）とは、それぞれ独立にたまたま同数の側頭葉脳波異常を合併した、ＭＰＤ様の解離症状をもつ患者および明らかなＭＰＤ患者を抗てんかん薬で治療したところ、解離エピソードが減少したと述べている。これらの所見は対照群を置いた研究ではなく、追跡調査期間も短い。私は、抗てんかん薬、とくにカルバマゼピンを投薬した何人かの多重人格患者を追跡調査したことがある［96］。私の経験では、合併症としてのてんかんの明らかな脳波上の証拠を欠く場合、ＭＰＤに対する抗けいれん薬の持続的効果はゼロである。そのうえ、多重人格患者へのカルバマゼピンの投与によって致死的な副作用が生じたのを、私は何度か見てきた。クラフト（一九八四d）もまた同じことを観察して報告している。

5　鎮静薬と睡眠薬

多重人格患者には睡眠障害のあるのが普通である［17, 284］。通則としては、睡眠の中断は心的外傷後ストレス障害に認められるものと類似していて、悪夢、夜間の恐怖、入眠時・出眠時現象があり、ベンゾジアゼピン系の薬物が有効である。「睡眠薬」を要求するのは普通いじめられている主人格であるため、多くの治療者はこの要求に抵抗できないと感じる。しかし、患者の睡眠障害を収拾するためにこれらの薬を処方しても、せいぜい一時的に奏効するだけである。鎮静薬と睡眠薬は自殺企図のための手段として悪名高く、一般論としては、これに対応する契約を結び、それが遵守されているのを確認しておかずに、多重人格患者に処方するべきではなく、処方するなら契約の締結と遵守を確認してからでなくてはならない。患者を、睡眠中断が長期間続く事態を受容するように教育せざるを得ないし、また、（治療者は）主人格に少しは静かな夜を過ごさせてあげなさいと（邪魔をしている）特定の交代人格相手に交渉するようにするのがよい。

6　その他の薬物

鎮痛剤は、多重人格患者の疼痛症候群に対してしばしば処方されるもので、患者を乱用や嗜癖に陥らせることがある［81, 17］。多くの場合、これらの疼痛症候群には正常な意味があり、虐待体験の身体化である。臨床家は、痛みのコントロールや管理に鎮痛薬を使う前に、痛みの原因を注意深く調査するべきである。感情架橋法などの催眠技法を用いて、痛みの起源をさかのぼるのがよいこともある。

一部の多重人格者では外科と歯科の麻酔を十分に行うことが難しいようだ［17, 277］。また、かけめぐっている噂には、手術台の上で、ある交代人格の意識が薄れていくと、別の交代人格が目を覚まし、外科のチームはびっくり仰天し、困り果てることがあるらしい。すべての交代人格に十分な深さの麻酔をするためには、過剰量の麻酔薬が必要なことがあるらしい。多重人格患者に緊急を要しない外科手術や歯科処置で麻酔を必要とするものが予定されている場合、治療者はそういうことがありうるのを外科チームあるいは歯科医に知らせておくべきである。さらに患者が多重人格であることを術後管理室のスタッフにも十分教えておくことが望ましい。全身麻酔の後、しばしば子ども人格が最初に目覚めてきて（術後管理者を戸惑わせる）からである。

二節　集団療法

一　不均質な集団療法

ＭＰＤでない患者を含む不均質なグループでの集団療法は、デイヴィッド・コール（一九八四）の言葉を借りれば、「困難な領域でほとんど研究されていない」［72, p. 50］。コール（一九八五ｂ）は、自ら経験したところから、不均質なグループに多重人格者を一人入れることは、多重人格患者には破滅的であり、グループには非常に破壊的であると報告している。コールは、グループにも多重人格者にも予め心の準備をちゃんとさせておけば、結果を和らげられるのではないかと今も思っているらしいが、強い力動が働いてどうしてもそうなってしまうらしい。私は、多重人格患者が一人以上いる病棟で病棟集団療法を三年間行ったが、その経験はコールの言うとおりだった。グループの他のメンバーたちは多重人格者とは「自己中心的で、注目を惹きたがり、ごまかしが多く、嘘つきで、格好をつけたがり、他のメンバーが見ても聞いてもさっぱりわからず受け入れられない自分の病気の特殊性を誇示して偉そうにする奴だ」と見がちだった [72, p. 50]。グループの他のメンバーは、しばしば多重人格患者が示す劇的な変貌にふるえあがった。いくつかの理由で、非多重人格患者グループは結束して多重人格患者を攻撃しがちだった。コール（一九八四）の観察によれば、多重人格者たちと非多重人格者たちの間の集団的敵意は、グループの場を離れれば良い二者関係を保てる患者同士でも起こる。あれこれの理由で、一般の治療グループには、MPD患者とわかっていながら参加させることはしないほうがいいと私は強調しておきたい。

二　均質な集団療法

多重人格者のみからなる均質な集団治療をしてきた治療者はけっこうたくさんいる。集団療法が個人精神療法にプラスする有効性があるかどうかを検討した報告は一つも発表されていないけれども、自分の経験を私に話してた治療者の大部分は少しは役に立つとかほどほどに役に立つと語った。しかし、私に話を聞かせてくれた集団療法参加者の一部の反応は、もっとプラスの多いものであった。クーンズとブラッドリー（一九八五）によれば、その集団療法成員は、集団療法がきわめて役に立ったと言い、治療効果があるのはメンバーの診断名と力動とが共通だからだと述べた。多重人格者が開設し運営している全員多重人格者の自助グループも、全米にわたって（雨後の筍のように）にょきにょきと現れている。この種のグループは、他の心的外傷の被害者たちにも有効性が認められてきた。たとえば、戦闘帰還兵、レイプ被害者、近親姦被害経験者、虐待被害者、強制収容所生存者、癌患者、自殺者の家族である [321]。

多重人格者のみの均質なグループで治療を行っている治療者たちは、類似の体験をたくさん記載しているが、もっとも共通する点は、メンバー同士が互いに「多重人格であることを隠さない」ようにしていることである [72]。集団療法過程の初期の特性は解離症状に焦点を合わすことである[84]。グループのメンバー全員がめまぐるしく人格変換を起こして、状況が混沌に陥ることもときどき起こる。もっとも、クーンズとブラッドリー（一九八五）によれば、一回の集団療法中に起こる患者の人格変換の平均は一回にすぎなかった。患者がお互いに火蓋を切り合って同時多発的に除反応が起こったという報告はいっぱいある。ハーマン（一九八六）は、近親姦被害経験者の集団療法において類似の事態が起こったと述べている。除反応中の数人の患者を同時に抱えて治療しようとすることはＭＰＤの均質な集団療法でもっとも困難な治療的局面に属する。

治療者の注目を引こうとする患者間の競争意識が非常に強くなることもあると、治療者たちは報告している[84]。あるタイプの交代人格が一人の患者で顕在化すると、それによって集団の他の成員にもそのタイプに似た交代人格が引き出されるようだ。たとえば、子ども人格は他のメンバーの子ども人格を引き出し、敵対的人格は他のメンバーの憤怒人格の顕在化の引き金を引くわけだ。相違点の多い人格が争うことも起こる[84]。共同治療者の間を分裂させようとするのはごく普通であり、それはしばしば集団療法の場外で始まる。治療者は時には相手の数が多すぎて対抗できず圧倒されるという感じを抱くという話をするが、それも驚くに当たらない。サックスとブラウン（一九八五）は、ビデオを利用してグループ過程の軌跡を残し、その時点で見逃した事態を記録している。

ＭＰＤの個人精神療法に不馴れな治療者は、多重人格者ばかりの集団療法をやってみようとしてはならない。一対一の精神療法で一人のＭＰＤの患者についていくことでさえけっこう難しいではないか。多重人格患者の個人精神療法の経験をつんだ治療者は、（個人）治療の需要が治療者側の供給力を上回る場合、（人員の不足を補うために）小規模の均質集団治療をやってみたくなるかもしれない。そのような治療者は、心的外傷とその随伴感情との蔽いを取り、探索し、意識的に検証し、変身をとげることができる集団的雰囲気を生み出すように集団の成員をはげまさなくてはならない。多重人格患者グループの力動は波乱と激動に満ちたものであるけれども、コール（一九八四）は、多重人格者の均質なグループは、患者と治療者とがともに気を入れてやりつづけるならば、治療を大幅に進展しうると考えている。

三　内部集団療法

内部集団療法（Internal Group Therapy、ＩＧＴ）は、デイヴィッド・コール（一九八四）がはじめた革新的で有望な治療技法である。コールは、技法そのものよりもその基底にある過程のほうが重要であることを認識した最初の人であるけれども、症例を選べば病的行動を建設的・治療的行動へと切り替えることができる感度のよい方法を発見した人でもある。ＩＧＴにおいては、一人の多重人格患者のいくつかの交代人格を選び、これが本式の治療グループとなり、患者のさまざまな問題に光を当てる機能を荷う。コールによれば、ＩＧＴは、診断をほどほどに受け入れているがみるほどの治療進展がない多重人格患者に対して用いるのがいちばんよい。私の経験では、ＩＧＴは特殊な有効性のある治療法であり、治療の後期の諸段階においてはやってみる価値が十分にある。

治療者は、まずＩＧＴの目的とやり方とを患者に説明する。その際は、人格システム全体に話しかける。人格システムに頼んで、グループのリーダー役を勤める交代人格を一つ、グループに参加する交代人格をいくつか選ばせ、セッションの長さとセッションの終わり方を決めてもらう。患者に告げて、治療者がオブザーバーとして出席し、もしグループが求めれば、いつでも相談や介入を行う用意があるといっておく。治療者は、緊急な時は別だが、内部グループが要請しないのに介入してはならない。可能な時は必ず、患者と治療者が後から見直せるように内部グループのセッションをビデオに録画すべきである。患者がこの取り決めを理解し賛成したら、セッションを一回やってみるのがよい。一般に毎回のＩＧＴセッションは事前に決めた特定の一問題解決に的を絞って行うようにする。

ＩＧＴに向いている患者はそのうち、内部グループのセッションの始まりに当たって、選んでおいた人格が自ずと顕在化するようにできる能力をもつようになることが少なくない。患者がこの任務を果たせない場合には、治療者は患者をトランス状態に置き、トランスを深め、それからグループのリーダーとグループの他のメンバーを呼び出すようにしなさい。治療者は、相談や緊急の場合には要請に応じるけれども、治療への積極的な参加者ではないことを繰り返し教えなさい。それから治療者は脇に退き、グループの自然な進行にまかせなさい。

グループのリーダーに指名される人格はしばしばＩＳＨであり、どの交代人格がグループに積極的に参加するかを決め、その「座席」まで指定する。私はコールの内部集団療法のビデオテープを見たことがあるが、彼は椅子を輪になるように並べた。これがグループの場づくりだった。また、グループのリーダーはしばしば選ばれた交代人格たちが「座る」椅子を指示していた。いつもこういう式のグループづくりが必要なわけではなく、交代人格たちは椅子一つでも集団療法に参加できる。この技法の私の経験では、通常、患者は、グループのメンバーの交代人格を出したり引っ込ませたりして、交代で話をさせている。私の患者の一人は、二つの椅子の間で人格交代していた。違った交代人格が現れて会話をすると、（話者が代わる）たびに移動しては二つの椅子のどちらかに座り直していた。

三節　ビデオ技法

多重人格現象を捕捉するために映画やビデオを利用したのは、無声映画時代の昔からである。Ｃ・Ｃ・ホーリー（一九二六）は無声映画の古典をつくった人である。彼は、女性多重人格患者が幼い子ども人格に、また成人男性人格に人格変換するところを撮影し、一九二六年の米国精神医学会（ＡＰＡ）の大会で上映した。半世紀以上前にカメラに収録された患者の解離行動および患者と治療者のありさまは、今日みせられるビデオそっくりである。ＭＰＤ治療における録画と録音の有効性は、多くの臨床家がそれぞれ別個に発見したことである。ここでも、コール（一九八四）は多重人格患者へのビデオ利用の原理を説き明かし、治療の中でシステマティックに用いる方法の先駆者となった。ある種の状況では、録画あるいは録音とその再生は、多重人格患者にかなりの衝撃を与えることがある。ビデオを用いる治療者にとって大切なのは、この衝撃を確実に治療的なものにするためあらゆる手を打つことである。

一　ビデオ使用の一般的原則

患者の多重人格性の記録や証明になると思って、それだけのためにビデオを用いることが多すぎると私は思う。撮影した後からは実際にどのように利用するのか、そしてそれを誰に見せるのかということを、ろくに考えていないのだ。最近の機械なら録画は簡単にできるから、なぜビデオにとるのかという根拠などろくに考えずにやってしまうのでないか。ビデオの使用を考慮している治療者は、録画したテープをどのように用いるか、患者に見せるのか見せないのか、患者以外の誰にならテープを見せてもいいのかをはっきり考えておいてからにするべきである。また以上の問題に対する答えを患者にも話すべきである。そのことは同意の手続きの一部で、欠かしてはならない。

患者に伝えるべきことは、なぜ録画するのか、どのように利用するのか、見ることを許されるのは誰か、患者は録画の全部あるいは一部を許すか全然認めないのか、患者個人が患者用のコピーをもらえるのか、治療者が記録の秘密を守る保証としてさし出せるものは何かである。一つ一つの交代人格から個別的に同意の署名をもらえると思うのは非現実的であり、だから、人格システム全体がビデオ撮影に賛成していれば、その間は、患者が一回だけ同意書に署名すればそれでよい [275]。患者には同意書のコピーを手渡すべきである。

人脈を使って本格的なテレビスタジオを利用してビデオ撮影をする治療者もあるが、面接室で簡単な家庭用機器を用いる他ないのが大部分である。治療のための録画ならこれで十分であるが、教育や研究に使うには不十分である。たいていの多重人格患者は、テープレコーダーやビデオカメラが部屋にあっても、そのことにすぐ慣れる [72]。私はビデオカメラのオペレーターを頼んだこともあるが、そうしなくてもよかったし、あれは侵入的だったと思っている。治療ビデオを作製する時の私は通常、部屋の隅に広角レンズのカメラをセットし、患者を画面の中心にもってきて、録画のスイッチを入れて面接を始める。カメラの操作にもたもたと手間取らないように心がける。その後の私はカメラのことを忘れようとし、面接中はカメラがどうなろうといっさい時間を無駄に費やさない。たとえ患者が何らかの理由でカメラの前を離れても、ビデオの音声は起こっていることを記録しつづけているはずで、後で治療のために自分なり患者なりが見るためならこれで十分である。

二　患者がビデオを見ることの効果

ビデオ使用の治療効果は、患者が画面を見ることによって自分にかんする新しい情報を現在の患者の自己感覚の中に取り込むことにある。しかし、実際にビデオ画面を見たときの衝撃には、ありとあらゆる事態を起こす力がある。コール（一九八四）は、ビデオ治療は患者に恐怖感を抱かせるおそれがあるので、治療の初期には行うべきではないと強調している。フィッシャー（一九七三）が指摘するように、たいていの人は、部屋に入ってきて、鏡に映る自分の姿に不意打ち的に遭遇したならば、いっときはどこか未知の地球外生物と対面したような気がするはずである。この正常な反応があるとすれば、多重人格患者が、非常に違い矛盾し合う複数の自己を自分自身の生まの存在証明として見た場合に大きな衝撃となってももっともである。解離行動が増えてもふしぎではない。この新しい自己像を受け入れまいとする防衛の一部分だからである。離人症状や遁走行動やパニック状態での遁走などの事態が一過性に生じるかもしれない。こういったことは、患者がビデオを見た反応としてありうると予想しておかなくてはならない。しかし、たいていの患者はそれほど強い反応を起こさない。ビデオがあまりの不安を惹起すれば、通則として起こるのは人格の変換である。

私は通常、撮影直後にビデオを患者に見せることはない。そうではなく、まず自分ひとりで見る。そして、一部を選び出して患者に見せる時に備えることが多い。ビデオを一緒に見る前に、私は再生する箇所の内容をざっと見直しておき、患者とそれから（いっしょにビデオを見て）内容を患者に向かって言語化して語り、そして患者と論じ合う。初回はテープのほんの数分間しか見ないことが少なくない。患者が交代人格を見慣れてくるにつれて、長く続く場面を見ることができるようになり、時には、テープのコピーを作って患者が家で見るようにしたこともある。私はテープの編集はしない。テープを編集するとどうしてもところどころに歪曲が起こり、またあちこちに不連続性が生じるため、交代人格が入れ代わっても自己は連続しているということを患者に証明してみせる力が大いに損なわれるからである。セルフモデリングのようなビデオ治療の技法は、身体障害には適していようが、多重人格患者に有効だとは信じない。大幅な編集によって作られた連続性には歪曲があるからである。ビデオ療法は、適切に用いれば、患者以外の人がすでに知っている患者のことを患者自身の目で見て受け入れる役に立ち、解離障壁を貫く強力な内部コミュニケーション・チャンネルを患者に与えることができる。

四節　家族療法

いろいろな家族療法モデルや家族療法的介入法があるが、これらを多重人格に用いた臨床文献は少数しかない。現在までのところ、成人ＭＰＤ患者の原家族の家族療法の論文は全くない。小児ＭＰＤ患者の原家族への治療介入なら多少はある [107, 188, 192, 304]。（多重人格患者を含む）夫婦療法と現在の家族に対する療法における介入法の指針として家族療法モデルを使ってみたという論文ならいくつかある [21, 95, 200, 207, 304]。これらの論文は一般に小規模の家族療法の報告で、六回以上セッションを続けた例はめったになく、予後追跡も最低限である。ロバータ・サックス

[304] その他のMPD治療に非常に豊富な臨床経験の持ち主は、家族療法的な治療介入も社会環境的治療介入も一次的治療（治療の根幹）にすることは不適切であるが、患者中心治療の付随療法として大切であるという見解を示してきた。これから多重人格患者の家族療法を取り上げるが、それは、一次的治療は患者中心の精神療法であって、家族療法はそれを支える重要な治療作業の一つとしてこれに奉仕するものであるということを前提にしていることを忘れないでいただきたい。

一　原家族の治療

ＭＰＤの原家族の治療を報告した治療者はまだいないけれども、ＭＰＤ原家族の特性ならばＭＰＤに関心を抱くほどの臨床家たち、総論執筆者たち、理論屋たちならばかなりの興味をもつ対象となってきた。親の行動には並外れて首尾一貫性がなく、さらに子どもに対して両親が相矛盾する期待を寄せているということは、文献に何度も何度も、ＭＰＤ患者の小児期の家庭状況の特徴として挙げられてきた [5, 129, 306, 56]。親はしばしば、いつくしみ育てる行動と極端なサディスト的虐待行動を交代に行う。子どもは、同じ行動に対して誉められる時と罰せられる時とがある。親の行動には、一つの極が極度に原理主義的な宗教信仰の篤さと完璧主義とがきわだっていて、他の極には物質乱用と乱交とが加わっていることがしばしばみられる。父母同士の関係は通常二極に分化した関係であり、子どもは二重拘束的状況に置かれることが少なくない [5, 129]。子どもがさまざまな交代人格を作り上げていくその一部は、一貫性がなく根本から異なるさまざまな要求を押し付けられる子どもの適応反応であると考えられる。

秘密主義と虐待の否認と「共同戦線 united front」の誇示とは、原家族がもつ、世間への対処スタイルの特徴である [200, 304]。子どもは、家族の外の世界に出れば、家族のなかでみせつけられている行動規範と非常に違うイメージに合わせて自分を表現することを期待される。この正反対のイメージ間の不整合を解消するべく、状況が変わればそれに適合する種類の交代人格を創り出したのが多重人格患者である。原家族は、ＩＰ（identified patient 患者とされた者―家族療法の用語）の問題以外は万事うまくいっていると口を揃えていうが、この共同戦線の力動は強力であり、また治療者が（成人患者のために）何十年後かに（その小児時代の）家族の行動を調べようとするときもすばやく復活する。

患者が成人であって原家族から離れて暮らしている場合には、患者も治療者も治療過程に原家族を加えて何の価値があろうかと首をかしげるであろう。一次治療（治療の主軸）に原家族を加えるべきだとせき立てる意見を、特に主に家族療法の理論あるいは臨床の中で育った治療者が出しているが、そうでなくとも、これはたいていの多重人格患者の治療のある時点で問題となることである。

治療中にこの問題がでてくるのを促す力動には二つがある。一つは患者なり治療者なりあるいはその両者の側の願望で、親と虐待者とに奴らがしたことの結果をつきつけて、何らかの形で「罰したい」とするものである。患者の心の中にはまた、和解、愛情あるいはその他の明るい反応を（原家族に）求める交代人格もいるだろう。治療者のほうは「正義」が行われるのを見たいということが多い。もう一つの力動もこれまた患者なり治療者なりあるいはその両者なりの願望だが、虐待を想起して報告したことがほんとうだと証明する外的証拠を手にしたいということである。「実際には何が起こったのか」を知りたい欲求は、蔽いを取る治療作業の過程の下にいつも流れている強力な地下水流である。患者も治療者も、外傷の報告に接して、まず「まさかそんなことが」と思い、「果たしてほんとうか」と疑い、「信じられない、信じたくない」としてからようやく「まちがいない」とこんどは強烈に信じ込むのである。多重人格者の多くは、治療のある時点で「実際には何が起こっていたのか」という情報を得ようと、直接的、間接的に努めるはずである。虐待に関与していないきょうだいや親戚と連絡を取り、さらに生まれ故郷を訪れたり、子ども時代の友だち、教師、医師、牧師その他家族以外の人で何らかの出来事を覚えていそうな人と連絡をとるかもしれない。虐待者と直接対決することは、かりにあるとしても普通ずっと後の時期である。

私は何度か拡大原家族（オジ、オバ、甥、姪、イトコ、ハトコなどを含む家族）の成員を入れて特別な治療セッションをやったことがあるが、結果はどっちつかずであった。この種のセッションにはたいてい二大優先議題があって、それは真相確認と和解とであった。私の経験では、拡大家族の成員は虐待事件の事実確認の良い情報源にならない。彼らは共同戦線の外にいるために共同戦線を信用しているか、さもなくば共同戦線の一翼を担っているかである。彼らは患者の記憶を補強する状況証拠となるような種類の事件は思い出すかもしれないが、当の事件には非常に違った解釈をすることが少なくない。和解の試みは一般にはそれよりはうまくいく。しかし、原家族の問題にかんしては、私の治療は、患者を（原家族から）引き離しこれ以上の侵入や虐待から自分を守る手助けのほうに多くの力と時間とを費やしているのが実状である。

同胞（きょうだい）はしばしば成人になっても生涯を通じて共同戦線の一翼となりつづけ、虐待の記憶を否認する一方で患者が病気であることと精神的不安定であることを大きくみせようとする。時には同胞の一人だけがこっそり虐待を認めることがあるが、公的には共同戦線の側に留まりつづける。「そう、お前はたしかに虐待された。しかし家族の世間体の方がお前よりも大事だ！」と同胞から言われた多重人格患者は一人だけではない。私は、患者の虐待者を参加させた共同治療は一度もやらなかったし、他の治療者がやった話を聞いてますます有効だと思えなくなった。特に治療の初期段階ではよくないと思う。

多重人格患者が虐待者と連絡を取ることは決してまれではないが、虐待やその結果に直面することは全員が避ける。最悪の場合は、成人の患者がまだ定期的に虐待者の所へ戻り、子ども人格に返って虐待を受けていることで、この事態が続く限り、この症例の治療が成功することはありえない。今からどんな介入を行うかを考えるよりも先に、虐待を止めなければならない。私が（その治療者から）相談を受けた症例のいくつかでは、小児期に始まった近親姦の関係が成人になってからも続いていた。そういう患者は、近親姦があった後には明らかに症状が増悪し、抑うつ的で自殺的になった。多重人格患者が過去の虐待者と出会った後、突然劇的な機能水準低下を起こした場合にはこの可能性を念頭に置くべきである。

治療の初期段階で虐待者と対決させることは不毛であり、治療が大きく損なわれるのではないかと私は思う。家族は長い間隠してきた秘密を守ろうと必死になり、その影響力を総動員して患者に重圧をかけるだろう。どんな治療者でも、このような加害的な家族の影響力から患者を守りとおすことはできない。患者はそれに反応して、解離性行動、抑うつ、自己破壊衝動、殺人衝動などを増大させることが多い。患者は、治療をやめてしまうかもしれない。それは家族の求めに応じてであったり、この対決が内面と外部とにもたらす騒乱を逃れるためであったりする。家族があからさまに患者を拒絶することもある [190]。治療が先に進んで、ある程度の統一が達成された後の患者は自己イメージを発展させてゆくが、それに伴って対人関係をもう一度話し合って結び直す過程が並行し、その過程の一環として虐待者を治療したいと患者が願望することがありうる。この時点なら、患者は虐待者と対決できるだけの安全保障感を感じているだろうが、それでも強い心の動揺なしではすまない。虐待者との対決はこのような治療が進んだ段階であっても、普通は外傷的であることがわかるだろう。また、虐待者からどんなによい反応を引き出せても、それを活かしてどうなるというものでないことが少なくない。しかし、一部の患者は多重人格解消後の作業の一環としてこの行動を必要とする。

二　配偶者および家族の治療

何人かの治療者が多重人格患者に対し配偶者、愛人、子どもを交えて、家族療法、夫婦療法を行なった経験を報告している [21, 95, 207, 200, 304]。大多数の多重人格患者の症状と行動が家族成員に強い衝撃を与えていることに疑問の余地はない。ＭＰＤでない精神科患者の子どもに比べて、多重人格患者の子どもには精神症状の発生が統計学的に有意に高率であるとするクーンズ［一九八五］の知見は、片親がＭＰＤである結果の一つであると解することができる。ＭＰＤ患者の直接家族（配偶者、親、子）はＭＰＤ患者の主な社会的サポートシステムであることが多いので、家族成員の治療作業への参加がしばしば必要で望ましい。家族療法の治療作業は、患者と他の家族メンバーの福祉のための介入を視野に入れたものでなければならない。

1　患者の配偶者・愛人との治療

サックスとブラウン（一九八六）によれば、既婚患者に対する夫婦療法は、一次的（根幹的な）治療的接近の重要不可欠な補完治療である。治療者はカップルとともに婚姻関係の強化をはかる治療を行い、同時にＭＰＤ患者の解離行動を誘発する夫婦／家族の問題点と具体的に取り組むようにしなさい。治療者はまた、配偶者が患者の病いを自己を満足させるために利用しようとする病的な行動がありうることを考慮し、それをつきとめようとし、もしあれば介入するのがよい。

多重人格患者がかなりの精神病理のある人を配偶者とすることがよくあるのは驚くに当たるまい。断片的な報告からであるが、うつ病、アルコール症、性格異常、性同一性問題などは、ＭＰＤの配偶者や愛人にはめずらしくないと推定される。病的な配偶者は、患者が解離性行動を起こすようにさせて、それを非常な満足の種にしていることがある。子どもの時に虐待された女性は、しばしば虐待する夫と結婚する。したがって、サックスとブラウン（一九八六）が指摘するように、治療者は、患者が、一つの虐待状況から別の虐待状況に移っただけであったかもしれないことを見過ごしてはならない。

私が実際に見た別の操作的力動にはもう一つあって、それは相手が多重人格患者だと知っていて結婚した男たちの中には、解離を促進させると性的満足のためによいという力動が働いていることである。そんな夫の一人が私に言った。「ハーレムをもっている以上にいいですよ。一人分食わせてりゃいいんですからね！」。こういう夫の多くは、かつての性的虐待を髣髴とさせる合いことばや状況を利用して、自分の性的快楽のために使える種類の交代人格の引き出し方をいつの間にか身につけている。こういう配偶者は故意に治療を妨害してくるだろう。サックスとブラウン（一九八六）は、治療を妨害する配偶者には自分の行動が生むマイナスの結果をみせつけよと勧告している。しかし、私の経験では、みせつけても、配偶者はぜんぜんへこまずに同じ行為をやり続けることが多い。配偶者は患者がよくなっても全然得るところがないからである。患者が治療者と協力して配偶者の病理と対決できるのは、自分の病理と配偶者の病理とを積極的に区別できるほど充分に内部融合を達成した時に限る。さほど病的でない配偶者でも、お気に入りの交代人格がいなくなることや敵対的な人格の影響力が強いままで残ることを恐れて、治療に抵抗することがある。健康な配偶者ならば、「自分はあなたと結婚していない」と思っている交代人格とも、別の面で敵対的な人格とも、関係をつくり出せるのが普通である。配偶者には、あなたの好きな交代人格の性格特徴の多くは多重人格性の解消とともに（患者に）現れるはずですと、説明しておくべきである［304］。

カップルの治療は二人の関係の「いまとここ」（ヒア・アンド・ナウ）の問題点に焦点をしぼるべきである。サックスとブラウン（一九八六）の勧告しているのは、配偶者にＭＰＤというものの性質をよく教えるべきであり、治療の経過中に患者に大幅な変化があるものと予期して心構えをもたせるべきだということである。カップルをＭＰＤに関連したあらゆる問題点を話し合うようにはげますべきである。配偶者の多くは、ＭＰＤの診断を聞いて、患者の行動がはっと理解できるようになったと言う。私が、配偶者にＭＰＤの診断と力動を説明すると、まもなく配偶者から手紙や電話があり、「説明のつかない」ことをたくさん経験したが、見直してみると「なるほどそうか」とわかったと言ってくる。こういう例の一つ一つを配偶者と十分に話し合う（ワークスルー）ことは、治療支持体への配偶者の参加に向けての長足の進歩となりうる。

2　患者の子どもの治療

多重人格患者の家族との面接と介入とは、MPDの治療上重要な役割がある。家族に会うことによって、治療者は、患者の病気が家族にどれだけの衝撃を与えているか、また逆に、家族が患者の解離性行動をどの程度起こしやすくさせているかが評価できる。子どものいる多重人格患者の大部分は、養育を行う親的な交代人格をもっているが、一部の症例では子どもに敵対し、時には実際に虐待する別の交代人格がいてもおかしくない。経験を積んだMPD治療者ならば皆、治療中の多重人格患者なら誰であっても、その子どもに会ってその状態を評価するのは常識だとしている[53, 192, 304]。もし虐待の証拠が見つかれば、治療者は、患者の子どもへの虐待を止めるために必要な手だてと法の要請にもとづく手続きとを取らなくてはならない。多重人格患者は、最終的には、子どものためにする強力な介入を尊重する。多重人格患者の子どもへの虐待の発生率は知られていないが、かつての被虐待児が親になった非多重人格者集団のどれよりも高いということは全然ないようである[62, 82, 188]。

多重人格患者の子どもは通常、親の変化に絶妙な同調をする。彼らは何人かの「ママ」や「パパ」がいることに気づいており、親の人格変換に合わせて自分の行動を変える。ある場合には、子どもたちが（親の）解離性行動を促進することもある。それが子どもたちの欲求を満足するからである。レヴェンソンとベリー（一九八三）が、ある多重人格女性患者とその愛人と子どもとに対する家族療法を報告しているが、それを読むと、家族成員たちが自分の目的のためにどれだけひどく人格変換と解離をそそのかすかの生々しい記録である。たとえば、子どもは自分のやったことに賛成してくれる寛大な人格を利用し、不正行為を隠すために母親の健忘を利用することを覚えていた。レヴェンソンとベリー（一九八三）は「個々の家族成員の超自我機能の質は……どの人格が現れているかで変わるようにみえた」（倫理性が上下した）[207, p. 79] と報告した。

多重人格患者の子どもを治療している治療者は、子どもの親の変化と非一貫性との認知を「そのとおり」と肯定し、そのわけを説明することが重要である。子どもは、親の行動が病気の一部であり、まねするべきものでなく、操って面白がってはいけないことが納得できるように援助されなければならない。危機の時には治療者は子どもと話し合って、親の奇妙な行動をみせつけられた時の子どもの恐怖と空想と両価性と混乱とを話題に取り上げ、また、こんな親なんかいなくなったらいいのにと願ってしまったことへの罪悪感をも取り上げるべきである。治療者は子どもに対しては現実的な態度や行動が大切だとする、現実への方向性をもった話し合いをしなくてはならない。治療者はまた、親の行動の謎を解いてやり、子どもの手づくりの魔術的・迷信的解釈を弱めるように援助するべきである。

五節　入院治療

一　入院治療を行う根拠

多重人格と診断された人の大部分が精神病棟に入院するのは、患者を傷つけるぞ、打ちのめすぞと脅かす考えや行動のためである。自殺衝動は、とびぬけて多い入院理由であるが、それに続いて多い理由は抑うつと暴力的となる怖れとである [75, 190, 284]。入院にいたる理由は他にもいろいろあるが、遁走行為、自傷（非自殺的）、外来治療を維持する人的物的資源の欠如もそこに含まれる [75, 190]。治療計画の一環としての入院もある。すなわち、特定の治療段階（たとえば除反応の遷延）を促進し、またいくつかの治療段階で患者に構造（枠組）と安全とを与えるためである [190]。将来、この選択肢はＭＰＤ治療のますます重要な部分になるだろう。しかし、多重人格患者が病院にたどりつくにはもう一つ大きな経路がある。それは、別の診断で入院し、入院中に正しい診断がなされることで、これはしばしばある。一部の多重人格者はこれまで多年にわたって慢性的な入院をしてきたのであった。

二　多重人格患者の入院によって生じる患者・スタッフ・人間的環境の問題点

多重人格者が一人病棟にいるだけで、その患者がMPDと診断されていようがいまいが、病棟スタッフ間に激しい分裂と葛藤が生じるのが通例である。私は、首都ワシントンの連邦立聖エリザベス病院に赴いた時、別の病名で長期入院している多重人格患者を何人か発見した。どのケースにおいても、患者の処遇困難と患者をめぐるスタッフ間の葛藤との長い歴史があった。このことをよく表すものは別の病棟への患者の転棟である。ある男性患者は二年足らずの間に三つの慢性病棟を転々とした。どの転棟の前にも、病棟業務に支障を来すほどの激しいスタッフ間の葛藤が生じていた。

病棟スタッフが診断にかんしては分裂していないとしても、別の問題がいくつも生じる。病棟環境に患者がとけこまないこと、さまざまの理由で特別の地位が与えられていること、他患者への悪影響があること、どうみても人を操ってふりまわす行動をすることをはじめ、まだまだ数多くの問題がスタッフ間の緊張を高める出発点となる。私の説明は大げさに聞こえるかもしれないが、一人の患者がスタッフ間の関係をみるみるうちに瓦壊させる、その打ち壊しの凄さは私の心に刻みつけられている。私はこれまでコンサルタントとして、田舎の州立精神病院の慢性病棟から選りすぐりの精神分析指向の私立病院までの広い幅のさまざまな場でこの現象が繰り返されるのを目撃してきた。

1　入院環境に対する多重人格患者の反応

多重人格患者が治療経過のある時点で入院を頼み、はては頼むから入院させてくれと懇願することは珍しくも何ともない。遠くから見れば、病院は安全な場所と思われそうである。患者も、危険な交代人格が悪いことをしないために欠かせないが、疲れ果てるばかりの内部警戒を、入院すれば少しゆるめてもよいだろうし、また病院のスタッフが外部で周到に見張っていることが（自分の内部警戒の）代わりになるだろうと思い込んでいるかもしれない。患者が、病院とはしばらくは「休息」にありつけ、あるいは「眠らせてもらえる」場だと思い込んでいるかもしれない。侵入的な家族成員その他の、外部の脅しからの避難場所とみているかもしれない。外来の面接室では敢えて現れようとしない、もっとも危険な交代人格を出現させてもよい安全な場所を求めてのことかもしれない。以上の理由、いやまだ他の理由があって、それが患者をせきたてて入院を求めさせる。

いったん入院すれば、病院の見え方が劇的に急変しかねない。入院後短期間のうちに、たいていの多重人格患者は病院とは恐ろしくて傷つけられる場所だと感じる交代人格を出現させる。通常の病院の手続きや日課、たとえば服薬や身の回りの整頓や特別扱いや外出制限その他の病棟規則が強制的で外傷的なものと認知される。閉鎖病棟への収容が多重人格患者に特に苦痛なのは、患者の多くが子どもの時に閉じこめという虐待を経験しているからである。多重人格患者は、自分が人にみられずにいる時間を大量に必要とし、スタッフや他の患者たちが二十四時間ひっきりなしにこまごまと監視したり穿鑿するのをそうそうあっさりと我慢しない。潜伏中の人格の多くは患者が一人でいるときにしか出てこないので、病棟では出てこられないか、出たくないということになる。時間が経つにつれて、患者は、その種の交代人格たちが出たがるためにその部分に内部圧力の高まりの感覚を味わうようになる。入院にせよ何にせよ、一部の交代人格が望むことは、別の交代人格たちが怒って拒絶するものである。入院とその目的に反感をもつ交代人格が、入院させてくれと腰を低くして頼んだ交代人格たちを押しのけようとすることもしばしばおこるだろう。外来では入院させてくれと懇願していた患者が、入院した後で罠にはめられたと思い、病院と治療者に対して闘いを挑むことも珍しくない。

多重人格患者の入院が引き起こす危機に内蔵されている主な患者―スタッフ間力動は「分裂 splitting」である。多重人格患者の不和発生力は明らかだが、それに寄与する要因はいくつかある。多重人格患者には状況に応じてそれによく適合した人格を表に出すというまるでカメレオンのような能力がある。その結果、ふつう、スタッフが違えばそれと関係をもつ交代人格も違う。スタッフ一人ひとりはまじめに患者を「理解している」と信じていても、それぞれが患者のまったく別々の面を見ているかもしれないのである。この過程をいっそう紛糾させるのは、そのケアにかかわる人々に「自分は非常に特別である」と思わせる多重人格患者の能力である。援助者の誇大的で自分が正しいとする感覚を活性化する多重人格患者の能力は不気味である。そのため、病棟スタッフたちがこの状況において患者に「最善」なのは何か、患者が「本当に望んでいる」ことは何かがわかっているのは自分だ、いや自分だといつの間にか争っている己れに気づいて愕然としても驚くに当たらない。また、スタッフが患者のさまざまなヴァージョンを比較していると、自分たちは何だか欺かれ操られていると感じるようになってゆきかねない。

多重人格患者はほんとうに操作的となりかねない。脅威を感じるときには特にそうなる。多重人格患者の基本的な対処戦略は「分断し支配せよ」であるが、若干の状況下では患者はこの戦略を外部化しようとする。患者はスタッフ間の派閥に非常に敏感であり、スタッフ間の潜在的な葛藤を顕在化させる触媒となる。多重人格患者は、一つにまとまっているスタッフを相手にするのが苦手で、スタッフ同士が、患者の中ではいったい何が起こっているのかとか、患者がほんとうに「必要としている」のは何かについて争い合っている時のほうが、楽で安全だと思うらしい。病院という環境には多くの社会的相互作用がある。だから病院は、敵対的な人格が患者の生活と治療とを妨害し厄介をもち込むことのできる、即席の大きな土俵にむざむざなってしまう。

2　多重人格患者に対するスタッフの反応

スタッフの大部分は多重人格患者に強い反感をもつ。反感のとる形は多くの因子によっていろいろだが，多重人格患者はほとんどいつも，一般の人々にも患者を取り巻く人間的環境にも強い衝撃を与えている。一般に，この衝撃は病棟スタッフがＭＰＤという診断に熱烈に賛成するか強固に反対するかであることによく現れている。ＭＰＤの診断に賛成したスタッフは，多重人格性に非常に魅惑されていることがありありとわかることが多い。そういう人は，患者なり特定の交代人格なりに対して特別な関係を結ぼうとするかもしれない。あるいは正しくない形で患者を利用しようとするかもしれない（たとえば研修医が患者を症例に使って学期末論文をＭＰＤについて書くとか）。

ＭＰＤの診断に反対するスタッフは，非常に強烈に反対する傾向がある。この種のスタッフは，通常，治療者と患者の両方に対して，反対だという事実を非常にはっきりと言明する。患者の交代人格をそれぞれ別の名前で呼ぶかどうかともめる中でしばしば明らかになることである。このスタッフ成員は交代人格を区別立てすることを一切かたくなに拒みつづけ，相違点は一切合切否定し，交代人格を皆同じであるかのように扱う。もちろん，患者は自分の本質を拒絶され否定されつつあるように思う。危機がいたるところで起こっても不思議はない。筋書きが別の形に展開すれば，それはＭＰＤを信じないスタッフが患者の過去の虐待を否定することである。スタッフは，その生活史を患者によるとんでもない嘘の実例だと人に話す。小さな町の病院ならば，スタッフが患者の虐待者の知人であって，個人的関係を使って，患者の物語の信憑性に異議を申し立てることすらある [287]。ここでも，多重人格患者はまさに核心部分に楔を打ち込まれたように感じるであろうし，強烈な反撃を予期してよい。

懐疑的なスタッフは，多重人格患者の行動の非一貫性は，患者が特定の症状や行動を操作している証拠であるとする。このようなスタッフは，多重人格患者は必要に応じて「すべてをつくりあげ」「スイッチを入れたり切ったりできる」のだと非難する。ある例では，病棟で最初に現れた交代人格たちは退行した子どもたちで，汚物で自分のからだを汚しているか、緊張病患者かどちらかであった。ところがときどき高価な衣装を欲しがる交代人格が現れるようになった。患者は緊張病状態から出て如才なく電話で服を注文してからまた緊張病性トランスに戻るのであった。このように「思いのままに」緊張病状態を出たり入ったりできる能力が明らかにあるように見えて、患者の清潔と身体機能の責任を担当するスタッフの多くは激怒した。ＭＰＤの診断に不信の念をもつスタッフは、この行動を別々の交代人格によるものであると考えることがなぜかどうしてもできず、故意の操作と欺瞞によるものであると認知していた。その結果、多重人格患者にも自分たち以外の患者に「迎合する」スタッフに対しても鬱憤をつのらせていった。

多重人格患者はスタッフ成員の原始的恐怖感を活性化する能力がある。一人のやせた女性の多重人格患者には、敵対的、瀆神的なことばを低音で語る男性の交代人格がいて、深夜に現れては廊下を行ったり来たりした。これが始まるといつも夜勤のナースたちは、女性患者が悪魔にとり憑かれたと思い込んで、ナースステーションの扉に鍵をかけて中に閉じこもり、お祈りをしていた。この出来事の間じゅう、ナースたちは心の底から恐怖を味わっていたため、患者に対して精神科患者として対応できず、悪魔的な怪物に対する反応しかできなかった。これは極端な一例と思われるだろうが、このような語られざる恐怖体験は実はめずらしくない。

3　病棟環境に対する多重人格患者の影響

多重人格患者は入院病棟のスタッフに過大な要求を行う。多重人格患者は、他の患者よりもスタッフの時間をはるかに多く奪い、しばしば注意を独占していると非難される。ある州立病院の院長が私に語ったことだが、「われわれはここで三百人以上の患者を診ているが、彼女一人（多重人格患者）がウチのスタッフ全員の時間の一〇％を使わせたことは間違いないよ」。多くの多重人格者が入院中に必要とし要求した時間と注意と労力とに対する怨みと愚痴とをしばしば耳にする。

他の患者で多重人格患者に魅せられる者もあればふるえあがる者もいる。時には自分はＭＰＤだと思い込んでそれが当たっている患者もあれば、故意にＭＰＤを装う患者もいる［80, 186］。ＭＰＤの特権的地位とスタッフの注目の独占に対する鬱憤は病棟の患者の間に広まる。他の入院患者は憤慨して、多重人格患者はさまざまな交代人格のせいにして自分の行動の責任を逃れているが、これは多重人格患者の策略であって、スタッフは他の入院患者にはきちんと責任を負わせているではないかという。また、多重人格患者は他の患者に対する対応をどんどん変えてゆくため、他の患者は気を悪くし、また混乱する。多重人格患者と友だちになろうとすると、初めは相互性があるが、やがて格別の理由もないのに怒られて拒絶されたりする。クラフト（一九八三）は、多重人格患者が、せっかく他の患者が抑圧しようとしている不和をあけっぴろげに表現し、やはり抑圧しようとしている行動をやってみせたりして他の患者を閉口させると注記している。

4　入院が治療同盟に及ぼす影響

病院の中では、治療者がよく知らない交代人格やまったく知らない交代人格が多数出現する。敵意と怒りの人格は、病棟生活を虐待であると認知したときに現れる。怯え傷ついた人格は、心的外傷体験の反復を院内で体験したときに引き出されてくる。強すぎたり危険すぎて外来診察室では出せないと考えられていた交代人格が今束縛を解き放たれることもあろう。保護者人格、社交的人格その他、外来治療環境ではふつう不要とされる人格が、どんな病棟でも起こる強烈で複雑な人間関係に対処するべく出現する。さらに、治療者と良好な関係にある人格の多くは弱くなり消えてゆくように見える。全体として、入院すると、治療者は、病院の外で活動的だったのと違う人格たちの布置を相手にしていることに気づくものである。しばしば批判的なスタッフや同僚医師が後ろから肩ごしにのぞき込んでいるところへ、患者の根本的な変化があり、「公然と」多重人格患者を治療しようとすることにまつわるさまざまの厄介事が起これば、最高の治療者でさえも神経が参って、せっかくの技能が発揮できなくなってもおかしくない。

当然、多重人格患者が病棟に与える衝撃はさまざまな形で治療者に跳ね返ってくる。スタッフはしばしば患者に対する怒りと不満とを治療者に向け、ただでさえ困難な管理状況をいっそう紛糾させる。治療者が強力な除反応作業を病棟内で行うならば、スタッフは、治療者が患者を悪くしていると陰に陽に治療者を責める。この問題は、この患者に催眠を用いても大丈夫だろうかという心配の形でほのめかされることもある。スタッフの一部は、治療者が決めた特別な処遇上の取り決めを全部取り消してなくしてしまおうとする。この問題は、「患者を公平に扱おう」とか患者の特権的地位（をなくそう）という言葉の中にほのめかされていることもある。治療者は病棟環境を乱し規則をないがしろにしつつある者とみられるようになる。治療者はスタッフから、この患者はこの病棟に「いるべき人かね」とか、どこか別の病院に入院させるべきじゃないかね、と問いただされるかもしれない。

一部の患者は治療者の治療に終止符を打つ一つの方法としてさっさと入院をしてしまおうとする。治療者が病棟で診察する権限をもっていない場合には（アメリカの開業医にはもっている者もいる）、入院すれば自動的に治療関係は中断するか終結し、他の医師団の手に渡り、それとともにどっと厄介なことが起こる。患者が入院権をもっていない治療者との治療を終結させるために入院を利用するならば、その次には患者は多数の別のスタッフを治療に引き込み、誰が患者の治療の責任を負うかをめぐって一騒ぎをやらかす。逆もまた真である。一部の治療者は困難で危険な患者という「お荷物をどさっとおろそう」としたくなって、患者を入院させて合法的にすべての責任を他の医師団にまわしてしまうこともあるだろう。この過程に対しＭＰＤは非常に敏感になり、この拒絶の結果、いずれ容易ならぬ困難が生じる確率が高い。

以上の警告とは逆に、入院が治療同盟を強化することもありうる。患者は入院を課せられたのは自己破壊的行動のためで、自分をいたわり生命を助ける行動だという体験の仕方をするかもしれない。危険な行動を抑止するに足りる契約が締結できないために、治療者が患者を入院させた場合には、（入院させたという）この行動に伏在する限界設定が長期的にはより健康な治療同盟の建設に寄与したことになるだろう。実際、治療同盟の中で患者がよくなるならば、そのことは患者が退院する準備が整ったことを示すもっともよい指標の一つである。

三　多重人格患者の入院管理のために勧告すること

(1)おおよそ可能ならば入院する前に、以下の内容を含む契約を結ぶべきである。すなわち、入院の理由についての合意、病棟の規則を守ることについての合意、退院の基準（たとえば、自己破壊的行動を含む契約を人格システムと結ぶこと）である。

(2)多重人格患者はできれば個室を使用すべきである[69, 190]。患者にとって、個室は病棟のてんやわんやからの避難所であり、ある種の交代人格たちをひと目にさらさずにこっそりと出現させてやれる場でもある。部屋の位置を教えてやらなくてはならない人格もいるだろうし、室内の物品のありかや私物の置場所まで教えなくてはならないこともある[69]。特に、子ども人格にとって、個室は安全に出てきて遊べる場所であり、また除反応の作業をやる場所である。個室であれば、非多重人格患者と同室になると発生しそうないろいろな問題がなくなる。

(3)スタッフにはできる限り早く診断を知らせるべきである。この時期は、ＭＰＤについても、またその多重人格患者が病棟に与えることのあるべき影響についても、スタッフに先手を打って理解させる作業をいくぶんなりともやっておく好機である。スタッフの懸念にはできる限り風通しをよくして鬱憤がないようにしておくべきである。ＭＰＤかどうかの診断にはものすごく意見が合わないのがむしろ普通なのだとスタッフに告げておくべきである（クラフト一九八四ｄ）。患者も患者に起こっていることも、各スタッフ一人ひとりの見え方が違うだろうということも、スタッフに話して事態を先取りしておくべきである。スタッフの分裂がまず起こるものだと予言しておくこともやる値打がある。そうしておけば、分裂が起こるとしても、その時の治療者は、多重人格患者の行動は予想どおりであることをスタッフに思い出してもらうようにすればよい。治療者は、起こりうるべき危機についておおまかに説明しておき、どんな懸念でも、またどんな危機の最中でも、かまわないから治療者に電話をかけて呼んで下さいとスタッフに言っておく。コール（一九七八ａ）は、治療者は危機を野放しにしないようにかくかくの後催眠暗示を用意しているという情報をスタッフに知らせておくとよいといっている。

(4)スタッフにはまた、交代人格たち一つ一つを別々に分離した個体と認めてかかわることは必要でないんだと教えておくべきである。患者にも、スタッフが交代人格を別々のそれぞれ違ったものとして相手になってくれるという期待はもたないように教えておくべきである。このように自分を認知してくれないことに腹を立てる自己愛的交代人格もあるだろうが、その交代人格も別の社会状況ではＭＰＤのことを知らない人々とこれから関わっていかなければならないのであり、それと同じようにこの（病棟という）「社会」状況に対処することが（その多重人格たちにとって）大切なことである。また、このことは交代人格たちの別個性にスタッフが魅了されるのを弱め、交代人格たちの自分のための別個性へのエネルギー投資も減る。

(5)コール（一九七八ａ）は、病棟が患者のケアの調整者（コーディネーター）として「ケース・マネージャー」を決めるとよいといっている。それぞれの交代制勤務時間帯ごとに、患者がおもに接触する相手役が一人いるべきである。交代人格たちに、この調整者を紹介して、この人を利用するように――とくに危機のときにはですね――といっておくべきである。ケース・マネージャーか受けもち看護婦かが、病棟で行う治療面接に参加するのもよい。

(6)治療者は、責任をもって人格システムに病棟の規則と予定とを説明し、その時には交代人格全員が耳を傾けるように求めるべきである。期待してよいこととこれ以上はしてはならない限界をひととおり話すべきである。どれかの交代人格が規則を破った場合には、懲罰的にならない形ではあるがきちんと後始末をしてもらうことになっていることも――。コール（一九七八ａ）は、患者が病棟内で安定し自殺や離院の危険がなくなるまで、外泊と自由外出権を禁止するのは大体よい考えだと注記している。

(7)患者を一般の集団療法セッションにぜったい参加させないようにと強く言っておく[69, 190]。この章で前に述べておいたとおり、多重人格患者はまずまちがいなく病棟のグループをずたずたに分裂させるだろうし、患者側にも格別の利益はないからである。多重人格患者は治療目的でない病棟グループの集まりには参加するべきである。芸術療法、音楽療法、作業療法、運動療法などの非言語的集団療法ならば多重人格患者には得るところがあるかもしれない[190]。

(8)コール（一九七八ａ）は、病棟の役割としては多重人格患者の行動を記録することが大きいと述べている。病棟スタッフは、毎日継続的に患者を観察しているため、主治療者の知らない交代人格を発見することがありうる。たとえば、ある私の患者の場合、病棟スタッフは、注意深い観察によって、運動能力の低下が神経学的なものでないことを記録できた。この患者は、これまでのこの症状のために何度も精密検査を受けていたのであった。病棟スタッフには注意すべき（ＭＰＤ）特異的な症状と行動とを教えておかなくてはならない。また、記録のとり方について合意しておく必要もある。

四　退院戦略

1　緊急入院の場合

多重人格患者の緊急短期入院は、通常、自己破壊的行動その他の危機的状況をコントロールするためである。危機状態が解消するか、危険な行動の内部コントロールが再びできるようになれば、普通はそれで十分退院する基準になる。もっとも、それまでに危機の幕を切って落とした要因をつきとめてワークスルーしておくのがよい。また退院までに、以前は存在していると思ってもみなかった交代人格で自己破壊的行動や遁走エピソードの責任があるものたちに出会い、治療過程に組み込むようにしておきなさい。治療者が安心して患者を外来状況に戻せるような治療契約をむすんでおきなさい。これは、社会的サポートを受けるためでも、問題を解消するためでもあるが、病的な重要人物の侵入から患者を守るための配慮でもある。これらとその他の危機が解決すれば、多重人格患者はそれ以前の場に戻れ、外来治療が再開できる。長い時間をかける除反応面接のような特殊な治療的介入のために入院する場合には、治療者は退院のための下準備を進める前に、その治療的介入が与えた衝迫を評価するのにたっぷり時間を使いなさい。

退院基準のうちとび抜けてもっとも重要なものはおそらくただ一つ、治療同盟の状態如何である。治療者が交代人格たちとの関係に居心地のよさを覚えるようになってからはじめて、患者を病棟という比較的安全な環境を離れさせてもよい。適切十分な治療契約を発効させるべきであり、保護者人格や援助者人格に、患者が退院しても大丈夫であると思ってもらわなくてはならない。

2　長期入院患者

ＭＰＤに気づくことがふえてきて、患者が実にいろいろな場面でみつかるようになった。精神科長期治療施設もその一つである。たとえば、ブリスとジェプセン（一九八五）が調査した入院患者では、その一三％がＤＳＭ－Ⅲによる ＭＰＤの診断基準を満たしていた。精神科の長期入院の場で多重人格患者と認められる時には、すでに多年の入院を経過しており、よくある問題を起こすだけでなく、格別の厄介を起こしつづけていることが多い。現時点では、大部分の長期入院施設は負担は過剰、職員は過少であって、多重人格患者に必要なインテンシヴな精神療法に専念できる人には主流から外れた人をあてるしかない。慢性精神科病棟長期入院の影響も多重人格患者をそこない、患者の治療困難性を倍増させる。だが、このような患者の一部は、ＭＰＤとしてＭＰＤのための治療を受けると、それに反応して機能水準が劇的に上昇することは実例の証明するところである[287]。

長期入院病棟のようなチーム治療の場でＭＰＤの診断を認めるという問題はいやがうえにも複雑な様相をみせる。この問題と格闘しなければならないのは患者だけでなく、他の多くの職域、すなわち、直接の治療チームから始まってその病棟と病院全体のスタッフ、社会復帰相談部門、そしてついには病院の事務部までが格闘することになるだろう。患者を多重人格として治療して効果があるためには、治療者は普通、患者のケアに直接的間接的に関わる人々の多数派から、この診断の肯定をかちとらなければならない。事務当局に診断と力動と治療の到達目標とを理解してもらうために事務方とのコミュニケーションが特に重要である。患者の外来治療の準備過程は特に荒れるが、その間も事務方が（治療を）支持してくれるかどうかが成否の分かれ目である。外部から専門家に来てもらって診断を再確認してもらい、スタッフに講義などをしてもらうと（皆さんの納得の）役に立つことが多い。病院の外の人に患者が多重人格であると宣言してもらうと魔法のような不思議な効果があるものだ。エキスパートは、患者を診察した後、鍵的位置にあるスタッフに会い、また事情が許せば、ＭＰＤの講義をするか円卓討論会を開くべきである。

ある程度、診断への病院の支持が得られれば、時を移さずただちに患者をＭＰＤとして治療する治療計画を立てて実行に移すべきである。長期的な目標は「患者の安定度が退院可能な程度に達すれば外来で患者を続けて治療すること」とするべきである。最初、これはむちゃくちゃに実行不可能な目標と思われるだろうが、とにかくそうするべきである。私は、長期入院していた多重人格患者がＭＰＤとして治療されてから予想を超えた進歩を起こすのを数多く見てきた[287]。より短期的な治療目標は、患者を閉鎖病棟から出して保護工場（院内作業所の大規模なもの）に移すことである。期待目標は、患者が入院以前よりもはるかに高水準の機能を発揮することである。

この時点での主要治療目標は、人格システム内部のコミュニケーションと協力の強化でなくてはならない。多少の除反応／外傷作業は避けられないが、外傷体験の深い探索は契約とコミュニケーション・チャンネルが根をおろすまで延期するべきである。理想的には、こういう作業の主要部分は外来で行うべきものである。社会復帰相談所が初期から関わる必要がある。そこでどこから収入を得るか、外来通院になるとどういう生活の場になるかをはっきりさせておくべきである。

長期間入院していた多重人格患者を、支持があっても普通の生活の場に移すのはむずかしい。通則としては、共同生活の場ではうまくやれず、中間施設でも入院中と同じくらい問題を起こすだろう。たいていの中間施設は、集団性に重点を置き、またスタッフが面倒をみる部分が少ないので、多重人格患者は長期間の入所に耐えられないことがわかっている。アパートなどのような、もっとプライバシーの度合いが高い生活場のほうがうまくいくことが多い。残念ながら、それをできるようにさせてくれる基金や財団を探すのはなかなか難しい。患者はいずれ病院から次第に乳離れしてゆくことが必要だろう。時には日中は病棟にいて病院ベースの治療に参加し、夜は病院外で過ごすための根まわしをするのがよい。このような標準から外れた方法をするためには、事務方の理解と支持とが必要である。患者が何回か入退院を繰り返してからようやく「安定した」外来患者の地位をかちとるようになれるかもしれないが、それでもいいだろう。

まとめ

この章ではＭＰＤ治療の助けとなる補助的療法を概説した。多くの治療者も多くの患者も最初は症状軽減のために薬物に期待してしまうものだ。残念ながら、解離に効く魔法の丸薬はない。むしろ、薬物療法がいちばん有効なのは交代人格に広まっている抑うつあるいは不安に対してである。とはいっても、多重人格患者の薬物治療は楽ではない。交代人格たちは同じ一つの薬物に別々の効き目を体験するであろうし、服薬のコンプライアンスは低く、誤用や乱用は通例である。薬物療法は個別症状を選んで、それに対して用いるべきである。幻覚と精神病様症状は抗精神病薬にかたくななほど全然反応しない。抗精神病薬はMPDにはおおむね禁忌である。抑うつと不安は適切な薬物を上手に使用すれば軽減でき、心的外傷による睡眠障害も一部の症例ではベンゾジアゼピン系の薬物によく反応する。

集団療法にはさまざまな形があるが、皆試行錯誤によって出てきたものである。経験のある治療者間では、非多重人格患者との混合グループに多重人格患者を加えることはよくないという点で意見が一致している。多重人格患者のみから成るグループは補助的、支持的療法ならば有効だろう。しかし、（個人治療の）経験を積んだ治療者でなければこのグループもやろうとしてはならない。デイヴィッド・コールのIGT技法は、後期の治療段階で、患者を選んでやれば有効であることが証明されている。IGTを行うにはビデオが有効であり、個人精神療法においても、交代人格同士を対面させるという重要なフィードバックの機会を与えるものである。しかし、治療者はなぜビデオを撮影するかという目的とどのように準備をするかについて慎重に考え抜く必要がある。早すぎたり、不適切にビデオを使えば破壊的な打撃となるからである。

家族療法はMPDの治療では僅かな役割しか果たせない。一般に、原家族を交えた治療はあまりにも外傷的で、治療のずっと後の段階でなければ企てることすらできず、それもやれるとしての話である。虐待者との対決、虐待の記憶の事実確認による裏づけ、虐待者との和解の試みは、せいぜいが僅かな成果を得るだけであり、しかも治療の別の面を修復できないほど破壊する可能性がある。患者の大部分は、原家族から離れるための助けを必要としているのであって、そこへ戻るためではない。夫婦療法は、配偶者その他の重要な他者からの患者への支持を増大する大切なものでありうる。配偶者と子どもたちが解離の力動を理解するように助けなさい。また、二次的疾病利得のために患者を操作することには対決して止めさせるようにしなさい。

入院は自己破壊的行為を抑止するか、インテンシヴな除反応作業をしやすくするための重要な治療的選択肢である。

しかし、多重人格患者はまずどの病棟においてもスタッフ間に相当の緊張をつくりだす。治療者は、患者を入院させる前に、予測できる事態を先取りした話し合いを患者ともスタッフともしておくのが賢明である。長期入院してきた多重人格患者というものは特殊例であるが、病院当局から患者を外来患者の地位に戻すのに役に立つ協力を得れば、劇的な改善が生じうることを忘れないようにしよう。

第十一章　危機管理と治療的解決

一節　危機管理

ＭＰＤの治療において危機状況は頻発するものであり、ほとんど不可避の出来事である。最良の治療者でさえ、危機を避けられないことがある [190]。実際、危機というものは、うんざりするほど規則的に起こると思ったほうがよい！　だが、個々の危機はある程度まで予想でき、対策を講じることができる。危機が発生するのは、内的あるいは外的に、事件や圧力が生じ人格システムのバランスを崩し、患者の通常の対処機構ではホメオスタシスを回復できないときである。危機介入とは平衡を復旧しようとする試みである。最低限の目標は危機を解消し、患者の機能とホメオスタシスを危機以前の水準に戻すことである。それよりも望ましい目標は、危機発生前よりも患者の機能水準をよくすることである [186]。

多重人格患者の危機は多数の因子が重なって起こる。多重人格患者の健忘も唐突な心理生理学的変化も、自己知覚と対象知覚とに起こる分裂も、自己を観察する自我機能がなくなることも、外界の刺激によって容易に除反応やフラッシュバックに陥るという脆弱さも、解離過程の直接の結果である。交代人格間の支配権と優位性を争う闘争が内部発生的な危機の多くの原因である。迫害者人格が、主人格を虐待し、あるいは過去の外傷体験の秘密を明かした交代人格を罰することによって、危機が招来されることもある。多重人格患者一人ひとりは際立った才能を示すことが少なくないが、多重人格患者を一まとめにしてみると、慢性疾患患者としての差別に苦しんでいる。たとえば、社会的なサポートが少なく、収入源がなくなっている。アルコール症と物質乱用もまれでなく、それ特有の危機をつくり出す。そして、治療もまた、最良のＭＰＤ治療者によるものでさえ、独特な形で患者に外傷を与える。

一　一般原則

1　予　防

ＭＰＤの治療においても、多くの他の事項と同じく、予防のための数分間は、危機の中で治療者が費やす数時間に匹敵する。可能ならいつでも、治療者は危機を予想し回避する努力をするべきである。それが無理でも、あらかじめ準備しておくことによって、危機の程度を軽くできるだろう。危機が非常に起こりやすい状況というものがある。だから、たとえば原家族のもとへの帰省旅行をするとかや敵対的な交代人格をビデオで見るとか、長らく隠されていた外傷の記憶を想起するなどの危険な体験の効果は、治療者と患者とが協力して先取りし、予防策を講じるようにしなさい。

予防には、前もって調査し対策を立てることも入る。患者の内的外的資源（リソース）と脆弱点とを評価しておかなくてはならない。どの交代人格がどれだけの寄与をする力をもっているか――それが混乱への寄与か解決への寄与か――を評価する必要がある。危機に先立って援助者人格が誰かわかることもある。そういった援助者人格はしばしば、紛争が迫っていることを前もって警告したり、どの状況ならどのぐらいの打撃になるかという評価を助けてくれる。治療者が定期的に時間を割いてこういう交代人格に質問し、患者が今、どんな問題に直面しているかを知ろうとすると、報いられることが大きい。私がいつも驚くのは、多重人格患者が面接の間じゅう、日々の生活で起こっている重大な異変を話さずにいられる、その能力である。かねて打ち合わせておいた催眠の合図を使ってその援助者人格にアクセスする準備をしておくとよいのは、すばやく呼び出すことができるし、やむをえなければ電話で呼び出すこともできる。治療者はまた、人格システムのメタファーと構造とに精通していなくてはならない。しばしば「洞穴」や「安全な場所」というものがあって、交代人格がふるえあがっていたり、逆に問題を起こしているときは、そこに送り込めるようになっている。

危機の頻度は、治療の流れに沿ってゆっくりと慎重に進むと、減らすことができる。治療者は、第六章で述べた初期介入が実施されるまで、重大な除反応を開始しようとするべきでない。初期の治療は、内部コミュニケーションを増大させること、および患者の強さと能力を活用して自己評価を高め、患者の生活条件を改善することを眼目とするべきである。治療契約を結ぶ実際経験は、治療の初期に行う必要がある。患者の死に物狂いの要求と願望とに駆り立てられて、初期の治療関係は熱烈で非現実的な癒着に陥りがちであるが、存続性のある治療関係がゆっくり育ってきて、それに取って代わるようになるだろう。また、治療者は患者に構造を与えるように援助し、また（その）限界境界線について人格システムと共同作業をしてゆかなくてはならない。

治療は穏やかに進められるべきである。ストレスの多い作業に人格システムがどの程度耐えられるかを秤量しなければならない。治療者は、新しい領域を治療で扱おうとするときには、どういう段階を経なくてはならないかを（患者に）説明し、その治療計画に対する交代人格たちの反応を評価しておかなくてはならない[186]。援助者人格の助言はこういうときに特に役立つ。治療に対する反応が厄介で苦痛なものであると予想されること、しかしそれが進展の現れであることを患者に教える必要がある。というのも患者はしばしば、苦痛な感情と記憶がもたらす破壊的な影響を、自分が荒廃しつつある証拠と解釈するからである。初期治療の催眠療法の中では、ポジティヴな体験がたくさんあるように計画しなければならない。それは、交代人格がますます催眠を進んで受け入れるようにするためである。第九章で述べた合い言葉は早期に決めておくべきである。

2　危機介入

私の経験では、典型的な危機は、患者あるいは、私に警告して私を危機の過程に巻き込む役をつとめる関係者からの、取り乱した電話の声で始まる。はっきりと言われることも、暗に仄めかされることもあるが、それは非現実的な要求であることが多い。つまり、私がどうにかして今すぐその状況を解決するようにしてほしい、さもなくば、せめて差し迫る破滅から患者を救ってくれというのである。多重人格患者と治療作業を行う上での厄介な面の一つは、患者が責任を放棄し、治療を治療者に任せっぱなしにするということが頻発することである [190]。この傾向は危機の際には特に顕著になる。治療者はしばしば患者や関係者から、患者を救える唯一の人にならされるという重荷を背負わされる。そして、いうまでもなく、危機は最悪のタイミングで起きるものだ。

多重人格患者に危機の頻度と強度（あるいはどちらか一方）を調節する能力があるかどうかは、治療者間で争われている点である。確かに、一部の患者は時折「（危機の）強度を下げる」能力を証明し、コントロールを失って荒れ狂っているように見えるときでも、わずかながらコントロールを働かせているようである。クラフト（一九八四d）は、危機を恐れる治療者、逆に危機を楽しむ治療者のほうが、より多くの危機を経験しやすいとみている。すべての患者が危機を調節する力をもっているわけではない。ひどく解体ないし断片化した患者は、しばしば精神病的な交代人格をもっており、危機の間にコントロールを働かせるだけの力をもっていないだろう。だが、多くの多重人格患者は、必要となれば自己コントロールを取り戻すことができる。

危機は、ふだんにも増して治療者の関与と即応力を大量に要求する。ときには、尋常ではない時間、長時間の面接、連日の面接、さらに日に何回の面接でさえもが必要とされる。治療者は進んで時間と労力を投入する気構えをもつべきだが、無闇にそれを浪費すべきではない。患者との関わりの量を大きくするだけで危機が解決するわけではない。それどころか、実際には、治療者をまるごと自分のものにしたいという交代人格の願望を充足させて、危機を永続化することになりかねない。治療の境界線と限界設定は、危機の時にこそ、堅固に維持されねばならない。多くの危機は、実際には限界を試すことの一つの形である。治療者は、自分がどこまでやろうと思っているのか、どんなとき患者を他に紹介したり入院させたりすることを必要とするのかをはっきりしておかなくてはならない。患者にはいつも、治療者が考えている限界と代案とを知らせつづけるべきである。

危機が発生したときの治療者は危機を勃発させた情況と危機に対する交代人格の反応にかんする情報をできるだけ多く集めるべきである。交代人格たちに直接接触してもよく、催眠を通じて接触してもよい。治療者は、危機について何を知っているか、何が起きていると思うか、これから起こりそうなことは何かを、一つ一つの人格にいちいち質問すべきである。危機の間、その交代人格が目下時間喪失を起こしているかどうかを聞き、また、その間に活動している人格、支配的な交代人格が一つでもわかっているならその教えを乞うべきである。会えるかぎりの交代人格に会って調査するべきである。交代人格全員が時間喪失を起こしていたので、何が起きていたか知らないと答えることもある。その場合は、これまで顕在的には会ったことがなかった交代人格（たち）が危機に関係していることが多い。それ（ら）の未知の交代人格に接触し対話を始めようとしなさい。出来事を叙述することによって、その交代人格を呼び出してもよろしい（たとえば「昨晩、アパートに男の人を連れ込んだ事件に関わった人なら誰でもいいから私は直接話がしたいのですが」という）。直接的な質問あるいは催眠下での質問に加えて、危機とその原因の情報を得るために心の中で内部対話を聴くように患者に指示してもよく、自動書記や空想技法を用いてもよく、一つの交代人格を選んで年齢退行を行ってもよい。

危機を構成する症状や行動の責任がある交代人格を突き止めるための努力を惜しんではならない。そ（れら）の交代人格が見つかったら、治療者との対話に引き込んで、危機を解除するように交渉し、さらに現在進行中の治療作業に参加するようにすすめるべきである。もしこれがうまくいかなければ、人格システムの助けを借り、催眠を用いて、問題の交代人格たちを眠らせるか、人格システムの地図上で特別の退避所に送り込むのがよい。強制的融合、悪魔払い、人格排出などの鎮圧的な技法を用いようとすれば、時間稼ぎにはなるかもしれないが、逆効果になって、人格システム内の葛藤と危機を強め、さらに、治療同盟の重大な損傷に至ることになると覚悟したほうがいい。

症状や対象の置換は役に立つかもしれない。自己破壊行動を、危険でない行動に移し替えるのがよい。これは自傷人格に対して特によい。身体への攻撃を無生物の代理物に移し換えるとよい。枕でも粘土人形でも何でもいいからよさそうなものを選びなさい。剃刀の刃の代わりに赤のマジック・インキを用いて自己破壊衝動を発散させることもよい。治療者は催眠下で暗示を与え、危機を引き起こす厄介な症状を他の軽い症状に置換するとよい。ある場合には、治療者は、麻痺や健忘などの症状が起きるように暗示するとよい。それは自己破壊行動や苦痛な記憶から患者を守るためである。この介入法の効果は限られたものであるが危機には使ってみる値打ちがある。クラフト（一九八三）は、患者が対処する心構えのできていない危機を「飛び石のように飛び越えさせる」ために、催眠下で患者や特定の交代人格の時間を催眠下で前進あるいは後退させる方法があると述べている。さらに、交代人格を注意深く選べば、自己催眠の使い方を教え、さらに催眠による他の交代人格のコントロールを教えてもよろしい。

二　特殊な危機のマネージメント

1　自己破壊行為

自殺・自傷衝動とその実行は、ＭＰＤの危機的事態の筆頭に挙げられる。人生における苦痛と渾沌とに圧倒される感じ、治療者や重要な他者から拒絶され棄てられるという怖れ、表出できない怒りと不快は、すべて、自殺願望を起こさせるものとしてはごく普通である。たいていの多重人格患者は、比較的平穏な生活を送っているときでさえ、その背後には非常に強い自殺念慮をもっている。ほんのちょっとしたことでバランスが傾き、この考えを実行に移す方へと向かってしまう。主人格が自殺願望的あるいは抑うつ的になっていることもあり、自殺的な交代人格が支配権を奪取しようとしているかもしれないし、他の交代人格を傷つけようとする交代人格が今にも出て来そうなのかもしれない。病的な人格にはそれに対抗して釣り合いを取っている役割の交代人格が存在するものだが、コントロールを失いつつあるとか、危険な人格にコントロールを奪われないようにコントロールを守るのに「もうくたびれはてた」と訴えることも少なくない。治療者には、この内部コントロールの失調と破綻の渦の中で、悲劇を予防し、秩序を回復するという使命がある。治療者が別の制約によって縛られ（たとえば患者が入院保険にはいっていないとか）、それが対処の幅を著しく狭くすることもしばしばある。

自殺企図や自殺のジェスチャアは頻繁に起こる。ＮＩＭＨの調査では、臨床家の六一％以上が、担当患者の真剣な自殺企図にあったと報告しており、七一％が生命に関わるほどでない自殺のジェスチャアにあったと報告している[284]。リストカットや大量服薬のようなありふれたやり方が多いが、奇妙奇天烈なやり方も少なくない。自殺願望的人格は、他の交代人格が車を運転しているときにハンドルを奪って車をぶつけようとすることをはじめ、何の変哲もない日常行為を自己破壊行為に変えようと狙うことがけっこうある。多重人格者全体の死亡率は明らかでないが、ＮＩＭＨの調査では、自殺企図／自殺ジェスチャアの致死率は非常に低いが、多重人格患者の自殺成功がないわけではない。もっとも、他の交代人格が自殺企図を頓挫させたという話をよく耳にする。クラフト（一九八三）は、別の交代人格が、あわやという最後の瞬間にコントロールを奪い、惨事を回避するのである。クラフト（一九八三）は、この力動を、妥協形成の解離版だと言っている。すなわち、ある交代人格が自己破壊行動をして、その後に別の交代人格による救援が得られるのである。

「内部殺人」は自殺企図が形を変えたもので、ある交代人格が別の交代人格を殺害しようとするものである。別の交代人格を殺そうとする人格は、この計画が成功すれば自分も死ぬという明白な事実を理解できていないのが常である。このことを指摘しようとしても、まず無駄である。クラフト（一九八四d）は、この現象を、別個の存在であるという「偽妄想」と名付けた（訳注：自分は患者とは別の独立した存在であるという交代人格の信念のこと）。しかし、多くの患者においてこの別個性の信念は強力かつ不動であって、あっさりと妄想といってもよいくらいである。一つの交代人格に起こることは結局は全員に起こるのだという意味のことを、治療者が頻繁に言ってきかせてその理屈を説いてはじめて、この別個性の確信も時間がたてばゆっくりと治療者の考えに道をゆずるものである。NIMHの調査によれば、内部殺人の企図があったのは患者の半数以上だと報告されており、内面の葛藤というありふれた力動がその動機となっていた［284］。

一部の例では、内部殺人の企ては直接行動であって、別の交代人格を殺そうとするか相手が死ぬように仕組むのであるが、そうではなくて間接的な行為のこともある。殺人人格が自殺的人格や主人格をせきたてたり命令したりして、自殺に追いやるのである。内部殺人の企てには傍観現象 copresence phenomena を伴うことがある。これは、犠牲者側の交代人格が、殺人人格が行為を実行しようとしているのに、それをなすすべもなく見ていることである。たとえば、ある患者が私に語るところによれば、彼女は、自分が上司に電話をかけて「身内の不幸」のため欠勤すると言うその姿を眺め、その次に自分がビニール袋で窒息死を遂げようとしている姿を、なすすべなく恐怖の中で見ていたという。他の多くの多重人格患者と同じく、彼女もあわやのきわで保護者人格に救われた。

治療者が自己破壊的行為を含む危機に遭遇したときに、どの治療的介入法を選択するかは、いちいち挙げるのがむずかしい多くの因子次第で決まることで、個々の患者ごとに個別に決めなくてはならない。治療者は、いくつかの問題を念頭に置いて患者の過去追跡記録をもう一度全部読み直すべきである。過去の同様の状況で有効だったのは何か、また無効だったのは何だったか。患者はどの程度の致命率に至るのか。ＭＰＤに特有のいくつかの因子と並んで、通常の自殺の前兆とされるものすべてを重視するのがよい。

契約を守ってくれるかどうかについては人格システムの過去追跡記録が決定的に重要である。人格システムなり個々の交代人格なりが契約してこれを守るだけの信頼性があるかどうか。交代人格間の内部コミュニケーションはどの層にあるのか。危機の際の内部コミュニケーションの崩壊はよくあるので、治療の初めに取り組む必要がある。保護者人格の強さの如何も重要である。保護者人格は自己破壊的行動を封じ込め頓挫させる能力があるだろうか。あるいは、患者の安全確保行動のために十分な時間的余裕があるうちに治療者に対して警告を発する能力があるだろうか。保護者人格と救援者人格はどういうことを考えているのか。自己破壊人格の力の強さに縮み上っているのだろうか。特に危険な時期がいつといつとに起こるかを予見しているだろうか。自己破壊人格は問答無用的に患者を破壊していくのか、それとも妥協する気をみせているのか。自己破壊人格は、別個性という妄想様観念をあらわにしているのだろうか。これらの問いへの答えによって患者のリスクが高いことを推定したら、入院などの保護的な処置に着手するべきである。

危機の性質自体がある種の介入を推奨し、またそれ以外の方法はできないこともあろう。これは急性の危機か、それとも慢性的に危機を繰り返しているのか。後者の場合、治療者は、患者が長期間耐えられて治療的資源やエネルギーを消耗し尽くしてしまわないような介入法を選ぶべきである。前者の場合は、焦点をしぼった強力な短期的介入法を用いるのがよい。外部の因子が危機の幕を切って落とし長びかせるのにどんな役割を演じているのだろうか。虐待者や病的な重要人物の演ずる役割は直接に治療者の手を煩わせるほどに大きなものかどうか。

治療者がその介入法について経験を持ち、楽にやれるかどうかも決め手的要素である。たとえば、催眠を用いた経験がないならば、危機の時機に患者相手に催眠の作業を始めるのはよくない。治療同盟の状態も同じく重要である。治療の初期、患者と治療者とがお互いをよく知らないときには、極端に用心しつつ過剰なくらいの反応をすることが望ましい。後になれば、治療者も患者も、危機の深刻さの程度と求められている反応の程度をずっと現実的に評価できるようになる。治療者が不安と不確実とに耐える能力も、いま一つの決定的要素である。自己破壊的な多重人格患者を外来で診ていると、責任感が治療者を燃え尽きさせ、治療同盟をひどく弱める苦しい体験になりうる。臨床家には誰にも限界がある。さまざまな介入法の利害得失を計算する際にはこのことの考慮を忘れてはならない。

自己破壊的な多重人格患者を治療する治療者が利用できる治療的介入法はけっこうある。まず第一に考えなくてはならないことの中に入院治療がある。第十章で述べたように、MPDの入院治療は複雑で厄介な仕事であり、しばしば入院治療そのものがそれ独自の危機を新たに創り出す。一部の患者は明らかに時々入院する必要がある。治療契約を行うことは、危険な行動のコントロールのために用いうる重要な介入である。契約書の基本的な文面は「私は、いつ何時でも、偶然か故意かを問わず、自分自身をも外部や内部の誰をも傷つけたり殺したりしません」で、これが交渉の出発点である。契約は、特定範囲の行動や特定の時間帯をカバーするように設定することもできる。第六章で述べた要点を繰り返すことになるが、危険な行動のコントロールに契約を用いるときには、治療者は細心の注意を払って言葉づかいを選び、契約の期限切れの日付に気をつけていなければならない。

非常によくあることだが、一つだけの交代人格の自己破壊的行為なら、その交代人格に、現れて不満を吐き出し、感情をワークスルーすることを認めるという対処法がある［186］。これが特に有効なのは、他の人格を動かして自己破壊行為をさせようとする迫害者人格に対してである。彼の表現した感情を認め、あわせて人格システム内での彼の重要さを強調し、彼と他の人格との交渉を促すと、しばしば危機という爆弾の信管をはずすことができる。自己破壊的人格の別個性妄想ががっちりと固まっていなければ、自分自身の死も避けられないよという説得を受け入れてくれる場合もある。破壊的でない人格へ統御権あるいは責任を返上するのがよいと自己破壊的人格に思わせることができる場合もある。

保護者及び援助者人格を活用し強化することは、慢性的な自己破壊の危機に対する重要な介入法である。こういう人格を、患者の安全を守り自己破壊的な人格を阻止すべく介入するために採用するとよい。一部の多重人格システムというものは、大規模の複雑なシステムであればまずまちがいなく、他の交代人格が「出て」いようがいまいがとにかく、身体の安全を守る役割の身体保護人格をもっている。通常、身体保護人格は、患者の現在の状態とそのおかれている状況とをほぼ継続的に監視しチェックしており、危険が生じようものなら出現して身体を乗っ取ろうと待ち構えている。危機的状況になる前に、身体保護人格を探し出し、その能力を評価しておく必要がある。この交代人格が非常に強力なこともあれば、かなり弱いために、危機状況において身体の支配権を奪取する道を切り開くには助けが必要なこともある。催眠性イメージを用いる治療、また場合によっては保護者人格に他の交代人格を催眠によって支配する方法を教えると、保護者人格の強化によい。援助者人格は保護者人格よりも弱い傾向があり、だから人格システムから患者を保護するために委任される裁量権が少ない。援助者人格はむしろ起こりそうな危険についての相談相手やその予告者役である。

クラフト（一九八三）は、自己破壊的な人格に対処するための介入法を他にもいくつか挙げている。「自由に操作できるという暗示による空想的脱線」がよいことがあると彼はいう。このタイプの介入がもっとも役に立つのは、子ども人格が恐怖回避行動を行って、それが恐慌障害の引き金となる場合である、と私は思う。催眠下で子どもたちを助けて、恐がっている相手や場面を視覚化し自由自在に操作できるようにさせるとよい。デイヴィッド・コールが考案し第九章で述べた自我強化法をここで用いることができる。自己破壊的人格を催眠を用いて短期間「眠らせる」ことも、活動から遠ざけておく一法である。この方法を用いる場合、強制的でなく、おだやかにやさしくやらなくてはならない。結論からいえば、この方法は、耐え難い苦痛が自殺念慮を起こす動因となっていて、睡眠を自殺実行に対する猶予期間と感じている交代人格に対してもっとも有効であるようだ。

2　遁走、健忘、急速交代

遁走、健忘、トランス、離人状態は、多重人格患者の危機の普通の表現であり、また、あまりに圧倒的で受け入れられない苦痛な記憶、恐しい記憶、混乱させられる記憶が再生した時に多い反応である。特に強力な除反応面接の後では、患者が診察室内で茫然自失してトランス様状態に陥ることはまれではない。面接終了後、治療者は、患者を「元に戻し」て安全に外来診察室を出られるようにする責任がある。こういうことが何回かあると、治療者は、重要な除反応の作業を行うことをためらうようになりがちであろう。同様に、遁走エピソードも、外傷的記憶内容の想起や否認していた部分への直面の後によく起きる。どこか遠いところで我に返り、パニックになった患者が、治療者に電話をかけてくることもあるだろう。

これらの解離体験は患者を苦しめるものである。特に遁走発作はパニックと混乱を引き起こし、意識化作業への抵抗を強める。こういう発作で患者が恐怖に陥るのは、自分が何かをしたのに――それも長距離の運転などの劇的なことなのに――、何を起こしたのか、ほとんどあるいはまったく覚えていないからである。多くの患者は、この長い空白期間に何かとんでもないことをしたのではないかと想定する。たとえば、ある患者は、彼女の町で起こっていた連続殺人の犯人が自分ではないかと心配していた。実際、患者が、こういう空白期間に、自分の倫理観と相いれない行動をした証拠を見つけることもある。また、患者が遁走発作を恐れるのは、戦慄すべき状況あるいはどうしようもない状況で「目を覚まし」、その後始末をする羽目になることが、たび重なるからである。

直接の質問あるいは催眠下で質問すれば、行動のコントロールをいったん奪取してから放棄した交代人格を呼び出すことができる場合が多い。それは、治療中によみがえった外傷体験などの侵入現象から逃げようとしているおびえた人格であることもあり、また、それは迫害者人格で、昔の心的外傷を再現する状況を作り出して患者を罰しようとした場合のこともある。クラフト（一九八三）は、このような遁走発作の原因は即座にわかるのが普通だと注記している。だから、もし二、三時間質問しても原因が見つからなければ、患者を保護的環境に入れることが必要となるだろう。

治療者をこの危機の中心に投げ込むのは、しばしば一本の電話である。それは、全く見当もつかない場所のただ中にいることに気づいたばかりの主人格ないし交代人格が驚愕し混乱してかけてくるのである。電話による介入はやりにくく注意を要するけれども、治療者にはこれをやるより他に手だてがないのが普通である。クラフト（一九八三）は、危機状態の多重人格者を電話で治療するのに役立つ提言をいくつか述べている。クラフトは、治療者が患者と話し続けることを勧める。治療者の声を聞くだけでも落ちつく効果があるからである。治療者が電話の向こう側にいて、時間を稼いでいれば、保護者なり救援者人格なりが支配権を取り戻せるようになるかもしれないではないか。治療者は、電話に出ている交代人格を通して人格システムに話しかける（トーキング・スルー）するのがよい。敵対的な人格との対決やその挑発は回避するべきである。

治療者は電話を通して正式の催眠誘導法を行ってはならない。それは、一部の交代人格にコントロール失調の恐怖を引き起こすだろうからである。あらかじめ決めてあった合い言葉か、普通の鎮静的な話し合いによって、催眠誘導することとならしてもよい。次回の面接があることを気づかせ、また必要なときに備えて治療者が待機しているという再保証をすることで、おびえている人格たちが落ちつくこともある。クラフト（一九八三）は、ボーダーライン的、被虐的、自己愛的な傾向をもつ多重人格患者ではこういう介入は無効だろうと自分の経験を述べている。その場合、治療者は、（警察などの）行政当局が患者の居場所をつきとめられるだけの情報を患者から聞き出すように努めるべきである。

急速交代すなわち回転ドア症候群 revolving-door syndrome が起きるのは、通常、患者がきわめて不安誘発的な状況の渦中にいるときか、患者がはげしくせめぎあう二つの要求の板挟みになっているときである。レーヴェンソンとベリー（一九八三）が描くところの古典的な急速交代の例は、女性患者がレスビアンの恋人ふたりと救急処置室にいた時に起こった。二人とも自分のほうが彼女と結婚していると主張していた。患者は「複数の人格から人格への交代を急速に開始し、この変化の速さに、患者も、患者の子どもたちも、恋人たちも恐くなった」のであった［207, p. 76］。患者が急速交代危機にあるときとは、どの交代人格も「出る」ことを望んでいないために、各種各様の交代人格が他の交代人格にむりやり押し「出され」てはすぐに引っ込もうとしているか、二つ以上の人格が身体の支配権を求めて争い、全員が順繰りに相手を押しのけて現れるという交代の仕方をしている場合かのどちらかである。

回転ドア危機にとらえられている患者は、非常に混乱している姿を見せ、精神病に見えることもまれでない。人格の急速な交代によって極度の感情不安定性が生じ、おびえる人格、笑う人格、怒る人格、うつ的な人格がくるくる回って来ては去るからである。患者は一貫した会話を続けられなくなり、語り口はテレビのチャンネルをすばやく切り替える時のように「言葉のサラダ」に似てくる。治療者は、この混乱した行動の背後に多数の交代人格が関与しているのか、急速交代しているのは二、三の交代人格に限られているのかを見極める必要がある。後者の場合は、身体と行動の支配権争いの現れであると考えてよかろう。前者の場合には、「出て」支配権を握りたい人格が一つもないためと考えたほうが当たっていそうである。

急速交代が身体の支配権争いによるものであれば、治療者は、中立的な交代人格グループに支配権を明け渡すようにと問題の交代人格たちを説得し、そして対話と協調とによって（問題の交代人格間の）抗争の解決を図るべきである。この危機は、人格システムが交渉と妥協を体験するよい機会と考えるのがよい。二つの交代人格間の争いが、自己破壊的人格と傷害を防ごうとする保護者人格との争いである場合もある。この場合は保護者人格が身体の支配を放棄してしまう前に、身体を保護する用意をしなくてはならない。

どの交代人格も「出」たくないことによる急速交代の場合には、治療者は直接的原因は患者の周囲にあるとみて、それを探すのがよい。この型の急速交代は通常、状況の突然変化という刺激に対する反応であり、この刺激を取り除き、安全な環境をつくりだせば急速交代はやむはずである。場合によっては、急速交代は除反応を寸前で何とか食い止めようとする試みである。たとえば、ある男性患者は、父親の不意の訪問のしばらく後から急速交代を始めた。父親は、娘たち（患者の姉妹）への性的虐待のかどで収監されていた刑務所から釈放されたところであった。患者のグループホームのリーダーが患者を病院に連れてきてくれ、病院の私たちは、父親の訪問が引き金となって思い出した、ある虐待体験を除反応して急速交代を止めることができた。

3　急性身体症状

急性身体症状も多重人格患者が危機にあることの現れの一つである。これらの症状は見るからにヒステリー的なものが多いが、ほんものの内科的突発事態と見紛うこともあり、なかには実際に生命にかかわることもある。頭痛は多重人格者のもっともありふれた身体的愁訴である [33, 129, 284]。頭痛は、しばしば一側性で閃輝暗点を伴う偏頭痛様のものであり、「今失明しつつある」と表現される。説明のつかない疼痛症候群、特に腹部と骨盤の痛み、腸炎その他の「機能性」胃腸障害がよくみられる [33, 284]。古典的なヒステリー性麻痺、失声、心因性聴覚障害や視覚障害、仮性てんかんもまれではない [33, 284]。患者は、循環器系、呼吸器系、神経系の症状を発作的に示すことがあり、時には迅速な医学的処置を必要とする。もっとも、後に心因性であるとわかることが多い。体重の著しい変動はしばしば起き、とくに女性に多い。拒食症（アノレキシア）的行動は驚くほど高率にみられるが、過食（ブーリミア）のパーセンテージはそれよりは低い [284]。患者によっては、こうした症状は生命にかかわる危機となりうる。

通常これらの危機の原因は、交代人格間の葛藤、過去の外傷の想起と再体験（これがしばしば説明のつかない疼痛症候群の原因である）、そして自己破壊衝動である。治療者はまず、できる限りの努力を払って、症状を体験しているのはいくつかの交代人格だけか、それとも全員あるいは多数の交代人格が共有しているものかを判定すべきである。前者ならば、その症状は心身症だと仮定してまず大丈夫である。後者の場合、その症状を医学的に検索してすべての器質性病変を除外するようにし、その後はじめて実際は心因性だという確信を強めて、その症状に取り組むのがよい（ほんとうの身体病のために全交代人格が苦しんでいるかもしれないからである）。

身体症状的な危機への有効な介入法を模索する際の臨床家は新しい急性的原因によるらしい危機と、慢性的な問題の反映である危機とを鑑別しようとするべきである。急性の危機は、たいてい、人格システムのもつ問題に向けて介入すれば、よい手ごたえがある。危機に関与している交代人格たちをつきとめて、鬱憤を吐きださせ、それをワークスルーすることが有効だろう。多くの場合、抑圧された外傷体験は今や覚醒意識の皮一枚下にあって、全面的な再体験と除反応とが必要なところまで来ていて、それが内臓に現れて急性身体症状となっているのである。人格全体あるいは特定の人格たちに対して症状の初発時にまで遡る年齢退行を行うか、あるいは感情架橋法（両技法とも第九章で論じてある）を用いると、身体症状の原因を意識化させる効果がしばしばある。クラフト（一九八三）は、直接の暗示でも間接の暗示でも、これらの症状を和らげるのに役立つことがあると述べている。

長期間持続している身体症状は、しばしば外傷がひどく解離して内臓に記憶されていること、積年の交代人格間の抗争があること、慢性的な自己破壊行動があることを反映している。治療が進展し、期待どおり、内部コミュニケーションの水準が上がっても、これらの症状の反応はゆっくりとしたものである。鬱憤の表出、内部の対話、妥協、抑圧された外傷記憶の回収につれて、これらの症状は少しずつ薄らいでいくようである。慢性頭痛はとりわけ厄介な症状であり、しばしば身体と行動の支配権をめぐる水面下の争いの表れである。これは、頭痛に関わっている交代人格に「取っ組み合いを止めて離れていろ」と命じた上で、順番に身体を所有するようにさせると即座に解消することがある。長い目で見ると、交代人格間のコミュニケーションと信頼とが育つにつれて、交代人格たちは行動の支配権を進んで別の人格に「手渡す」ようになる。自分以外の交代人格たちが、後で然るべき場所とやり方とで支配権を返してくれることがわかったからである。

元来はある人格が記憶喪失中の主人格に誘導した人工的なものが二次的に慢性の内科疾患症状になることは、まれであるが絶対にないわけではない。シェリー（一九八一）は、説明のつかない重症の皮膚炎が左腕だけにある女性症例を報告している。原因は血管性ではないかという疑いのもとに精密検査のため入院したが、その間に患者がＭＰＤであり、ある交代人格が右手に手袋をつけて青々としたツタウルシの葉を患者の左腕に当てているところが見つかった。二度にわたって謎の巨大な血腫を作ったのもこの交代人格のしわざだった。多重人格者の身体症状の医学的検索の際に不可思議な症状があれば、仮病である可能性を念頭におく必要がある。

ある場合（たとえば、重症の拒食発作）には、心身症症状が生命にかかわるものとなり、医学的介入を要することがある。しかしながら、このようなケースに医学的介入を行えば危機はふつう急速に複雑化し慢性化する。内科的介入にはいくつかのリスクがあるのだ。第一に、このタイプの危機の火に油を注いでいた交代人格間抗争が医療スタッフと患者との間で演じられるようになるリスクである。私は、自己破壊的人格と、たとえ途中で患者が死ぬことになろうとも患者を「救おう」と断固決意している医療スタッフとの果てしない闘いをいやというほど見てきた。この戦いは悪循環的にエスカレートし、双方とも片時も手を休めることがない。一例を挙げると、その闘いがきわまるところ、患者は四肢を拘束され、経鼻栄養チューブを挿入してテープ固定され、スタッフひとりが四六時中交代でベッドサイドに座り、患者が栄養チューブを引き抜かぬよう見張る事態になった。ところが、拒食的／自己破壊的人格は、厳重な自殺防止措置にもかかわらず非常に真剣な自殺企図をすでに二回実行し、どういうふうにやったのか体重を落としてまたひどい貧血と前進の栄養不良に陥るまでに至っていた。両者とも消耗し疲れはて、しかも冷徹に「勝利」を確信していた。

医学的介入の第二の難点は、ある種の介入（たとえば婦人科的処置）が、しばしばかつての外傷の象徴的再体験になることである。時には一部の交代人格がこのことを喜び、そのために危機が新たに高まることがある。患者が繰返し身体症状を起こして医学的処置を受けるときには、この可能性に目を光らせているべきである。医学的介入の第三の問題は、介入が長い目でみれば限られた価値しかないことである。医学的介入は、重大な器質性疾患があるかもしれないので、これを除外するために必要であろうし、短期間なら患者を生かしておくために必要であろうが、別の力動が働いてことは急速に複雑化し、精神療法は軌道から外れてしまう。すべての臨床家は、患者が医学的な問題をかかえていないことを確かめるためにしなくてはならないことをやるべきだが、納得のいくほどの確信が得られたら、身体症状への介入も危機への介入も精神療法的あるいは催眠療法的介入とするべきである。

4　新しい交代人格の発見、あるいは以前の融合の失敗

新しい交代人格の発見が危機を招来することがある。こういうことが起きるのは、しばしば、患者が交代人格のほとんど全員を既に知っていると思い込んでいたのに、交代人格の新しい「ファミリー」一つがまるごと明らかになった時である。交代人格の新しいグループは「既知の」交代人格よりも異質で邪悪なものと感じられがちであるが、そういう未知の存在に対する不安に加えて、今後まだまだたくさんの作業が残っている証しを突きつけられて、患者は打ちのめされる。既知の交代人格間で築き上げた平衡と協調も今また危うくなり、人格システムのバランスが一気に崩壊しかねない。同様に、すでに統合しおえたと信じていた交代人格が、実際は隠れて分裂したままでいたことに気

づき、挫折、裏切り、自棄、無力などを主題とする危機が生じてもふしぎではない。

人格の新しいグループが発見されたり、前に行った統合が失敗すれば、治療者もがっかりする。「いったいいつになったら終わるのか」という質問は、私が身近な仲間たちと行っているスーパーヴィジョングループでもよく尋ねられる耳なれた問いである。新しい交代人格、とりわけ新しい交代人格のファミリーを発見しても、それを治療の後退と見るべきではなく、むしろ、治療が進展したために、これらの交代人格が出現する準備が整ったという宣言だと見るべきである。新しい交代人格によってそれまでの人格システムの平衡が損なわれても、この新しい交代人格たちは現在進行中の治療作業に加えるのが比較的やさしく、また、今まで欠けていた断片を多数所持していて、これが将来は、もっと安定した融合と統合とを可能にするだろう。新しい交代人格たちはよろこんで治療に迎えなければならない。

この事態は、先取りし準備作業をしておくといちばんうまく処理できる危機の一つである。患者には、治療が進展すると新たな交代人格がみつかるはずだと前もって教えておくべきである。一部の交代人格はこれからも隠れたままでいて、いよいよ正体を現す時がきたと感じるまで治療者と治療を積極的に監視しているだろう。また、一部の交代人格は休眠状態で存在し、治療が自分がエネルギーを出せる問題にさしかかるまで活性化されないままでいるだろう。治療者はいつでも、自分がまだ会っていない交代人格がいると仮定するべきである。治療者は、人格システム全体を相手にしてトーキングスルーなどを用いる時に、「私は、会ったことのあるみんなにも、まだ会ったことがない人にも話しかけています」といえば、こういう隠れた交代人格を取り込むことができる。新しい人格が見つかるとか、以前の融合が失敗だったことが曝露されて、患者が絶望感と不穏とをもって反応する時の治療者は、これらの体験が予想され予言できる事態であること、以前から懸念し問題に取り上げてきたことを患者に気づかせるべきである。たいていの患者はこの説明と再確認によって立ち直るはずである。とくに、治療者の側も準備していて、患者の絶望と無力の感情に共振れしていない場合には——。

5　原家族による侵入あるいは拒絶

原家族との接触に続く二次的な危機はきわめてありふれたことである [186]。家族成員間の力動と相互作用は、しばしば患者自身の人格システムの力動に酷似しているため、家族の危機が、鏡像のようなそっくりの危機を患者の中に創り出すことがしばしばである [200]。虐待者（たち）だった家族成員との接触もそうでない成員との接触も、そして予定していた接触であってさえも、患者の大幅な退行の引き金を引くきっかけとなりうる [186]。多重人格患者の家族は、「統一戦線」や「ほんものに見せかけたベニア板」など、別種の虐待家族を記述するための新造語がそのまま当てはまることが多い [200]。この、どんな犠牲を払っても自分たちがあくまで正当であるという外面（そとづら）を維持しようとする力動によって、原家族は患者の生活に干渉し、家族の病理をあきらかにしそうな治療をことごとく妨害し、その土台を掘り崩す。しばしば、交代人格たちは昔の役割に逆もどりし、家族成員と共謀して過去の虐待を否認し、治療の意識化作業を根底から台なしにする [200]。家族が露骨に患者を拒絶しても危機の発生となる。時には、家族は治療努力を支持するように見せかけた後に拒絶する [186]。現時点においても家族成員が成人の多重人格患者を虐待しているということも実際にあり、これが全面崩壊的な危機を誘発することもありうる。この可能性を決して低く見積もってはならない。たとえ強く、若く、筋骨隆々たる男性患者であっても、家族力動に直面し無力な子ども人格に退行すれば、病気の老人の親でも再外傷を加えることができる。

家族の侵入、家族の拒絶、その他の形の家族騒動を含む危機に対処する最善の手段は予防である。患者が原家族成員から外傷を受けたり受けやすくされたという状況があれば（実際このことはほとんどの多重人格患者に妥当する）、少なくとも治療の軌道に十分乗るまでは（原家族が過去の外傷の原因であれば）患者を原家族から離しておく方針を私は支持する。残念ながら、実行は困難なことが多く、そのうえ、一部の交代人格が患者と家族を離しておくいっさいの試みを妨害する。原家族と接触することが前もってわかっていれば、治療者と患者は治療の中で事態を先取りする作業をしておくべきである。虐待などの再外傷を受けそうになったら逃げることができるように、予め決めておいた交代人格たちと偶発事態への対処法を話し合っておくべきである。原家族と接触する時は何を焦点とし、どの程度で切り上げるかをきちんと決めておくべきであり、患者と治療者とは協同して、患者が退行して昔のパターンの家族関係の中に入っていかないように、原家族との接触の状況を選定し統制しようとしなければならない。治療者はまた、次回の面接を家族との接触のすぐ後に予め設定して、事態を処理し、人格システムの平衡を取り戻すのを助けるべきである。

6　傍在危機

多重人格患者における傍観現象 copresence phenomena の典型例は、かつて「覚醒憑依 lucid possesion」状態として記述されたものに似ている [186, 199]。覚醒憑依とは憑依の一形式であって、自己が自己であるという意識は途切れずにあるが、「自分の魂の中に別の魂」がいて、その言動を止められないという感じをもつものである [100]。多重人格患者の傍観発作には、通常、以下の現象のいくつか、あるいはすべてがある。(1)極度の離人状態、(2)正常ならば自律的である自我機能の損傷あるいは崩壊、(3)知覚変容（たとえば交代人格たちをも含む視聴覚の歪み、錯覚、幻覚）、(4)認知障害（たとえば思考挿入、思考奪取、批評する幻声の侵入）[186] である。治療初期における傍観発作は、交代人格の存在を知らないか、受け入れていない主人格にとっては恐ろしい体験であろう。

傍観発作は、通常、二つ以上の交代人格の間に生じた支配権争いの現れである。大部分の症例では、交代人格たちは侵入する交代人格に自分の意見を言わせ、主人格や治療者や他の重要な他者との通信を許すという形の妥協案には応じる。クラフト（一九八三）によると、たいていの傍観発作には、(1)主人格その他の交代人格に「出て」聴いてやってくれるように頼むことと、(2)その侵入的な傍在交代人格と接触することで対処できるということである。侵入的な交代人格と協議して、自分の言い分を話す機会を与えるからそれがすんだら引っ込むようにするという契約を結べば、危機が解消するのが普通である。交代人格とのコミュニケーションは、会話、筆談、観念運動シグナルのいずれによってもできる。難しいケースでは、侵入中の交代人格に催眠下で話しかけなくてはならないだろう。場合によっては、深いトランスに入れると、危険な行動を抑え、主人格の恐れを軽減するのに役に立つ。

二節　治療的解決

一　治療転帰データの不足

ＭＰＤへの治療的介入についての、多くの一例報告や総説や論文を通覧してわかるのは、注目すべきいくつかの例外［83, 187, 195, 197］を除いて、多重人格患者の治療転帰を明確に示唆したものがないことである。この転帰データの不足には呆れるとともに落胆する。多重人格患者の治療に経験のある臨床家の間では、治療を続けるＭＰＤの予後は良好であることが一般に承認されている［194, 280］。しかし、良好な転帰を暗示するのは、数多くの小説ふうか自伝的な治療報告のいくつかと並んで、学術論文のほうはほんのわずかしかない。クラフト（一九八四ａ）のいうように、こういう資料は「もう少しで手が届きそうな手がかりだがデータベースにはならない」［187, p. 9］。

予後が良好であると一般には信じられているのに、その見解を支持する転帰データが発表されていないという明らかな食い違いの理由の一つは、治療に成功した多くの臨床家が、その成果を専門雑誌ではなく、研究会、講義、ワークショップなどの集まりで発表してきたからである。たとえば、コーネリア・ウィルバーのシビル治療論文は、この症例を最初に発表した専門的シンポジウムの報告書（プロシーディングズ）から意図的に削除されたために、一般書の出版社から刊行されねばならなかった。ＭＰＤについてはこのように口承の伝統があり、それによれば、この障害の転帰は一般に良好であるとみられている。クラフト（一九八五ｄ）のいうように、「経験ある治療者によって強力な治療を長期間受けるならば、たいていの多重人格患者の予後は非常に楽観的だという見解の一致が高まりつつある」[194, p. 3]。クラフトはさらに、転帰不良の場合に、治療の成功を妨げているのは、障害そのものの頑固さでなく、治療供給の方略のほうである（治療供給者側の不足）と見ている。

しかしながら私は、少数の高度に経験を積んだ臨床家による成功がＭＰＤの治療成績全体を反映したものであると見なしてはいけないと思う。クーンズ（一九八六）が発表した追跡研究は、熟練水準の異なるさまざまな専門家に治療を受けた患者の予後を調査したもので、こちらのほうがＭＰＤの予後全体の現実をよく反映しているだろう。クーンズの資料によると、多重人格患者は全般に治療によって有意に改善しているが、治療のゴールと通常考えられている人格全体の統合からはかなり遠いのが標準的である。現在の治療成績の体系的資料の不足による空白地帯を埋めているものが、『イヴの三つの顔』に見られるような、統合に対する非現実的な期待と憶測であると私は思う。

二　さまざまな治療予後

1　多重人格のままでいること

症例報告の「行間」を読み直していくと、おそらく多くの多重人格患者が完全な融合／統合に達しない前に治療を離れていると思われる。完全な統合をめざすか、多重人格のままでいるかという決断は、多重人格患者の事実上全員が治療過程のどこかの時点で直面する決断である。通常、この疑問は、はじめはひそかに、後には公然と浮上してくる。公然化するのは、患者がわずかながらも内部コミュニケーションと協力関係とに成功し、一つ高いレベルで機能するようになった時点である。この時点で、多重人格患者は治療を終結して多重人格のままでいることにするか、さもなくば治療を続けるが別の治療者を探してその人に乗り換えるという決断を下すことがある。一部の多重人格患者はぜんぜん融合／統合が起こらぬうちに治療を終結する。また、いくつかの部分的な統合を経験し、人格システム全体の大きさと複雑さを減じたものの、多重人格という心理学的組織のままで居続ける場合もある。

融合／統合の完遂と解消後治療とを行う前に治療を終結してしまう理由はさまざまである。患者がよく話す理由を、これから取り上げてみよう。多重人格患者の認知するところと治療者の認知するところには大きな開きがあり、治療者が治療を進めることへの抵抗だと見るものが、患者にはもっとも「論理的」な行動に見えてもふしぎではない。だが、治療終結が時期尚早であって、向上したと見える患者の機能レベルが十分に固まっていなくて、新たな混沌と自己破壊行動のサイクルに入ることがあまりにも多い。

過去の外傷を意識化しワークスルーしていく作業を続けたくないために治療を離れる多重人格患者が多いようにみえる。この作業は苦しく、患者の治療場面外の生活に重大な混乱を引き起こす。人格システムは、通常、この先に何があるかをある程度は感知していて、時には今以上の外傷記憶の再生から患者を「保護する」ほうを選ぶ。患者が、健康への逃避を誇示して、特に苦痛な記憶や感情に直面することを避けるのもまれでない。

人格システム全体あるいは特定の人格たちが、人格の別個性の解消を恐れていることも、融合とは死に等しいと思い込んでいることもある。多くの交代人格は、別個性を放棄することは死ぬことであり、百歩ゆずっても独自に自己を表現して楽しむ能力を失うことだと思っている。また、交代人格も人格システムも、融合／統合によって一部の交代人格がもつ特別な才能や特技を失うことになると恐れていることもありうる。とりわけ芸術分野で仕事をしている患者は、融合／統合によって創造がなくなりはしないかとさんざん心配しているのが普通である。融合／統合の結果について幅広い経験をもつクラフト（一九八四d）その他の治療者は、融合に伴って、ある交代人格特有の技術や才能の一時中断が生じることはありうるが、それは永久的喪失でなく、時間とともに能力が甦ってくると報告している。また、多重人格者が個々の交代人格たちをとても愛し、慈しんでいて、融合／統合によってそれらを「失い」たくないという場合もある。治療者は、それぞれの交代人格が代表するものを患者が受容するためには、それぞれの交代人格を重視することが必要だが、そうするように患者に対して求めることと、交代人格があまりに特別なものになって患者が手放したがらないような状況を作りあげることとの中間の、細い一線の上を綱渡りのように歩かざるをえない。

患者は、融合／統合が、人生における重要人物との関係を劇的に変化させるのではないかと心配していることがありうる。その中には治療者との関係も入っている。特定の交代人格が関わっている人間関係は、その交代人格でないと維持できないと患者が信じていることもある。そういう患者は、自分が「よくなる」と、治療者その他の重要人物が自分への関心をなくするのではないかと心配しているだろう。私は、何人かの多重人格患者が、最終融合をしたくない理由の一番にこの心配を挙げるのを直接聞いている。こういう患者たちは、多重人格であることをやめたら、治療者は自分への関心をなくしてしまうと思っている。

患者の早すぎる時期の治療中断が外部干渉によることもある。原家族の成員――しばしばかつての虐待者を含んでいるが必ずしもそうとは限らない――は治療を妨害しようとするものである。外部の干渉に屈する多重人格患者は、普通、治療の全過程をつうじてすでに原家族にからめとられている人である。患者がよくなることを望まない配偶者や愛人の妨害によって治療から手を引くこともあるだろう。多重人格患者を支配しようとしたり、患者を悪魔つきだと考えている自称「友人」や教会仲間の主張に従って、治療が終わらせられた例もいくつかある。

多重人格であることが自我親和的であるために、最終的な解消の手前で治療を終結する患者もいる。こういう患者は通常、（すべてのではないが）多数の交代人格の間のコミュニケーションと協力関係を高度に発達させており、また、自分が多重人格であることを公衆に顕示することによって相当の二次的利得を得ている。この人たちは、ただの「単一人格者」をはるかに凌駕する能力のレパートリーをもつスーパーマンとして人前に現れる。多重人格者は、治療経過の極度の自己愛的備給は、融合／統合を完成させようとするいっさいの試みを受けつけない。多重人格性への極間に、多重人格性が気持ちよく思える段階を通過することもあるらしいが、通常これは一時的で短期間である。多重人格のままでいることを選ぶ患者には、公然と決断する人もいるが、ひそかに決断して自分の多重人格性を治療者からも意図的に隠蔽する人もいる。また、自分は完全に統合したと本気で信じ込んでいて、治療の全経過を通して姿を隠していた交代人格がいることに気づかないこともある。いずれの場合も、経験を積んだ治療者でさえ多重人格であることの証拠を探し出せないことがあり、この錯誤をまぬがれるためにはクラフトの論文（一九八五ｅ）にある融合／統合安定度評価表などにしたがって系統的な面接を患者に実施するのがよい。

熟練した治療者の間では、交代人格の完全な統合が望ましい治療目標であるということで意見はほぼ一致しているが、これは多くの患者に対しては端的に非現実的な目標かもしれない。「どの症例に対しても、『治療が終れば、あなたは一機能単位となることを望むと私は思います。それは会社でもいいし、二人の共同経営であってもいいし、個人経営でもいいですがね』と告げるコールの実用主義に異議を唱えられない」ということを認めた最初の人はクラフト（一九八五ｄ）である［194, p. 3］。統合を治療の中心に据えるのは間違いである。治療は非適応的な反応と行動を、より適切な形の対処行動に置き換えることを目標にすべきである。交代人格の統合がこの過程で生じるのが理想ではあるが、たとえそうならなくても、患者の機能レベルが大きく改善すれば、その治療は成功したといってよいだろう。

2　融合／統合

「融合 fusion」「統合 integration」という用語は、しばしば同じ意味で用いられ、通常、複数の交代人格を単一の存在にまとめることを表す［189］が、熟練した治療者には、この二事態を分けて考えている人が少なくない。「統合」とは「おおむね全面的かつ徹底的な心理的再構築」であり、「融合」とは、統合の土台をつくる最初の「凝集化（地固め）compacting」過程であるとされる［189］。この見方からすれば、「融合」とは、個々の交代人格を隔てる解離障壁を除去する過程と解することができる。「統合」とは、週の単位から月の単位の期間を要する過程で個々の交代人格がそれまで分有していた要素を総合して、統一的・総合的・普遍的な人格構造にまとめることである。

クラフト（一九八四ａ）は、いくつかの診断基準項目を列挙し、これが「融合」の操作的定義であると信じている。クラフトの定義では、融合というためには以下の項目が三カ月以上続かなくてはならない。

⑴現在の記憶に連続性があること、⑵多重人格性の顕在性行動徴候が存在しないこと、⑶主観的に単一であるという感覚があること、⑷催眠を用いて検索し直しても交代人格が存在しないこと、⑸交代人格の合体に相応して転移現象に変化がみられること、⑹単一化した患者の自己表象が、かつては別個の交代人格に分散していた意識と態度の知を含んでいるという臨床的な証拠があること［187, p. 12］。

クラフトは、この診断基準項目の認められるのが三カ月未満の場合を「うわべの apparent」融合とし、二年三カ月以上持続するものを「安定した stable」融合として特に区別している。

この診断基準がほんとうに当てはまるのは、全交代人格を含む「最終 final」融合だけである。しばしば、多重人格患者には一連の「部分 partial」融合が起こる。これは最終融合の前段階であって、交代人格と人格断片の多くが凝集して少数のそれぞれ独立した交代人格になり、それから、この少数の交代人格が最終融合過程に参加する。内部コミュニケーションと協調とが増すと、交代人格間の解離障壁が腐食されてぼろぼろになり、治療場面の内外で、自然発生的部分融合が生じるだろう。部分融合はまた、交代人格数を減らし患者を単一化するための治療計画の一環として意図的に行うこともある。部分融合の達成度を評価する操作的基準の提案はまだない。融合にせよ統合にせよ、その過程については、現象学的観察と患者の主観的陳述以上のものは何一つ知られていないのが実状である。

3　自発的最終融合／統合

入手できるわずかな情報によれば、交代人格の自発性部分融合は治療を受けなくても生じているらしいが、成人の多重人格患者には自発性最終融合 spontaneous final fusions は起こらないか、起こってもごくまれである [73, 191, 197]。クラフト（一九八五ａ）は、治療を謝絶した十二名の多重人格患者を三〜十年後に再評価した結果を報告している。患者の全員が多重人格患者のままであったが、初回の評価と二回目の評価の間で表れかたが違っていた。クーンズ（一九八六）の資料もまた、自発性融合が極めてまれであるという見解を支持している。コール（一九八五ａ）は、多重人格患者が自発性融合が起こったと主張するのは、不安を掻き立てる困難な治療の真っ最中であることに注目している。健康への逃避や自発性融合したという主張が、長くつらく苦痛な治療に立ち向かっている患者から出てきても当然である。治療者は患者の表現する願望に共感するとともに、この主張に現れている抵抗に気づかなくてはならないが、たとえその自発性融合が真実であっても、それは治療終了の標識ではなく、それは一つの里程標にすぎないという見方をとるべきである。治療は融合／統合で終わるのではない。治療が新たな段階にはいるだけである。

4　交代人格の消失

治療経過中、時々交代人格が「消失する」。多少の例外はあるが、消えた交代人格の大多数は、結局、後で再出現する。患者は交代人格の消失をひどく悲しんで取り乱すことがある。治療者もまた、援助者人格や保護者人格とおぼしき交代人格が消失するときにはともに悲しみを感じるだろう。しかし、当の交代人格は死にも去りもせず、人格システムのより大局的な力動によって休眠させられ不活性化されただけである。多重人格患者の人格システムは動的構造体であり、常に発達的／進化的に変化している。「自然は真空を嫌う」といわれるが、人格システムもまた真空を嫌う。交代人格が消えれば、いずれ別の交代人格が行方不明になった交代人格の機能と役割の穴埋めをする。

多重人格患者が時に陥ることのある危機に、交代人格全員が自分たちがかすんで消えていくと訴える危機がある。患者は、自己感覚の全体的消失を体験し、これに極限的な離人感と非現実感を伴う結果、強烈な不安が生じる。繰り返しになるが、患者がもつ肌で実感できるような不安は、非常に伝染しやすいが、治療者は、この事態を患者の同一性のかなり大きな解離症状の一部と見て、その治療をしなければならない。交代人格がいくつ、あるいは全員、いようといなくなろうと患者は存在し続けるのだ、という強い確信をもって、安心と支持とを患者に与えられれば、患者がこの危機を切り抜けやすくなるだろう。

交代人格がほんとうに永遠に消えてしまうこともないわけではない。永遠に消失する交代人格は、通常、非常に断片的な存在だけで、そのために自分が創られた心的外傷が除反応された後、分離存在性をもつことを止めるのである。クラフト（一九八五e）は、多重人格患者の一つの下位群は、このような「特定の外傷体験に関係する比較的壊れやすい交代人格」[195, p. 16] によって構成された人格システムをもつように見えると報告している。さらに、多重人格患者には「第二次分裂second-split」を起こしていると仮説される一群に属する者もある。これは、子ども時代に多重人格であった既往歴があり、幼少期に自然発生的統合を達成したと見られていたが、人生のずっと後になって特定の何らかのストレスを受けて第二次分裂すなわち融合／統合の破綻を来したとみられる患者である。この群の患者はストレスを除去すると自発的にもしくは短期の治療によって再統合を遂げるようだ。

5 強制融合

ＭＰＤ治療において強要的な、すなわち強制融合 forced fusion 技法が報告されてきたが [43]、多くの研究者は、この方法は極度の生命危機状況での最後の手段の場合以外には禁忌であると断言している [150, 186]。強制融合は決して「うまく進まない」か、急速に分解するかであり、しかもそうなるとしばしば強制融合によって押さえつけられていた抗争が激化する。私は、強制融合が数週間以上持続したのを見たことがなく、大部分は数日以内に分解した。強制融合の後には治療同盟が大きく損なわれてもふしぎではない。

三　予後に影響する因子

ＭＰＤの治療転帰データはひどく貧しく、そのため、この障害の予後を左右する重要な因子が何なのかを決定するのが困難である。予後不良に関与する因子を特定するには、熟練した治療者の臨床体験に頼らざるをえない。コール（一九八五ｄ）は常識的な問いをいくつか投げかけている。第一に、「患者は診断を受け入れているのか」[76, p. 1]。診断を受容させるのに失敗すれば、一般に治療は早くから手詰まりになり、多重人格性解消に向けての生産的な作業はまず不可能である。診断の受容は、治療の成功をめざす患者が直面しワークスルーしなければならない最初の課題の一つである。私自身の経験もクーンズ（一九八六）のデータも、その考えを支持している。患者が過去にＭＰＤの診断を受けていたならば、ＭＰＤであると知ってからどのくらいの期間が経っているのか、また、患者はこれまで何人の治療者にかかったのか。臨床経験が示唆するところでは、多重人格となってからの歴史が長いほど予後は不良である。交代人格の最大数はいくつだろうか。交代人格の中に極端な機能をもつ者、高度に特殊化した機能をもつ者がいるだろうか。また、治療の期間じゅう、患者が交代人格の別個性ばかりに目が向いているのか。交代人格数が多く、機能が高度に特殊化され、長期にわたって別個性にとらわれていれば、これらはすべて一体化の難しさを予測させる

[83, 197, 284]。これに関連してコール（一九八五d）は「治療全体を通じて患者は、問題解決の手段にもっぱら交代人格を使うという考えにこりかたまっていたか」という問いを立てている[76, p. 1]。人生のさまざまのストレスに対処する方法として、解離以外のやり方を試そうともしない多重人格患者は自分が多重人格であることをやめようとしそうになかろう。

コールの問いはさらに三つある。「患者は、いつも治療の性質、範囲、経過を決定する支配者として君臨しようとしているかどうか」[76, p. 1]、「患者は治療者を操作し支配しようとしているかどうか」[76, p. 2]、「治療は、解消を目標とする治療的態度よりも、（交代人格）『発見』に熱中する嫌いがないかどうか」[76, p. 2]である。支配権問題は、治療の重要なテーマであり、すでに第七章で論じたとおりであり、隠れてやってもおおっぴらにしてもとにかく、患者が治療の支配権掌握に成功すれば、苦痛な記憶と感情とを意識化しワークスルーするところに入れば進展はほとんど望めなくなる。多重人格患者は、自分が自由自在に支配できる治療者を信用しないだろうし、この信頼の欠如が治療に反映し、実質的な進展はなくなるだろう。コールは、患者が治療に関与するかどうかが治療の転帰を決める決定的要因であると見ている。患者が変化に感情的な関与をせず、多重人格性の解消に向かって努力しなければ、変化も解消も達成される見込みはゼロである。

クラフトは、同じ範囲をおおむね視野の中に置きつつ、一〇〇例を越す患者の治療にもとづいて「交代人格たちが協調と統合に向けての作業をしている患者は、協調しようとしながらも交代人格の別個性を守るのに汲々としている患者よりもうまくいく」[197, p. 36]ことを認めている。彼の長年の観察によれば、交代人格を抑圧し、放出し、追放するとか、あるいは交代人格がどこかへ行ってしまったらしくて退去し、見かけ上の単一性を達成した場合には、ほとんど全例が再発すると決まっている[185, 197]。クラフトは、自分の診た再発例の四分の三が十八以上の交代人格をもっていたことから、ある限度内では、人格システムの複雑性と再発との間には正の関係があることを認めている。しかしその限度を超えれば、彼は、複雑性の高さと予後の不良性とには有意の関係はなさそうだという感触をもっている。男性患者は平均して人格数が少なく、それに相応して治療期間が短くてすみ再発が少ないとも述べている。

クラフト（一九八六d）は、年齢が予後に関係する因子だとは考えていない。ただし、児童と青年期の症例は別だとする。子どもの場合には、年齢は予後を決める強力な要因で、年少の子どもほど早く単一化する。クラフトは、薬物に反応する感情障害が合併しても、予後に悪い影響を与えた例は見ていないという。彼は問題性のある自我強力性、すなわち、高度の被虐性（マゾヒズム）と交代人格たち間の別個性維持に対する大量のエネルギー備給とは不良な予後と相関することを示す未発表データを引用している[197]。患者の重要な他者による多重人格性の強要もまた、一体化の難しさを予告する。DSM－Ⅲ第Ⅱ軸（訳注：人格障害のこと）に重症の病理がある場合や、「交代人格たちによる広大な内的世界が存在し、そこで交代人格が非常に複雑かつ／または強烈な相互作用関係をもっている」場合、あるいはその両方の場合には、治療は厄介である[197, p. 55]。

要約すると、良好な予後は、患者の心から治療への情動的関与と、別個性の解消とに相関するようである。すなわち、交代人格の別個性維持のためのエネルギー備給がないこと、患者に解離以外の対処技術をやる意欲があること、そして、治療同盟が確立して患者が治療者を左右しようという気持ちを捨てられるくらいに治療者を信用していることである。交代人格数が少なく、内部構造があまり複雑でなく、重症の人格障害、発達障害（第Ⅱ軸）症状が共存していないこともまた、良好な予後を示す指標である。クーンズ（一九八六）の研究から、もう一つ付け加えてもよいだろう。それは、治療経過中の再外傷体験の役割である。クーンズは、クラフトの基準に合致する統合に失敗した患者は、統合を達成した患者に比べて二倍の数の何らかの外傷的事件（家族の死、離婚、破産、再虐待など）に遭遇していたことに気づいている。

四　融合および統合の技法

1　準備作業

アリソン（一九七八a）が初めて包括的な治療計画を発表して以来、ＭＰＤの治療は段階的に一連の課題と時期を通過して進行することが明らかになってきた［54, 83, 69, 194, 362］。その順序と強調点とに若干の不一致があっても、ＭＰＤ治療の大家の大多数の意見が一致している治療の中心とは、⑴多重人格の診断をつけ、そして患者がこの診断を受容しやすくなるように援助すること、⑵連絡がついた交代人格たちとのコミュニケーションを打開し治療同盟を確立すること、⑶交代人格の起源と機能と属性と他との関係の歴史と、行動予定とを収集すること、⑷問題行動にかんする治療契約を結ぶこと、⑸内部コミュニケーションを促進すること、⑹交代人格の外傷、困難、課題をワークスルーすること、⑺一体性を高める作業を行うこと、これには融合・統合をめざすことを含む、⑻治療で得たものを定着し、また生活上のストレスを解離機制による対処から非解離機制による対処へと置き換えてゆくことである。融合・統合の作業は治療過程の後期まで延期するのが通則である。

⑴患者に融合の準備ができたことを示す徴候

治療場面の内でも外でも、部分融合 partial fusion が起きてくる。それは自発性融合であることも、治療者が行う融合であることもあるだろう。治療者は、部分融合にせよ最終融合にせよ、その前に、交代人格たちに融合の準備ができているかどうかを見極めようとするべきである。強制的、威圧的融合や、患者が正しい準備性を欠く融合は、半減期が短く、まずまちがいなく分解してしまう。複数の交代人格がいつ融合してもよい準備状態にあることを示す徴候は、別個性を維持している解離障壁の腐食が、融合できるほど進んでいることである。交代人格たちが、共意識その他の、意識の同時的共有状態を告げるのもその証拠の一つである。（二つ以上の意識の）同時共存感が不快感なく継続しているということは、二つ以上の交代人格が融合しようとしていることの有力な指標である。交代人格が「同一性危機 identity crisis」だと告げることもある。それは、自分が今まで感じていたような感じ方がなくなったとか、同一性がぼんやりしてきたとか、二重になってきた感じがあることである。また、交代人格のほうから、自分たちは融合の準備ができていると申し出たり、融合するのを助けてほしいと治療者に求めることもある。ときには、いつまでも別個性が続くのは不快だからと融合を求めてくる場合もある［187］。

(2)融合の準備を整えていくこと

一般論としては、融合しようとする交代人格同士の年齢は非常に近くなくてはならない。年齢差は、おそらく二つ以上の子ども人格を含む融合の場合にもっとも問題になり、成人の交代人格間ではそれほどの重要性はないだろう。大きな年齢差がある場合には、年少の交代人格を第九章で述べた催眠技法によって年齢進行させればよい。

治療者と患者が人格システム地図（マップ）を（第八章で述べたように）描き、それをたえず書き直して最新のマップにしているなら、融合をしようとする前にこれを眺めて参照するべきである。一般論としては、人格システム地図で隣接している交代人格や、人格全体の地図の表示上で共有の結合線をもつ交代人格よりも、別個のファミリーに属する交代人格や、地図上で離れている領域に属する交代人格のほうが融合が難しい。後者の場合には、融合は相似性のある交代人格の間で試みるのがよいのではなかろうか。そうして、その結果生じた、より大きな人格で相似性のあるもの同士を領域を越えて融合させるのがよかろう。もし融合しようとする交代人格たちの中間に両者を隔てる空白地帯が地図上にあるならば、そこを探索しなくてはならない。空白地帯は、融合を阻害する未知の交代人格の存在を示しているかもしれないからである。

患者は一つの全体として融合過程への準備をするべきである。大規模な融合が計画されているときや、融合に参加する交代人格が患者の日常生活の重要な役目を果たしている場合（たとえば仕事人格である）には、患者に仕事を初めとする骨の折れる活動はしばらく休むように勧めるべきである。実際、融合や大がかりな除反応に備えて、患者に病気休暇や年次休暇をためておくようにさせるべきである。融合は、ある種の能力を一時的に出せないようにすることがあって、その能力を頼みにしている仕事をこなすのが困難になる。この能力を要求される場に置かれたならば、患者はやむを得ずもう一度、一時発揮できなくなっている技能を取り戻さなくてはならないことも起こるだろう。

2　融合技法の諸原則

融合の大部分は二つの交代人格間で生じるが、三つ以上の交代人格間の融合もまれではない[185]。交代人格同士を隔てている解離障壁が（通常は催眠技法によって力を倍加させた）精神療法によって、相当腐食していてはじめて、融合は成功する。交代人格たちは互いに相手を受け入れ始め、相互的自己同一化感覚が生まれ始める。それぞれが、他の交代人格がもっている記憶を認知し、またこれまで自分が忘却否認していた知識を認知するようになる。この時点で、しばしば交代人格たちは、別個性が不快だと述べ、共意識を体験し、冗長性を感じている（「一つでよいものがいくつもある感じがする」と告げるだろう[185]。そういう時の治療者は、少し時間をかけて、交代人格間の葛藤が残っている領域を探索する。それぞれの交代人格は、潜在的な問題と隠れた葛藤をさぐる鍵を洗いざらい話す機会を与えなくてはならない。もしまだ問題が残っていれば、それらをワークスルーして、融合しようとする交代人格たちを分裂させる問題がすっかりないようにしなくてはならない。

次の段階には、通常、一種の儀式というか祭典があり、これはしばしば催眠によって強化される。もっとも、交代人格たちが互いの相違をすでに完全にワークスルーしていれば、自発性融合も起こるだろう[51]。文献に記載されている儀式も、私が目撃あるいは実施を体験した儀式も、たいていは、視覚イメージとメタファーとを用いて、一般に交代人格たちがトランス状態にある間に行っている。用いるイメージあるいはメタファーは、交代人格たちや患者まるごとがあらかじめ話し合っておかなくてはならない。一見無邪気なイメージが、交代人格たちなり患者にとってはひどく感情を荷電した意味をもっていて、融合過程に有害なことがある。

クラフト（一九八二）は、抱擁やダンスなど、他者と共有する活動のイメージを用いると述べている。クラフトによれば、彼の患者は光を混ぜあわせたり、水が合流するイメージを好むようである。彼は、融合する二つの交代人格を呼び出して、並んで「立たせ」、催眠によって強めたイメージ世界の中へ招き入れる。そして交代人格たちに次のように言う。あなたたちはそれぞれ光の玉に包まれています、だんだんと光の玉は大きくなっていき、それぞれの光が溶けあうとともにあなたたちも溶けあい、一つの大きな光の玉になるのです。クラフトは、全ての要素がより大きな全体の中に保存され代表象される融和（まぜ合わせ）のイメージの方が死や排除や間引きや消滅を暗示するイメージやメタファーより好ましいことを強調している。ブラウン（一九八四c）もこれに似たイメージとメタファーのワン・セットを用いる。彼は、異なった色のペンキやインクを混ぜ合わせ、それぞれの交代人格がつくった色の「溶液」ができるというイメージを使うと述べている。

同様に、私も通例は、光や液体が溶け合うイメージを融合儀式に取り入れている。患者はこういう儀式を必要として求めているようである。もっとも、融合過程は、共意識の成長、解離障壁の腐食、別個性への不快感増加に伴って、おのずと起こる過程であるようにみえる。融合とは何か、どういうふうになるのかを、私が知っているわけではない。時折、私はそんな過程があるのだろうかととても懐疑的になっている自分に気づくことがあり、治療転帰についての魔術的な期待にはまりこんでいるのかもしれないと首をひねったりもする。発達精神病理学的過程で私たちの知るところのすべてに徴すれば、幼少期に負った心的外傷は修復不能の損傷を患者に与え、したがって後の成人生活の中で自己は一つであるという感覚をかちとることはできないはずではなかろうか[281]。しかし、私は、何人かの患者が治療経過につれて変化を起こし、交代人格はその別個性を失い、吸収されてずっと統合された自己感覚になったらしいのを見てきた。フランシー・ハウランドがずっと昔、私に教えてくれたとおり、統合は多重人格患者の治療目標とするべきものではないが、この喜ばしい結果に至る場合もありうるのである。

3　最終融合

最終融合とは、すべての交代人格がまぜ合わされて単一の存在になる融合のことであるが、それは今述べた技法の延長にすぎない。通常、最終融合の前には一連の部分融合が起こり、これによって、交代人格たちは凝集して二箇かそこらの複合人格になり、それから最終融合が起きる。ブラウン（一九八三b）は、二人の患者の最終融合に至る前の数年間に渡って起こった融合／統合のてんまつを子細に報告してくれた。最終融合に伴って患者の知覚に変化が起きることがある [48, 51]。私は、数人の患者が最終統合の後は音がより鮮明になり（「こもらなくなる」）、色彩が輝き、ものがくっきりと見えると自分から述べたのを聴いたことがある。

五　融合の失敗

1　融合の安定度を評価する必要性

数人の多重人格患者を何年か治療あるいは経過観察していると、いわゆる「最終」融合がぜんぜん最終なんかではないことが明らかになる。ブラウンはしばしば、ＭＰＤのワークショップで「最初で最後の融合なんかない！」と言う。クラフト（一九八五c）は控えめに「私は再発はあるものだと予期してかかることを学んだ」[195, p. 66] と述べている。患者が二つ以上に分かれることも、ぜんぜん融合なんかしていなくて、初めての「最終」融合の間だけ融合していたようにみえただけということはあって当然なのである。融合の再発や融合の失敗は、治療経過の中のありふれた出来事であり、患者にあらかじめ告げておくべきである。治療者と患者の両方がためつすがめつ慎重に融合に向かっていくことを学び、融合に過剰な希望と期待とをかけなければ、あらずもがなの失望や混乱をせずに、再発も治療経過の中に吸収できる。

融合の失敗が、融合したと思っていた交代人格の出現によってまざまざと見せつけられることもある。多くの場合、融合は成功したかに見え、治療者も、しばしば患者もまた、自分が今や「全体」だと信じる。いくつかの力動がこの幻想をしばらく持続させてくれる。患者は未融合の交代人格の存在に気づいていないかもしれない。未融合の交代人格がはっきりと表面に出て来ず、健忘も時間喪失も引き起こしていないからであるが、そいつが受動的影響現象を介して患者の行動にまだ影響を及ぼしていることがありうる。患者がこれらの人格の存在に気づいていながら、治療者に隠しているという場合もある。

多重人格患者が融合は成功したと治療者を欺く理由にはいろいろある。多重人格患者が治療者を喜ばすために融合したふりをすることは珍しくない。患者は、治療者の側に融合が成功であってほしいという強い願望があるのを感じており、失敗がばれれば治療者が自分を斥けるのではないかと恐れているかもしれない。融合の欺瞞はまた、今度も苦痛な意識化と除反応の作業に直面しなければならないことに対する防衛でもある。融合のふりをすることにかなりの二次的利得がある場合もある（たとえば、病院から退院できるとか、患者が「治っている」必要のある人間関係や仕事を維持すること）。欺瞞は患者のライフスタイルの一部であり、治療中でも患者の生活の他の多くの領域でも予期してかかるべきことである。クラフト（一九八五e）の賢明な見解によれば、多重人格患者のだまし行為は、「『お粗末な人格』の証拠ではなくて必死であった対処スタイルを転移のなかで再演している」と考えるべきである［195. p. 66］。

2　融合失敗のサイン

患者が最終融合に失敗したかどうかの評価法は、患者がＭＰＤかもしれない場合の評価法に似ているが、こちらのほうの有利な点は、治療者が人格システムと患者の力動とに精通していることである。診断過程において利用した徴候、症状、戦略のほとんどは、融合失敗の評価にも応用できる。診断過程におけると同じく、交代人格の存在に対して常に高感度の疑いを抱いていることが重要である。

健忘の存在証明は、最終融合失敗の最良の徴候である。これは、患者が説明をつけられないか、みえみえの作話をする不可解な行動や事件によって露見する。治療者は治療場面の内外で起きる健忘の証拠に対して目ざとくあらねばならない。治療場面の健忘は、面接内微細健忘 intrasession microamnesia および面接間健忘 intersession amnesia という表れ方をする。前者は、患者がいま起きたばかりのことを忘れているようにみえたり、何度も同じことを聞いたりすることでわかる。後者は、患者が過去の面接の重要な具体的内容を忘れているようであったり、面接予定の変更を忘れて混乱することでわかる。治療場面外の健忘は、診断的評価の際と同じく、ありとあらゆる直接間接の形で現れる。

治療者は面接中に人格変換があるから、その徴候にも常に目ざとくあらねばならない。声、話し方、表情、身体言語（ボディ・ランゲージ）、癖（マニエリズム）、感情が突然変化すれば、これはひそかな人格変換かもしれないことを示唆する出来事である。治療者は、人格変換の可能性があれば、それを追跡して、その時点以前の話題や事件の健忘の有無を検査するようにつくられた質問をする。ストレスはよく人格変換を起こすので、治療過程が深いところに達するときには、人格変換が起こるのではないかとよく注意するべきである。治療者は治療場面内外の受動的影響現象の証拠にも目ざとくなくてはならない。

自傷あるいは自殺企図が続くのは、人格分離が続いている徴候である。私の経験では、これは、融合失敗のもっともありふれた徴候の一つである。どんな自己破壊行動についても、その歴史を時間軸に沿って検討し、健忘や受動的影響現象の証拠を探すべきである。たとえ健忘の証拠が見つからなくても、治療者はその自己破壊行動が未発見の交代人格と関係したものであるかもしれないと強く疑念を抱かねばならない。

強烈な場違いな感情を示すことは、思いもよらなかった交代人格の存在を示す徴候でありうる。抑うつは、大部分の多重人格患者の全治療経過を通じていつもあるものではあるが、明確な因果関係なしに突然でてくるときは、隠れた交代人格が存在する徴候であろう。不適切な社会行動（たとえば、これまでは控えめな女性患者が人前で毒づくこと）もまた、隠れた交代人格の存在を示唆する。社会からの引きこもりも、患者が交代人格の存在を隠そうとしている徴候でありうる。新たな心身症症状の出現も、古い身体症状の再出現も、明らかに心身症的な症状が融合後も軽快しないことも、すべて、隠れた交代人格が存在するかもしれないことを示すと見るべきである。

隠れた交代人格の存在は、治療過程の力動の中に探知されることもある。患者は「成功した」と称する最終融合の後、治療を終結しようとして、万事快調でこれ以上の治療は不必要だと主張するだろう。残念ながら、あまりにも多くの治療者が自分の都合から、こういう患者の否認と進んで共謀してしまう。クラフト（一九八五ｅ）が見出したように、「治療の行き詰まりあるいは不成功の原因のもっとも多いものは、思いもよらなかった別の交代人格の存在、融合したと信じていた交代人格の存続、かつ／または、別の交代人格が見つかりませんように、見かけの融合が台無しになりませんようにと探索を恐れる臨床家である」[195, p. 66]。治療が停止したとき、あるいは果てしない混沌が生産的な治療作業をできなくするときには、治療者は隠れた交代人格を探すべきである。

転移／逆転移現象も隠れた交代人格の存在を示すことがある。もし、患者が「多重人格的」転移反応を治療者に対して示し続けるならば（たとえば幼少期の虐待体験を再現する状況に治療者を引き入れ続けたり、治療者を一人の人間として見ず非常に細かい部分を別々に見る見方を続けるならば）、予想外の交代人格が存在するものと推論するべきである。治療者はまた、自分自身の応答と反応をも注意深く吟味し、交代人格の証拠を見過ごしているのではないか、あるいは隠れた交代人格に無意識的に応答しているのではないかと考えなくてはならない。真に成功した最終融合ならば患者の転移反応を大きく変えるはずであるから、治療において多重人格様の力動が続いていれば、これもまた隠れた交代人格の存在を示唆する強力な指標である。

3　融合の安定度評価のための検索

最初の融合で再発と融合失敗（あるいはそのいずれか）が高率に起こるとすれば、融合／統合の安定性の証拠を求めて積極的に患者を検査するのが得策である。クラフト（一九八五ｅ）は、自分の患者の融合の安定度評価の形式を揃えた面接手順を作製している。彼はまず、ＭＰＤの一般的徴候と症状とについて質問することを皮切りとして、次に、治療経過じゅう患者に特異的であった徴候と症状に焦点をしぼる。そして、患者に治療期間の個人史を時間の順序に沿って話すように命じ、さらに、融合に関する他者からの観察と意見はどうかとたずねる。それからクラフトは催眠術を用いずに、治療経過中に彼が会った交代人格やうわさを聞いていた交代人格の全員を呼び出そうとする。かつて患者に対して一番有効であった非催眠的技法や合言葉は何でも使う。もしこれらの手段が多重人格性を証明しなければ、催眠をかけた上での質問を始める。クラフト（一九八五ｅ）はこれがこの面接手順の中でもっとも稔り多い項目だと述べている。彼の見いだしたところによると、いそうな交代人格を公然と出現させようとせず、観念運動シグナルや内部音声を用いて接触を試みるのが実践的には最善である。この戦術は自己支配権を喪失しないかという患者の不安を軽減し、また過去の交代人格たちの一覧表を眺めるための時間を節約させてくれる。この方法によって混乱する患者も多少はいるが、クラフトによれば「大きな破壊的事件」はまれである。

統合の安定度を測るための検査法には別の方法もある。最終融合が外傷的事件の記憶をかなり完全に取り戻させているはずである。融合したと主張する患者には、幼少期の交代人格誕生にまつわる出来事の完全な歴史をとるというやり方ができる。融合していない患者には、通常、この種の事件の首尾一貫した歴史を提出することは非常に難しい。あるいは、第四章において診断のために述べたような一連の課題を患者に与えてもよい。

年齢退行催眠に対して融合多重人格者と非融合多重人格者が示す弁別特徴的な反応の相違について興味深い予備的観察は、この技法が融合／統合の安定度の有効な探測法になることを示唆する [198]。クラフトは、融合患者と非融合患者を催眠誘導した場合に、生活史上の事件についての年齢退行中の主観的体験と想起が両者で異なることを見出した。融合していない多重人格患者の場合、年齢退行法実施中に想起した生活史上の事件の記憶は、その事件を目下再体験している最中だと主張する交代人格の中に生じた強烈な感情が引きずってきた。その事件を直接経験しなかった交代人格が事件を「目撃している」と言うこともあるが、逆に生活史上の内容について健忘をおこしていることもないではない。

クラフトが統合しているとみなした（すなわち前述の面接手順に合格した）患者では、かつて分離していた人格は一つも呼び出されず、かつて強い感情を伴って体験していた事件は今でも想起されるが「それほどの力も生々しさもなくなって」いる [198, p. 151]。事件の「所有主性 ownership」にも変化が起こり、患者の半数はその事件を自分個人の体験だと告げたが、半数は自分の想起は「それはXさんに起きたことだけど、今では私に起きたことみたいな気がします」と述べた [198, p. 151]。クラフトは「統合が始まると、認知の再構築が起こり、これが想起や過去の事件についての情感と自己感覚と過去の事件を体験する視点の位置とを変化させるのだ」と推察している [198, p. 153]。彼はこの定式を拡大し、この再構築が司法鑑定や精神鑑定などの、解離障壁の腐食が起こる非治療場面にも及ぶ可能性を考えに入れている。

4　融合の失敗および融合再発の諸類型

たいていの「融合」はおそらく一回で終わることはないので、融合せずに分離したままでいる交代人格の発見は（多重人格障害の）再発とはいわない。これと違って、交代人格が一時合わさったように見えるが、もちこたえられず、交代人格たちが再び別個の存在として再出現する場合もある。融合が「成し遂げられず」に終わったり、短期間に再発するのは、通常、一つないし複数の交代人格が保持する外傷的材料のワークスルーが不完全だからである[197]。融合後まもなく故意に融合を取り消して元の状態に戻ってしまう患者も多少はあるが、それは日々の生活のストレスに対して解離性防衛機制を用いて対処しよう（すなわち多重人格システムで対処しよう）とするためである。最終融合直後の一時期の患者の多くは生活のストレスや緊張に対して解離性でない防衛機制を用いて「単一体」としての自己を守るすべをほとんど知らない。多重人格状態という慣れた状態のほうに戻るほうを選ぶ者が多少いても驚くには当たらない。

再発の他の原因には、治療内外でもち上がった課題、特に外傷的な内容を扱う課題が、いったん融合した交代人格を再活性化させることもある。虐待者の死はいったん融合した交代人格を特に強力に活性化する事件であり、最終融合後何年も安定して統合していた人にもＭＰＤの再出現に至ることさえある。一部には長期間、交代人格を抑圧したり、融合のふりをしたりすることのできる患者もある。私がもっとも長期間、経過観察した患者は、統合したと見えて三年以上もたってから交代人格がはっきりと再出現した。しかし、彼はそれまでこの比較的静穏な時期に貴重なものをたくさん得ていた。それは、交代人格がはっきりと再出現した時にも、失うことはなかった。

5　融合の失敗に対する治療的介入

治療過程のほとんどの領域も同じであるが、最終融合の失敗に対する患者の反応も複雑であり多面的である。しばしばある交代人格（たとえば主人格）が深い落胆をありありと示し、それはすぐに、これからもなに一つ変わりはしまいという絶望と無力感とに転化する。よそおいを新たにした人格分離、あるいは新たな人格分離の証拠は、それによって危機と自殺行為の幕を切っておとす力がある。多重人格患者が、治療者は自分を斥けるか関心を失うのではないか、それは自分が融合を「成し遂げる」のに失敗したからだ、あるいは人格分離の証拠を隠していたためだと心配するかもしれない。逆に別の交代人格は、融合の失敗を患者および治療に対する支配権争いにおける自分たちの力と勝利の証拠だとして、勝ち誇りほくそえむだろう。

多重人格者はしばしば、融合とその失敗を（治療者への）すばらしいテストだと考えている。残念なことに、臨床家が治療的進展の他の側面を放り出して、融合を過剰に強調しすぎることによってこの態度を強化している可能性がある。このテストにはいろいろな種類がある。治療者が隠れた人格分離を探し出せるかどうか、そして、それによって患者の内的世界への自己の感受性を再確認できるかどうか。治療者が融合のことで惑わされ欺かれていたことを受容できるかどうか。治療者が融合がペテンだったのに気づいたとき、それでも多重人格患者を受容しようとするかどうか。融合が偽物であるとわかったとき、治療者のもつ有能性／誇大性の感覚にはどういう異変が起きるだろうか。治療者は欺瞞に気づくと他罰的になるかどうか。これらを初めとする多くの問いとテーマとは、最終融合が達成されなかったか持続しなかったときの多重人格者が（治療者を）テストする一部である。

多重人格者がしばしば治療境界の不鮮明化を引き起こすことを考えれば、治療者の反応がしばしば患者の反応を映し出す鏡になっていることは驚くに当たらない。患者をぜったいに「治した」と確信したのに融合が失敗だったために、有能な治療者が徒労感と無力感と絶望感の中へと深く沈み込んでしまったのを、私は何度見てきたことか。自分が欺されたことへの怒りと自分の「騙されやすさ」に対する屈辱感とは、ときに、患者への怨恨と拒絶とに転化しかねない。それは極端だとしても、治療者は患者を「助ける」力がないと感じて、ぼつぼつ患者を別の治療者に紹介しようとしはじめるかもしれない。

新しい交代人格その他の成層現象を発見すると治療者は一時落胆してもふしぎではない。治療者は、患者が「治っていてほしい」とか「成功例であってほしい」という治療者自身の逆転移的な願望と欲求とをいつも自覚していなければならない。たいていの治療者は、長い治療の中ではときに、多重人格患者を厄介払いして身軽になりたいという願望を感じてもおかしくなく、そして、そのもっとも便利な方法は、患者を融合させ「治してしまう」ことであるはずだ。多重人格者は人間関係には抜群の感受性をもっているので、このメッセージを拾い読みとり、治療者を喜ばすために融合のふりをしてから、後で治療者を奈落の底へ陥れるかもしれないし、最初からそうするかもしれない。

治療者は、最終融合が失敗したか維持できなかったことに気づいたとき、この情報を患者に明確に分かち与えることが大切である。多重人格者が故意に融合のふりをしている場合は、その「事実」をめぐって抵抗や反論があるだろう。治療者は、患者が分離したままであるという治療者の判断のもとになっている観察所見を患者に分かち与えるべきである。患者と論争することは避け、自分がまだ多重人格者だという「証拠」を出せと患者が求めても、それに応じるべきではない。これはまさに治療初期には先決問題であった、診断受容のむずかしさというその時のテーマの蒸し返しである。

融合の失敗を治療する際に、次にやるべきことは、まったく、それまでにしたことと同じである。新しく発見した人格を一つ一つ面接し、治療同盟を育てながら、その生活史と機能と人格システムの中の位置について情報を収集し、既知の交代人格で融合しなかったか、融合したふりをしていたものには直接呼び出して、未解決の外傷があれば一つ残らず完全にワークスルーしなければならない。十分探索されないままの外傷性記憶と感情とが融合失敗の最大原因である。融合の失敗は大敗北の指標ではない。ただ、患者が被った莫大な量の外傷を意識化しワークスルーするための治療をまだ継続しなくてはならない事実にアンダーラインを引いて強調してくれるだけのことである。

長期間たしかに融合していたはずなのに、その後に再発した患者を治療して大体わかったのは、こういう後期に起きる事態の大部分は本格的な多重人格までには至らず、しばしば治療にすばやく反応するということである[197]。他の交代人格たちが融合した後も隠れつづけていた頑張り屋の交代人格は、何かの治療をきっかけに進んで融合しようという気になることが少なくない。多くの場合、これらの頑張り屋さんたちはすでに融合した交代人格の身に何が起きるかを見てから考えようとしていたのであり、実際見たことによってその心配はすでにやわらいでいる。潜在性の交代人格は他の交代人格の融合によって再活性化され、融合によって生じた空白を埋めるために出現した交代人格であるが、先代の交代人格よりも乏しいエネルギーしか出ず、別個性へのエネルギー備給も少ないのが普通である。したがって先代よりも自律性を手放し融合しようとする気になりやすい。いったん融合したが未解決の問題があったために再び融合をやめた交代人格は、しばしば熱心に再融合したがる。融合失敗後に再出現した交代人格たちがこの体験をジグソーパズルにたとえるのを、私は何度聞いたことか。この交代人格たちは「(ジグソーパズルのピースのように)ぴったりはまる」感じだといい、ああこれでいいのだ、うれしいと言う。最終融合反復の過程は、パーツがきっちり合わさるまで縁のはみ出し部分をけずってまるくすることにたとえられる。

六　ポスト融合治療

1　ポスト融合治療の重要性

経験を積んだMPD治療者の間では、交代人格全員の最終融合は重要な里程標ではあるが治療の終結のしるしではないと一般に意見の一致をみている。ブラウン(一九八四c)は、最終融合を治療過程の七〇%地点の標識だと見積もっている。クラフト(一九八四a)は、この単一化は治療のたんなる「一局面」にすぎず、患者によっては付随的なものにすぎないことでさえある。患者は、新たな同一性感覚がしっかりと根づき、融合/統合に誘発されたいろいろな問題と反応とがワークスルーされてしまうまで、積極的に治療を継続するべきである。

ポスト融合期は、内的一体性を強固にし、より統合度の高い新たな個人的同一性感覚を発展させるための決定的に重要な時期である。この時期はまた、患者が、ストレスと危機とに対して解離でない対処メカニズムを積極的に発達させ実用に供しなくてはならない時期である。融合直後に始まるこの時期は通常数カ月以上続くものであり、この間じゅう患者は一般に、自分の新しい存在の仕方に対する多数の反応を体験するが、これらは予言しておくことができるものばかりである。これらの反応はしばしば不快であって、もし患者を融合したままにして機能させたいならば、ワークスルーする必要がある。治療者は、ポスト融合期の間じゅう、隠れた多重人格性の徴候に対して警戒を怠らぬようにしなければならず、クラフトの面接手順などの隠れた交代人格看破法を用いて、定期的に患者に系統的な再評価を実施するとよいだろう。

2　ポスト融合期のストレス

(1) 重要な対人関係の再調整

融合した多重人格者であるという患者の新しい地位は、自己感覚の再調整を必要とする。この過程については、この時期の患者を治療した治療者たちの観察知見以上のことは何一つ実際上わかっていない。患者がこの新しい存在様式に順応する際の難易度と快不快とはおそらくいくつかの因子によって左右されている。融合した患者についての私の経験は限られているが、最終融合を何回も経験し、安定した融合状態に達するまでに再発を繰り返した患者のほうが、この新たな自己感覚を何度も体験する機会がなかった患者よりも、「単一人格者」としての新しい自己感覚を居心地よく感じるように私にはみえる。クラフト（一九八六b）は、成人患者ならば年齢は予後に関係すると考えていないが、私は融合の年齢が、単一体としての生活に順応し、ストレスへの対処法を解離でない防衛法に置き換える能力に関係していると信じている。多重人格者として成人になってから二十年以上も生活してきた中年の患者は二十歳台から三十歳台の中期に融合した患者よりも自己イメージの再構築に苦しむ期間が長いようにみえる。

新しい同一性感覚が起こす問題がもっともよく露呈し問題を起こしてくるのは、通常、患者が重要な対人関係の再調整に直面したときである。この時よりも早い時期にわかる患者もあるが、しばしばこの時点で、患者の人生の重要な他者の多くが患者がばらばらのままでいるほうを望んでいるらしいということが患者にわかってくる。患者はしばしば陰に陽に「昔のばらばらの自分たちでいろ」という強い圧力に直面する。多重人格であることがかつて患者にもたらしていた適応上の利益の一つは、重要な他者を喜ばせ慰めるのに必要なら誰にでも何にでもなれるという能力だった。しばしば原家族は融合に強く反対し、治療を損ない、台無しにして、患者を元の状態に戻そうとする。不幸なことに、配偶者も友人たちも子どもまでも、患者の多重人格性から得てきた満足をもち続けようとして、治療の成果を取り消しにかかる。多重人格患者は、かつての外傷を今の対人関係の中にもち込んで繰り返そうとする傾向が強いために、病的な、少なくとも問題的な対人関係に巻き込まれて、せっかくの再調整過程を台無しにすることが少なくない。

治療者は、患者を援助して、重要な他者が多重人格のままでおれと陰に陽に押しつけてくる要求を批判的に検討するようにするのがよい。たいていの患者は単一化が新しく脆弱な状態であるので、相変わらず対人関係問題では悪いのはまったく自分のほうだと思っており、他者が喜ぶように変わらねばならないのは自分のほうだとしばしば考えている。治療者は患者を助けて対人関係に必要な再調整を達成するようにし、他者が不穏当で病的な要求をするときは、それと認識できるようにしなければならない。この時期の患者が必要としているのは多大の支援と再保証はもちろんだがその上、自分に対する圧力と要求を別の角度から見ることのできる視点である。

(2)かつて解離によって逃避していた問題に直面すること

融合／統合過程のもっとも難しい側面の一つは、患者がかつては解離によって回避していた多くの苦痛な事柄に直面しなければならないことである。融合の後、解離の霧が晴れて、患者が初めて過去と現在の人生を一つながりの全体として目にするようになるにつれて、この人生が収拾できない混乱の塊だということがただちに見えてくるのが普通である。統合を達成したという初期の高揚感が急速に深い抑うつに変わるのも無理はない。患者がこれまで解離行動によって自覚せずにいたり回避していたたくさんの問題に直面し、これに対処を強いられるようになったからである。それぞれの患者にはその人が自分で背負う重荷があるものだが、大多数の患者が直面しなければならないのは、過去の外傷／虐待の現実を受け容れつつ、しかも自分が起こしていたかもしれない痛苦の責任をも引き受けなければならないという二重の受容である。

多重人格患者は治療の主要部分をつうじて過去の外傷の除反応とワークスルーとをしてきたとはいうものの、なお、融合／統合の後にも、この同じ外傷を新しく理解し新たに受容するようにならねばならないだろう。これらの体験を、一瞬の閃光的記憶や断片的記憶でなくて一つながりの全体として振り返ってみれば、患者のものの眺め方は変わる。この新たなものの眺め方の効果は、患者を一時的ながら痛烈に打ちのめしかねない。自分にどんなことがどれくらいなされたか、その恐ろしさが患者に全体的にわかるようになるからである。まだ多重人格状態にあるときならば、通常、患者は虐待者に対して矛盾した感情を併せもつことができた。これは融合状態ではやさしいことでなくなり、患者はひどく異なった複数の認知に直面しその矛盾を解消しなければならない。治療者は、患者が過去の生活史を持続的な体験および記憶として同化できるように援助しなくてはならないが、そのためにはまず、新たな持続的自己感覚を統合して、さまざまな事件の動きの中にこの感覚がすっと通っているようにしなければならない。新たな外傷が発見意識化され除反応されることもまれではない。もっとも、残っていたこれらの外傷が交代人格として人格化することはまずない。

患者はまた自分の行為の結果生じたことにも直面しなければならない。典型的には、多重人格であったときの患者は、自分に加えられた外傷の多くを自分の責任として引き受けてきた。ところが、実際にそれらは患者がほとんど左右できないものであった。それとは反対に、矛盾したことだが、まだ多重人格であったときの患者は、自分自身が他者に加えた加害行為や有害行為の責任を無視することがしばしばであった。融合後はこの矛盾は逆転するはずである。自己の行為の責任を引き受けることに直面することは、しばしば、患者にはひどく苦痛である。配偶者や子どもが関係していると特に苦しい。この責任を引き受ける一方、患者は治療者に慰められ支えられなければならないし、自分は病気だったのであり、いつも自分がされてきたことを反射的に他者に加えたということを理解するための助けも必要である。

(3) 喪の作業

新たに融合／統合した多重人格者は、多量の喪の作業をもしなければならない。患者が悲嘆しなければならないのは過去であり、理想化された両親像／虐待者像を喪失することであり、もし解離でばらばらにされていなかったら、ああもなっていた、こうもできたという損失である。患者は交代人格の喪失に対しても悲しまなければならない。クラフト（一九八三）はこの最後の過程を「融合後孤独 loneliness after fusion」と呼んでいる。融合の前には社会的に引きこもり孤立していた患者では、交代人格がしばしば患者の話し相手役をしていた。「私は一人きりだったが決して孤独ではなかった。今の私は孤独だ」とある患者は述べた。治療者は分離状態への喪の作業をしやすくするようにしなくてはならない。忘れてはならないのは、患者には多重人格であるということは苦痛でもあり混乱することでもあっただろうが、同時に、ただ恐怖のみの瞬間瞬間には生命を救う解決策でもあり避難所でもあったことである。多くの多重人格者の内部世界にはお伽話的な美と完全と平和という要素が入っているのに、それを融合の際には放棄しなければならない。これらの喪失も本態をつきとめて、その喪の作業をしなければならない。

私の経験では、喪の作業を行うべき領域がまだあって、それは、融合／統合体験の際の患者の失望である。融合／統合の重要性を低く押さえるようにしてきた症例でさえ、患者はなお、統一された人格になることの喜びに非常な期待を抱いていたはずである。多くの多重人格者は、「単一人格者たち」には多重人格の世界に共感する能力がないという不満を表現するが、多重人格患者のほうも、統一された人格になるとはどういうことかを理解するのが同じくらい難しいことを私は知っている。多くの多重人格者が、一つになることはどれほどすばらしいことかと非常に非現実的な期待を抱いている。普通、患者は急速に幻滅するので、この失望を実感し表現するのを助けなければならない。こういうものが現実感覚である。現実感覚とは人格分離を手放し、多重人格世界の不完全さと痛みとを「単一人格者たち」が味わっているとおりに受け容れることの一部分である。

3　ポスト融合期の治療的考察

融合／統合の場合もそうだったが、ポスト融合期の治療についても、臨床的な文献は短く触れているものしかない。すべての著者が一致している点は、治療は最終融合の後も続けなければならず、患者は治療の最初からこの見通しを理解していなければならないということだけである。クラフト（一九八三）は、再保証、鎮静および（または）自我建設的催眠療法を用いると、患者が融合後のさまざまな困難を乗り切る役に立つと述べている。ブラウン（一九八四c）の論文にはポスト融合治療に使えるさまざまな催眠技法が引用してある。彼は、患者がそれまでに自己催眠技法を教わっていなかったならば、この時期にこれを特技にするのがよいといって、リラクセーション、自己主張訓練（アサーティヴネス・トレーニング）、空想によるリハーサルが有効であると考えている[51]。ブラスフィールド（一九八三）は、解離的対処法に逆戻りするのを防ぐのに必要なのは、外傷の認知とそれへの対処作業とまたさまざまな失ったものへの喪の作業とを続ける必要があると強調している。

融合／統合したばかりの患者が大量の援助を必要とするであろうと思われる分野の一つは、さまざまな感情を認知しそれが何かを同定するということである。過去においては、強烈な感情は新たな交代人格誕生の重大な因子であり、したがって解離障壁の背後に隠すようになっていた。単一化したばかりの患者には、自分の感情の同定ですらむずかしく、若干の強烈な情動にはただ恐怖あるのみである。治療者はこの問題には目ざとく気をつけて、患者が感情にラベルを貼り、感情と人生上の事件の関連をつけるのを助けるべきである。患者は、感情、特に強い情動をどう適切に表現し、どう反応していくかを学ばねばならない。強い感情を非解離的なやり方で体験し、同定し、表現し、適切に反応できるようになることは、患者がポスト融合期に直面するもっとも大きな課題の一つである。

混合感情状態は、融合したばかりの患者にははなはだ対処に困るものである。患者は、多重人格者だった時には、混合感情状態とアンビバレンスを処理するには、いくつかの交代人格で人格交代を行えばよかった。それぞれの交代人格はある一個の特定の感情や視点を比較的純粋に擬人化したものだからである。普通、これまでの患者は、強烈な相矛盾する感情の同時的体験に耐える必要などなかった。しかし、今の患者は、融合した多重人格者であるから、混合感情と両価感情とにつきものの不安と内的混乱を体験しないわけにはゆかない。混合感情状態の生み出す強烈さと苦痛とを、患者と治療者（あるいはそのどちらか）が新たな解離性分裂であると誤解することさえある。

融合／統合したばかりの多重人格患者の社会加入は複雑であらゆる領域にわたる仕事であり、治療者が単独で企てはいけない。それは自己主張訓練（アサーティヴネス・トレーニング）、社会加入、育児など、特定の問題に取り組むグループに患者を参加させる好機である。また、積極的に社会的つながりを広げ、旧友や疎遠になっていた友人に改めて連絡をとるように患者を励ますべきである。長期的には、私の知っているもっともよく統合した患者たちの大部分が、多重人格でいたときよりも多くのことができるし、幸せだと告げてくれている。

まとめ

この最終章は、MPDの治療におけるもっとも複雑な二領域、すなわち危機介入と治療的解決について述べてある。治療中の危機があまりにも頻繁に起こり、また起こると覚悟するべきである。何らかの事件や圧力が人格システムの脆弱なバランスを崩したり、その対処能力を圧倒するとき、危機は発生する。多重人格患者は危機に極端に脆く、困難な時期に自分を支えてくれる外的（人的・物的）資源も支持もわずかしかないのが通則である。

とりうる最強の危機介入法は予測と予防である。人格システムの長所と弱点とを探測しておき、隠れた交代人格の存在と融合の失敗に予め備え、ありうる外傷の処理プランを立てること、これらはすべて、危機を防止し、起こっても穏やかにするのに役立つ。新しい人格の発見、融合の失敗、かつての虐待者の侵入など、いくつかの危機は先取りして準備できる。また、治療者は高水準の「背景雑音」（訳注：治療関係の外から治療を妨害するもの）に耐える能力がなければならず、また患者の挑発、脅迫、主導権争奪には慎重に反応しなければならない。

危機が発生すれば、全力を挙げて、どの交代人格が関係しているかを突き止め、これらと交渉するべきである。もっともよくある危機は自殺企図と自己破壊行動である。入院が必要になる場合もあろうが、他の介入方法をいくつかまず考えるべきである。たとえば、（自傷自殺をしないという）契約を締結するとか、怒っている人格の感情をガス抜きするとか、別の症状で置き換えるとか、保護者人格の力を強化するとか、さまざまな催眠技法が挙げられよう。解離性危機（たとえば、遁走と急速交代）は、通常、人格システム内の葛藤か圧倒的な力をもつ外傷記憶の侵入かが引き起こすものである。システム内の葛藤ならば関係した交代人格に直接働きかければよく反応するし、侵入的外傷ならば除反応によって処理できる。急性身体症状を含む危機も似たやり方で処理できる。医学的介入および外部からの介入を求められることもあるが、それは新しい層の複雑化を導き入れ、しばしば治療を脱線させる。

現在の臨床的印象は治療結果を楽観視しているが、ほんとうはＭＰＤの治療的解決の本性はほとんどわかっていない。予後の良さは、治療と変化に（患者が）参加すること、非解離的対処戦略を使いたいという意向があること、多重人格障害と交代人格の独自性へのエネルギー備給がないことと正の相関があるようだ。交代人格が少なく、外傷も少なく、第Ⅱ軸の病理の合併がない、複雑でない症例は予後が良い。適切な治療をしても多くの多重人格患者は、統合した自己感覚にまで到達しないが、一般に実質的な機能改善は起こる。融合が生じる時には、その先駆けとして、解離した感情・記憶の大幅な回収とワークスルーとが行われ、また分離したままでいることの不快による予告がある。融合儀式は、この心理学的再構築を固めるのに有用であることが証明された。

融合の再発と隠れた交代人格層の発見とは予想しておくべきである。明らかに融合しているとみえても、その安定度は、定期的に系統的質問法を行うことによって評価するのがよい。たとえ最終融合が達成されても、それからの仕事がまだたくさん残っている。生活上のストレスに対して新たに防衛を築かねばならず、また重要な対人関係の再調整を行わねばならず、さらに分離状態へ戻りたいという病的要求にも対処しなければならない。交代人格の喪失は、追悼と喪の作業とを必要とするであろう。新たに体験する両価感情（アンビバレンス）は同定しなくてはならない。ＭＰＤの治療は複雑かつ困難ではあるが、治療者としての開眼体験という専門家としてありがたい体験となりうるものである。

訳者あとがき

一

本書は米国の精神科医フランク・W・パトナム（一九四七〜　）Frank W. Putnam による Diagnosis and Treatment of Multiple Personality Disorder. Guilford Press, 1989 の全訳である。

パトナムは一九七五年にインディアナ大学医学部を卒業し、神経生理学の学位を取得した後、イェール大学精神科で研修を行った。研修期間中に、外傷後ストレス障害（ＰＴＳＤ）のベトナム帰還兵の治療を担当したことを契機に、彼はトラウマ研究の道に進む決意をしたという。

その後、彼は国立精神保健研究所（ＮＩＭＨ：National Institutes of Mental Health）の研究員となった。そこで彼ははじめて多重人格患者に出会うことになる。その女性患者は急速交代型の躁うつ病と考えられていたが、どの治療も効果がなかった。ところが、ある集団療法のセッション中に、彼女は憂うつでいらいらした状態から、急に聡明で魅力的な態度に変化し、しばらく会話をした後、再び沈んだ様子になり、それまでの会話の内容を覚えていなかった。パトナムは多重人格ではないかと考えたが、同僚は誰も信じなかった。結局、六つ以上の交代人格が同定され、奇妙な症状はそのせいであることがわかり、その患者は四年ぶりに退院することができた。その後、数カ月のうちに、彼は新たに二人の多重人格患者に出会ったという（このように初めて多重人格患者に出会った後、次々に新たな患者を発見するという体験は、臨床家にとってお決まりのコースである)。

一九七〇年代当時、米国においても多重人格は未知の病気であった。確かに『イヴの三つの顔』『シビル』はベストセラーになったが、それはあくまで読み物として大衆の想像力を刺激しただけだった。ほとんどの臨床家は多重人格の存在を信じていなかった。

一方、何らかのきっかけで多重人格を「発見」してしまった臨床家は少しずつ増えていった。だが、いったいどういう病気なのか、どうやって治療すればよいのか、ほとんど指針になるものはなかった。ウイルバー、アリソン、ブリス、ブラウン、クラフトら、著名な初期の多重人格臨床家たちは、講演や私信を介して、多重人格治療の指導的立場を担っていたが、精神科医療全体の中では彼らも異端であることに変わりはなかった。

そのような風潮の中で、ある意味で「毛並みの良い」パトナムは異端と正統の架け橋となる仕事をしていった。彼の初期の業績としては次のようなものがある。

第一に、イヴ・バーンスタインとともに行った解離体験尺度(DES)の開発である。これは二十八の質問にクライエント自身が解答を記入する方式のものである。DESによって多重人格の診断は楽になった。一般の臨床家はDESをスクリーニングテストとして用いることによって、クライエントが多重人格である可能性を評価することができる。また、このテストによってそれまで誤診されていたたくさんの多重人格患者が「発見」された。

第二に、臨床家を対象にしたアンケート調査により、一〇〇症例の多重人格患者の症状プロフィールを明らかにしたことである。これによって今まで逸話的に述べられてきた多重人格の症状像がさらに明確になった。とくに九十七パーセントに重大な小児期心的外傷が認められ、なかんづく八十三パーセントが性的虐待であったという結果は、多重人格の病因を論じる上で重要なデータとなった。

一九八〇年に、米国精神医学会『精神障害の診断と統計のためのマニュアル(DSM-Ⅲ)』が出版された。周知のとおり、これはあらゆる精神障害を主として横断的な臨床像によって操作的に分類しようとする試みである。その功罪についてはここでは論じないが、DSMの登場は精神医学界を揺るがす一大事件であった。そして、多重人格もこのとき多重人格性障害として公式に認知されたのであった。

診断名として認知されたとはいえ、多重人格という病態が精神医学の中でどれだけ市民権を得ていたかは疑問である。多重人格に「出会ってしまった」臨床家たちが、羅針盤もなく治療に乗り出していったことは想像に難くない。そのようななかで、本書の出版は待ちに待たれたものであった。これによって、多重人格性障害の臨床像と治療指針がはじめて包括的に呈示されたのである。多重人格概念の歴史的な推移、さまざまな臨床研究結果の総括、そして逸話的に交換されてきた先達のさまざまな臨床知がここに盛り込まれている。

本書の出版後、すでに十年以上が経過した。パトナムの関心は、多重人格そのものから、その重要な病因の一つである児童虐待へと向かった。彼は発達段階の中でどのように多重人格という現象が発生してくるかについての研究を行い、それを『小児期青年期の解離』Dissociation in Childhood and Adolescence にまとめた。また、彼は、児童虐待防止が、暴力や薬物乱用などの社会問題を解決する鍵であるという信念のもとに、一九九九年より、シンシナティ子ども病院附属メイヤーソン・センター所長として児童虐待防止プログラムの開発に携わっている。

二

日本の多重人格研究はどうだろうか。古くは中村古峡にはじまり、荻野恒一『精神病理学入門』に症例報告がある。近年になって一丸藤太郎の症例報告があり、それ以降、徐々に各地で症例が見出されるようになってきたようである。

われわれは一九九二年にはじめての多重人格症例に出会った。当初は、この珍しい病態をどう治療したらよいだろうかと途方に暮れた。文献を収集するうちに米国での症例数の多さに愕然としたが、にわかには信じられなかった。

その後、本書の存在を知り、その内容にまた驚嘆した。今まで考えたこともないような病態について客観的にくわしく書かれていたからである。

最近では、多重人格症例は日本でもけっしてまれではなくなってきている。私のところには月にいくつかの問い合わせがある。また学会や専門誌においても時折、多重人格症例の報告を見るようになった。だが、まだ臨床経験の蓄積は十分ではなく、症例発表を見ても総じて群盲象をなでるの感は否めない。現在の日本の状況は八〇年代の米国に似ているかもしれない。五里霧中で治療に奮闘している治療者にとって、本書が大きなリソースとなることは間違いないだろう。

三

ここで老婆心ながら、日本の読者のためにいくつか補足をしておきたい。

まず、治療者として本書を読む方に対しては、第一に、多重人格の病因は心的外傷だけではないということである。たしかに北米の多重人格患者には小児期に被虐待体験のある人が少なくない。だが、逆に、多重人格患者だから虐待があるはずと推論することは間違いである。また、ドラマになるような凄惨な虐待体験だけが多重人格を作るわけでもない。ある種の条件が重なると、一見些細なストレスも十分に多重人格を発症させることがある。

第二に、小児期、思春期の多重人格患者に対しては本書のアプローチはあまり適していないとわれわれは思う。まだ人格構造が固まっていない年頃では、分離した人格も意外に融合しやすいものである。交代人格の特徴をシェイプアップしていくやり方ではなく、芸術療法やプレイセラピーなどを取り入れて統合的に関わるほうがよい。

第三に、初期安定化を十分に果たすまでは、治療の中で外傷体験に焦点をあてたり、除反応を促したりしないほうがよい。初期安定化達成の目安は、①虐待者と同居していないこと、②経済的な基盤があること、③患者を支えるプライベートな交友関係があること、④外来ベースで治療を続けられること、などであろう。その上で、患者の積極的なモチベーションがなければ、患者も治療者も除反応に耐えることは難しいだろう。

第四に、多重人格治療は治療者にとっても負担の大きい作業である。できれば信頼できる精神療法家にスーパーヴァイズを受けながら治療に当たることが望ましいだろう。正式のスーパーヴィジョンでなくても、少なくとも先輩の治療者に相談できる体制がよい。その際、その相談相手は別の治療施設に勤めているほうがよい。同じ施設だとその先輩治療者も多重人格治療に巻き込まれてしまうからである。

第五に、これは神田橋條治先生の助言であるが、多重人格患者の治療の本質は自助（セルフヘルプ）である。患者は多重人格システムの中に自己が自己を助ける働きを持っているのであり、治療者は患者の自己治療のスーパーヴィジョンをするような気持ちで接し、患者の必要とする情報や助言をできるだけ一般論として示してやるのがよいとのことである。これは、患者のトラウマに安易に共感してしまったり、また交代人格間の内部抗争に巻き込まれたりして、動揺しがちな治療者のスタンスを安定させるうえで、役に立つ心構えであろう。

また、当事者として本書を読まれる方にも一言申し上げておきたい。

多重人格を治療しようとする人たちにとっての最大の悩みは治療者にめぐり合えないことである。たいていの精神科診療所や総合病院精神科で、多重人格の治療をしてくださいと求めても、やんわりと断られることが多いだろう。精神科医は忙しく、毎週一時間の治療を引き受けてくれる人を見つけるのは難しい。一方、開業臨床心理士との治療では、面接時間は確保できるが、月に数万円の治療費を覚悟しなければならない。いずれも一長一短だが、そのうえ相性の合う治療者を探すとなるとなかなか大変である。

現状を考えると、専門や肩書きや世評にこだわらず、話をして安全な感じのする治療者を身近に探すのがよいのではないだろうか。また、治療をいきなり長時間の精神療法から始めないほうがよい場合もある。治療者とただ何十分か話をするだけでも、帰宅後トラウマの記憶がだんだんと意識に侵入するようになり、日常生活が不安定になりやすい。治療のはじまりはむしろ面接時間の短いほうがよいこともある。

もう一つは統合についてである。本書にはっきりと書かれているように、治療の目標は人格を単一にすることではない。もちろんそうであってもよいのだが、むしろ目標はいかに統合度の高い状態を達成するかである。消えることを恐れる交代人格が治療に反対をすることがあるが、治療は、特定の人格の抹消や追放ではなく平和共存を探ることである。単一人格であっても統合度の低い人もいるし、多重人格であっても統合度の高い人がいるのではないか。

四

われわれは一九九二年から翻訳を計画し、少しずつ訳しはじめた。訳出は一、二、三、五、七、九章を安が、四、六、八、十章を金田が、十一章を小林が担当した。この間、阪神淡路大震災があり、訳者のそれぞれにも大きな生活上の変化があって、作業はなかなか進まなかった。数年前にいったん訳了したが、出版できる形にまで推敲を重ねることができなかった。見るに見かねて中井久夫先生が全面的に朱筆を入れて下さり、このたびようやく出版のはこびとなった次第である。

編集作業を手伝って下さった田中究さん、胡桃澤伸さん、細澤仁さん、本書の出版を支援して下さった岩崎学術出版社の西田信策さん、訳業を陰ながら支援して下さったインターネット・メーリングリスト「デルタ」の皆さん、それから治療の労苦をともにした多くの患者さんたちに、心から感謝します。

二〇〇〇年九月八日

安　克昌

共訳者のノート

多重人格については現在もっとも経験を積み、よく考えぬいている一人と思われる安克昌先生はかねて解離性障害の研究会を開いていたが、本書が出版されてから、金田弘幸、小林俊三の両先生とともに早くから本書の読破と翻訳とを企てていた。安先生らが、阪神・淡路大震災とその後に災害精神医学的活動をしたのは、それだけの準備があってのことだったのである。身びいきかも知れないが、安先生が率いた精神科医のチームは私たちの列島の一九九〇年代において多重人格というこの労多き障害の良質の治療経験をもっとも多くもっていたと思う。私はそのごく一部を受け持ったにすぎないけれども——。

私はもはや多重人格の治療はもちろん、それについての研究もできないが、翻訳のお手伝いをしがてら、勉強することはできる。アメリカでも多重人格の治療者、研究者は、治療それ自体以外にも何かと苦労が多いようであり、パトナムもＮＩＭＨを出なければならなくなったが、多重人格の存在自体は否定しても甲斐ないことのように思う。そして実際に本書のような古典といってよい本格的な学術書を翻訳することは、多重人格が米国でもわが国でも煽情的な報告やそれをもとにした小説やテレビが乱舞する今、ぜひやっておかなければならない、義務的な仕事であると思う。

本書はこの困難な障害の精神療法について網羅的でありながら一つ一つについてよく考え抜いてあり、いかにもと感じ入るところが多い。私は精神療法を学ぶ者としても読んで得るところがあった。おそらくそういう方々の多くにも同じであろう。そして、この障害はいつあなたの前に座るかも知れないのである。いやすでにそうなっていて気づかないだけかもしれない（私にはその経験がある）。

やり終えて、改めて、私の生涯の課題であった分裂病患者を思うと、彼らが、自己の解体を賭けてまで、自己の単一統合性を守り抜こうとする悲壮さが身にしみて感じられる。かつてサリヴァンは、分裂病も一つの力動態勢（普通にいえば防衛機制）であるとすれば、何に対する防衛であろうかと自問して、答えを得なかった（『精神医学の臨床研究』終末部分）が、分裂病患者には催眠術がかからないという顕著な事実を思い合わせて、私はマインドコントロールに対する防衛機制ではないかという答えをサリヴァンに返したくなる。

本書の英語は読みやすいものでなく、訳者たちもそうとう苦労したようである。古典語を学ばなくなった世代の英語は私も苦労をする。おそらく本書はディクテーションによって書かれたものであろう。名文とは言いがたい字面に比べて音読は滑らかで、よい英語に聞こえる。ただ、主語がはっきりしないなど、そのままでは意味が曖昧なところがあって、それは術語の意味とともに括弧中に補っておいた。実際、音読しつつ朱筆を入れるようになってから仕事がはかどった。最終的に原稿を完成品とした者としての文責は私にある。

本書の完成が遅れたのは、私の怠惰によるところが多い。あとがきにある謝辞に加えて、依頼に応じて私の読みにくい訂正原稿を全篇にわたって打ち直してくれ、また索引作成に貢献した若き同僚の胡桃澤伸先生と、たえず私の作業の進行をはげましてくれた、やはり若き同僚の永安朋子先生に感謝するものである。

二〇〇〇年九月八日

中井　久夫

Emotions in Early Infancy. Chicago, University of Chicago Press.

[369] Yap PM (1960). The possession syndrome: A comparison of Hong Kong and French findings. *Journal of Mental Science, 106*:114-137.

[370] Young W C (1986). Restraints in the treatment of a patient with multiple personality. *American Journal of Psychotherapy, 50*:601-606.

[371] Zamansky H S, Bartis S P (1984). Hypnosis as dissociation: Methodological considerations and preliminary findings. *American Journal of Clinical Hypnosis, 26*: 246-251.

[372] Zolik E S (1958). An experimental investigation of psychodynamic implications of the hypnotic "previous existence" fantasy. *Journal of Clinical Psychology. 14*: 179-183.

147:1029-1033.

[354] Watkins J G (1971). The affect bridge: A hypnoanalytic technique. *International Journal of Clinical and Experimental Hypnosis, 19*:21-27.

[355] Weitzenhoffer A M (1980). Hypnotic susceptibility revisited. *American Journal of Clinical Hypnosis, 22*:130-146.

[356] Weitzman E L, Shamoain C A, Golosow N (1970). Identity diffusion and the transsexual resolution. *Journal of Nervous and Mental Disease, 151*:295-302.

[357] West L J (1967). Dissociative reaction. In Freeman A M, Kaplan H I (Eds.) *Comprehensive Textbook of Psychiatry.* Baltimore, Williams & Wilkins.

[358] White R W, Shevach B J (1942). Hypnosis and the concept of dissociation. *Journal of Abnormal and Social Psychology, 37*:309-328.

[359] Wholey C C (1926). Moving picture demonstration of transition States in a case of multiple personality. *Psychoanalytic Review, 13*:344-345.

[360] Wilbur C B (1982). Psychodynamic approaches to multiple personality. Paper presented at Multiple Personality: Diagnosis and Treatment, a workshop given at the annual meeting of the American Psychiatric Association, Toronto, May.

[361] Wilbur C B (1984a). Multiple personality and child abuse. *Psychiatric Clinics of North America, 7*:3-7.

[362] Wilbur C B (1984b). Treatment of multiple personality. *Psychiatric Annals, 14*: 27-31.

[363] Wilbur C B (1985). The effect of child abuse on the psyche. In Kluft R P (Ed.) *The Childhood Antecedents of Multiple Personality.* Washington, DC, American Psychiatric Press.

[364] Williams D T (1981). Hypnosis as a psychotherapeutic adjunct with children and adolescents. *Psychiatric Annls, 11*:47-54.

[365] Wilson S C, Barber T X (1982). The fantasy-prone personality: Implications for understanding imagery, hypnosis and parapsychology. In Sheikh A A (Ed.) *Imagery: Current Theory, Research and Application.* New York, Wiley.

[366] Wise T N, Reading A J (1975). A woman with dermatitis and dissociative periods. *International Journal of Psychiatry in Medicine, 6*:551-559.

[367] Wittkower E D (1970). Transcultural psychiatry in the Caribbean: Past, present and future. *American Journal of Psychiatry, 127*:162-166.

[368] Wolff P H (1987). *The Development of Behavioral States and the Expression of*

[338] Sutcliffe J P, Jones J (1962). Personal identity, multiple personality, and hypnosis. *International Journal of Clinical and Experimental Hypnosis, 10*:231-269.

[339] Taylor E (1982). *William James on Exceptional Mental Slates: The 1896 Lowell Lectures.* New York, Scribner's.

[340] Taylor W S, Martin M F (1944). Multiple personality. *Journal of Abnormal and Social Psychology, 39*:281-300.

[341] Thames L (1984). Limit setting and behavioral contracting with the client with multiple personality disorder. Paper presented at the 1st International Meeting on Multiple Personality and Dissociative Disorders, Chicago, September.

[342] Thigpen C H, Cleckley H (1954). A case of multiple personality. *Journal of Abnormal and Social Psychology, 49*:135-151.

[343] Thigpen C H, Cleckley H (1957). *The Three Faces of Eve.*. New York, McGraw-Hill.

[344] Torrie A (1944). Psychosomatic casualties in the Middle East. *Lancet, 29*: 139-143.

[345] Tuchman B W (1978). *A Distant Mirror: The Calamitous 14th Century.* New York, Knopf.

[346] Twemlow S W, Gabbard G O, Jones F C (1985). The out-of-body experience: A phenomenological typology based on questionnaire responses. *American Journal of Psychiatry, 139*:450-455.

[347] Varma V K, Bouri M, Wig N N (1981). Multiple personality in India: Comparisons with hysterical possession state. *American Journal of Psychotherapy, 35*:113-120.

[348] Victor G (1975). Grand hysteria or folie a deux? *American Journal of Psychiatry, 132*:202.

[349] Vonncgut K (1970). *Slaughterhouse Five.* London, Panther Books.

[350] Wagner E E (1978). A theoretical explanation of the dissociative reaction and a confirmatory case presentation. *Journal of Personality Assessment, 42*:312-316.

[351] Wagner E E, Allison R B, Wagner C F (1983). Diagnosing multiple personalities with the Rorschach: A confirmation. *Journal of Personality Assessment, 47*: 143-149.

[352] Wagner E E, Heise M (1974). A comparison of Rorschach records of three multiple personalities. *Journal of Personality Assessment, 38*:308-331.

[353] Walker J I (1982). Chemotherapy of traumatic war stress. *Military Medicine,*

[321] Smith J R (1985). Rap groups and group therapy for Viet Nam veterans. In Sonnenberg S M, Blank A S, Talbott J A (Eds.) *The Trauma of War.* Washington, DC, American Psychiatric Press.

[322] Solomon R (1983). The use of the MMPI with multiple personality patients. *Psychological Reports, 53*:1004-1006.

[323] Solomon R, Solomon V (1982). Differential diagnosis of multiple personality. *Psychologicol Reports 51*:1187-1194.

[324] Solomon R, Solomon V (1984). Unusual case: The sexuality of a multiple personality. *Human Sexuality, 18*:235.

[325] Sonnenberg S M, Blank A S, Talbott J A (Eds.) (1985). *The Trauma of War.* Washington, DC, American Psychiatric Press.

[326] Spanos N P, Ansari F, Henderikus J S (1979). Hypnotic age regression and eidetic imagery: A failure to replicate. *Journal of Abnormal Psychology, 88*:88-91.

[327] Spanos N P, Weekes J R, Bertrand L D (1985). Multiple personality: A social psychological perspective. *Journal of Abnormal Psychology, 94*:362-376.

[328] Spiegel D (1984). Multiple personality as a post-traumatic stress disorder. *Psychiatric Clinics of North America, 7*:101-110.

[329] Spiegel H (1963). The dissociation-association continuum. *Journal of Nervous and Mental Disease, 136*:374-378.

[330] Spiegel H (1981). Hypnosis: Myth and reality. *Psychiatric Annals, 11*:16-23.

[331] Spiegel H, Spiegel D (1978). *Trance and Treatment.* New York, Basic Books.

[332] Stamm J L (1969). The problems of depersonalization in Freud's "Disturbance of memory on the Acropolis." *American Imago, 26*:356-372.

[333] Stengel E (1941). On the aetiology of fugue states. *Journal of Mental Science, 87*: 572-599.

[334] Stengel E (1943). Further studies on pathological wandering (fugues with the impulse to wander). *Journal of Mental Science, 89*:224-241.

[335] Stern C R (1984). The etiology of multiple personalities. *Psychiatric Clinics of North America. 7*:149-160.

[336] Stevenson I, Pasricha S (1979). A case of secondary personality with xenoglossy. *American Journal of Psychiatry, 136*:1591-1592.

[337] Stone C W (1916). Dual personality. *The Ohio State Medical Joumal, 12*: 672-673.

multiple personalities. *Journal of Nervous and Mental Disease, 176*:112-115.

[306] Saltman V, Solomon R (1982). Incest and multiple personality. *Psychological Reports, 50*:1127-1141.

[307] Sargant W, Slater E (1941). Amnesic syndromes in war. *Proceedings of the Royal Society of Medicine, 34*:757-764.

[308] Schapiro S A (1975-1976). A classification for out-of-body phenomena. *Journal of Altered States of Consciousness, 2*:259-265.

[309] Schenk L, Bear D (1981). Multiple personality and related dissociative phenomena in patients with temporal lobe epilepsy. *American Journal of Psychiatry, 138*: 1311-1315.

[310] Schreiber, F R (1974). *Sybill.* New York, Warner Paperbacks.

[311] Sedman G (1966). Depersonalization in a group of normal subjects. *British Journal of Psychiatry, 112*:907-912.

[312] Seeman M V (1980). Name and identity. *Canadian Journal of Psychiatry, 25*: 129-137.

[313] Shelley W B (1981). Dermatitis artefacta induced in a patient by one of her multiple personalities. *British Journal of Dermatology, 105*:587-589.

[314] Shiels D (1978). A cross cultural study of beliefs in out of the body experiences. *Journal of the American Society for Psychical Research, 49*:697-741.

[315] Shorvon H J (1946). The depersonalization syndrome. *Proceedings of the Royal Society of Medicine, 39*:779-792.

[316] Shorvon H J, Sargant W (1947). Excitatory abreaction: With special reference to its mechanism and the use of ether. *Journal of Mental Science, 43*:709-732.

[317] Silber A (1979). Childhood seduction, parental pathology and hysterical symptomatology: The genesis of an altered state of consciousness. *International Journal of Psycho-Analysis, 60*:109-116.

[318] Silberman E K, Putnam F W, Weingartner H, Braun B G, Post R M (1985). Dissociative states in multiple personality disorder: A quantitative study. *Psychiatry Research, 15*:253-260.

[319] Simpson M M, Carlson E T (1968). The strange sleep of Rachel Baker. *Academy Bookman, 21*:3-13.

[320] Slater E, Roth M (1974). *Clinical Psychiatry, Third Edition.* Baltimore, Williams & Wilkins.

Press.

[290] Ravenscroft K (1965). Voodoo possession: A natural experiment in hypnosis. *International Journal of Clinical and Experimental Hypnosis, 13*:157-182.

[291] Redlich F C, Ravitz L J, Dession G H (1951). Narcoanalysis and truth. *American Journal of Psychiatry, 107*:586-593.

[292] Rendon M (1977). The dissociation of dissociation. *International Journal of Social Psychiatry, 23*:240-243.

[293] Ribot T (1910). *The Diseases of Personality.* Chicago, Kegan Paul, Trench, Trubner.

[294] Riggall R M (1931). A case of multiple personality. *Lancet, ii*:846-848.

[295] Roberts W (1960). Normal and abnormal depersonalization. *Journal of Mental Science, 106*:478-493.

[296] Rosen H, Myers H J (1947). Abreaction in the military setting. *Archives of Neurology and Psychiatry, 57*:161-172.

[297] Rosenbaum M (1980) . The role of the term schizophrenia in the decline of multiple personality. *Archives of General Psychiatry, 37*:1383-1385.

[298] Rosenbaum M, Weaver G M (1980). Dissociated state: Status of a case after 38 years. *Journal of Nervous and Mental Disease, 168*:597-603.

[299] Ross, C A (1984). Diagnosis of a multiple personality during hypnosis: A case report. *International Journal of Clinical and Experimental Hypnosis, 32*:222-235.

[300] Rubenstein R, Newman R (1954). The living out of "future experiences" under hypnosis. *Science, 119*:472-473.

[301] Russell D (1986) . The incest legacy. *The Sciences, 26*:28-32.

[302] Sabom M B (1982). *Recollections of Death: A Medical Investigation.* New York, Harper & Row.

[303] Sachs R G, Braun B G (1985). The evolution of an outpatient multiple personality disorder group: A seven year study. Paper presented at the 2nd annual meeting of the International Society for the Study of Multiple Personality and Dissociative States, Chicago, October.

[304] Sachs R G, Braun B G (1986). The role of social support systems in the treatment of multiple personality disorder. In Braun B G (Ed.) *The Treatment of Multiple Personality Disorder.* Washington, DC, American Psychiatric Press.

[305] Salley R D (1988). Subpersonalities with dreaming functions in a patient with

strategies and practical considerations. *Psychiatric Annals, 14*:58-62.

[276] Putnam F W (1985a). Dissociation as a response to extreme trauma. In Kluft R P (Ed.) *The Childhood Antecedents of Multiple Personality.* Washington, DC, American Psychiatric Press.

[277] Putnam F W (1985b). Multiple personality. *Medical Aspects of Human Sexuality, 19*:59-74

[278] Putnam F W (1985c). Pieces of the mind: Recognizing the psychological effects of abuse. *Justice for Children, 1*:6-7.

[279] Putnam F W (1986a). The scientific investigation of multiple personality disorder. In Quen J M (Ed.) *Split Minds/Split Brains.* New York, New York University Press.

[280] Putnam F W (1986b). The treatment of multiple personality: State of the art. In Braun BG (Ed.) *The Treatment of Multiple Personality Disorder.* Washington, DC, Americar psychiatric Pre; s.

[281] Putnam F W (1988a). The disturbance of "self" in victims of childhood sexual abuse. In Kluft R P (Ed.) *Incest-Related Syndromes of Adult Psychopathology.* Washington DC, American Psychiatric Press.

[282] Putnam F W (1988b). Unpublished data.

[283] Putnam F W (1988c). The switch process in multiple personality disorder and other state-change disorders. *Dissociation, 1*:24-32

[284] Putnam F W, Guroff JJ, Silberman E K, Barban L, Post R M (1986). The clinical phenomenology of multiple personality disorder: A review of 100 recent cases. *Journal ot Clinical Psychiatry, 47*:285-293.

[285] Putnam F W, Loewenstein R J, Silberman E K, Post R M (1984). Multiple personality in a hospital setting. *Journal of Clinical Psychiatry,* 45:172-175.

[286] Putnam F W, Post R M (1988) . Multiple personality disorder: An analysis and review of the syndrome. Unpublished manuscript.

[287] Quimby L C, Andrei A, Putnam F W (1986). De-institutionalization of chronic MPD patients. Paper presented at the 3rd annual meeting of the International Society for the Study of Multiple Personality and Dissociative States, Chicago, September.

[288] Rapaport D (1942). *Emotions and Memory* (Menninger Clinic Monograph Series No.2) . Baltimore, Williams & Wilkins.

[289] Rapaport D (1971). *Emotions and Memory.* New York, International Universities

praecox. *Journal of Abnormal and Social Psychology, 17*:274-291.

[261] Perry J C, Jacobs D (1982). Overview: Clinical applications of the amytal interview in psychiatric emergency settings. *American Journal of Psychiatry, 139*:552-559.

[262] Pettinati H M, Horne R L, Staats J M (1985). Hypnotizability in patients with anorexia nervosa and bulimia. *Archives of General Psychiatry, 42*:1014-1016.

[263] Piotrowski Z A (1977). The movement responses. In Rickers-Ovsiankina M (Ed.) *Rorschach Psychology.* Huntington, NY, Robert E. Krieger.

[264] Place M (1984). Hypnosis and the child. *Journal of Child Psychology and Psychiatry, 25*:339-347.

[265] Prechtl H F R, O'Brien M J (1982). Behavioral states of the full term newborn: Emergence of a concept. In Stratton P (Ed.) *Psychobiology of the Human Newborn.* New York, Wiley.

[266] Prechtl H F R, Theorell K, Blair A W (1973). Behavioral state cycles in abnormal infants. *Developmental Medicine and Child Neurology, 15*:606-615.

[267] Prince M (1890) . Some of the revelations of hypnotism. In Hale N G (Ed.) *Morton Prince. Psychotherapy and Multliple Personality, Selected Essays.* Cambridge, MA, Harvard University Press, 1975.

[268] Prince M (1906). *Dissociation of a Personality.* New York, Longman, Green.

[269] Prince M (1909a). Experiments to determine co-conscious (subconscious) ideation. *Journal of Abnormal Psychology, 3*:33-42.

[270] Prince M (1909b). The psychological principles and field of psychotherapy. In Hale N G (Ed.) *Morton Prince: Psychotherapy and Multiple Personality, Selected essays.* Cambridge, MA, Harvard University Press, 1975.

[271] Prince M (1929). *Clinical and Experimental Studies in Personality.* Cambridge, MA, Sci-Art.

[272] Prince M, Peterson F (1908). Experiments in psycho-galvanic reactions from co-conscious (subconscious) ideas in a case of multiple personality. *Journal of Abnormal Psychology, 3*:114-131.

[273] Prince W F (1917). The Doris case of quintuple personality. *Journal of Abnormal Psychology, 11*:73-122.

[274] Putnam F W (1984a). The psychophysiological investigation of multiple personality disorder: A review. *Psychiatric Clinics of North America, 7*:31-41.

[275] Putnam F W (1984b). The Study of multiple personality disorder: General

Psychical Research, 4:496-514.

[246] Myers W A (1976). Imaginary companions, fantasy twins, mirror dreams and depersonalization. *Psychoanalytic Quarterly, 45*:503-524.

[247] Nagera H (1969). The imaginary companion: Its significance for ego development and conflict solution. *Psychoanalytic Study of the Child, 24*:165-196.

[248] Nemiah J C (1981). Dissociative disorders. In Freeman A M, Kaplan H I (Eds.) *Comprehensive Textbook of Psychiatry, Third Edition.* Baltimore, Williams & Wilkins.

[249] Nissen M J, Ross J L, Willingham D B, MacKenzie T B, Schacter D L (1988). Memory and awareness in a patient with multiple personality disorder. *Brain and Cognition, 8*:117-134.

[250] Noyes R, Hoenk P R, Kupperman B A (1977). Depersonalization in accident victims and psychiatric patients. *Journal of Nervous and Mental Disease, 165*:401-407.

[251] Noyes R, Kletti R (1977). Depersonalization in response to life-threatening danger. *Psychiatry, 18*:375-384.

[252] Noyes R, Slymen D J (1978-1979). The subjective response to life-threatening danger. *Omega, 9*:313-321.

[253] O'Brien P (1985). The diagnosis of multiple personality syndromes: Overt, covert, and latent. *Comprehensive Therapy, 11*:59-66.

[254] Oesterreich T K (1966). *Possession: Demoniacal and Other among Primitive Races in Antiquity, the Middle Ages, and Modem Times.* New York, New York University Press.

[255] Orne M T (1977). The construct of hypnosis: Implications of the definition for research and practice. *Annals of the New York Academy of Sciences, 296*:14-33.

[256] Palmer J, Dennis M (1975). *A Community Mail Survey of Psychic Experiences in Research in Parapsychology.* Metuchen, NJ, Scarecrow Press.

[257] Palmer J, Lieberman R (1975). The influence of psychological set on ESP and out-of-body experiences. *Journal of the American Society for Psychical Research, 69*: 193-213.

[258] Palmer J, Vassar C (1974). ESP and out-of-body experiences: An exploratory study. *Journal of the American Society for Psychical Research, 68*:257-280.

[259] Pattison E M, Wintrob R M (1981). Possession and exorcism in contemporary America. *Journal of Operational Psychiatry, 12*:13-20.

[260] Peck M W (1922). A case of multiple personality: Hysteria or dementia

[231] Mayeux R, Alexander M, Benson F, Brandt J, Rosen J (1979). Poriomania. *Neurology, 29*:1616-1619.

[232] Mayo T (1845). Case of double consciousness. *Medical Gazette* (London, New Series), *1*:1202-1203.

[233] McKellar P (1977). Autonomy, imagery, and dissociation. *Journal of Mental Imagery, 1*:93-108.

[234] Messerschmidt R (1927-1928). A quantitative investigation of the alleged independent operation of conscious and subconscious processes. *Journal of Abnormal and Social Psychology, 22*:325-340.

[235] Mesulam M M (1981). Dissociative states with abnormal temporal lobe EEG: Multiple personality and the illusion of possession. *Archives of Neurology, 38*: 178-181.

[236] Miller R D (1984). The possible use of auto-hypnosis as a resistance during hypnotherapy. *International Journal of Clinical and Experimental Hypnosis, 32*: 236-247.

[237] Mischel W, Mischel F (1958). Psychological aspects of spirit possession. *American Anthropologist, 60*:249-260.

[238] Mitchell, S W (1888). Mary Reynolds: A case of double consciousness. *Transactions of the College of Physicians of Philadelphia, 10*:366-389.

[239] Money J (1974). Two names, two wardrobes, two personalities. *Journal of Homosexuality, 1*:65-78.

[240] Money J, Primrose C (1968). Sexual dimorphism and dissociation in the psychology of male transsexuals. *Journal of Nervous and Mental Disease, 147*: 472-486.

[241] Morselli G E (1930). Sulla dissoziazione mentale. *Rivista Sperimentale di Freniatria, 54*:209-322.

[242] Morton J H, Thoma E (1964). A case of multiple personality. *American Journal of Clinical Hypnosis, 6*:216-225.

[243] Murphy G (1947). *Personality: A Biosocial Approach to Origins and Structure,* New York, Harper & Row.

[244] Myers D, Grant G (1970). A study of depersonalization in students. *British Journal of Psychiatry, 121*:59-65.

[245] Myers F W H (1886). Multiplex personality. *Proceedings of the Society for*

[215] Loewenstein R J, Putnam F W, Duffy C, Escobar J, Gerner R (1986). Males with multiple personality disorder. Paper presented at the 3rd annual meeting of the International Society for the Study of Multiple Personality and Dissociative States, Chicago, September.

[216] London P (1965). Developmental experiments in hypnosis. *Journal of Projective Techniques and Personality Assessment, 29*:189-199.

[217] London P, Cooper L M (1969). Norms of hypnotic susceptibility in children. *Developmental Psychology, 1*:113-124.

[218] Lovinger S L (1983). Multiple personality: A theoretical view. *Psychotherapy: Theory, Research, and Practice, 20*:425-434.

[219] Lovitt R, Lefkof G (1985). Understanding multiple personality with the comprehensive Rorschach system. *Journal of Personality Assessment, 49*:289-294.

[220] Ludlow C, Putnam F W (1988). Unpublished data.

[221] Ludwig A M (1966). Altered states of consciousness. *Archives of General Psychiatry, 15*:225-234.

[222] Ludwig A M (1983). The psychobiological functions of dissociation. *American Journal of Clinical Hypnosis, 26*:93-99.

[223] Ludwig A M, Brandsma J M, Wilbur C B, Bendfeldt F, Jameson H (1972). The objective study of a multiple personality. *Archives of General Psychiatry, 26*:298-310.

[224] Luparello T J (1970). Features of fugue: A unified hypothesis of regression. *Journal of the American Psychoanalytic Association, 18*:379-398.

[225] Maoz B, Pincus C (1979). The therapeutic dialogue in narco-analytic treatments. *Psychotherapy: Theory, Research, and Practice, 16*:91-97.

[226] Marcos L R, Trujillo M (1978). The sodium amytal interview as a therapeutic modality. *Current Psychiatric Therapies, 18*:129-136.

[227] Marmer S S (1980a). The dream in dissociative states. In Natterson J M (Ed.) *The Dream in Clinical Practice.* New York, Jason Aronson.

[228] Marmer S S (1980b). Psychoanalysis of multiple personality. *International Journal of Psycho-Analysis, 61*:439-459.

[229] Mason R O (1893). Duplex personality. *Journal of Nervous and Mental Disease, 18*:593-598.

[230] Mason R O (1895). Duplex personality: Its relation to hypnotism and to lucidity. *Journal of Nervous and Mental Disease, 22*:420-423.

[200] Kluft R P, Braun B G, Sachs R (1984). Multiple personality, intrafamilial abuse and family psychiatry. *International Journal of Family Psychiatry, 5*:283-301.

[201] Kolb L C (1985). The place of narcosynthesis in the treatment of chronic and delayed stress reactions of war. In Sonnenberg S M, Blank A S, Talbott J A (Eds.) *The Trauma of War.* Washington, DC, American Psychiatric Press.

[202] Krystal H (1969). *Massive Psychic Trauma.* New York, International Universities Press.

[203] Langs R J (1974a). *The Technique of Psychoanalytic Psychotherapy, Vol. 1.* New York, Jason Aronson.

[204] Langs R J (1974b). *The Technique of Psychoanalytic Psychotherapy, Vol. 2.* New York, Jason Aronson.

[205] Larmore K, Ludwig A M, Cain R L (1977). Multiple personality——An objective case study. *British Journal of Psychiatry, 131*:35-40.

[206] Leavitt H C (1947). A case of hypnotically produced secondary and tertiary personalities. *Psychoanalytic Review, 34*:274-295.

[207] Levenson J, Berry S L (1983). Family intervention in a case of multiple personality. *Journal of Marital and Family Therapy, 9*:73-80.

[208] Levitan H (1980) . The dream in traumatic states. In Natterson J M (Ed.) *The Dream in Clinical Practice.* New York, Jason Aronson.

[209] Lief H I, Dingman J F, Bishop M P (1962). Psychoendocrinologic studies in a male with cyclic changes in sexuality. *Psychosomatic Medicine, 24*:357-368.

[210] Lindy J B (1985). The trauma membrane and other clinical concepts derived from psychotherapeutic work with survivors of natural disasters. *Psychialric Annals, 15*:153-160.

[211] Lipton S D (1943). Dissociated personality: A case report. *Psychiatric Quarterly, 17*:33-56.

[212] Lister E D (1982). Forced silence: A neglected dimension of trauma. *American Journal of Psychiatry, 139*:872-876.

[213] Loewald H W (1955). Hypnoid state, repression, abreaction and recollection. *Journal of the American Psychoanalyitic Association, 3*:201-210.

[214] Loewenstein R J, Hamilton J, Alagna S, Reid N, Devries M (1987). Experiential sampling in the study of multiple personality disorder. *American Journal of Psychiatry, 144*:19-21.

[187] Kluft R P (1984a). Treatment of multiple personality disorder: A Study of 33 cases. *Psychiatric Clinics of North America, 7*:9-29.

[188] Kluft R P (1984b). Multiple personality disorder in childhood. *Psychiatric Clinics of North America, 7*:135-148.

[189] Kluft R P (1984c). An introduction to multiple personality disorder. *Psychiatric Annals, 14*:19-24.

[190] Kluft R P (1984d). Aspects of the treatment of multiple personality disorder. *Pshychiatric Annals, 14*:51-55.

[191] Kluft R P (1985a). The natural history of multiple personality disorder. In Kluft R P (Ed.) *The Childhood Antecedents of Multiple Personality.* Washington, DC, American Psychiatric Press.

[192] Kluft R P (1985b). Childhood multiple personality disorder: Predictors. clinical findings, and treatment results. In Kluft R P (Ed.), *The Childhood Antecedents of Multiple Personality.* Washington, DC, American Psychiatric Press.

[193] Kluft R P (1985c). On malingering and MPD: Myths and realities. Paper presented at Multiple Personality Disorder and the Legal System, a workshop given at the annual meeting of the American Psychiatric Association, Dallas, May.

[194] Kluft R P (1985d). The treatment of multiple personality disorder (MPD): Current concepts. In Flach F F (Ed.) *Directions in Psychiatry.* New York, Hatherleigh.

[195] Kluft R P (1985e). Using hypnotic inquiry protocols to monitor treatment progress and stability in multiple personality disorder. *American Journal of Clinical Hypnosis, 28*:63-75.

[196] Kluft R P (1986a). The simulation and dissimulation of multiple personality disorder by defendants. Paper presented at the annual scientific meeting of the American Society of Clinical Hypnosis, Seattle, March 20.

[197] Kluft R P (1986b). Personality unification in multiple personality disorder (MPD) . In Braun B G (Ed.) *The Treatment of Multiple Personality Disorder.* Washington, DC, American Psychiatric Press.

[198] Kluft R P (1986c). Preliminary observations on age regression in multiple personality disorder patients before and after integration. *American Journal of Clinical Hypnosis, 28*:147-156.

[199] Kluft R P (1987). First-rank symptoms as a diagnostic clue to multiple personality disorder. *American Journal of Psychiatry, 144*:293-298.

Schweitzer P K(1980). Somnambulism. *Archives of General Psychiatry, 37*:1406-1410.

[172] Kampman R (1974). Hypnotically induced multiple personality: An experimental study. *Psychiatria Fennica, 10*:201-209.

[173] Kampman R (1975). The dynamic relation of the secondary personality induced by hypnosis to the present personality. *Psychiatria Fennica, II*:169-172.

[174] Kampman R (1976). Hypnotically induced multiple personality: An experimental study. *International Journal of Clinical and Experimental Hypnosis, 24*: 215-227.

[175] Kanzer M (1939). Amnesia: A statistical study. *American Journal of Psychiatry, 96*:711-716.

[176] Kempe C H, Silverman F N, Steele B F, Droegemueller W, Silver H K (1962). The battered-child syndrome. *Journal of the American Medical Association, 181*: 17-24.

[177] Kempf E F (1915). Some studies in the psychopathology of acute dissociation of the personality. *Psychoanalytic Review, 2*:361-389.

[178] Kennedy A, Neville J (1957). Sudden loss of memory. *British Medical Journal, vii*: 428-433.

[179] Kenny M G (1981). Multiple personality and spirit possession. *Psychiatry, 44*: 337-358.

[180] Kenny M G (1984). "Miss Beauchamp's" true identity. *American Journal of Psychiatry, 141*:920

[181] Kirshner L A (1973). Dissociative reactions: An historical review and clinical study. *Acta Psychiatrica Scandinavica, 49*:698-711.

[182] Kiraly S J (1975). Folie a deux. *Canadian Psychiatric Association Journal, 20*: 223-227.

[183] Kline M V (1976). Emotional flooding: A technique in sensory hypnoanalysis. In Olsen P (Ed.) *Emotional Flooding*. New York, Human Sciences Press.

[184] Kline N, Angst J (1979). *Psychiatric Syndromes and Drug Treatment.* New York, Jason Aronson.

[185] Kluft R P (1982). Varieties of hypnotic interventions in the treatment of multiple personality. *American Journal of Clinical Hypnosis, 24*:230-240.

[186] Kluft R P (1983). Hypnotherapeutic crisis intervention in multiple personality. *American Journal of Clinical Hypnosis, 26*:73-83.

Journal of Clinical and Experimental Hypnosis, 32:248-253.

[155] Horevitz R P (1983). Hypnosis for multiple personality disorder: A framework for beginning. *American Journal of Clinical Hypnosis, 26*:138-145.

[156] Horevitz R P, Braun B G (1984). Are multiple personalities borderline? *Psychiatric Clinics of North America, 7*:69-88.

[157] Horowitz M J (1985). Disasters and psychological responses to stress. *Psychiatric Annals, 15*:161-167.

[158] Horsley J S (1943). *Narcoanalysis.* New York, Oxford Medical Publications.

[159] Horton P, Miller D (1972). The etiology of multiple personality. *Comprehensive Psychiatry, 13*:151-159.

[160] Hurlock E B, Burstein W (1932). The imaginary playmate. *Journal of General Psychology, 41*:380-392.

[161] Irwin H J (1980). Out of the body down under: Some cognitive characteristics of Australian students reporting OOBEs. *Journal of the Society for Psychical Research, 50*:448-459.

[162] Jacobson E (1977). Depersonalization. *Journal of the American Psychoanalytic Association, 7*:581-609.

[163] Jahoda G (1969). *The Psychology of Superstition.* London, Hogarth Press.

[164] Janet P (1889). *L'Automatisme Psychologique.* Paris, Alcan.

[165] Janet P (1890). *The Major Symptoms of Hysteria.* New York, Macmillan.

[166] Jeans R F (1976). The three faces of Evelyn: A case report. I. An independently validated case of multiple personalities. *Journal of Abnormal Psychology*:249-255.

[167] John R, Hollander B, Perry C (1983). Hypnotizability and phobic behavior: Further supporting data. *Journal of Abnormal Psychology, 92*:390-392.

[168] Kales A, Kales J D (1974). Sleep disorders: Recent findings in the diagnosis and treatment of disturbed sleep. *New England Journal of Medicine, 290*:487-499.

[169] Kales A, Paulson M, Jacobson A, Kales J D (1966a). Somnambulism: Psychophysiological correlates. Ⅱ. Psychiatric interviews, psychological testing, and discussion. *Archives of General Psychiatry, 14*:595-604.

[170] Kales A, Paulson M, Jacobson A, Kales J D, Walter R D (1966b) . Somnambulism: Psychophysiological correlates. Ⅰ. All-night EEG studies. *Archives of General Psychialry, 14*:586-594.

[171] Kales A, Soldatos C R, Caldwell A B, Kales J D, Humphery F J, Charney D S,

[139] Harper M (1969). Deja vu and depersonalization in normal subjects. *Australian and New Zealand Journal of Psychiatry, 3*:67-74.

[140] Harriman P L (1937). Some imaginary companions of older subjects. *American Journal of Orthopsychiatry, 7*:368-370.

[141] Harriman P L (1942a). The experimental production of some phenomena related to the multiple personality. *Journal of Abnormal and Social Psychology, 37*: 244-255.

[142] Harriman P L (1942b). The experimental induction of a multiple personality. *Psychiatry, 5*:179-186.

[143] Harriman P L (1943). A new approach to multiple personalities. *American Journal of Orthopsychiatry, 13*:638-643.

[144] Hart B (1926). The concept of dissociation. *British Journal of Medical Psychology, 10*:241-263.

[145] Hart H (1954). ESP projection: Spontaneous cases and the experimental method. *Journal of the American Society for Psychical Research, 48*:121-141.

[146] Hart W L, Ebaugh F, Morgan D C (1945). The amytal interview. *American Journal of Medical Sciences, 210*:125-131.

[147] Henderson J L, Moore M (1944). The psychoneuroses of war. *New England Journal of Medicine, 230*:273-279.

[148] Herman J (1986). Recovery and verification of memories of childhood sexual trauma. Paper presented at the annual meeting of the American Psychiatric Association, Washington, DC, May.

[149] Herold C M (1941). Critical analysis of the elements of psychic functions: Part Ⅰ. *Psychoanalytic Quarterly, 10*:513-544.

[150] Herzog A (1984). On multiple personality: Comments on diagnosis and therapy. *International Journal of Clinical and Experimental Hypnosis, 22*:216-233.

[151] Hilgard E R (1965). *Hypnotic Susceptibility.* New York, Harcourt Brace Jovanovich.

[152] Hilgard E R (1973). A neodissociation interpretation of pain reduction in hypnosis. *Psycholigical Review, 80*:396-411.

[153] Hilgard E R (1977). Divided Consciousness: *Multiple Controls in Human Thought and Action.* New York, Wiley.

[154] Hilgard E R (1984). The hidden observer and multiple personality. *International*

nomena. In *Collected Papers, Vol. 1.* London, International Psychoanalytic Press, 1924.

[122] Fullerton D T, Harvy R F, Klein M H, Howell T (1981). Psychiatric disorders in patients with spinal cord injuries. *Archives of General Psychiatry, 38*:1369-1371.

[123] Gardner G G (1974). Hypnosis with children and adolescents. *International Journal of Clinical and Experimental Hypnosis, 22*:20-38.

[124] Gardner G G (1977). Hypnosis with infants and preschool children. *American Journal of Clinical Hypnosis, 19*:158-162.

[125] Gardner G G, 0lness K (1981). *Hypnosis and Hypnotherapy with Children.* New York, Grune & Stratton.

[126] Geleerd E R (1956). Clinical contribution to the problem of the early mother-child relationship. *Psychoanalytic Study of the Child, 11*:336-351.

[127] Geleerd E R, Hacker F J, Rapaport D (1945). Contribution to the study of amnesia and allied conditions. *Psychoanalytic Quarterly, 14*:199-220.

[128] Goddard H H (1926). A case of dual personality. *Journal of Abnormal and Social Psychology, 21*:170-191.

[129] Greaves G B (1980). Multiple personality: 165 years after Mary Reynolds. *Journal of Nervous and Mental Disease, 168*:577-596.

[130] Green C (1968). *Out-of-the-Body Experiences.* London, Hamish Hamilton.

[131] Green R, Money J (1969). *Transsexualism and Sex Reassignment.* Baltimore, Johns Hopkins University Press.

[132] Greyson B (1985). A typology of near-death experiences. *American Journal of Psychiatry, 142*:967-969.

[133] Grinker R R, Spiegel J P (1943). *War Neuroses in North Africa.* New York, Josiah Macy, Jr., Foundation.

[134] Gruenewald D (1977). Multiple personality and Splitting phenomena: A reconceptualization. *Journal of Nervous and Mental Disease, 164*:385-393.

[135] Hale E (1983). Inside the divided mind. *New York Times Magazine,* April 17, pp. 100-106.

[136] Halifax J (1982). *Shaman: The Wounded Healer.* New York, Crossroad.

[137] Hall R C, LeCann A F, Schoolar J C (1978). Amobarbital treatment of multiple personality. *Journal of Nervous and Mental Disease, 166*:666-670.

[138] Harner M (1982). *The Way of the Shaman.* New York, Bantam.

by means of communications with an unsuspected dual personality. *Psychoanalytic Quarterly, 8*:471-509.

[106] Ewalt J R, Crawford D (1981). Posttraumatic stress syndrome. *Current Psychiatric Therapy 20*:145-153.

[107] Fagan J, McMahon P (1984). Incipient multiple personality in children: Four cases. *Journal of Nervous and Mental Disease, 172*:26-36.

[108] Fenichel O (1945). *The Psychoanalytic Theory of Neurosis.* New York, Norton.

[109] Ferenczi S (1934). Gedanken über das trauma. *International Zeitschrift für Psychoanalyse, 20*:5-12.

[110] Fischer K W, Pipp S L (1984). Development of the structures of unconscious thought. In Bowers K, Meichenbaum D (Eds.) *The Unconscious Reconsidered,* New York, Wiley.

[111] Fisher C (1945). Amnesic states in war neuroses: The Psychogenesis of fugues. *Psychoanailytic Quarterly, 14*:437-468.

[112] Fisher C (1947). The psychogenesis of fugue states. *American Journal of Psychotherapy, 1*:211-220.

[113] Fisher S (1973). *Body Consciousness.* London, Calder & Boyars.

[114] Fliess R (1953). The hypnotic evasion: A clinical observation. *Psychoanalytic Quarterly, 22*:497-511.

[115] Frankel F H (1976). Hypnosis: *Trance as a Coping Mechanism.* New York, Plenum.

[116] Frankel F H (1979). Scales measuring hypnotic responsivity.. A clinical perspective. *American Journal of Cilnical Hypnosis, 21*:208-218.

[117] Frankel F H, Orne M T (1976). Hypnotizability and phobic behavior. *Archives of General Psychiatry, 37*: 1036-1040.

[118] Frankenthal K (1969). Autohypnosis and other aids for survival in situations of extreme stress. *International Journal of Clinical and Experimental Hypnosis, 17*: 153-159.

[119] Frankl V E (1962). *Man's Search for Meaning: An lntroduction to Logotherapy.* Boston, Beacon.

[120] Freud S (1941). A disturbance of memory on the Acropolis. *International Journal of Psycho-Analysis, 22*:93-101.

[121] Freud S, Breuer J (1893). On the psychical mechanism of hysterical phe-

[91] Cutler B, Reed J (1975). Multiple personality: A single case study with a 15 year follow-up. *Psychological Medicine, 5*:18-26.

[92] Damgaard J, Benschoten S V, Fagan J (1985). An updated bibliography of literature pertaining to multiple personality. *Psychological Reports, 57*:131-137.

[93] Danesino A, Daniels J. McLaughlin T J (1979). Jo-Jo, Josephine, and Jonanne: A study of multiple personality by means of the Rorschach test. *Journal of Personality Assessment, 43*:300-313.

[94] Davidson K (1964). Episodic depersonalization: Observations on 7 patients. *British Journal of Psychiatry, 110*:505-513.

[95] Davis P H, Osherson A (1977). The concurrent treatment of a multiple-personality woman and her son. *American Journal of Psychotherapy, 31*: 504-515.

[96] Devinsky O, Putnam F W, Grafman J, Bromfield E, Theodore W H (1988). Dissociative states and epilepsy. Unpublished manuscript.

[97] Dickes R (1965). The defensive function of an altered state of consciousness: A hypnoid state. *Journal of the American Psychoanalytic Association, 13*:356-403.

[98] Dixon J C (1963). Depersonalization phenomena in a sample population of college students. *British Journal of Psychiatry, 109*:371-375.

[99] Dor-Shav K N (1978). On the long-range effects of concentration camp internment on Nazi victims: 35 years later, *Journal of Consulting and Clinical Psychology, 46*:1-11.

[100] Ellenberger H F (1970). *The Discovery of the Unconscious: The History and Evolution of Dynamic Psychiatry.* New York, Basic Books.

[101] Elliott D (1982). State intervention and childhood multiple personality disorder. *Journal of Psychiatry and the Law, 10*:441-456.

[102] Emde R N, Gaensbauer T J, Harmon R J (1976). *Emotional Expressi on in Infancy: A Bio behavioral Study (Psychological Issues,* Monograph 37, Vol. 10). New York, International Universities Press.

[103] Enoch M D, Trethowan W H (1979). *Uncommon Psychiatric Syndromes.* Bristol, Wright.

[104] Erickson M H, Erickson E M (1941). Concerning the nature and character of post-hypnotic behavior. *Journal of General Psychology, 24*:95-133.

[105] Erickson M H, Kubie L S (1939). The permanent relief of an obsessional phobia

Association, Dallas, May.

[77] Cocores J, Santa W, Patel M (1984). The Ganser syndrome: Evidence suggesting its classification as a dissociative disorder. *International Journal of Psychiatry in Medicine, 14*:47-56.

[78] Confer W N, Ables B S (1983). Multiple Personality: *Etiology, Diagnosis, and Treatment.* New York, Human Sciences Press.

[79] Congdon M H, Hain J, Stevenson I (1961). A case of multiple personality illustrating the transition from role-playing. *Journal of Nervous and Mental Disease, 132*: 497-504.

[80] Coons P M (1980). Multiple personality: Diagnostic considerations. *Journal of Clinical Psychiatry, 41*:330-336.

[81] Coons P M (1984). The differential diagnosis of multiple personality: A comprehensive review. *Psychiatric Clinics of North America, 7*:51-65.

[82] Coons P M (1985). Children of parents with multiple personality disorder. In Kluft R P (Ed.) The Childhood Antecedents of Multiple Personality. Washington, DC, American Psychiatric Press.

[83] Coons P M (1986). Treatment progress in 20 patients with multiple personality disorder. *Journal of Nervous and Mental Disease, 174*:715-721.

[84] Coons P M, Bradley K (1985). Group psychotherapy with multiple personality patients. *Journal of Nervous and Mental Disease, 173*:515-521.

[85] Coons P M, Milstein V (1984). Rape and post-traumatic stress in multiple personality. *Psychological Reports, 55*:839-845.

[86] Coons P M, Milstein V (1986). Psychosexual disturbances in multiple personality: Characteristics, etiology and treatment. *Journal of Clinical Psychiatry, 47*: 106-110.

[87] Coons P M, Sterne A L (1986). Initial and follow-up psychological testing on a group of patients with multiple personality disorder. *Psychological Reports, 58*:43-49.

[88] Cory C E (1919). A divided self. *Journal of Abnormal Psychology, 14*:281-291.

[89] Crabtree A (1986). Dissociation: Explanatory concepts in the first half of the twentieth century. In Quen J M (Ed.) *Split Minds/Split Brains.* New York, New York University Press.

[90] Culpin M (1931). *Recent Advances in the Study of the Psychoneuroses.* London, J & A Churchill.

[62] Brown G W (1983). Multiple personality disorder, a perpetrator of child abuse. *Child Abuse and Neglect, 7*:123-126.

[63] Browne A, Finkelhor D (1986). Impact of child sexual abuse: A review of the research. *Psychological Bulletin, 99*:66-77.

[64] Burks B S (1942). A case of primary and secondary personalities showing co-operation toward mutual goals. *Psychological Bulletin, 39*:462.

[65] Carlson E T (1981). The history of multiple personality in the United States: I. The beginnings. *American Journal of Psychiatry 138*:666-668.

[66] Carlson E T (1982). Jane C. Rider and her Somnambulistic vision. *Histoire des Sciences Medicales, 17*:110-114.

[67] Carlson E T (1984). The history of multiple personality in the United States: Mary Reynolds and her subsequent reputation. *Bulletin of the History of Medicine, 58*:72-82.

[68] Carlson E B, Putnam F W (1988). Unpublished data.

[69] Caul D (1978a). Treatment philosophies in the management of multiple personality . Paper presented at the annual meeting of the American Psychiatric Association, Atlanta, May.

[70] Caul D (1978b). Hypnotherapy in the treatment of multiple Personality. Paper presented at the annual meeting of the American Psychiatric Association, Atlanta, May.

[71] Caul D (1983). On relating to multiple personalities. Paper presented at the annual meeting of the American Psychiatric Association, New York.

[72] Caul D (1984). Group and videotape techniques for multiple personality disorder. *Psychiatric Annals, 14*:43-50.

[73] Caul D (1985a). Caveat curator. Let the caretaker beware. Paper presented at the annual meeting of the American Psychiatric Association, Dallas, May.

[74] Caul D (1985b). Group therapy and the treatment of MPD. Paper presented at the annual meeting of the American Psychiatric Association, Dallas, May.

[75] Caul D (1985c). Inpatient management of multiple personality disorder. Paper Presented at the annual meeting of the American Psychiatric Association, Dallas, May.

[76] Caul D (1985d). Determining the prognosis in the treatment of multiple personality disorder. Paper presented at the annual meeting of the American Psychiatric

[48] Braun B G (1983b). Neurophysiological changes in multiple personality due to int egration:A preliminary report. *American Journal of Clinical Hypnosis 26*:84-92.

[49] Braun B G (1984a). Foreword to symposium on multiple personality. *Psychiatric Clinics of North America, 7*:1-2.

[50] Braun B G (1984b). Hypnosis creates multiple personality: Myth or reality? *International Journal of Clinical and Experimental Hypnosis, 32*:191-197.

[51] Braun B G (1984c). Uses of hypnosis with multiple personalities. *Psychiatric Annals, 14*:34-40.

[52] Braun B G (1984d). Towards a theory of multiple personality and other dissociative phenomena. *Psychiatric Clinics of North America, 7*:171-193.

[53] Braun B G (1985). The transgenerational incidence of dissociation and multiple personality disorder: A preliminary report. In Kluft R P (Ed.) *Tthe Childhood Antecedents of Multiple Personality.* Washington, DC, American Psychiatric Press.

[54] Braun B G (1986). Issues in the psychotherapy of multiple personality. In Braun B G (Ed.) *The Treatment of Multiple Personality Disorder.* Washington, DC, American Psychiatric Press.

[55] Braun B G, Braun R (1979). Clinical aspects of multiple personality. Paper presented at the annual meeting of the American Psychiatric Association, Chicago, May.

[56] Braun B G, Sachs R G (1985). The development of multiple personality disorder: Predisposing, precipitating, and perpetuating factors. In Kluft R P (Ed.) *The Childhood Antecedents of Multiple Personality.* Washington, DC, American Psychiatric Press.

[57] Brende J O (1984). The psychophysiologic manifestations of dissociation. *Psychiatric Clinics of North America, 7*:41-50.

[58] Brende J O, Benedict B D (1980). The Vietnam combat delayed stress response syndrome: Hypnotherapy of "dissociative Symptoms." *American Journal of Clinical Hypnosis, 23*:34-40.

[59] Brende J O, Rinsley D B (1981). A case of multiple personality with psychological automatisms. *Journal of the American Academy of Psychoanalysis, 2*:129-151.

[60] Brenman M, Gill M M, Knight R (1952). Spontaneous fluctuations in depth of hypnosis and their implications for ego function. *International Journal of Psycho-Analysis, 33*:22-23.

[61] Breuer J, Freud S (1895). *Studies on hysteria.* New York, Basic Books, 1957.

[32] Bliss E L (1984a). Spontaneous self-hypnosis in multiple personality disorder. *Psychiatric Clinics of North America, 7*:135-148.

[33] Bliss E L (1984b). A symptom profile of patients with multiple personalities, including MMPI results. *Journal of Nervous and Mental Disease, 172*:197-202.

[34] Bliss E L (1986). *Multiple Personality, Allied Disorders and Hypnosis*. New York, Oxford University Press.

[35] Bliss E L, Bliss J (1985). *Prism: Andrea's World*. New York, Stein & Day.

[36] Bliss E L, Jeppsen E A (1985). Prevalence of multiple personality among inpatients and outpatients. *American Journal of Psychiatry, 142*:250-251.

[37] Bliss E L, Larson E M (1985). Sexual criminality and hypnotizability. *Journal of Nervous and Mental Disease, 173*:522-526.

[38] Bliss E L, Larson E M, Nakashima S R (1983). Auditory hallucinations and schizophrenia. *Journal of Nervous and Mental Disease, 171*:30-33.

[39] Bluhm H (1949). How did they survive? *American Journal of Psychotherapy, 2*: 3-32.

[40] Boor M (1982). The multiple personality epidemic: Additional cases and inferences regarding diagnosis, etiology, dynamics and treatment. *Journal of Nervous and Menlal , Disease, 170*:302-304.

[41] Boor M, Coons P M (1983). A comprehensive bibliography of literature pertaining to multiple personality. *Psychological Reports, 53*:295-310.

[42] Bowers M K, Brecher-Marer S, Newton B W, Piotrowski Z, Spyer T C, Taylor W S, Watkins J G (1971) . Therapy of multiple personality. *International Journal of Clinical and Experimental Hypnosis, 19*:57-65.

[43] Brandsma J M, Ludwig A M (1974) . A case of multiple personality: Diagnosis and therapy. *International Journal of Clinical and Experimental Hypnosis, 22*:2I6-233.

[44] Brassfield P A (1980). *A discriminative study of a multiple personality*. Ann Arbor, MI, University Microfilms International.

[45] Brassfield P A (1983). Unfolding patterns of the multiple personality through hypnosis. *American Journal of Clinical Hypnosis, 26*:146-152.

[46] Braun B G (1980). Hypnosis for multiple personalities. In Wain H (Ed.) *Clinical Hypnosis in Medicine*. Chicago, Year Book Medical.

[47] Braun B G (1983a). Psylchophysiologic phenomena in multiple personality and hypnosis. *American Journal of Clinical Hypnosis, 26*:124-37.

[17] Barkin R, Braun B G, Kluft R P (1986). The dilemma of drug treatment for multiple personality disorder patients. In Braun B G (Ed.) *The Treatment of Multiple Personality Disorder.* Washington, DC, American Psychiatric Press.

[18] Baum E A (1978). Imaginary companions of two children. *Journal of the American Academy of Child Psychiatry, 49*:324-330.

[19] Beahrs J O (1982). *Unity and Multiplicity.* New York, Brunner/ Mazel.

[20] Beahrs J O (1983). Co-consciousness: A common denominator in hypnosis, multiple personality, and normalcy. *American Journal of Clinical Hypnosis, 26*:100-113.

[21] Beal E W (1978). Use of the extended family in the treatment of multiple personality. *American Journal of Psychiatry, 135*:539-542.

[22] Benson D F, Miller B L, Signer S F (1986). Dual personality associated with epilepsy. *Archives of Neurology, 43*:471-474.

[23] Benson R M, Pryor D B (1973). "When friends fall out": Developmental interference with the function of some imaginary companions. *Journal of the American Psychoanalytic Association, 21*:457-473.

[24] Berman E (1974). Multiple personality: Theoretical approaches. *Journal of the Bronx Stale Hospital, 2*:99-107.

[25] Bernheim K F, Levine, R R J (1979). *Schizophrenia: Symptoms, Causes, Treatments.* New York, Norton.

[26] Bernstein E, Putnam F W (1986). Development, reliability and validity of a dissociation scale. *Journal of Nervous and Mental Disease, 174*:727-735.

[27] Berrington W P, Liddell D W, Foulds G A (1956). A re-evaluation of the fugue. *Journal of Mental Science, 102*:280-286.

[28] Bettelheim B (1979). *Surviving and Other Essays.* New York, Harcourt Brace Jovanovich.

[29] Blank A S (1985). The unconscious flashback to the war in Viet Nan veterans: Clinical mystery, legal defense, and community problem. In Sonnenberg S M, Blank A S,and Talbot J A (Eds.) *The Trauma of War.* Washington, DC, American Psychiatric Press.

[30] Bliss E L (1980). Multiple personalities.. A report of 14 cases with implications for schizophrenia and hysteria. *Archives of General Psychiatry, 37*: 1388-1397.

[31] Bliss E L (1983). Multiple personalities, related disorders, and hypnosis. *American Journal of Clinical Hypnosis, 26*:114-123.

文　献

[1] Abeles M, Schilder P (1935). Psychogenic loss of personal identity. *Archives of Neurology and Psychiatry, 34*:587-604.

[2] Akhtar S, Brenner I (1979). Differential diagnosis of fugue-like states. *Journal of Clinical Psychiatry, 40* :381-385.

[3] Alexander V K (1956). A case study of a multiple personality. *Journal of Abnormal and Social Psychology, 52*:272-276.

[4] Allison R B (1974a). A new treatment approach for multiple personalities. *American Journal of Clinical Hypnosis, 17*:15-32.

[5] Allison R B (1974b). A guide to parents: How to raise your daughter to have multiple personalities. *Family Therapy, 1*:83-88.

[6] Allison R B (1978a). A rational psychotherapy plan for multiplicity. *Svensk Tidskriftfi für Hypnos, 3-4*:9-16.

[7] Allison R B (1978b). Psychotherapy of multiple personality. Paper presented at the annual meeting of the American Psychiatric Association, Atlanta, May.

[8] Allison, R B (1978c). On discovering multiplicity. *Svensk Tidskrift für Hypnos, 2*: 4-8.

[9] Allison R B, Schwartz T (1980). *Minds in Many Pieces.* New York, Rawson, Wade.

[10] Ambrose G (1961). *Hypnotherapy with Children.* London, Staples Press.

[11] American Psychiatric Association (1980a). *Diagnostic and Statistical Manual of Mental Disorders, Third Edition.* Washington, DC, APA.

[12] American Psychiatric Association (1980b). *A Psychiatric Glossary, Fifth Edition.* Washington, DC, APA.

[13] American Psychiatric Association (1987). *Diagnostic and Statistical Manual of Mental Disorders, Third Edition Revised.* Washington, DC, APA.

[14] Andorfer J C (1985). Multiple personality in the human information-processor: A case history and theoretical formulation. *Journal of Clinical Psychology, 41*: 309-324.

[15] Archibald H C, Tuddenham R D (1965). Persistent stress reaction after combat: A 20 year follow-up. *Archives of General Psychiatry, 12*:475-481.

[16] Azam E E (1887). *Hypnotisme, Double Conscience el Altération de la Personnalitié* (Préface de J M Charcot). Paris, J. B. Ballière.

人名索引

アザン（Azan, Eugene）　46
ウィーヴァー（Weaver, G. M.）　59
ウィルバー（Wilbur, Cornelia）　54
グメーリーン（Gmelin, Eberhardt）　44
ゴダード（Goddard, H. H.）　50
ジェームズ（James, William）　15, 16
ジャネ（Janet, Pierre）　14-16, 46
シャルコー（Charcot, Jean-Martin）　14, 15
ストーン（Stone, C. W ）　63
デゾワール（Dessoir）　49
パラケルスス（Paracelsus）　44
ヒルガード（Hilgard, Ernest）　56
プリューマー（Plumer, Rev. William S.）　45
ブロイアー（Breuer, J.）　31
フロイト（Freut, Sigmund）　30
プリンス（Prince, Morton）　15, 16, 62
プリンス（Prince, Walter Franklin）　48, 58
ベイカー（Baker, Rachel）　33
ホーリー（Wholey, C. C.）　50
マイヤーズ（Myers, Frederick）　16
マクニッシュ（Macninish, Robert）　45
メイソン（Mason, R. Osgood）　58, 62
メイヨー（Mayo, Thomas）　57
メッサーシュミット（Messerschmidt, Ramona）　17
ライダー（Rider, Jane, C.）　33
ラッシュ（Rush, Benjamin）　43, 44
ラドウィッグ（Ludwig, Arnold）　54
ローゼンボーム（Rosenbaum, M.）　59

——とコンプライアンス　348
——と抵抗　296
——と副作用　347
——と予後　415
薬物乱用→物質乱用をみよ
薬物療法　346-354
融合，安定した　411
融合／統合
——と危機管理　410
——における儀式　309
——の技法　417-421
——の強制　414
——の失敗　402, 421-430
——の定義　410
——の評価　425
自発型——　412
自然発生的な——　295
治療の段階としての——　192
融合儀式　420
融合後孤独　434
誘惑行為　263, 264
ユニセックスな身なり　167
夢　276, 277
夢様の記憶　113, 115
幼児の意識　75
抑圧　18
抑うつ　85, 86
多重人格の症状としての——　85
融合失敗と——　424
予後　406-416
予防　386-388

ら行

ラポール　307-310
離人感（離人症）
——と解離　20
——と心的外傷との連合　21, 30
——と頭痛　94, 95
——の率　30
診断面接と——　110
多重人格の症状としての——　86
DSM—Ⅲにおける——　29-30
抵抗の現れとしての——　293
理想化　244
リチウム　351
リペアレンティング
——と逆転移の問題　264
——と内部コミュニケーション　210
良性トランス体験　306
リラクゼーション　304
臨死体験
——の原因についての諸説　38
——と多重人格の病因　75
——の特性　37, 38
霊肉分離論説　38
レイプの犠牲者
——の成人後　99
——と多重人格の引き金　140, 141
レイプ犯　41
聾（聴力障害者）　95, 156, 399
ロールシャッハ・テスト　123
エクスナーの包括システム　123

わ行

和解　364
私たち文　118
罠　240-242

診断面接と――　113
戦争によって引き起こされたストレスと――　20, 324
分類　175, 176
分類図式　176
分裂　372
分裂病
――の幻聴　89
――の診断面接　115
――の多重人格，診断との比較　52, 53, 89
ベトナム帰還兵　323
偏頭痛→頭痛をみよ
ベンゾジアゼピン（系の薬物）　352
ペントクールソーダ　329
方向性覚知　159
傍在現象　392, 405
報酬　201
暴力
――と契約　205
――を誘い出す恐れ　182, 183
――と性差　177
交代人格の数と――　171
憑依状態と――　37
保健に関する専門職　141
歩行障害　95
ポスト融合治療　431-436

ま行

麻酔　354
麻酔分析　328
マッピング
――と融合技法　418
人格システムの――　290, 291
見捨てられ　138
みづくろい　167, 168
ミネソタ多面人格検査　122, 123
――の Sc 尺度　122
――の F 尺度　122
民族　83
夢遊型憑依状態　35
夢遊状態（夢中遊行）　33, 34
――と解離　33, 34
――の特性　33
診断面接と――　114
夢遊病者　33, 34, 86
メタファー
人格システムという――　171-175
年齢進行法と――　319
融合技法の――　419
面接
――における患者との相互作用　116-119
――と交代人格　125-132
――の難しさ　102-105
長時間型――　121
面接時間の長さ　230, 231
面接中健忘　118
面接の頻度　229, 230
妄想
――と内部殺人　392
多重人格の症状としての――　91
喪の作業→悲哀をみよ

や行

薬物促進性除反応
――の終結　336
技法としての――　323, 328-330
薬物投与　346-354
――の一般的原則　347-349
――に過度に期待すること　225

被暗示（催眠感受性をもみよ） 15
ひいき 222
被影響体験
　——と診断面接 115
　——と融合失敗 423
被害にあうこと，犠牲者になること 99
被虐性（マゾヒズム） 416
非言語的集団療法 379
非現実感
　診断面接としての—— 110
　多重人格の症状としての—— 87
　離人症（離人感）の—— 30
ヒステリー
　——と催眠との関係 18
　——と催眠類似状態 31
ヒステリー性全盲（視覚障害） 95, 399
ヒスパニック 83
ひそかな人格変換（陰伏的な変換）
　——と表情 165
　面接における相互作用と—— 116
　融合失敗と—— 424
筆跡 121
非定型解離性障害 139-142
否定妄想 39
ビデオ，ビデオテープ 135, 358-360
　——使用の一般原則 359-360
　——と患者の衝撃 360
　——と診断 135
　——使用の同意書 359
　集団療法と—— 357
　除反応と—— 338
否認
　——と診断 206-208
　抵抗法としての—— 295
皮膚症状 96, 401
皮膚電気刺激反応 160
秘密
　——に加担しない 135
　——の力動 239
　——のワーキングスルー 136, 137
　精神療法と—— 238-240
憑依型 176
憑依状態 34-37
病因論 68-80
病的虚言 111, 112
病的悲哀反応 140
病棟スタッフ 370-379
病歴聴取 102-105
ファミリー，交代人格 173, 174
不安 87, 88
深いトランス 321
不均質な集団療法 354
複雑性と再発 416
副作用，薬物 347
複視 95
服薬コンプライアンス（服薬遵守） 348
二人精神病 39
物質乱用（薬物乱用）
　——と時間喪失 106
　交代人格としての—— 155
　多重人格の症状としての—— 88
部分融合 412
不眠 85
フラッシュバック
　——と精神療法 243
　除反応と—— 326

な行

内科学的症状　94-96
内科の病歴　98
内部会話　212
内部殺人　392
内部集団療法　357
内部騒動　294
内部の音声化　131
名前と名付け
　——と治療　194
　交代人格の成立における——　161-163
二次的利得　410
二重人格　60
二心性説　49
偽妄想　91, 151, 392
日記
　診断法としての——　121
　精神療法における——　281
日誌　281
入院
　——にたいする懸念　185
　——を行う根拠　369
　——患者の退院戦略　379-382
　——が治療同盟に及ぼす影響　375-377
　——における人間的環境の問題点　370-377
　自己破壊的な患者と——　394
入院治療（入院をもみよ）　139, 369-382
入眠時／出眠時現象　114
妊娠　46
認知　169
年齢
　——の疫学　82, 83
　——と解離状態　40
　——と交代人格の数　171
　——と症状プロフィール　96, 97
　——と症状表現　175
　——と治療　195
　——と融合　418
　——と予後　416
年齢進行法　319
年齢退行
　——と診断　306
　——と融合の安定度　426
　健忘における——　313
　身体症状治療と——　400

は行

媒介者機能　210
配偶者，家族療法　366
配偶者の治療　366
果たす役割（解離性障害の発症における心的外傷体験の）　69
発達課題　77
発達論モデル
　多重人格の病因の——　75-80
　分類図式と——　175
話し方
　人格交代の結果としての——の変化　166
　精神科的現症と——　120
パラノイア様妄想　91
判断力　120
反応性抑うつ　193
悲哀（喪）
　多重人格の機能水準の急激な低下と——　140
　ポスト融合期における——　434

——の治療的使用　353
——の乱用　88
鎮痛剤　88, 353
対語試験　160
ツリー構造　174
DSM－Ⅲ
——における解離性障害　26-31
——において多重人格が正式な診断名になる　53-56
——の多重人格の診断基準　64, 65
DSM―Ⅲ―R
——における解離性障害　26-31
——における多重人格　66
抵抗　291-297
——を扱う　297
——の現れ方　292-297
——の定義　291, 292
催眠と——　302
除反応への——　340-343
診断に対する反応としての——　137
テスト　240-242
転移
——の概説　252-257
——と隠れた交代人格の存在を示すサイン　424
——の形態　256, 257
——と治療同盟　187
——反応を引き起こすもの　254-256
転換症状　221
伝言板　121, 211, 212
電話中継機法　279
電話による介入　397
同意書, ビデオテープ　359
同一性の形成　76
同一性の障害
——と解離　20
——と融合の準備　418
統計　80-83
統合（融合／統合をもみよ）
——と治療の段階　192
——と融合の比較　410
統合的精神療法　338
洞察力
精神科的現症と——　120
精神療法と——　251
同胞（きょうだい）　364
東洋人　83
同僚　141
トーキング・スルー
——技法　270-272
——と契約　205
——と催眠　311
特定不能の解離性障害　30
特別面接　232
トランス状態
——の誘導　301-310
抵抗の現れとしての——　293
取り込んだもの　151
遁走
——の危機管理　396-399
診断に対する反応としての——　137
診断面接と——　109
頭痛と——　95
多重人格の症状としての——　86, 87
抵抗の現れとしての——　293

体重　399
対処技術　193
第二次分裂の症例　176, 413
タイムマシーン幻想　319
多心性説　49
多層構造　172, 253
——と治療　172
——と転移　253
交代人格の——　172
多層催眠　315
タラソフのガイドライン　244
男性
——の疫学　82
——の交代人格　177, 178
——の暴力　182
——の予後　416
断片化した記憶　272-274
知覚　421
致死率，自殺企図　391
知的機能　120
遅発性ジスキネジア　349
着陸行為　168
中間施設　382
腸炎　399
長期入院患者　139, 140, 380-382
超限記憶　313
長時間面接法　121
著作　イヴの三つの顔（セグペン，クレックリー）　50, 54-56
著作　催眠—対処メカニズムとしてのトランス（フランケル）　25
著作　催眠哲学（マクニッシュ）　45
著作　シビル（シュライバー）　54
著作　人格の解離（プリンス）　16, 47
著作　二重自我（デゾワール）　49
著作　ハーパーズ・ニュー・マンスリー・マガジン　45
著作　ヒステリー研究（ブロイアーとフロイト）　31
治療（精神療法をもみよ）
——の開始段階　180-228
——の課題　186-189
——の陥穽　220-226
——の諸段階　190-193
治療環境　185, 186
治療者
——の陥穽　220-226
——の逆転移の問題　257-267
——の交代人格との対人関係　148
——の資質　184, 185
——の治療についての懸念　180-186
——への暴力　182, 183
除反応作業における——　342
入院が——に及ぼす影響　375
治療的境界→境界線の設定をみよ
治療的な方向への変化　188
治療転帰　406, 416
治療同盟
——の確立　186 188
——と自己破壊的行動　349
——と資質（治療者の資質）　184
——と退院　380
入院が——に及ぼす影響　375-377
治療の長さ，治療期間　185
治療の連続性　187
治療への関与　415
鎮静剤

スタッフ　370-379
スタンフォード催眠感受性尺度　76
頭痛
　——の危機管理　399
　多重人格の症状としての——　94
ストレス，ポスト融合期　431-435
スペクトラムをなす病気　176
生活上の出来事　108-115
性差
　——と症状　81，82
　——と予後　416
　解離の——　40
　交代人格の——　177，178
精神医学的症状　85-93
精神科的現症　119，120
精神科の病歴　97
成人後再被害　99，416
精神病症状　221
精神分析モデル
　——と解離の比較　18
　——と多重人格の比較　52
　——の治療的妥当性　260
精神療法　229-298
　——の諸問題　229-269
　——テクニック　270-298
　——と病棟環境の影響　374-377
　コントロールをめぐる闘争と——　233-236
　ポスト融合期の——　435
　融合の失敗と——　427-431
　予後と——　407-416
生存者罪悪感　247
性的虐待→児童虐待をみよ
性的な行為
　——と逆転移　264
　——と夫婦療法　367
性転換　93
青年期の人
　——の解離体験　24
　——の離人症　30
性犯罪者（性的犯罪による受刑者）　41，82
精霊降臨祭の儀式　36
脊髄損傷　21
潜在性の交代人格　430
戦場の兵士
　——と解離状態　20
　——の心因性健忘　27
全身けいれん発作　94
全盲（聴覚障害）　95
専門家　141
双極性障害　351
相互評価法　275
想像の友人　77-79
側頭葉てんかん，側頭葉の異常　29，90
　——と幻覚　90
　——と心因性遁走　29

た行

退院　379-382
体外離脱体験
　——の原因につての諸説　38
　——の特性　37，38
　診断面接と——　110
　多重人格の症状としての——　90
退行
　——と憑依状態　37
　除反応技法と——　331
　抵抗の現われ方としての——　294
退行の固定　331

人格変換　163
——を起こしやすくする　219, 220
——の結果はどんな形になるか　164-170
——のコントロール度　163, 164, 217-220
——と身体的変化　116, 117, 165-168
——と心理的変化　168-170
——の治療効果　217-220
——と面接における相互作用　116-119
——の検査技法　96
融合の失敗と——　423
神経学的検査　124
神経学的症状　94-96
心身症症状　399-402
真相確認，事実確認　364
身体イメージ　89
——と精神療法　248
多重人格の症状と——　89
身体を使う時間，交代人格が
——契約　204
——と精神療法　248
身体言語　165
身体症状　399-402
身体診察　124, 125
身体的記憶　90
身体の外観
人格変換の結果と——　164-168
精神科的現症と——　120
身体保護人格　395
診断　101-143
——の受容　191, 206-208, 414
催眠の——への利用　305
診断基準　56-67
診断の受容と予後　191, 206-208, 414
診断面接→面接をみよ
心的外傷
——の回復，除反応　332-336
——と解離反応　20-22
——と逆転移　262
——と拒絶への敏感さ　236, 237
——の消化　192
——の治療，タイミング　223
——と治療同盟　186
——と予後との関係　414-416
精神療法における——，テスト　241, 242
心的外傷後ストレス障害（心的外傷をもみよ）
——と除反応技法　324
——と多重人格の機能水準の急激な低下　141
侵入性の心的イメージ　113
心肺系に起因する内科学的症状　95
信—不信循環　225
信頼
——と治療同盟　186, 187
——とテスト　240, 241
心理検査　122-124
心理生理学　170
睡眠剤
——の治療的使用　353
——の乱用　88
睡眠障害　85, 114
スクリーンが二つに分かれて半分に過去が半分に現在が映し出される　331
スクリーン・テクニック　317

消化器症状　95
状態依存性学習　69
症状置換法（症状の置換）　318, 390
情緒的虐待　74
小児期の記憶　112
小児期の心的外傷（児童虐待をもみよ）
——と解離　78
——と拒絶への敏感さ　236, 237
——と交代人格の数　171
——の症状表現　176
——と多重人格の起源　61, 69-75
症例　アルマ Z　58
症例　イヴ　50
症例　エステル　45
症例　サラ K　59, 60
症例　シビル　54
症例　ドリス　58
症例　ノーマ　50
症例　ビーチヤム　16, 47
症例　リュシー　46
症例　レイノルズ　44, 45
症例　レオニー　46
症例　ローズ　47
症例　フリーダ X　46
女性
——の疫学　81, 82
——の解離状態　40
——交代人格　177, 178
——の暴力と治療　182, 183
除反応　299-345
——のきっかけ　325
——の原理　324
——と再統合　337
——と催眠促進性　327
——の時機　223
——の終結　336
——の順序　332-334
——と治療室の設備　342
——と治療者の役割　342, 343
——の治療的役割　299-345
——の定義　321
——への抵抗　340, 341
——と面接時間　230, 231
——の導入　325-330
——の歴史　322, 323
外的なきっかけによる——　325
繰り返し——　335
戦争によって引き起こされたストレスの——　20, 21
秘密を打ち明けた際の——　240
心因性遁走　21, 28, 29
心因性聾（聴覚障害）　95, 399
人格システム
——のエネルギー配分　250, 251
——の構造　171-175
——のマッピング　290, 291
人格システム内コミュニケーション
——の意志決定　215, 216
——の原則　209
——と自己破壊的行為　393
——は人格変換過程を起こしやすくする　219
——の促進　210-213
——の発達　191, 192
——の話題　213
人格断片　145
人格内部のコミュニケーション
——の原則　209, 210
——の発達　191

——と契約　199
——とマネージメント　390-396
融合の失敗と——　423, 424
自己評価　85
自殺企図　92, 137
——と契約　205
——と交代人格の数　171
——の致死率　391
——と入院　369, 393
——のマネージメント　390-396
診断に対する反応としての——　137
多重人格の症状としての——　85, 92
内的迫害者と——　283
融合の失敗と——　423, 424
資質，治療者　184, 185
自傷行為
——と危機介入　389, 390
——と身体診察　124
多重人格の症状としての——　93
内的迫害者と——　284
姿勢　165
舌がたり　36
失声　95, 399
自伝　281, 282
児童虐待
——の再現　245-247
——と身体診察　125
——と精神療法，テスト　241, 242
——と多重人格の起源　61, 62, 72-74
——と秘密　238-240
患者による——　368
自動書記　115, 132, 389
交代人格とのコミュニケーション　132
被影響体験　115
支配権問題
——と催眠に対する抵抗　302
——と予後　415, 416
精神療法における——　233-236
自発性トランス　301
自発的（自然発生的）融合　295, 412
紫斑病（ポルフィリア）　329
シャーマニズム　43
社会経済的階級　83
社会的生活史　98
社会的対人関係
——についての診断面接　108
多重人格の基準と——　65
ポスト融合期の——　431-434
社会的要因　83
社会病質的行動　171
終結（終了）　201
——についての契約　201-203
治療を——してしまう理由　407-410
終結，除反応　336
縦断的データ　96, 97
集団療法
——の原則　354-358
入院——　379
羞恥心　247
自由に操作できるという暗示による空想的脱線　297
重要な他者　432
手術痕　125
受動的影響現象→被影響体験をみよ
シュナイダーの一級症状　115, 116

行動に関する契約→契約をみよ
行動年齢　169
抗不安薬　352
拷問　72
声の変化　166
呼吸困難　95
黒人　83
個人の生活史　102-105
コタール症候群　39
子ども
　——の解離状態　76, 77
　——の催眠感受性　77
　——の治療　368
　——の予後　416
コミュニケーション→人格内部のコミュニケーションをみよ
混合感情状態　436
コンプライアンス（服薬遵守）の問題　348

さ行

罪悪感　247
最終融合　412, 421
再鮮明化　316, 330-332
再統合　337-340
才能　156
再発
　——と多層構造　172, 173
　複雑性との関係と——　415
　融合の失敗と——　421, 427
催眠　299-345
　——と医原的問題　299, 300
　——と危機介入に利用すること　386-390, 397
　——と除反応の促進　328, 336
　——と診断に利用すること　305, 306
　——と多重人格，人工産物としての——　51
　——の治療的役割　299-345
　——と抵抗　302-304
　——のテクニック　306-322
　——の導入　301-304
　ポスト融合期と——　435
　融合技法としての——　419
　融合の安定度と——　425
催眠感受性
　——と解離　23, 77
　子どもの——　77
催眠状態　31-33
サディズム　72, 73
左右差（脳機能の）　69
三人称で自分のことを呼ぶ　118
自我強化法　309
自我親和的　409
時間喪失　105-109, 117, 118
仕切られ方　160
ジグソー・パズルというメタファー　273
刺激剤の乱用　81
自己愛　410
思考過程　169
思考障害
　精神科的現症としての——　120
　多重人格の症状としての——　90
自己概念　75, 76
自己コントロール（支配権問題をもみよ）　233-236
自己催眠　307, 320
自己像幻視　90
自己認識　146
自己破壊（的）行動

——の抵抗症状　294
——の特徴　150, 151
——の迫害者　285, 286
——の秘密　238-240
——と催眠療法　312
——の詐欺師人格　157
——の殺人人格　392
——と次元　146
——と自己報告　147
——の自殺者人格　152
——の自閉的人格　156
——の主人格
——の恐怖，切替　218
——の自己コントロール　233-237
——の特性　149
——の否認　207, 208
——と面接　102
——の消失　412
——の進化　148
——の人格システム　170-175
——の身体障害のある人格　156
——の性差　177, 178
——の性的放縦人格　154
——の精霊　157
——の定義　144
——の特殊目的用の人格断片　145
——とのコミュニケーション　131, 132
——同士はどの程度お互いのことを知っているか　159, 160
——の内部の自己救済者
——と洞察　251, 252
——の特性　153, 278
精神療法の手段としての——　278, 280
——の内的迫害者　151, 246
——の起源と機能　285, 286
——の種類　283-285
——の治療　246, 282-289
——の特性　151
——の層　289
——の行動に関する契約　203, 204
——の売春婦人格　155
——の迫害者人格（交代人格の項の内的迫害者もみよ）
——と虐待再現　245-247
——の特性　151
——の発見　402
——の保護者人格
——の自己破壊行為　395
——の特性　152, 153
——の無感覚的人格　157
——の無痛覚的人格　157
——の模倣者人格　157
——の門番人格　174
——の幼児人格
——への退行現象　294
——の特性　150
——の類型　149-158
新しい——　402
頑張り屋の——　430
危機介入と——　389
初期介入と——　193-197
診断過程，診断プロセスと——　119-125
行動，交代人格の　146
行動化（アクティングアウト）
抵抗の現れとしての——　293
転移反応としての——　256

外科の麻酔　354
ケース・マネージャー　378
仮病　95, 401
限界設定→境界線の設定をみよ
幻覚
　精神科的現症としての――　120
　多重人格の症状としての――　89, 90
原家族　362
　――の侵入　404, 405
　――と治療　362-365
　ポスト融合期と――　432
健康への逃避
　――と否認　208
　抵抗法としての――　295
幻視
　精神科的現症としての――　120
　多重人格の症状としての――　89, 90
幻臭　90
幻触　90
幻聴
　精神科的現症としての――　120
　多重人格の症状としての――　89
　分裂病の場合の――　89
健忘
　――とトーキング・スルー　311
　――となしくずし法　317
　――と融合失敗　423
　――の危機管理　396-399
　解離状態としての――　20
　局在性――　27
　限定性――　27
　催眠療法と――　311-316
　持続性――　27
　心因性――　26, 27
　診断面接における――　102-110, 118
　選択性――　27
　全般性――　27
　多重人格の症状としての――　86, 87
抗うつ薬　350
交換人格　44
抗けいれん薬　352
抗精神病薬　349
交代人格　144-179
　――と管理者人格　155
　――の異性人格
　　――の身体イメージ　248
　　――の男女比　177, 178
　　――の特性　154, 155
　――のオリジナル人格　158
　――の加害者人格　246
　――についての格律　135
　――の数　60, 64, 170, 171
　――と身体に対する態度　160, 161
　――が身体を使う時間を奪い合うこと　248
　――の機能　148
　――と逆転移問題　258, 259
　――の救済者（援助者）人格
　　――と自己破壊的行為　395
　　――の特性　152, 153
　　――と迫害者人格　286
　――の強迫的人格　155
　――の記録人格　153, 154
　――の結晶化　181
　――の子ども人格
　　――の恐怖回避行動　395
　　――の行動契約　204

記憶 272-274
記憶の障害（健忘をもみよ）
解離状態と―― 20
診断面接と―― 103-105
精神科的現症と―― 120
危機管理 385-438
危険性（暴力をもみよ）
――と契約 205, 206
技術（スキル），交代人格の 156
吃音 166
気分 85
偽妄想（仮性妄想） 91, 151, 392
虐待の再現 245-247
逆転移
――と治療からのドロップアウト 224
――の問題 257-267
隠れた交代人格の存在を示す―― 424
融合の失敗と―― 428, 429
急性身体症状 399-402
急速交代→回転ドア症候群をみよ
共意識
――と（選択的）情報透過性 160
――の促進 320
――の歴史 17
境界型人格障害 123
境界線の設定
――契約 205, 206
――のテスト 241
――のマネージメント 229-232
危機介入と―― 289
驚愕反射 118
恐慌障害 87, 88, 395
強制収容所 21
強制融合 414
共通同一化型 176
共同戦線の力動 362
強迫観念型憑依状態 35
恐怖 218
恐怖障害 87, 88
拒食 399, 401
拒絶
――と除反応 340
――と精神療法 236, 237
緊急入院 379, 380
均質な集団療法 355-357
近親姦
――の患者の反応 244
多重人格の起源としての―― 61, 71
緊張病症状 93
空想
子どもの―― 77-79
自己破壊的行為の―― 395
除反応における―― 335
唇の動き 95
クラスター分析 176
芸術療法 379
契約
――の違反，罰則 200, 201
――の期間 201, 202
――が具体的個別性であること 198
――と自己破壊的な患者 394
――の終了 201, 202
――のテスト 241
――の目的 197-200
――でよく問題になること 203, 204
入院―― 377

多重人格の——　368
音楽療法　379
音声化　131
音声スペクトラム分析　166
女→女性をみよ

か行

外傷保護膜　286
回転ドア症候群
——と MPD 診断　65
危機管理としての——　396-399
思考障害としての——　90
解明　192
外来患者　230
解離　13-41
——機能　22-26
——形式　39-41
——原理　20-22
——障壁　160
——と交代人格の発見　207
——と頭痛　94
——に関するジャネの業績　14, 15
——の定義　19-22
——の歴史　14-19
子どもの——　76, 77
多重人格の症状としての——　24, 86, 87
抵抗の現れ方としての——　293
解離体験尺度（DES）　23
——と催眠感受性　76
——の特性　23, 24
加害者人格　246
覚醒下自己　15
覚醒憑依状態　35, 405
過食　399
仮性てんかん　399
家族療法　361-369
学校時代の生活史　112
カップル治療　367
カプグラ症候群　39
髪型　167
カルバマゼピン　352, 353
環界の（選択的）透過性　160
感覚障害　95
感覚鈍化（マヒ）　95
ガンザー症候群　30
観察可能な差異　146, 147
患者—スタッフ（人間的環境問題）　370-377
感情　436
——と記憶　272-274
交代人格の——　145
人格交代の結果として現れる——　168, 169
融合失敗のサインとしての——　423
感情架橋法　314
——と健忘の回復　315
——と身体症状　400
——と生活歴　273
感じることの許容　338
観念運動シグナル法　308
交代人格とのコミニュケーションとしての——　132
催眠療法のテクニックとしての——　308
顔貌
人格変換と——　165
精神科的現症と——　120
顔面をひきつらせる運動　95
既往歴，患者の　97-99

事項索引

あ行

合い言葉（キュー・ワード）　*309, 310*
アクティングアウト→行動化をみよ
悪魔　*157, 158*
悪魔払い　*34, 158*
悪夢
　——の診断面接　*114*
　——と精神療法　*276, 277*
　多重人格の症状としての——　*85*
悪鬼たち　*285, 286*
アミタール面接　*328-330, 336*
アルコール乱用
　——と時間喪失　*106*
　多重人格の徴候としての——　*88*
　男性の——　*177*
アレルギー反応　*170*
暗示　*327*
安全，除反応作業の　*342, 343*
アンビバレンス（両価感情）　*251*
怒り　*244, 245*
医原性について考慮すべき問題
　——と催眠との関係　*299, 300*
　——についての治療者の懸念　*180-182*
意志決定　*215, 216*
衣装　*167*
異常感覚　*95*
衣装倒錯　*93, 154*
痛みの管理　*353, 399, 400*
一人称複数形で自分のことを呼ぶ　*118*
胃腸障害　*399*
一連の作業　*119-121*
イメージ
　——の侵入　*113, 243*
　催眠における——　*307*
　融合における——　*419, 420*
芋ヅル方式　*195, 196*
インフォームド・コンセント　*359*
嘘つきとよばれる体験　*111, 112*
ヴードゥー教文化　*36*
うわべの融合　*411*
運動障害
　人格変換の結果としての——　*165*
　精神科的現症としての——　*120*
　多重人格の症状としての——　*95*
運動性半麻痺　*95*
運動療法　*379*
疫学　*80-83*
エネルギー配分，交代人格間の　*250, 251*
MAO 阻害剤　*251*
MPD 患者の子ども　*368, 369*
横断的データ　*96, 97*
オーディオテープ，除反応技法としての　*338*
置き換え　*253*
男→男性をみよ
親
　——の死　*70*
　原家族の——　*362*

訳者略歴

安　　克昌（あん　かつまさ）
1960年　大阪府大阪市に生まれる
1985年　神戸大学医学部卒業
2000年　神戸市西市民病院精神神経科医長
著　書　心の傷を癒すということ（作品社）
訳　書　コンラート：分裂病のはじまり（中井久夫・山口直彦と共訳，岩崎学術出版社），サリヴァン：分裂病は人間的過程である（中井久夫らと共訳，みすず書房）

中井　久夫（なかい　ひさお）
1934年　奈良県に生まれる
1959年　京都大学医学部卒業
現　在　神戸大学名誉教授
著　書　中井久夫著作集6巻別巻2，全8巻（岩崎学術出版社），分裂病と人類（東京大学出版会），精神科治療の覚書（日本評論社），思春期の精神病理と治療（山中康裕と共編，岩崎学術出版社）
訳　書　コンラート：分裂病のはじまり（山口直彦と共訳，岩崎学術出版社），シュルテ：精神療法研究（岩崎学術出版社），サリヴァン：現代精神医学の概念，精神医学の臨床研究，精神医学的面接，分裂病は人間的過程である，ハーマン：心的外傷と回復（以上，みすず書房），エレンベルガー：無意識の発見上・下（弘文堂），カヴァフィス全詩集，ヴァレリー：若きパルク／魅惑（以上，みすず書房）

金田　弘幸（かねだ ひろゆき）
1959年　兵庫県西宮市に生まれる
1983年　愛媛大学医学部卒業
現　在　樹光会大村病院勤務

小林　俊三（こばやし しゅんぞう）
1957年　岡山県玉野市に生まれる
1983年　山口大学医学部卒業
現　在　神戸大学保健管理センター助手
著　書　1995年1月・神戸（共著，みすず書房），臨床精神医学講座S 7（共著，中山書店）

協力者

胡桃澤　伸（くるみざわ　しん）
1966年　長野県に生まれる
1995年　新潟大学医学部卒業
現　在　神戸大学医学部精神神経科大学院
専　攻　精神病理学，外傷性精神障害，精神療法

多重人格性障害

その診断と障害

ISBN978-4-7533-0012-9

訳　者
安　　克昌
中井　久夫

2000年11月９日　初版第１刷発行
2009年１月19日　　　　第３刷

印刷　広研印刷㈱／製本　㈱中條製本工場

発行所　㈱岩崎学術出版社　〒112-0005 東京都文京区水道1-9-2
発行者　村上　学
電話　03-5805-6623　FAX　03-3816-5123

■ウィニコット著作集＝全8巻＋別巻2

第1巻 **赤ん坊と母親**
Babies and their Mothers
成田善弘・根本真弓訳

第2巻 **愛情剝奪と非行**
Deprivation and Delinquency
西村良二監訳

第3巻 **家庭から社会へ**
Home is Where We Start From
牛島定信監修　井原成男他訳

第4巻 **子どもを考える**
Thinking about Children
牛島定信・藤山直樹・生地新監訳

第5巻 **両親に語る**
Talking to Parents
井原成男・斉藤和恵訳

第6巻 **精神分析的探究1**——精神と身体
Psycho-analytic Explorations
館直彦他訳

第7巻 **精神分析的探究2**——狂気の心理学
Psycho-analytic Explorations
北山修監訳　若山隆良・小坂和子訳

第8巻 **精神分析的探究3**——子どもと青年期の治療相談
Psycho-analytic Explorations
牛島定信監訳　倉ひろ子訳

別巻1 **ウィニコット書簡集**
The Spontaneous Gesture : Selected letters, by F. R. Rodman
北山修・妙木浩之監訳

別巻2 **ウィニコット入門**
The Work and Play of Winnicott, by S. Grolnick
野中猛・渡辺智英夫訳